D1494502

Bien-être
et
maternité

À mes enfants,
À mes petits-enfants.

Remerciements à :
– Marine, ma fille, et Yohann, son mari, Sharon, qui ont bien voulu poser pour ce livre ; Léo et Eva, mes petits-enfants ;
– Jean Paul, photographe discret et respectueux ;
– la maternité des Bluets où ont été faites les photos, où sont nés Léo et Eva ;
– Jacques Thiebault, mon professeur de yoga, « chercheur en mouvement », qui m'a appris toutes les bases ;
– toutes les futures mères, tous les couples que j'ai suivis et qui m'ont permis d'apprendre ;
– toutes les sages-femmes et les professionnels qui ont permis que cette approche se développe, et particulièrement les formateurs et formatrices qui l'enseignent en mon nom.

© Édition Albin Michel, 2009

Dr Bernadette de Gasquet

Bien-être et maternité

Nouvelle édition

Albin Michel

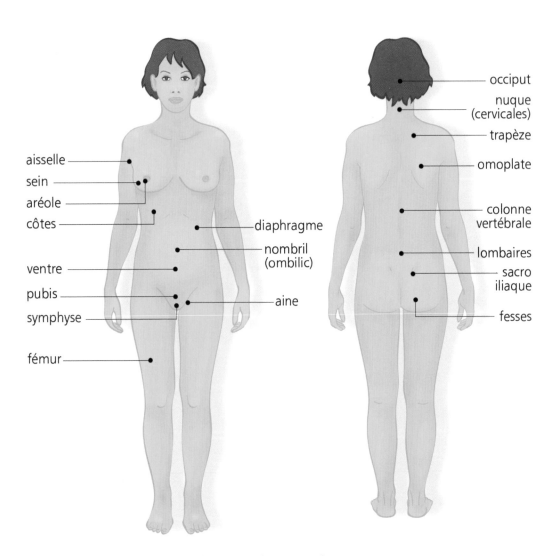

aisselle

sein

aréole

côtes

ventre

pubis

symphyse

fémur

diaphragme

nombril
(ombilic)

aine

occiput

nuque
(cervicales)

trapèze

omoplate

colonne
vertébrale

lombaires

sacro
iliaque

fesses

Les principales parties du corps

Bien-être et maternité

L'attente et l'arrivée d'un enfant sont des moments de vie exceptionnels : rares, précieux, riches en émotions, en sensations, en découvertes… Avec l'enfant qui paraît, le corps est présent d'une manière nouvelle, très pleine, que la vie courante néglige d'habitude. Le temps se vit : c'est l'attente, l'espérance. La maternité est d'abord cette découverte intime très forte et un dialogue avec le bébé et les proches.

Parfois pourtant, des petits malaises, des angoisses, la peur de l'inconnu, un inconfort viennent troubler ce bonheur. Or ces troubles sont souvent inutiles car on peut agir, simplement, pour retrouver bien-être et plénitude.

« Est-ce normal ? » est la question constante des futures mères. En effet, si la femme est souvent aujourd'hui très suivie médicalement et soutenue par son compagnon, elle est aussi démunie de repères et n'ose pas toujours faire confiance à son corps. Au moindre nuage, tout peut s'assombrir…

Ce livre est une sorte de guide qui s'appuie sur des connaissances médicales mais aussi sur le vécu de centaines de mères qui ont connu le même questionnement. Vous y entrerez en fonction de vos sensations, de vos besoins. Vous y trouverez des réponses simples sur le pourquoi des problèmes, des principes de vie et beaucoup de réponses pratiques comme des aménagements de la vie quotidienne. Si vous souhaitez aller plus loin, des propositions de travail corporel et des massages, sont présents en détail et largement illustrés.

Au-delà des réponses aux problèmes particuliers, *Bien-être et maternité* propose une connaissance, dans le plaisir et la détente, de cette superbe mécanique vivante qu'est le corps humain. Un apprentissage du geste juste, du moindre effort, pour un confort permanent dont profitera le bébé. Et à tout moment, le père peut largement partager votre démarche, si vous le souhaitez tous les deux.

Si la mise au monde est toujours une expérience intense, certaines naissances sont parfois un peu trop différentes de ce qu'on avait rêvé… Parce qu'on ne savait pas certaines choses, parce qu'on n'a pas osé un geste, pas bien communiqué avec l'équipe, ou encore pas su reconnaître les messages du corps.

Être informée, bien comprendre ce qui se passe, savoir aussi quels sont les moyens techniques et les contraintes de l'obstétrique moderne permet une harmonie, une synergie très positive avec les professionnels de la naissance, avec l'équipe qui accompagne votre maternité.

Peut-être pensez-vous que rien de naturel n'est possible dans le contexte hypermédicalisé de nos maternités… En fait, on constate de plus en plus une sorte de convergence entre les ressources technologiques bien intégrées et le respect de la physiologie. On peut aujourd'hui conjuguer médicalisation et « respect des sensations ».

Ainsi les péridurales sont (en tout cas, pourraient être) de plus en plus finement dosées et gérées par la femme elle même afin qu'elle puisse ressentir la progression du bébé et l'envie de pousser, puisse se mobiliser sur la table, parfois même marcher, ce qui permet alors de ne pas utiliser d'hormones pour accélérer le travail et d'éviter la perfusion continue. Les césariennes sous péridurale permettent un contact mère/enfant et un allaitement précoce. Les progrès de la pédiatrie permettent de sauver des prématurés de plus en plus jeunes avec un minimum de séparation entre la mère et le bébé et un contact très précoce avec le papa.

De même, les monitorings (systèmes de capteurs pour enregistrer les contractions et le cœur du bébé) les plus modernes ne nécessitent plus que la mère soit « attachée ». Ils permettent la mobilité maternelle et transmettent à distance les informations.

De plus en plus de maternités offrent plusieurs possibilités dont le bain chaud pendant le travail. Les tables d'accouchement les plus récentes redécouvrent les positions « variables », les suspensions… L'utilisation de ballons en salle d'accouchement permet une mobilité même une fois sur la table.

En fait, dans la plupart des situations, l'accord est facile si le dialogue existe. L'un des objectifs de ce livre est de le favoriser. Chez les obstétriciens et les sages-femmes, l'intérêt pour les positions d'accouchement, la prévention des risques périnéaux est grandissant. J'en veux pour preuve la forte demande qui m'est faite de formations, conférences, publications sur ces sujets. Quant aux futurs parents, ils attendent de plus en plus, légitimement, autre chose que du « sans douleur ».

Et puis, il y a les suites, l'après-naissance. De grandes joies viennent de ce « tout-petit » mais il y a aussi, dans le passage à cette nouvelle vie, des réalités à accepter : on n'est plus « seulement » un couple, le bébé n'est plus une partie de nous-même. Il vit « sa vie »… Il y a la fatigue, l'isolement, la difficulté d'être parent, ce corps un peu différent à réinvestir… Pour toute la famille, par ce nouveau-né, c'est une nouvelle vie qui commence.

Dans l'accompagnement à la naissance, l'essentiel est dans la relation. Ce qui est évident dans une séance de travail corporel est beaucoup plus difficile, fastidieux, à exprimer par écrit et à lire. C'est donc à partir de l'expression directe des questions des futures mamans et des mères lors des cours, que des réponses ont pu être élaborées et portées jusqu'à vous par ce livre. En faisant le pari que cette transmission est possible, ce livre tente de combler un vide dans l'information qui submerge les futurs parents : celui du vécu de leur propre corps. On a trop souvent l'impression que la mère décrite dans les livres est une mère abstraite, sans aucune des manifestations quotidiennes de la maternité. En général d'ailleurs « tout va très bien », dit-on en chœur, aidée par les professionnels. Mais qu'on demande seulement dans un groupe de préparation à la naissance, « quelqu'un a-t-il mal au dos ? » ou « pas de petit problème de digestion, de circulation ? » et une femme sur deux se désigne immédiatement.

En vous montrant les merveilles d'adaptation dont notre corps est capable, et qui vous permettent ces étapes, en vous transmettant des savoirs ancestraux confirmés par les connaissances les plus modernes, ce livre vous donne une meilleure maîtrise des événements. Vous ne subissez pas, vous pouvez agir, réagir, prévenir comme si vous aviez déjà l'expérience de la maternité, sans rien perdre du bonheur de la découverte.

Parce que la maternité est d'abord quelque chose de concret et de personnel, qui vous arrive aujourd'hui à vous, ce livre vous présente plusieurs chemins qui permettent une meilleure compréhension de vous-même et de ce petit à venir. C'est pourquoi il s'adresse plus à votre corps, à votre cœur qu'à votre intellect. Il ne s'agit pas d'être plus savant mais plus à l'écoute, pas de tout savoir mais de ressentir par soi-même.

Avec tous mes vœux de bonheur, je vous offre quelques moyens d'aider un peu la nature à accomplir ce miracle.

Le guide, mode d'emploi

Un livre qui vous accompagne

Bien-être et maternité est un outil vivant, pour vous aider à mieux comprendre, à préciser vos sensations, à éviter les douleurs mécaniques, à être bien au quotidien.

La première partie vous donne les bases nécessaires pour savoir comment fonctionne votre corps, pour apprendre à vous placer correctement dans toutes les positions, pour libérer la respiration. Ces explications sont peut-être d'un abord moins attrayant que les propositions de postures, d'étirement, ou de massage… Néanmoins, elles sont à la base de tous les exercices proposés et il est important d'avoir bien compris ces principes fondamentaux.

Il serait bon de commencer par cela… Mais les chapitres suivants qui traitent des différents problèmes vous permettent d'aller chercher directement des réponses et des propositions d'exercice spécifiques. Ils permettent aussi d'améliorer la vie quotidienne par quelques astuces, quelques accessoires.

Pour votre confort

L'espace doit être assez grand pour vous allonger au sol, les bras écartés ; moquette ou tapis conviennent bien. La pièce doit être chaude mais aérée, la lumière douce. Préférez une atmosphère calme.

Vos vêtements seront souples : caleçon ou pantalon très ample, sans aucune ceinture qui limite la respiration ; tee-shirt, dans lequel vous êtes bien.

Prévoyez au moins vingt à quarante-cinq minutes pour bien profiter de votre détente. Le matin est un bon moment, le soir avant le dîner aussi. Évitez de pratiquer juste après un repas !

Si votre séance a été efficace, vous aurez l'impression que votre ventre est plus léger, moins tendu, moins gros. Vous respirerez tranquillement. L'angoisse diffuse qui planait peut-être aura disparu, vous serez sereine et moins fatiguée. Vos petits problèmes mécaniques se dissiperont, ce sera le bien-être…

Accessoires

Il vous faudra:

– un tapis (1 à 2 mètres carrés environ): ce peut être un bout de moquette, ou une serviette posée sur la moquette

– une sangle de judo (ou autre) de 3,50 mètres, munie de boucles de réglage; à défaut, une ceinture de tissu, une écharpe;

– des coussins assez fermes, un coussin microbilles, si possible de la marque ou équivalent (s'ils existent) aux vrais Corpomed®;

– des annuaires pour mettre sous les pieds ou la tête;

– un «parapluie» à long manche (pour quelques postures);

– une chaise sans barre, ni barreau entre les pieds;

– si possible un ballon de gymnastique de 65 centimètres de diamètre si vous êtes de taille «moyenne»;

– éventuellement, une barre de gymnastique qui se fixe entre deux portes;

– une galette (ballon plat), généralement de 33 centimètres de diamètre;

– une ceinture type Physiomat® de maintien du bassin;

– des ballons souples à gonfler;

– et un compagnon coopératif (!), pour les postures à deux et les massages en particulier.

Bien se porter
pour bien porter bébé

Le petit de l'homme grandit au creux du ventre de sa mère… C'est son nid, sa forteresse. C'est là que, par une alchimie merveilleuse et encore incomplètement connue, se fabrique la vie. Comment profiter pleinement de ces émotions, de ces sensations si subtiles, de cette plénitude fusionnelle incommunicable ?

Le but de cette partie est de vous sensibiliser à cette période, de vous donner une meilleure connaissance de votre corps et de tout ce qui est en train de s'y réaliser, afin que vous soyez plus autonome et aussi plus attentive. Vous pourrez ainsi vivre au mieux cette étape, donner à votre bébé toutes ses chances et en retirer un épanouissement personnel.

Si vous vivez cette grossesse à deux ou en famille, vous intégrerez le père et vos autres enfants même dans les exercices, les étirements, les massages et les chants, particulièrement agréables pour tous.

Commençons par le commencement, c'est-à-dire par vous. Ce corps qui va accomplir une chose si extraordinaire, où va éclore une vie nouvelle, le connaissez-vous ? Savez-vous l'utiliser sans le maltraiter, savez-vous l'économiser, le détendre, le préserver ? Éviter les tensions, les blocages, les douleurs à travers les contraintes quotidiennes et les gestes routiniers ? La grossesse a en effet un rôle révélateur : tout ce qui n'est pas exactement en place, toute erreur dans la conduite d'un mouvement sera source de sensations (contractions, douleurs, malaises…) alors que vous ne disposiez auparavant d'aucun « clignotant » aussi sensible !

En contrepartie, le bien-être des bons étirements, des gestes justes, de la détente sera beaucoup mieux apprécié. Vous rentrez dans le monde des « fins gourmets » de la vie…

Respirer pour vous... et pour lui

L a première chose dont votre enfant a un besoin vital, à chaque seconde, c'est d'un sang bien oxygéné. Or il ne peut, jusqu'à sa naissance, le recevoir que de vous. C'est par votre respiration que vous lui apportez cet oxygène. Peut-être avez-vous remarqué que votre souffle a changé dès les premiers jours de grossesse, c'en est même un des premiers signes !

« Je ne comprends pas, je croyais que c'était à la fin, à cause du poids et de l'utérus qui limitait les mouvements du diaphragme, mais je suis essoufflée pour le moindre effort, je n'ai pas d'endurance, je me demande ce que ce sera au huitième mois ! » C'est ce que beaucoup de futures mamans se disent.

Les modifications respiratoires sont très précoces, mais resteront stables. En fin de grossesse, vous serez de toute façon plus lente et vous serez adaptée à ces équilibres différents.

Dès les premiers jours de gestation, il y a accroissement du volume sanguin (par rétention de sel et d'eau) pour favoriser les échanges avec le futur bébé. On accroît ainsi d'environ un quart le volume de sang à véhiculer, ce qui réagit sur le cœur, qui bat plus vite, et sur la respiration, également plus rapide et plus courte. En fait, il faut respirer pour deux, alors qu'on a parfois bien du mal à subvenir à ses propres besoins pendant un effort !

Chez les Inuits (Esquimaux), les femmes qui ont de l'expérience et qui jouent le rôle de matrones savent reconnaître une grossesse aux modifications de la respiration de la mère.

Le souffle... c'est la vie

Regardez une personne endormie, un bébé : le ventre se gonfle puis se rentre légèrement, régulièrement, au rythme de la respiration. Regardez un animal, un chat par exemple, ses narines se dilatent quand le ventre gonfle.

L'appareil respiratoire commence aux narines, qui sont les orifices les plus spécifiques de la respiration : munies de poils qui filtrent les grosses impuretés, elles permettent un réchauffement de l'air.

On peut respirer par la bouche, en particulier si le nez est bouché.

Il y a ensuite la trachée, les bronches et les alvéoles pulmonaires, et pour actionner le système, des muscles dont le principal est le diaphragme.

Mais la position du diaphragme détermine aussi le positionnement des organes qui sont en dessous, dans l'enceinte abdominale, et la position du périnée.

Si vous regardez respirer un chien, vous verrez qu'à l'inspiration les narines se dilatent, le ventre se gonfle, légèrement, tandis qu'à l'expiration le ventre rentre et l'anus est comme tiré vers l'intérieur. La respiration, ça va du nez au périnée !

Mais ça va beaucoup mieux à l'horizontale qu'à la verticale.

▤ **On parle souvent du diaphragme, mais je n'arrive pas bien à me le représenter, à le sentir ?**

Pour le visualiser, représentez-vous les trois quarts d'un parachute. À l'avant, il s'accroche au sternum et aux côtes qu'il suit vers l'arrière. Il plonge très bas dans les reins et envoie ses piliers jusqu'aux vertèbres lombaires. C'est pourquoi il arrive que des lumbagos se déclenchent sur une toux ou un éternuement. Il suffit d'être mal placée et la traction exercée par la remontée brutale du diaphragme peut entraîner un blocage. De même, si vous avez un lumbago, une sciatique, vous percevrez les relations entre le diaphragme et le bas de la colonne vertébrale: lors de la toux ou de l'éternuement, du rire même, les mouvements du diaphragme viendront réveiller la douleur! Le diaphragme est donc une sorte de tente qui sépare le thorax de l'abdomen.

Au-dessus du diaphragme se trouvent les poumons et le cœur. En dessous, le foie, l'estomac, la rate, le pancréas et bien sûr les intestins (voir dessin anatomique). Plus bas, dans le même «caisson», l'enceinte abdominale, l'utérus et la vessie et la fin de l'intestin, le rectum.

Le diaphragme n'est pas un muscle comparable au biceps: c'est un muscle du système autonome; il n'est pas nécessaire de commander sa contraction. Heureusement, sinon nous serions obligés de penser à respirer de jour comme de nuit! Le jeu physiologique du diaphragme est de descendre à l'inspiration (du moins le centre de la coupole) et de remonter à l'expiration. Mais nous ne sentons pas bien ce mouvement, à moins d'être très essoufflées.

▤ **C'est ce qu'on apprend à l'école, mais je ne vois que mon ventre et ma poitrine qui bougent.**

Le mouvement du diaphragme évoque le piston d'une seringue, l'aiguille (orifice d'entrée et de sortie) étant orientée vers le haut. Lorsque le piston descend, la seringue se remplit; lorsque le piston remonte, elle se vide. Les poumons ne sont jamais totalement vides, il est nécessaire de tirer un peu sur le piston pour faire entrer l'air, bien que la pression à l'extérieur soit supérieure à la pression interne. C'est pourquoi le diaphragme est actif à l'inspiration. Il se contracte en son centre qui descend, comme la membrane d'une ventouse. Lorsqu'il se relâche, le contenu abdominal qui a été repoussé reprend sa place, le ventre rentre, l'air sort vers le haut.

▤ **On voit bien le mouvement du ventre en effet chez les animaux.**

Bien sûr! Parce qu'ils sont à quatre pattes! Mais chez les humains ça ne marche pas toujours. C'est plus net quand nous sommes allongés. Car tout le problème est de réaliser un étirement de la colonne, et en position verticale c'est difficile. Pour schématiser je dirais que quand nous sommes assis nous sommes tassés et que debout nous sommes cambrés. Et quand nous nous décambrons, nous nous tassons, car la bascule du bassin est très mal réalisée…

▤ **Finalement il n'y a que dans le sommeil que nous respirons bien ?**

Sauf si nous sommes trop cambrés ou que nous dormons sur le ventre. Et la femme enceinte, même couchée, est cambrée à cause du poids de l'utérus, sauf si elle arrive à se posturer, ce qui suppose des accessoires. Pour que le «piston-diaphragme» puisse se mobiliser correctement, il est indispensable que la statique soit bonne. Une posture cambrée ou un dos rond tassé ne permettent pas une respiration libre… Essayez de respirer à fond en étant enfoncée dans le canapé, vous sentirez tout de suite un blocage!

▓ **C'est vrai que le ventre ne peut plus bouger si je suis tassée…**
Imaginez ce que ça va être quand vous aurez un utérus plus développé… Et les femmes enceintes debout sont encore plus cambrées qu'avant la grossesse puisque le poids vient tirer le ventre en avant dans le vide. C'est pourquoi on a dit que les futures mamans ne pouvaient plus avoir une respiration abdominale. En réalité, il faut simplement être encore plus active pour s'étirer et libérer le diaphragme, faire de la place…

Sentir son diaphragme

Dans quelques situations banales, telles que la toux, l'éternuement, le hoquet, le vomissement, vous sentez votre ventre se serrer tout en bas « en ceinture taille basse » et le diaphragme remonter, d'où l'expression « haut-le-cœur ».

Ces situations qui réalisent l'expulsion hors du corps d'éléments gênants nous font bien percevoir le diaphragme qui n'est pourtant que passif à ce moment. Ce sont en effet les abdominaux de la ceinture inférieure qui, en se serrant, refoulent les viscères vers le haut, ce qui repousse vivement le diaphragme vers le haut et provoque la sortie de l'air (expiration, éternuement) ou la régurgitation. Ces abdominaux sont « antagonistes » du diaphragme.

Quand ils se détendent, tout redescend, y compris le diaphragme, ce qui provoque l'entrée d'air, c'est l'inspiration.

Dans le cas de l'éternuement c'est extrêmement rapide, c'est un aller-retour réflexe.

> *Vous pouvez créer une situation de mobilisation du diaphragme…*
> *C'est le bâillement.*
> *Ouvrez très grand la bouche et attendez. Vous ne tarderez pas à bâiller et vous sentirez le « pompage » d'air dans un premier temps, souvent en paliers, suivi du rejet de l'air, parfois bruyant. Il y a d'abord une descente du diaphragme (inspiration) suivi de sa remontée (expiration).*

Il existe d'autres muscles respiratoires, dits accessoires, car ils ne remplacent pas le diaphragme mais peuvent l'aider en cas de besoins particuliers.

Découvrir la respiration abdominale « automatique »

En fait la respiration dépend de la posture, et si on veut respirer correctement il faut d'abord corriger la posture.

> *Assise sur une chaise, ou par terre en tailleur, ou sur le ballon, accrochez-vous au cou de votre compagnon qui vous étire légèrement. Soufflez tranquillement comme si vous faisiez des bulles dans l'eau, comme si vous chantiez puis, quand vous en ressentez le besoin, ouvrez la bouche (ou les narines) et laissez entrer l'air.*

L'étirement est ici montré sur le ballon

Observez.

🔲 **C'est étonnant, ça fait un bien fou dans le dos, je me sens libérée sous les côtes, mon ventre remonte puis se détend à l'inspiration.**

Il est impératif de prendre des distances pour s'étirer, exercice favori des chiens et des chats ! Placez les fesses sur les talons écartez les genoux en fonction du bébé et poussez vos mains au plus loin de vos fesses (sans lever les fesses !).

Passez à quatre pattes, en gardant le poids du corps légèrement en arrière et surtout pas sur les mains. Les fesses sont en arrière des genoux.

Détendez le dos, laissez pendre la colonne comme un fil entre deux piquets. Surtout n'arrondissez pas le dos, ne retenez pas votre bassin.

Nous vivons avec l'angoisse de la cambrure, ce qui fait que nous sommes tout le temps tassés, que la respiration est bloquée et que nous ne pouvons pas nous détendre. Le fil électrique qui court dans la campagne n'est pas cambré ! Il n'y a pas de cassure dans la courbe, il y a juste une concavité.

Soufflez simplement, sans forcer, sans diriger, comme si vous cherchiez à faire des bulles, comme si vous nagiez. Il s'agit juste de laisser sortir l'air par la bouche.

Allez le plus loin possible dans l'expiration, mais surtout n'arrondissez pas le dos !

Puis ouvrez simplement la bouche et laissez entrer l'air comme le nageur qui sort la tête de l'eau pour reprendre son souffle.

Expiration

Inspiration

🔲 **C'est puissant ! Je sens mon ventre rentrer, le nombril se rapprocher du dos, toute la ceinture se serrer quand je souffle...
Et mon ventre se relâche, se détend quand l'air est aspiré dans les poumons...**

Laissez maintenant le dos s'arrondir pendant l'expiration, les fesses se rapprocher des épaules

🖳 Je suis bloquée ! mes poumons sont comprimés, je n'arrive ni à vider ni à inspirer, c'est très désagréable et j'ai le déjeuner qui remonte !

Mauvais : dos rond

Un peu de symbolique

On peut représenter les organes de la respiration sous la forme de « l'aigle et du serpent ». Au-dessus du diaphragme, c'est le monde de l'aigle, ouvert vers le ciel, l'air, la lumière. En dessous, le monde du serpent, des profondeurs, du souterrain. Votre enfant est pour le moment dans ce monde anaérobie (sans air) et sans lumière. Il reçoit son oxygène du cordon, c'est-à-dire au-dessous de son propre diaphragme. Il n'est relié au monde extérieur, au cosmos, que par vous, par votre respiration. Le jour de sa naissance, il sortira des ténèbres et arrivera à la lumière… Alors il déplissera ses poumons et se mettra à vivre seul. Son cordon cessera de battre, et son diaphragme commencera son travail. En Espagne, accoucher se dit : « donner de la lumière ».

Ainsi à la naissance, les poumons se remplissent pour la première fois d'air. Ils ne se videront jamais totalement, il restera toujours une réserve même après une expiration forcée. Mais pour pouvoir reprendre de l'air, il faut d'abord vider. C'est comme une éponge lorsqu'elle est gonflée, il faut la comprimer pour pouvoir réabsorber. Donner pour recevoir, à partir de ce premier don à la naissance. Don ou prêt car il faudra un jour « rendre » notre dernier souffle, notre dernier soupir ! et nous expirerons, définitivement…

Retrouver le bon sens de respiration

Nous respirons « à l'envers » quand nous voulons inspirer volontairement

Le « naturel », l'habituel n'est pas forcément physiologique…

Vous respirez dans la poitrine dès que vous êtes debout ou assise. Cette respiration vous paraît naturelle. Alors qu'elle est en opposition avec la physiologie respiratoire qui veut que le diaphragme descende à l'inspiration, faisant gonfler le ventre, et remonte à l'expiration, faisant rentrer le ventre.

C'est tout simplement parce que vous n'êtes pas dans une position juste.

La respiration dépend de la posture : nous avons vu qu'assise, le dos étiré, à quatre pattes, bien placée, il était facile de respirer « physiologiquement » sans réfléchir et sans forcer.

Il faut apprendre à se positionner en toute occasion, afin d'installer des réflexes protecteurs du dos et permettre une respiration ample, une détente du ventre, un mieux-être malgré le poids du bébé. Cela sera très bénéfique pour lui aussi.

Expérimentez : Si je vous dis, comme au cours de gymnastique, de respirer à fond. que faites-vous ? Vous inspirez, en soulevant les épaules et la poitrine, puis vous vous effondrez en soufflant.

Donc votre ventre est rentré à l'inspiration, ressorti à l'expiration, juste l'inverse de la physiologie.

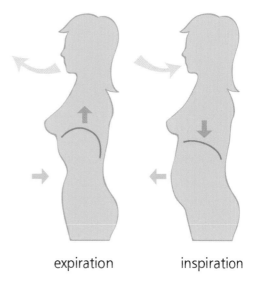

expiration   inspiration

Le diaphragme vu de profil

🔲 **En effet c'est toujours comme ça qu'on respire à la gym. Alors il faudrait d'abord gonfler le ventre ?**
Surtout pas, c'est très désagréable et ça pousse sur le ventre au lieu de le détendre… Il ne faut pas non plus expirer en « rentrant le nombril », c'est beaucoup trop haut, on se plie en deux et on pousse vers le bas.

🔲 **Mais alors que faut-il faire ?**
D'abord s'étirer, quelle que soit la position, et toujours commencer par l'expiration.

Pour respirer physiologiquement

Préalable : s'étirer.

Premier principe : commencer par l'expiration

C'est-à-dire serrer la ceinture « taille basse » pour remonter les organes abdominaux, et chasser l'air. Si vous êtes à la verticale (debout ou assise), cela donne l'impression de « remonter » le bébé et de ne jamais descendre sur lui.

Expirer, c'est *grandir*, *mincir*, et non se tasser et sortir le ventre comme dans le modèle de la gym.

Deuxième principe : l'inspiration est passive

Il n'y a aucun effort à faire, seulement à « relâcher l'éponge », relâcher le ventre… Cela se fait tout seul.

Essayez : assise en tailleur, légèrement penchée en avant, les fesses rehaussées par un coussin, le dos droit, expirez en prenant garde de ne pas du tout «descendre» le buste, les épaules. Vous pouvez mettre vos mains «en dessous du bébé», en réalité en dessous de l'utérus, comme vous le faites en fin de journée, quand ça pèse… Ce ne sont pas vos mains qui remontent, mais elles vous permettront de mieux sentir dans la partie la plus basse du ventre.

Pensez à l'image du piston : chassez l'air vers la sortie, vers le haut… Ne forcez pas à l'expiration, vous n'êtes pas obligée de vider beaucoup, ayez juste la sensation d'agir au niveau du ventre. Dès que cela arrive à la hauteur des côtes, arrêtez-vous, sinon vous allez ramener vos épaules en avant et vous tasser. Relâchez alors votre effort de remontée du piston, lâchez tout, détendez le ventre. Votre inspiration se fera de façon réflexe, l'air entrera et le ventre se détendra. C'est la respiration abdominale, celle du sommeil, la base de la relaxation.

Troisième principe : lutter contre la pesanteur

Si les autres mammifères n'ont pas de problèmes respiratoires, ni de problèmes de dos, c'est qu'ils sont à quatre pattes.

En nous redressant, nous avons ajouté un obstacle : la pesanteur. Il faudra donc l'intégrer, afin non pas de l'aggraver, mais de chercher au contraire à en limiter les effets.

Le « tube de dentifrice »

Reprenez la respiration de base, assise en tailleur. Expirez, serrez le ventre en ceinture en commençant par resserrer en bas, au-dessus du pubis (juste au-dessus des poils) et non au niveau de la taille. L'air est bien rejeté vers le haut, le serrage abdominal se fait par paliers du pubis jusqu'au nombril et la taille.
On pourrait comparer cela à un tube de dentifrice que l'on serrerait à pleine main, le dentifrice sort par l'orifice, mais il y a une résultante vers le bas. Si l'on est économe, on roule soigneusement le tube de dentifrice de bas en haut ! En ce cas, il n'y a pas de résultante vers le bas.

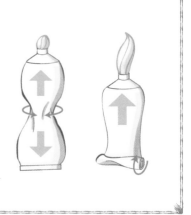

Quand nous expirons à partir du bas du ventre, nous ne roulons pas le tube de dentifrice.

Le périnée, en-dessous, risque d'avoir trop à supporter, au fil des années, si nous poussons sans arrêt vers le bas par nos efforts quotidiens, portages, soulèvements, etc.

Tous les efforts de la vie quotidienne devraient se faire sur l'expiration, pour protéger le dos et ne pas diriger le diaphragme et donc les forces, vers le bas.

Mais l'expiration devrait partir du périnée si nous ne voulons pas pousser dessus.

C'est pourquoi nous devons réintroduire le périnée dans le schéma respiratoire, puisque chez nous, contrairement aux quadrupèdes, cela ne se fait pas tout seul.

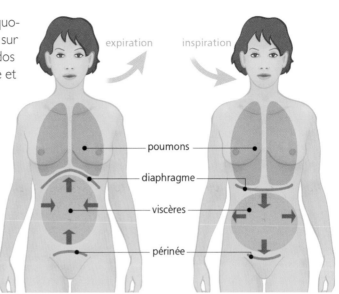

expiration   inspiration

poumons

diaphragme

viscères

périnée

Dynamique respiratoire

▦ Il faudrait aussi penser au périnée en respirant?

Bien sûr, pour diriger toutes les forces, les poussées vers le haut. C'est un entraînement qui doit commencer le plus tôt possible, pour renforcer et assouplir le périnée et créer le réflexe conditionné de protection.

Chaque fois que le ventre va se serrer, c'est-à-dire à chaque effort, dans la vie quotidienne même, il faudrait que le périnée soit remonté préalablement, il faudrait que les forces remontantes partent du bas.

▦ Mais je ne sens pas la poussée vers le bas.

Si le serrage abdominal est plus puissant, cela va devenir rapidement évident, particulièrement dans la grossesse. Par exemple, quand vous éternuez, quand vous toussez, quand vous vomissez…

▦ En effet, je sens mes abdominaux contractés, douloureux même parfois, comme des crampes et ça appuie beaucoup en bas. Si j'ai la vessie pleine, j'ai même parfois des petites fuites…

Et vous pouvez constater que le périnée n'a aucune raison de se contracter, d'anticiper cette poussée. Si vous voulez éviter les «petits accidents», il faut contracter volontairement le périnée avant et le garder remonté pendant le serrage abdominal.

Il faut que tout aille vers le haut: le diaphragme et le périnée en fait doivent aller dans le même sens.

Si le diaphragme descend quand le périnée remonte, il y a une diminution du volume dans le caisson abdominal et donc augmentation de pression.

Si le diaphragme remonte et que le périnée n'est pas remonté, qu'il est déjà en position basse, on va pousser dessus lors de l'inspiration. C'est ce réflexe qu'il faut intégrer aussi pour soulever un poids, pousser quelque chose, taper dans une balle…

Nous reviendrons en détail sur le travail du périnée mais nous avons besoin d'un minimum de sensations pour l'intégrer dans la chaîne respiratoire.

Assise en tailleur, faites le mouvement de vous retenir très fort d'uriner et d'aller à la selle. Retenez, relâchez. Quel est le résultat de votre effort?

▣ Il semble que l'anus se resserre et que le vagin se referme mais en même temps il y a un mouvement de remontée.
En effet, le resserrement entraîne une ascension de tout ce qu'on pourrait appeler «le fondement». Les muscles les plus importants du plancher pelvien s'appellent d'ailleurs «releveurs» de l'anus.

Contractez bien le périnée d'abord, puis commencez à serrer le bas du ventre pour remonter le bébé, en expirant, puis relâchez le périnée, sentez bien cette redescente du «plancher» et laissez le ventre se détendre, l'air entrer dans les poumons.
Ainsi, l'expiration comme l'inspiration partent du périnée qui est une sorte de «starter».

Cet exercice a deux objectifs: diriger toutes les forces de poussée vers le haut, ne jamais pousser vers le bas (la redescente est un temps de détente), et être capable de garder le périnée remonté au moment où le ventre se contracte et qu'il existe donc une poussée résultante…

Il a aussi le mérite de faire travailler en contraction et relâchement le plancher pelvien, ce qui va améliorer son tonus et sa souplesse.

Placez une main sous le ventre, juste au niveau des poils du pubis. Avec l'autre main, glissez un doigt sur la peau dans la raie des fesses, vers l'anus, jusqu'à la pointe du coccyx (c'est un peu pointu!).
Lorsque vous faites l'effort de vous retenir, vous allez sans doute sentir avec la main qui est devant que le bas du ventre rentre tout seul, légèrement, amorçant la respiration au niveau le plus bas de l'abdomen.
C'est beaucoup plus facile en partant du périnée!
Sous l'autre doigt, vous pouvez sentir que le coccyx bouge, qu'il est tiré vers l'avant.

▤ J'ai l'impression de serrer les fesses.
En fait elles sont passives dans la position tailleur. Si vous essayez de «serrer les fesses», vous verrez que ce n'est pas du tout la même sensation

▤ En effet, ça soulève tout le corps.
C'est la mobilité du périnée et du coccyx qui donne l'impression d'un mouvement des fessiers: les fesses sont tirées vers le haut et l'in-térieur dans la raie des fesses. Chez l'animal, la colonne vertébrale ne se termine pas au coccyx, la queue la continue. S'il ramène «la queue entre les jambes», cela correspond à tirer la colonne dans un mouvement circulaire vers le front et réalise une bascule du bassin (ça décambre).

▤ Je sens bien le mouvement du coccyx, et l'expiration après qui remonte tout, mais

quand je relâche l'effort de retenue, j'ai l'impression que tout redescend en même temps... le diaphragme, les organes abdominaux, le bébé et le périnée.

Ce n'est pas très grave dans la détente, si tout se fait en même temps.

C'est intéressant de bien ressentir les choses... Ce qui est très important, c'est de ne pas serrer les abdominaux, mettre la pression, avant de mettre en route la remontée du périnée.

C'est toute la difficulté d'un travail subtil, dissocier, puis réassocier.

Il faut une bonne concentration. En effet, si le périnée ne peut se mobiliser correctement dans la respiration, il y a des chances qu'il ne joue pas son rôle lors de l'éternuement ou des efforts violents.

Une posture juste, pour une respiration juste

Comme le nez de Pinocchio, votre souffle dit la vérité de votre dos. Si vous pouvez serrer et détendre le ventre, la position est juste, la colonne est allongée. Si vous ne pouvez pas respirer librement, il faudra donc d'abord corriger la position avant d'essayer de corriger la respiration. Que l'on soit assise, debout, couchée, à quatre pattes, accroupie, sur la tête, en torsion, penchée, il y a toujours un moyen d'être dans une posture juste, quitte à utiliser des accessoires. Mais il y a beaucoup de raisons et de façons de ne pas être étiré !

Nous allons illustrer cette liaison entre respiration et étirement du rachis à travers quelques positions fondamentales.

Postures assise

La posture du tailleur est une des positions assises (au sol ou dans son lit) les plus accessibles, c'est pourquoi il est important de bien la prendre dès le début. Placez un ou plusieurs coussins sous la pointe des fesses afin d'être basculée vers l'avant. Pour bien placer le bassin, n'hésitez pas à empaumer vos ischions (les os pointus sur lesquels nous sommes assises). Il faut carrément attraper vos fesses dans vos mains, puis tirer vers l'arrière en retirant les mains, c'est un geste un peu incongru mais efficace. Ainsi, vous êtes légèrement penchée en avant, par une flexion de l'aine. Vos genoux ne doivent jamais être dans le vide, c'est très mauvais pour les ligaments, particulièrement fragiles pendant la grossesse, du fait d'un relâchement d'origine hormonale. Il faut donc bien «caler» vos genoux avec vos pieds.

Le coussin microbilles aide beaucoup à surélever le bassin tout en soutenant les genoux.

Lorsque la position est bonne, il y a répartition du poids sur les pieds et sur les ischions, le corps est légèrement oblique en avant. La tendance est alors de crisper le haut du dos, comme pour se retenir. Ces tensions peuvent devenir rapidement insupportables avec une sensation de brûlure entre les omoplates.

En réalité, vous ne risquez pas de tomber en avant, et vous pouvez vous laisser aller sur cette flexion de l'aine, à condition de ne pas vous effondrer, épaules tombantes, haut du dos arrondi.

Imaginez que vous vous appuyez à un balcon imaginaire, juste en dessous des seins. Relâchez bien le dos, laissez-vous porter en équilibre. Vous devriez pouvoir rester très longtemps ainsi. Si vous êtes trop en arrière, c'est que vos genoux restent hauts, du fait d'une raideur des hanches. Il ne faut pas hésiter à prendre des coussins plus hauts.

Si vous ne supportez pas cette posture, en raison de séquelles d'entorse de cheville par exemple, cherchez à l'aménager en allongeant une jambe, alors que l'autre est fléchie, ou tendez les deux jambes écartées devant vous. Dans la posture du tailleur, le ventre est détendu, le dos plat, la tête dans le prolongement de la colonne. De profil, on pourrait tracer une flèche oblique du sacrum au sommet du crâne, et même la prolonger dans l'espace.

À présent que vous vous êtes bien assise en tailleur, posez vos mains au sol derrière le dos, près des fesses. Vous êtes sur le bout des doigts, coudes légèrement fléchis. Penchez-vous en avant, dos droit, le plan des épaules en avant du plan des hanches. Sans rien changer à l'attitude et surtout sans reculer le buste dans l'espace, expirez en creusant le dos au maximum, en haut, entre les omoplates, mais aussi sur toute la longueur de la colonne, comme pour vous cambrer.

Étirée

Essayez de respirer en partant de l'expiration (et du périnée) et en remontant le bébé.

🔲 **Je me sens un peu crispée, ça tire entre les omoplates, mais je peux expirer en remontant et le ventre se détend parfaitement à l'inspiration !**

Comparez avec « la cambrure » : reculez vos mains, portez le poids du corps en arrière sur les mains ; cambrez. Observez la respiration, les sensations…

🔲 **Ça pousse le ventre en avant, ça tire dans le dos, au creux des reins. En fait je suis cambrée et je ne peux pas respirer dans le ventre, c'est la poitrine qui se soulève et qui redescend. C'est vrai que le premier dos creux demandait des efforts mais je me sentais redressée et la respiration était libre…**

Cambrée

Ici vous êtes cambrée, ce qui est mauvais. C'est une cassure au niveau de la charnière lombaire. Le diaphragme est poussé vers l'avant et ne peut accomplir sa course normale.

Dans le premier exercice, c'est un dos creux, la colonne est étirée en arc de cercle, il n'y a aucun point de cassure, la courbe est répartie harmonieusement sur l'ensemble de la colonne et les muscles sont allongés.

Restez en tailleur mais assise plus sur l'arrière, sur les fesses. Le dos se plie au niveau de la taille et la poitrine se tasse sur le haut de l'utérus (si vous êtes avancée dans votre grossesse). Respirez, serrez le ventre, lâchez-le… l'amplitude est très faible… c'est le mauvais dos rond.

▣ Je me sens complètement coincée, comme dans les fauteuils du cinéma, c'est affreux !

Pour faire le bon dos rond, en tailleur toujours, placez vos mains sur vos genoux, les doigts dirigés vers le ventre.
Arrondissez un peu le bas du dos mais repoussez-vous vers le plafond avec vos bras, comme si vous vouliez que l'attache du soutien-gorge soit le plus haut possible dans l'espace.
Repoussez aussi la tête, en gardant le menton rentré (mais ne le laissez pas descendre vers la poitrine, au contraire vous devez reculer le cou comme pour repousser quelque chose avec votre nuque). Vu de profil, votre dos

Tassée

est en arc de cercle continu, sans aucun point de cassure. Attention à la nuque, c'est le plus difficile… C'est une posture très énergétique, il faut combattre la pesanteur centimètre par centimètre. Mais ça respire !

Ici, Sharon, jambes allongées, utilise une sangle qu'elle repousse avec son dos pour amplifier l'étirement.

Étirée

Postures à quatre pattes

Il faut prendre des distances très précises.

Assise, fesses sur talons, jambes écartées en fonction de votre ventre, penchez-vous en avant pour vous coucher ventre entre les cuisses, fesses sur les talons, mains le plus loin possible devant vous. Étirez-vous ainsi. Ne bougez plus les mains et passez à quatre pattes.

▣ J'ai l'impression d'être très loin, ce n'est pas naturel. Il faut vraiment mettre les mains si loin ?

Vous allez comprendre pourquoi.

Faites un dos rond, avec ces distances-là, en enroulant bien le bassin (utilisez le périnée pour ramener le coccyx vers l'avant et faire basculer le bassin). Tirez les fesses vers l'arrière et les épaules vers l'avant, en passant sur le bout des doigts, poids du corps toujours bien sur l'arrière et non sur les mains. Vous avez bâti une arche bien étirée et solide. Respirez.

Bon dos rond

🔲 **Le ventre se serre tout seul très fort et se détend très bien. Je me sens dégagée, c'est agréable.**

Rapprochez maintenant les mains des genoux, juste un peu, comme vous vouliez le faire tout à l'heure. Respirez.

🔲 **C'est bloqué ! Je suis pliée en deux, j'ai le ventre coincé, je ne peux ni le serrer ni le lâcher. Je comprends ! Alors les dos ronds habituels ne sont pas du tout des étirements.**

Non… Vous vous pliez en deux, toujours sur la même charnière. On confond souvent se tasser dos rond et s'étirer. Si vous êtes étirée, le bassin est au plus loin des épaules et il y a de la place entre l'utérus et la poitrine, ce qui permet de respirer. Si vous prenez des distances trop justes, par exemple les mains à l'aplomb des épaules et les genoux à l'aplomb des hanches, c'est-à-dire les membres à 90° du corps, le dos rond sera trop tassé. De même si vous déplacez le poids du corps en avant sur les mains, vous n'étirez pas le bas du dos et vous tassez le haut.

Mauvais dos rond

Reprenez le quatre-pattes mais creusez le dos. Essayez de comparer vos sensations : laissez le poids du corps en avant, sur les mains, dans l'attitude spontanée. Puis reculez vos fesses (sans rien bouger, surtout pas les mains), jusqu'à ce que le poids du corps se trouve sur les genoux, à la limite de pouvoir soulever les mains du sol. Creusez le dos, respirez dans cette attitude de dos creux.

🔲 **La différence est très nette ; dans le premier cas, je sens une poussée sur mon ventre, juste au nombril. Je n'arrive pas à respirer abdominalement et ça fait mal aux reins. J'ai des fourmillements dans les mains, c'est presque douloureux.**

Si par contre je recule le poids du corps, c'est plus tonique dans les cuisses mais je n'ai plus mal aux reins. Je me sens dégagée au niveau des épaules, de l'estomac et ma respiration se fait toute seule, très bas. Le ventre rentre et se relâche en dessous du nombril. C'est moins ample que dos plat, mais c'est bien dans le ventre.

Mauvais

Bon

C'est toujours la même chose : dans le premier cas, poids du corps en avant, vous êtes cambrée. Il y a une cassure au niveau de la charnière lombaire, les épaules coincent la nuque, il y a une poussée sur les abdominaux qui vont s'écarter autour du nombril, c'est très mauvais...

Dans le deuxième cas, vous êtes en étirement dos creux. Il y a un arc de cercle harmonieusement réparti tout le long de la colonne, la nuque est dégagée (tête relevée sans casser la nuque), vous réalisez un allongement à l'avant comme à l'arrière, ce qui libère l'estomac et donne cette sensation d'étirement dans le haut du ventre (mais jamais dans le bas). Ça ne doit jamais tirer entre le nombril et le pubis, mais au contraire entre le nombril et le sternum.

▨ Il ne faut donc pas arrondir le dos pour corriger la cambrure, il suffit de reculer les fesses ?

En effet et c'est très intéressant car il est agréable et nécessaire pendant la grossesse d'étirer entre le nombril et le sternum, ce qui ne peut se faire que dans le vrai dos creux (voir « Les abdominaux », et « Limiter les problèmes digestifs... »).

L'horreur, c'est le fameux exercice « dos creux, dos rond » qui alterne en fait un tassement et une cambrure, sans jamais étirer la colonne (on la plie en deux dans un sens puis dans l'autre...). Même une barre de métal finit par se casser à ce régime ! Il faut oublier ce préjugé qui dit que le dos rond est bon et le dos creux mauvais !

Il y a des bons dos ronds, rares et difficiles, et des bons dos creux. Les deux sont des étirements, qui libèrent le ventre et entraînent une respiration abdominale.

On se méfie beaucoup de la cambrure, pas du tassement, ce qui est le pire pour la colonne vertébrale qui n'est pas du tout prévue pour présenter une bosse au niveau des reins !

Couchée sur le dos

Couchez-vous sur le dos, jambes allongées. Observez votre cambrure, pliez les genoux pour poser les pieds au sol. Vous êtes aussitôt moins cambrée, mais le moindre geste, comme porter les bras derrière la tête, vous confirmera que ce n'est pas une posture stabilisée. Ramenez maintenant les genoux sur la poitrine. Il n'y a plus de possibilité de cambrure même si vous posez les bras derrière, et votre ventre respire. Si vous reposez les pieds au sol, la cambrure s'installe à nouveau. C'est lorsque vos cuisses se sont écartées de votre ventre que l'angle entre cuisses et ventres a dépassé 90° que vous avez senti votre bassin «partir», entraîné par le poids des jambes.

Avec une chaise

LA RELAXATION AVEC LA CHAISE

Prenez une chaise ordinaire, mais sans barreaux, pour pouvoir glisser les fesses en dessous. Les mollets posés sur le siège, rapprochez-vous au maximum pour glisser la pointe des fesses sous le siège. Dans cette attitude, vous êtes bien placée, mais ce n'est pas tout à fait «le must». Prenez appui sur vos jambes pour soulever le bassin (en vous aidant du périnée pour ramener le coccyx vers l'avant) et reposez-vous doucement, en déroulant votre dos.
C'est la posture magique qui détend immédiatement tout le dos, de la nuque au bas du dos, qui détend le ventre et permet une respiration spontanément abdominale. Le ventre semble presque plat, le bébé bouge, il a de la place.
C'est une excellente posture pour trouver le sommeil. Vous allez vous sentir planer (sauf si vous avez des malaises couchée sur le dos – voir Les problèmes de la circulation).
Si vous êtes petite, la chaise sera toujours trop haute, vous allez retrouver les problèmes que vous avez quand vous vous asseyez dessus, mais à l'envers. Surélevez alors les fesses avec une serviette de toilette pliée en quatre ou un coussin. Si vous êtes grande, mettez une serviette ou un petit coussin sur le siège, sous vos genoux.

| Inspiration | Expiration |

Si vous éloignez la chaise de quelques centimètres, vous retrouverez la cambrure, l'appui sur le bas du dos, souvent très désagréable, voire intenable si vous avez des problèmes de sacro-iliaque, et une respiration haute, un ventre tendu.

Vous voyez donc que tout se joue à quelques centimètres. Vous allez retrouver cette problématique sur la table d'accouchement, selon la position des étriers.

Un bon repère : la règle de l'équerre

Un repère peut être universel à toutes les positions : celui de « l'équerre » (l'angle entre le tronc et les cuisses).

Si je m'assieds par terre, jambes allongées et que j'arrive, sans trop de tensions, à placer mon buste à 90° de l'axe de mes cuisses, mon dos est plat et mon bassin se trouve perpendiculaire au sol. Je respire librement dans le ventre (sauf si les jambes sont trop raides, auquel cas il faut les plier un peu pour éviter la tension des abdominaux).

Si je veux m'allonger sur le dos, je vais faire tourner mon bassin, de plus en plus au fur et à mesure de ma descente, dans un mouvement qui amène le coccyx (l'extrémité de la colonne) dans la direction du front, en suivant un cercle imaginaire. Ce mouvement s'appelle la rétroversion du bassin.

Si je m'appuie sur les bras pour m'enrouler, afin de ne pas contracter les abdominaux, à tout moment ma respiration est libre, je peux serrer et lâcher le ventre. Si je veux maintenant me redresser, m'asseoir à nouveau, il va falloir ramener le bassin dans sa position initiale et ne pas faire le même mouvement que pour aller en arrière.

Pour aller en avant, il faut basculer le bassin dans l'autre sens, faire comme un geste de cambrure, tirer le coccyx vers l'arrière et non arrondir le dos comme on le croit souvent. Ce mouvement s'appelle antéversion du bassin ; il permet d'aller vers l'avant, de se pencher vers le sol quand on est debout, par exemple, sans tasser la colonne.

▨ Je crois que je n'arriverai jamais à me rappeler : antéversion c'est vers l'avant et rétro c'est vers l'arrière ?

Oui, c'est bien l'étymologie, mais toute la difficulté est de savoir de quoi on parle, car le bassin est une sorte de sphère (voir « Sentir la bascule du bassin »). Que peut-on en conclure ? Que tout dépend de l'angle entre les cuisses et le tronc, plus exactement entre les fémurs et la colonne.

EN RÉSUMÉ :

– si l'angle fémur-colonne vertébrale est supérieur à 90°, il y a risque de cambrure dès qu'on veut redresser ou creuser le dos. Il est logique dans ce cas de rétroverser le bassin pour s'étirer, c'est-à-dire de ramener le coccyx vers l'avant en utilisant le périnée et l'expiration ;

– si l'angle est inférieur à 90°, il y a risque de tassement et c'est le geste de creuser le dos qui redresse et étire la colonne. Il ne faut surtout pas rétroverser le bassin.

La rétroversion ou l'antéversion du bassin ne sont ni bonnes ni mauvaises en elles-mêmes. Il faut se repérer à cet angle. Cela est vrai dans toutes les directions dans l'espace.

C'est la respiration qui vous dira si la posture est juste :

– **si votre colonne est étirée,** quelle que soit votre position, votre respiration est libre, abdominale, c'est la détente ;

– **si vous êtes tassée ou cambrée,** la respiration est thoracique, c'est le stress.

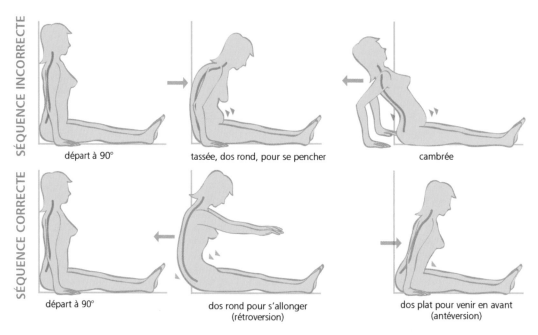

La logique de l'étirement

Quelques exemples de positions

Assise sur une chaise normale, si vous n'êtes pas très grande, vous croisez les jambes spontanément… pour ramener inconsciemment un angle inférieur à 90°, entre le tronc et les cuisses, ce qui place le dos. Malheureusement, enceinte c'est inconfortable et ce n'est pas bon pour la circulation.

Accroupie, vous n'êtes pas cambrée. Inutile de ramener plus le coccyx en avant, vous seriez tassée. Laissez peser votre bassin librement. Mais dès que vous vous relevez, votre bassin repart dans l'antéversion et la cambrure réapparaît si vous ne faites pas un effort pour maintenir un dos étiré.

Couchée sur le côté, si vous écartez la cuisse supérieure de votre ventre, en particulier parce que vous avez l'impression de coincer le bébé, si vous n'avez pas les accessoires qu'il faut, votre utérus tire en avant et vous êtes cambrée. Le ventre est tendu, la respiration haute, le bébé trépigne.

Il suffit de remonter le genou supérieur pour que l'angle fémur-colonne vertébrale se ferme, et vous retrouvez l'utérus recentré, le dos droit, une respiration abdominale, un ventre détendu…

Le coussin microbilles est l'outil idéal pour poser la tête et le genou, et s'adapter au volume du ventre.

À quatre pattes, nous avons vu que le seul fait de reculer le bassin pour que les fesses se trouvent en arrière des genoux, et donc que l'angle fémur-colonne soit inférieur à 90°, suffit à décambrer sans tasser et à libérer la respiration.

C'est toujours vrai : il suffit de regarder l'angle pour savoir dans quel sens corriger, puis donner les accessoires pour assurer une posture juste, mais confortable.

Nous verrons que couchée sur le ventre est aussi possible, avec le coussin, et très confortable pour certaines mamans. La difficulté va être dans les postures où l'angle est forcément supérieur à 90°, par exemple debout ou couchée jambes allongées.

Il faudra apprendre à maintenir le bassin en rétroversion contre la gravité qui l'entraîne en antéversion.

Ce que nous verrons plus loin.

Intégrer la pesanteur

« Matheuse », poète ou manuelle, nous sommes par rapport à la maternité des « mammifères ». Nos petits se développent dans l'utérus et naissent par les « voies naturelles » sauf césarienne. Mais nous sommes des mammifères verticalisées, au lieu d'être, comme les autres mammifères, à quatre pattes.

La position redressée pose des problèmes. Pendant la grossesse, elle paraît particulièrement aberrante. Quel étrange équilibre que ce développement du ventre en dehors de l'axe du corps, comme dans le vide ! Cette position tire sur la colonne, juste en face de la cambrure lombaire et nous arc-boute, créant une tension permanente que nous compensons plus ou moins bien par d'autres tensions. Cela tire aussi sur le ventre, alors que tout est si aisé à quatre pattes. Ainsi, les autres mammifères, portant leur petit à l'horizontale, n'ont pas besoin d'un col fermé, alors que le nôtre doit rester verrouillé pendant neuf mois pour résister à la pesanteur.

Quand il faut qu'il s'ouvre, un beau matin, c'est un énorme travail, souvent douloureux ! Beaucoup d'organes sont suspendus par des ligaments et ils ont tendance à glisser vers le bas si on fait tout pour les pousser dans cette direction, sans jamais penser à faire quelque chose pour les retenir ! De même, le retour du sang au cœur est rendu difficile par la station debout ou assise, les jambes pendantes. Vouloir mettre tout en haut de l'édifice ce qui pèse le plus lourd, la tête, est une drôle d'idée.

Revenons à la respiration dont nous avons retrouvé le sens physiologique : remontée du diaphragme à l'expiration et descente à l'inspiration.

Nous allons aller plus loin à travers des postures qui poussent plus loin le travail respiratoire.

Postures respiratoires

Quelques exercices peuvent vous aider à bien sentir la respiration et l'amplifier.

La respiration est la clef de la détente.

Le rire est dans le ventre, le sanglot dans la poitrine. En cas de stress, le diaphragme est bloqué, la gorge aussi (le périnée aussi!), le souffle court et superficiel. Les tableaux de détresse respiratoire montrent un «tirage» dans la poitrine.

Il est important de trouver des moyens de libérer la respiration, d'en augmenter l'amplitude.

> *À partir de la position de détente avec la chaise par exemple, ou à partir de la position sur le dos bien étirée, un pied sur le genou pour éviter la cambrure, placez les doigts croisés au-dessus de la tête et expirez en allongeant les bras. Ramenez les mains sur la tête et laissez inspirer.*
>
> *Vous allez sentir le diaphragme qui redescend et «fait entrer l'air», en gonflant légèrement le ventre.*
>
> *Si vous restez un peu vide, les bras remontés, vous sentirez votre diaphragme «tirer», pomper, comme lorsqu'on reste sous l'eau… vous saurez alors mieux le situer et voir son mouvement.*

Inspiration

Expiration

Le rôle des narines

Il ne paraît pas possible de commander son diaphragme… Mais il y a en fait des moyens de le libérer: l'étirement, et des moyens de le diriger: l'utilisation des narines.

Nous avons vu chez l'animal que les narines s'écartent à l'inspiration. Chez le bébé aussi et il est très important que le bébé ait les narines libres pour respirer.

> *Commencez par Inspirer comme un enfant enrhumé qui ne veut pas se moucher et renifle en «tirant» l'air par le nez., en essayant de «tout ravaler».*

Pas très élégant ! La poitrine se soulève et le ventre rentre… Je respire «à l'envers». Les narines se pincent.

Si, au contraire, vous vous efforcez d'écarter les narines, comme pour identifier un parfum, vous verrez que le ventre se gonfle. Exercez-vous en bouchant une narine avec votre pouce… Il faudra dilater l'autre pour inspirer, sinon elle va se coller à la cloison et l'air ne passera pas. Alternez, bien sûr. Lorsque vous maîtriserez le mouvement, vous verrez qu'il est facile de faire ce geste d'écarter directement les narines sans l'aide des doigts.

Pour résumer, on peut dire que la respiration doit commencer par la remontée du périnée suivie de l'expiration par serrage des abdominaux les plus profonds ; l'inspiration est le relâchement du périnée puis du ventre, avec ouverture des narines pour laisser entrer l'air qui est aspiré. À défaut, si le nez est bouché, on peut ouvrir la bouche…

Entraînez-vous à dilater les narines, surtout quand vous avez des contractions. Le ventre se détendra et les contractions céderont plus vite. Vous retrouverez plus facilement ce geste pendant l'accouchement s'il vous est familier et c'est un des secrets pour oxygéner au maximum votre bébé, et pour calmer le jeu si vous avez des contractions prématurées (voir «Contractions… nuages dans un ciel limpide»). Il existe dans le nez des terminaisons nerveuses réflexes qui commandent le diaphragme. Les grands sportifs portent des «écarteurs de narine» pour courir, et on a pu mesurer que cet accessoire augmente de 40 % l'oxygénation d'effort.

Le chant

Quel bon moyen de respirer et quelle grande détente ! On fait chanter les enfants qui ont peur dans le noir, en colonie de vacances, car il est aussi un antistress puissant. Nous ne chantons pas assez… Votre bébé entend et reçoit les vibrations si vous chantez. En Inde, les futures mamans jouent de la tampoura, un bel instrument à corde qui a un très gros «ventre», une caisse de résonance. Elles laissent leur ventre en contact avec l'instrument qui vibre et elles chantent des voyelles, des gammes sans paroles, uniquement pour prononcer des sons en harmonie avec l'heure du jour, la luminosité du soleil, le lever ou la tombée du jour. Ce sont de très beaux sons et c'est un exercice très relaxant, qui vous met dans un état un peu planant. Vous pourrez utiliser cela pour l'accouchement, c'est très efficace contre la peur et la douleur. Les sons sortent alors tout seuls, et à l'intensité, la puissance, la tonalité, on peut suivre la progression du travail, car ils reflètent ce qui se passe à l'intérieur.

Si vous n'avez pas la possibilité de suivre des cours de chant prénatal ou d'avoir des cassettes pour travailler chez vous, entraînez-vous à expirer en laissant simplement sortir des sons : Ah… Ah… Ah… Oo… Oo… Hé… Hé… Ou… Ou…, etc. Laissez couler le son sans souffler, sans pousser l'air. Vous serez surprise de la durée de votre souffle.

Il y a des sons particuliers en yoga ?
Le OooMmm, ou AOM qui procure des vibrations très profondes. Vous pouvez l'utiliser bien sûr.

Nous allons faire un peu de concentration sur le souffle.

Il y a d'autres niveaux, mais difficiles à aborder pour la première fois dans la grossesse.

Concentration sur le souffle

Assise, parcourez votre colonne, du coccyx au sommet de la tête, en expirant. Grandissez-vous, poussez le sommet le plus loin possible., en continuant à appuyer les ischions sur le sol, le ballon ou la chaise, pour que le dos reste bien droit et qu'il n'y ait pas de crispation inutile. Laissez l'inspiration se faire et imaginez que l'air, l'oxygène circulent partout, jusqu'au bout de vos doigts, jusqu'au centre de vous. Ouvrez les narines, inspirez lentement, longtemps, puis allongez l'expiration.

◘ Faut-il faire des pauses respiratoires ?

Elles vont s'imposer à la fin de l'expiration et de l'inspiration. Ce n'est pas un va-et-vient strict sans transition. Prenez le temps de laisser le souffle vous parcourir.

Une bonne respiration est une ressource fantastique. Mais déjà cette redécouverte d'une respiration abdominale de détente est un acquis fondamental et permanent de bien-être. En cas de stress, d'insomnie, commencez par respirer tranquillement, par détendre le ventre.

Et bébé pendant ce temps ?

Il est encore dans ce monde des ténèbres, des limbes, relié au cosmos par votre souffle. Il reçoit tout de vous et l'oxygène lui est apporté par le cordon. Son cœur bat en fonction de votre propre rythme cardiaque… Si celui-ci s'emballe, celui du bébé va s'accélérer et réciproquement. Si l'oxygène est insuffisant, son cœur va ralentir de façon critique. Lors de l'accouchement, c'est un moyen de surveillance de son état, à travers le monitoring, appareil qui enregistre son rythme cardiaque. En effet, pendant les contractions, les échanges ne peuvent plus se faire entre la mère et le placenta, car l'utérus en se contractant comprime les vaisseaux qui le traversent. Il y a heureusement des réserves suffisantes de sang dans le placenta mais il faut bien reconstituer ces réserves après la contraction. C'est pourquoi il est important de savoir récupérer vite une respiration efficace, et de limiter la durée des contractions. Si vous en prenez l'habitude pendant la grossesse, cela reviendra tout naturellement pendant l'accouchement.

N'oubliez jamais cette union incontournable entre vous et votre bébé ; que la péridurale ne vous empêche pas de respirer pour lui au moment où il en a le plus besoin !

Respiration et relaxation à l'intention du bébé

Lors de l'expiration, rejetez de vous tout ce qui est négatif, inutile, usé… Le gaz carbonique, mais aussi les soucis, la fatigue, « soufflez ». Lors de l'inspiration apportez au plus profond de vous, jusqu'à votre bébé, tout ce qui est bon, énergie, oxygène, chaleur, détente.

Sentez bien ce rythme régulier, calme, ce bercement qui apaise et endort un peu, laissez bouger votre ventre pour le bien-être de votre bébé.

Le bassin : quand tout tourne autour

Nous avons vu que la respiration ne peut être libre et abdominale que si la colonne verté-brale tout entière, du coccyx à la nuque, est étirée quelle que soit la position. Nous avons observé cela assise, à quatre pattes, couchée sur le côté, couchée sur le dos, et nous avons constaté que le seul fait d'avoir un angle supérieur à 90° entre les cuisses et le tronc rendait les choses difficiles… Il faut corriger, sinon il y a cambrure. Cette correction s'appelle «bascule du bassin». C'est une des bases de notre travail corporel, de notre rééducation en cas de problèmes de dos, mais c'est aussi la première source d'erreurs. On peut même affirmer que la correction est souvent plus nocive que la cambrure si elle réalise un tassement et non un étirement. C'est pourquoi il faut reprendre les choses à la base afin de construire correctement tout le travail que nous allons faire durant la grossesse, l'accouchement, les suites et, en fait, la vie entière.

Sentir la bascule du bassin

▤ Pourquoi doit-on «basculer le bassin ?»
Nous devons «basculer» le bassin parce que nous ne sommes plus à quatre pattes. Ainsi pour nous redresser, il faut relever le tronc en tournant autour de l'articulation de la hanche. Parfois le mouvement est incomplet car la charnière est un peu enrayée… Et au lieu de se pencher et de se redresser à la manière d'un «couteau pliant» qui se ferme et s'ouvre, nous arrondissons le dos pour nous pencher en avant et nous creusons les reins pour nous redresser. Nous pouvons améliorer cela.

Le bassin peut basculer aussi bien en arrière (rétroversion) qu'en avant (antéversion) en tournant sur l'articulation de la hanche.

La rétroversion efface la cambrure ; mais, mal réalisée, cela devient un tassement.

Lorsque le bassin bascule en avant (antéversion), si les épaules ne bougent pas, il y a cambrure.

▤ J'ai du mal à savoir dans quel sens va le bassin, dois-je me repérer à mon ventre, à mes fesses ?
Le bassin est une sorte de corbeille : lorsque le coccyx va vers l'avant, vers le front, le bassin est en rétroversion, c'est ce qu'on appelle, en langage courant, la «bascule du bassin». Repérez-vous au coccyx, c'est beaucoup plus clair.

Ainsi, lorsque le coccyx est tiré vers l'avant, à la manière du chien qui ramène la queue entre les jambes, votre bassin est rétroversé, vous êtes décambrée, lorsque vos fesses pointent vers l'arrière, c'est une antéversion.

▤ *Rétroversion comme antéversion peuvent être des attitudes justes ou non. Tout dépend de la position dans l'espace (se souvenir de «la règle de l'équerre»). Il n'y a qu'une règle de bon sens : tout ce qui étire est bon, tout ce qui plie en deux et rapproche les épaules du bassin est mauvais.*

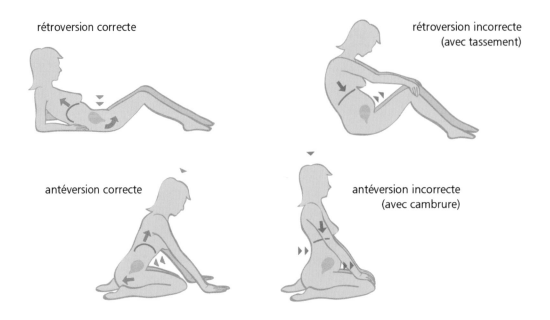

rétroversion correcte

rétroversion incorrecte
(avec tassement)

antéversion correcte

antéversion incorrecte
(avec cambrure)

Deux types de postures (couchée et debout) vont vous aider à mieux repérer cette sensation de bascule.

Si vous êtes couchée

Prenez la position couchée sur le dos, jambes pliées sur la poitrine, laissez tomber les pieds au sol, sans contrôler le mouvement. Observez.

🔲 **Je suis cambrée !**
Lorsque les cuisses se sont écartées du tronc à plus de 90°,
le poids des jambes a entraîné le bassin et vous êtes arrivée cambrée.
C'est la fameuse règle de l'équerre (voir p. 25)… Nous retrouverons encore
le même problème debout puisque l'angle colonne-fémur est de 180°.

Comment basculer le bassin

▤ **Pour décambrer, il faut « basculer » le bassin ?**
Tout à fait, mais ça ne se fait pas tout seul. Cela n'est pas si simple ! Quelle est votre méthode dans la posture « couchée sur le dos » ?

▤ Je plaque les reins au sol. C'est ce qu'on fait en gymnastique.

Est-ce que vous pouvez respirer librement, lâcher le ventre complètement ?

▤ **Non ! En fait, je tiens par la contraction des abdominaux ; si je lâche ça recambre. Je peux aussi pousser sur les pieds, ça ramène le coccyx vers le ciel, souffler…**

Mais vous n'êtes toujours pas détendue… Vous avez plaqué les reins au sol sans rien étirer.

Illustrons le problème : si on pose une ceinture au sol et qu'on fasse une bosse au milieu puis qu'on décide de plaquer la ceinture sur toute sa longueur, il y a deux solutions : soit tirer par une des extrémités jusqu'à ce que la bosse disparaisse (a ou b), soit par les deux à la fois (c). Il ne viendrait pas à l'idée de chercher un marteau et de taper sur la bosse, sans éloigner les extrémités. C'est pourtant ce que nous faisons le plus souvent lorsque nous arrivons à plaquer les reins au sol sans avoir bougé ni les épaules ni le bassin (d). Les vertèbres étant séparées par les disques, rien de plus facile… On tasse en écrasant les disques ! Un seul grand principe : il ne faut jamais contracter les abdominaux entre le sternum et le pubis pour se décambrer !

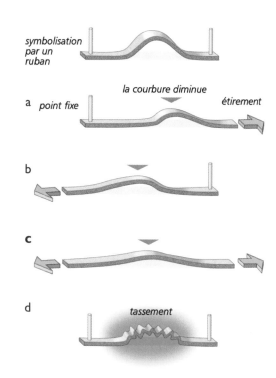

symbolisation par un ruban

a *point fixe* — la courbure diminue — étirement

b

c

d — tassement

Avec un partenaire

Vous êtes allongée sur le dos, pieds au sol, genoux fléchis, votre partenaire est à genoux au sol devant vous (ce replacement du bassin peut se faire aussi sur une table d'accouchement, le partenaire étant alors debout devant la table). Soulevez le bassin. Votre partenaire passe ses avant-bras, rapprochés, sous votre dos, jusqu'à hauteur de votre taille. Laissez tout votre poids sur lui, sans vous retenir (ce n'est pas pénible pour le porteur et c'est la condition pour réussir l'étirement). Progressivement, il retire ses bras, en vérifiant que vous vous laissez toujours aller, en surveillant la respiration spontanée abdominale qui ne doit pas se bloquer. Lorsque ses mains arrivent au niveau du sacrum, il provoque un léger bercement latéral pour obtenir un abandon complet ; puis il retire complètement les mains, doucement, en sentant le bassin tourner comme une roue !

▤ **Le bébé bouge, on dirait qu'il nage. Je n'ai jamais ressenti un tel bien être dans cette position, c'est un peu planant…**

Votre ventre respire bien, sans que vous y pensiez… Il est étalé et le bébé trouve sa place. On pourrait en mettre deux! Vous n'avez aucun effort à faire pour garder la position… Repérez bien cette sensation, elle est fondamentale.

Profitez-en pour faire un massage du ventre, préventif des vergetures (voir «Contractions…»). Jouez avec le bébé, communiquez avec lui, faites-lui de vrais câlins (ce placement qui assure le relâchement du ventre est à la base de l'haptonomie). Il est donc possible de basculer le bassin et d'obtenir une posture stable sans se servir des abdominaux, sans raccourcir la distance épaules-bassin, mais au contraire en l'allongeant au maximum.

Si le papa n'est pas à l'aise, vous pouvez placer une serviette sous les reins de la maman, et le papa tire la serviette vers lui, ce qui fait tourner le bassin en rétroversion, tout en l'éloignant des épaules. C'est ce qu'on utilisera sur la table d'accouchement, grâce à l'alèze qui est sous la femme.

▤ **C'est tellement agréable… je voudrais pouvoir être toujours posée ainsi. Comment faire toute seule?**

Sans accessoire

Essayez maintenant de vous placer seule, pieds posés au sol.

Soulevez légèrement le bassin, prenez vos hanches dans vos mains, en vous aidant de la contraction du périnée, faites tourner votre bassin comme une roue, alors qu'il est soulevé: c'est facile, il est très mobile dans cette position. Repoussez à pleines mains vos hanches le plus loin possible des épaules et reposez doucement le dos, vertèbre après vertèbre, en commençant par le haut.

Posez la taille, maintenez toujours le bassin dans vos mains pour empêcher qu'il ne rebascule dans l'autre sens.

Lâchez le ventre, laissez-vous respirer pleinement pour être sûre que vous ne vous servez pas du tout de vos abdominaux, qu'ils sont bien détendus. Vous avez dû observer un creux juste au niveau de l'estomac, une place nouvelle entre le bébé et la poitrine.

Alors doucement, relâchez les fessiers, en maintenant le périnée contracté pour tenir le bassin. Sentez vos fesses s'étaler latéralement et progressivement. Vous devez avoir la sensation de vous «déverser» sur la taille: tout le poids du corps tombe sur la taille, le bassin regarde vers le ciel.

Alors la respiration est libre et la détente, la vraie, s'installe.

Vous devez rechercher cette sensation de creux sous le sternum qui signe l'étirement des muscles grands droits (abdominaux).

Mais si vous restez longtemps, vous aurez envie de tout détendre, et en particulier les cuisses… et ce sera ou une cambrure, ou une tenson.

Pour une détente totale, il faudra des accessoires

Avec des accessoires

– Avec une chaise, si vous supportez la flexion des hanches

– Le super-confort pour lire… un coussin microbilles sous la tête et sous les aisselles ou un oreiller contre les cuisses !

– Avec le coussin microbilles vous pouvez poser le bas du dos sur le coussin et laisser reposer les cuisses.

– Vous pouvez aussi aménager une posture qui rappelle la chaise, mais qui coince moins le ventre : doublez ou triplez, selon votre taille, le coussin microbilles et laissez vos genoux se poser par-dessus, après avoir bien étiré votre dos par la même manœuvre.

– Une autre solution est de rajouter une galette sous les fesses, de façon à surélever le bas du sacrum, ce qui permet de poser les reins comme dans un hamac. La cambrure ne réapparaît pas quand vous vous détendez.

– Avec un ballon : vous pouvez utiliser un ballon pour poser vos jambes dessus. Le problème est que vous ne pouvez pas « passer en dessous » du ballon comme avec la chaise.

L'angle fémur-colonne est donc supérieur à 90° et il y a un risque de cambrure.

Il faudra donc que le ballon soit assez haut pour vous permettre une «suspension» qui étire votre dos automatiquement ; ou mettre la galette sous le sacrum en plus du ballon.

Avec la galette

□ **C'est royal ! Tout bouge et je n'ai plus mal au bas du dos, je me sens toute légère, il n'y a plus de poids sur le périnée…**

Même sur la table d'accouchement

La totale : ballon, galette et coussin !
Si vous rajoutez le coussin sous la tête et les aisselles, vous allez dégager l'estomac et avoir une détente totale.

Si vous êtes debout

Après les postures couchées sur le dos, nous allons voir la problématique de la position debout.
C'est difficile, donc nous allons d'abord passer par un apprentissage plus simple.

La posture à genoux

Partez en position assise sur les talons.
Passez à genoux. Vous constaterez que vous donnez un coup de reins, ce qui pousse sur le ventre et vous arrivez cambrée.
Il y a un creux dans les reins et un angle au niveau de l'aine, entre le haut de la cuisse et le bassin.
Essayez de vous redresser sans faire ces erreurs en gardant le dos dans un corset imaginaire.
Il faut faire travailler les jambes !
Ne vous penchez pas en avant, faites tourner vos fémurs vers l'extérieur, comme si vous vou-liez ramener la couture de vos collants en avant.

Expirez bien et poussez les fesses vers l'avant, en contractant le périnée pour ramener le coccyx vers l'avant.
Vous verrez que ça monte presque tout seul, sans effort.

Mauvais

Bonne façon de monter

Ainsi, vous arrivez dans une position juste, le bassin est horizontal, l'aine est étirée, le ventre est libre de respirer; le bébé est bien dans l'axe du bassin, il ne pèse plus en avant.
Vous pouvez respirer!

▌ **C'est plus difficile de détendre le ventre qu'en position allongée.**

C'est parce que vous avez reculé vos épaules en poussant le bassin en avant. C'est une tendance naturelle: dès qu'on avance le pubis, on recule les épaules et les abdominaux sont tendus. Ramenez l'ensemble du tronc vers l'avant, de façon à avoir, vue de profil, l'oreille, l'épaule, la hanche et le genou parfaitement alignés à la verticale (un fil à plomb imaginaire passant par ces repères). Lâchez le ventre.

▌ **En effet, le ventre se détend mais il reste comme une ceinture basse tonique et le ventre ne plonge pas dans le vide, il se gonfle simplement. Mais les fesses sont serrées.**

Il est important d'avoir cette sensation de ceinture solide, qui tient non seulement comme une gaine très basse sous votre ventre, mais aussi le dos, les hanches… C'est la « ceinture pelvienne » qui doit être une

base très solide pour les positions verticales. C'est le socle qui va supporter tout ce qui vient peser dessus.

Vous pouvez relâcher les fessiers après avoir bien senti que vous étiez plantée dans le sol fermement. Mais il restera un tonus dans les fessiers, contrairement à ce qui se passe quand vous êtes cambrée. Tirez simplement un peu les fesses en arrière, observez… C'est une cambrure.

▌ **Il n'y a plus aucune solidité, le ventre tire vers le bas, les reins sont creux, je sens une pesanteur sur le périnée et je ne peux plus respirer dans le ventre. Comment faire pour me replacer? Pousser les fesses vers l'avant?**

Tout simplement! Ce qui fait tourner les cuisses légèrement vers l'extérieur. Mais surtout ne contractez pas les abdominaux grands droits! Ne rapprochez pas le bassin des épaules, Il faut garder l'estomac dégagé. Respirez…

Passer debout

Balancez-vous maintenant d'un genou à l'autre, sans rien bouger dans le dos, puis choisissez le pied que vous décidez de poser au sol, en restant stable sur l'autre hanche. En serrant le périnée et en expirant posez le pied par terre à côté du genou et non à 40 centimètres devant, car cela obligerait à vous «jeter» en avant pour changer le centre de gravité et vous ne pourriez plus contrôler votre dos, ce serait encore un coup de reins et une poussée dans le ventre. Poussez simplement par terre sur le pied, sans vous pencher en avant, et tendez les jambes en expirant... Vous avez toujours un précieux fardeau (imaginaire) sur la tête, qui ne risque pas de tomber si vous conduisez ainsi vos mouvements.

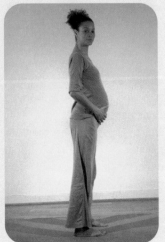

Le bassin « plaque tournante »

Le tronc et les jambes s'articulent sur le bassin...

Le bassin peut être représenté comme une portion de sphère, pièce intermédiaire entre le buste et les jambes. Ainsi, s'accrochent sur lui des muscles qui le relient au buste à l'avant comme à l'arrière et sur les côtés et des muscles qui le relient aux membres inférieurs par l'intermédiaire des fémurs. Pour orienter cette corbeille, on peut actionner les différents groupes de muscles comme les ficelles qui font bouger un pantin. Vous avez pu remarquer qu'une bascule du bassin peut entraîner un mouvement des épaules et du cou, une flexion des genoux. Tout est lié et bien peu de choses sont déliées ! En général, les muscles réalisent une sorte de chaîne élastique globalement trop courte : quand on allonge une portion, l'élastique compense par un raccourcissement ailleurs. Pour obtenir une rectitude, il faudra nécessairement un travail d'étirement, en particulier au niveau de l'aine et des chaînes «postérieures», de l'arrière des genoux à la nuque, en passant par le creux des reins.

Trois manières de bouger le bassin debout

Une solution non adaptée : plier les genoux

Contre un mur genoux fléchis, on sent le bassin se placer sans tension, les reins sont plaqués, le ventre détendu. Plus on plie les genoux, plus ça décambre.

Si l'on cherche à tendre les jambes, on sent le bassin basculer en avant et la taille quitter le mur.

La première manière de rétroverser ou d'antéverser le bassin est donc de modifier l'angle fémur-colonne. Plus il est fermé, plus la cambrure disparaît : si vous êtes accroupie, il n'y a plus de cambrure ! Mais ce n'est pas une solution pour marcher et rester debout que de fléchir beaucoup les genoux. C'est très fatigant dans les jambes, ça fait mal aux genoux… et vous n'avez plus aucun gainage, plus aucune ceinture… Observez les fessiers, le bas du ventre, le périnée…

▌ **En effet, je ne me sens plus soutenue, je retrouve les pesanteurs, j'ai besoin de mettre mes mains pour soutenir mon ventre et le périnée est comme ouvert en avant surtout…** Réduire l'angle fémur-colonne est une bonne façon de se décambrer en position horizontale : couchée sur le dos, sur le côté, à quatre pattes ; acceptable en position assise ; mais pas debout, en raison de la gravité. Celle-ci nécessite un tonus des fessiers, des abdominaux du bas du ventre, ceux qui sont en dessous des organes et qui les soutiennent et du périnée, puisque ce sont des positions qui doivent aider les sphincters à rester fermés malgré la pression.

Ce sont des positions pour marcher, travailler, mais pas pour accoucher, aller à la selle… rien ne doit sortir !

L'erreur habituelle : contracter les abdominaux

C'est-à-dire raccourcir la distance épaules/bassin, qui tasse la colonne et augmente la pression dans le caisson abdominal, puisqu'il en diminue le volume. Jacques Thiébaut l'illustrait en disant : « Il ne faut pas tenir son slip avec son collier. »

En réalité, il ne faudrait jamais plier au milieu du corps, quel que soit le sens. Les gens qui ont des lumbagos, des hernies discales, doivent porter un corset (lombostat, c'est-à-dire qui fixe les lombes) qui empêche la taille de se plier. Il y a des baleines qui maintiennent le bassin au plus loin de la poitrine, et les flexions se font au niveau des hanches.

Il faudrait vivre avec un corset imaginaire dans notre dos, mais avec le ventre libre !

Le bon geste : la rotation externe des fémurs… sans laisser tourner les fémurs !

Il existe encore une manière de faire bouger le bassin par rapport aux membres inférieurs : c'est l'utilisation des muscles qui relient le bassin aux fémurs, soit à l'extérieur entre le bassin et le haut des cuisses, soit entre le bassin et l'intérieur des cuisses. Ces muscles s'appellent les « rotateurs » des fémurs. Ils permettent de tourner les membres inférieurs soit en dedans, soit en dehors (par exemple, pour mettre vos pieds en dedans ou en dehors).

Quand vous êtes passée à genoux en utilisant le périnée, vous avez fait une « rotation externe » des fémurs et vous avez pu sentir l'aine s'ouvrir, s'étirer.

Essayons assise au sol : écartez les jambes, tendez-les devant vous, placez les doigts au creux de l'aine. Amorcez le geste de vous allonger sur le dos, que se passe-t-il ?

▤ **Les pieds tournent vers l'extérieur, les cuisses aussi. Si je remonte, comme pour me pencher en avant, les cuisses et les pieds tournent vers l'intérieur ; je me sens un peu pantin. Les mouvements se font presque malgré moi.**

Cela est tout simplement physiologique, la rotation externe (vers l'extérieur) des fémurs va avec la rétroversion (bascule) du bassin, la rotation interne des fémurs va avec l'antéversion du bassin. La rotation interne va avec le quatre-pattes, la rotation externe avec la verticale.

On peut l'observer chez l'animal : les cuisses sont vraiment tournées l'une face à l'autre dans la position quatre-pattes, et changent de direction quand il se dresse sur les pattes arrière. Si on attrape les pattes avant de son chien et qu'on le redresse on va voir les poils plus fins, plus clairs de l'intérieur des cuisses qui viennent vers l'avant. Mais le chien est un peu « enrayé » au niveau de l'aine, il ne peut pas se déplier complètement comme la lame du couteau pliant.

▤ **Mais on ne se sert pas de cela pour basculer le bassin ?**

C'est bien là l'erreur ! On se sert de tout, sauf de cela, alors que c'est le seul mouvement correct pour placer la colonne dans la verticale.

Placez vos pieds écartés, parallèles et surtout pas « Charlie Chaplin » ; vous pouvez mettre les pointes de pieds un peu vers l'intérieur pour accentuer le geste et mieux le sentir. Imaginez que vous êtes sur des patins à glace, ou des rollers, la lame dans un rail.

Placez vos doigts dans le creux de l'aine, au contact du haut de la cuisse. Tirez vos fesses en arrière, sans arrondir le dos.

▣ **Ça me fait pencher en avant, dos plat. Les cuisses tournent vers l'intérieur, mes doigts sont écrasés dans l'aine.**

Imaginez que vous êtes dans un corset et remontez le dos rigide, en poussant vos fesses vers l'avant.

Vous pouvez vous aider en mettant vos bras tendus le long du dos, mains jointes, et poussez vos fesses avec vos mains pour remonter.

▣ **Les cuisses tournent vers l'extérieur, et je remonte sans difficulté. Je garde les fessiers très contractés.**

Comme tout à l'heure, vous allez pouvoir les relâcher doucement après avoir bien fixé dans le sol votre base, comme si vous vous vissiez dans le tapis. Attention : les genoux restent

bien tendus, les pieds s'accrochent bien au sol. Vous devez avoir du poids sur les orteils et non être en équilibre sur les talons; il faut ramener tout le corps vers l'avant et ne pas laisser les pieds «flotter», le bord interne se soulever du sol.

🔲 **Ça travaille beaucoup les pieds, je sens ma voûte plantaire se marquer, tous les orteils en action. Les jambes sont tendues aussi. Ce n'est pas de tout repos!**

Non, c'est plutôt le «garde-à-vous» pour le moment.

Si je dis «repos» que se passe-t-il?

🔲 **Les fesses repartent vers l'arrière et se relâchent, le ventre part en avant, les reins se creusent, ainsi que l'aine. La voûte plantaire est écrasée, les genoux tournent vers l'intérieur. J'ai l'impression qu'il n'y a plus aucun tonus nulle part! Finalement ce n'est pas si reposant que ça, je sens que ça tire partout.**

La pesanteur s'exerce sans aucune contre-pression.

C'est du relâchement, pas de la détente!

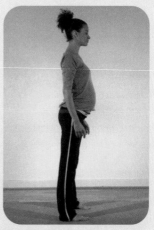

Mauvais

Prenons l'attitude de repos des soldats grecs: jambes écartées, pieds parallèles et non en canard, placez-vous correctement, croisez les doigts, mains derrière le dos et respirez.

🔲 **C'est plus facile jambes écartées; je sens les fessiers beaucoup moins contractés et j'arrive à détendre les jambes. Je me sens bien fixe au sol, très ferme au niveau de cette ceinture basse. Pourquoi faut-il éviter les pieds en canard?**

Parce que vous ne pourriez plus pousser dans le sens de la rotation externe, la course des muscles serait épuisée, vos pieds tourneraient mais pas votre bassin.

Essayez maintenant dans une position normale, pieds écartés de la largeur du bassin.

Il faut souvent mettre le poids du corps plus sur l'avant du pied que l'attitude spontanée, surtout enceinte où vous avez tendance à reculer les épaules, pour faire contre-poids au ventre. Faites le test: poids du corps sur les talons, épaules plus en arrière, regardez comment vous respirez.

🔲 **Très haut et très court! Le ventre est tout tendu et j'ai un point douloureux entre les omoplates…**

Ramenez le poids plus sur la plante du pied, en avançant tout le corps, comme sur des skis, et en tirant bien le coccyx en avant.

🔲 **C'est étonnant, je peux lâcher le ventre, ça tient en dessous, j'ai beaucoup d'amplitude et mon dos est bien, sans tension ni dans les reins ni dans le haut du dos.**

Le modèle du ski est intéressant : si vous met-tez le poids du corps en arrière, vous êtes immédiatement par terre ! Plus vous pratique-rez cette attitude, plus elle deviendra simple et spontanée. Vous pourrez rester debout sans vous fatiguer, vous porterez le bébé bien dans le bassin et non dans le vide, vous ne déformerez pas votre ventre. Votre dos sera protégé et votre « plancher » pelvien aussi.

Dès que vous êtes debout, pensez à vous « visser » ainsi dans le sol et à vérifier la res-piration. Bien entendu, ce n'est pas réservé au temps de la grossesse et vous apprécierez de savoir vous placer pour porter le bébé dans les bras !

▌ **Je commence à bien sentir et à apprécier, mais je ne peux pas marcher comme ça !**

Marcher

Quand vous êtes dans la bonne position, vous pouvez imaginer que vous portez un sac à dos de montagne, le vrai sac à dos, avec une sangle au niveau des épaules et une au niveau des hanches. L'armature dans le dos rend totalement rigide votre colonne et comme le poids est en arrière, vous êtes obligée de venir plus en avant, surtout quand la route monte ! Un sac à dos, c'est fait pour marcher ! Bien sûr, il faudra légèrement plier les genoux, puis marcher sim-plement en pliant hanche et genoux, mais pas le dos !

Placez-vous comme avec un sac à dos, genoux tendus. Vous retrouvez la rotation des fémurs, le tonus des fessiers, du bas du ventre, du périnée. Puis pliez un peu les genoux. Que se passe-t-il ?

▣ **Tout à l'heure quand j'avais juste plié les genoux il n'y avait aucun tonus dans les abdominaux du bas du ventre, aucun tonus dans les fessiers et j'avais l'impression que mon périnée était « ouvert » en avant. Cette fois, j'ai l'impression que rien n'a changé, que tout est en place. Et c'est moins pénible pour les genoux…**
C'est exactement ça la base des arts martiaux qui se pratiquent genoux un peu fléchis. La force, la stabilité est assurée par cette ceinture basse qui tient le bassin et assure l'unité entre le haut et le bas du corps.

Il existe des petites ceintures élastiques (Physiomat®) qui aident à tenir dans cette position, soulagent beaucoup les douleurs dans le bas du dos, le bas du ventre, enlèvent la sen-sation de pesanteur sur le périnée et la vessie et repositionnent l'utérus.

Je reparlerai de la problématique de la ceinture à propos des suites de couches, période pendant laquelle je la recommande à toutes les mamans, alors qu'elle peut ne pas convenir à certaines pendant la grossesse (voir aussi p. 372).

Ceinture mal mise, au creux des reins, cambrure accentuée   Ceinture bien mise horizontalement

Les problèmes liés à la cambrure

I l est fondamental de basculer correctement le bassin car une mauvaise statique est responsable de la plupart des problèmes mécaniques, en particulier chez la femme enceinte.

Le dos

Vous le savez d'expérience, la cambrure fait mal au dos, aux reins le plus souvent, à cause du poids du ventre qui tire vers le bas et vers l'avant. Parfois cela tire jusqu'au milieu du dos, entre les omoplates, entraînant un point douloureux, d'un côté le plus souvent, une impression de brûlure que tous les efforts de redressement ne font qu'amplifier et qui rend pénible le travail de bureau, à l'ordinateur en particulier, etc. Cette tension vient soit du tirage direct sur les muscles, soit d'une tension pour retenir; il n'est pas rare d'avoir le dos très raide après une grossesse à cause de cette attitude qui raccourcit et durcit les muscles au lieu de les étirer. Cela est d'autant plus intense que votre morphologie est déjà du type «dos creux».

Les douleurs ligamentaires

Quand l'utérus grossit, si la femme est très cambrée, il bascule en avant et étire trop les ligaments qui le suspendent au bassin (voir plus bas). Ce qui entraîne des douleurs dans le bas du ventre, sensations de cordes, latéralement, parfois de «coup de poignard».

Le sacrum est attiré aussi dans un mouvement qui vient coincer des nerfs dans les articulations sacro-iliaques, sortes de sciatiques limitées au bas du dos

La symphyse pubienne est aussi plus sollicitée (voir «Douleurs de l'aine et du pubis…»).

La meilleure prévention est donc de repositionner le bassin pour tout replacer et bien soutenir l'utérus et le bassin comme le fait la ceinture. Mais si vous êtes naturellement très «élastique», très laxe, il vaudra mieux porter la ceinture pendant la grossesse et surtout les suites de couches. Vous ressentirez immédiatement un soulagement en position debout.

Le ventre et les abdominaux

Votre bébé étant suspendu dans le vide, il y a un étirement beaucoup trop important de la distance poitrine-pubis, alors que la distance omoplates-sacrum diminue. On pourrait dire que, si vous aviez des bretelles, elles s'allongent devant et se raccourcissent derrière… Seul le ventre est distendu. Ce sont les abdominaux grands droits qui subissent cet étirement, ce qui les amène à s'écarter trop au niveau du nombril (il est normal que les abdominaux s'allongent pendant la grossesse – voir «Les abdominaux» – mais il ne faut pas exagérer cet allongement). Dans cette attitude, il est impossible de resserrer les abdominaux profonds, ceux qui constituent la ceinture basse, qui soutiennent comme une bonne gaine de grossesse. Lorsque vous tentez de les serrer, vous n'obtenez qu'un tirage vers l'arrière dans les reins et aucun soutien à l'avant.

Or, les muscles ont besoin d'être entretenus, même en douceur; il est fondamental que les fonctions musculaires soient maintenues, sinon le muscle «fond». Ainsi si vous vous cassez un bras ou une jambe et que vous êtes plâtrée, vous perdez du volume et de la force dans le biceps ou le mollet.

Si pendant deux trimestres vous ne faites pas fonctionner votre ceinture abdominale, elle sera plus difficile à récupérer.

L'épiderme et le derme

Eux-mêmes sont mis à rude épreuve. Parfois le nombril est ressorti, la peau tendue à craquer: c'est le nid des vergetures et des démangeaisons, le point de départ d'un ventre relâché, «trop grand», après l'accouchement, car les tissus sont allés au-delà de leur élasticité.

La circulation

Regardons maintenant les membres inférieurs.

Vos pieds d'abord… La voûte plantaire est complètement écrasée, ce qui est très nuisible à une bonne circulation (le pied est un cœur auxiliaire qui renvoie le sang veineux vers l'oreillette droite).

Remontez jusqu'à l'aine, regardez sa flexion, les compressions. Comment le sang pourrait-il remonter facilement? Tout est coudé, coincé, et le bébé semble appuyer juste là.

Au contraire, en basculant correctement le bassin, vous ouvrez, vous libérez au niveau de l'aine, le bébé appuie moins et le sang peut remonter. Vous pouvez en déduire les conséquences sur les varices et les problèmes circulatoires en général, y compris les varices des lèvres vaginales.

Comme votre diaphragme ne peut pas bouger normalement et jouer son rôle de pompe, les échanges sang-air au niveau des poumons ne se font pas bien. Lorsque le diaphragme descend normalement, il se passe quelque chose de comparable au système de cafetière où l'eau bouillante est en bas, le filtre au-dessus sur un piston. Quand le piston descend, l'eau traverse le filtre et la poudre de café… Ainsi, le diaphragme descend et attire l'air dans les poumons mais aussi le sang à travers les filtres que sont les alvéoles pulmonaires. Si le diaphragme ne peut faire qu'un appel d'air dans le haut des poumons (respiration thoracique) sans jouer son rôle de piston, le système est moins performant et il faut ventiler plus pour oxygéner, d'où essoufflement et fatigue. De plus, le bébé grossit grâce à ces apports d'oxygène; la position allongée augmente les échanges mère-enfant à travers le placenta, parce que la respiration est plus facilement profonde et abdominale en position couchée. C'est pourquoi si le bébé est trop petit, on vous mettra au repos strict.

SOYEZ UNE REINE,
SOIGNEZ VOTRE PORT DE TÊTE !

Avez-vous remarqué le port de tête des Africaines, la rectitude du dos des Asiatiques ? Elles vivent autrement que nous ! Elles portent sur la tête et non à bout de bras, ce qui la plupart du temps avachit le dos… Elles sont pieds nus (et non dans des chaussures serrées, voire à talons), ce qui permet de faire travailler les pieds, la circulation, etc. Elles vivent au ras du sol : pas de chaises, ni de tables, ni de lits hauts, ce qui change les mouvements quotidiens. Elles portent les bébés dans le dos, ce qui oblige à un redressement total. Essayez d'imaginer ou testez (avec un poids quelconque) : placez un châle dans le dos pour envelopper bébé, accrochez-le sur la poitrine. Si vous êtes cambrée, vous allez partir en arrière ; si vous avez les épaules tombantes, en avant, ça va glisser sur la poitrine. Par ailleurs, vous pouvez constater que vous êtes trop en arrière, trop sur les talons et qu'il faut remettre du poids sur les orteils.

Les Indiennes d'Amérique, elles, portent leur bébé ou des poids impressionnants accrochés sur le front. Toute la force est dans la nuque.
Essayez, avec une sangle, d'accrocher un poids à votre front. Vous constatez à nouveau que le poids du corps doit venir beaucoup plus en avant. Amusez-vous à passer une matinée avec un kilo de riz ou de farine suspendu ainsi… Faites votre ménage, vos gestes quotidiens, cela vous permettra de réaliser à quel point la nuque n'est pas en place, de sentir les mauvaises attitudes. Penchez-vous en avant. Imaginez le bébé africain : il serait passé par-dessus si sa mère s'était penchée ainsi ! Les mamans africaines se penchent en pliant au niveau des hanches, et leur dos reste plat ; le bébé ne bouge pas ! Il adore être bercé ainsi, et c'est bien meilleur que de le porter dans les bras, en tout cas pour le dos des mamans !

La fonction rénale

Le mouvement normal du diaphragme réalise un massage des reins (organes) qui favorise leur bon fonctionnement. Beaucoup de femmes enceintes ont la région lombaire tellement bloquée qu'elles font des infections urinaires.

L'urine qui ne s'écoule pas est en effet un bouillon de culture pour les germes.

Une attitude cambrée étire trop les ligaments sous l'effet du poids, dirige l'ensemble des organes vers l'avant qui est la zone de faiblesse à la fois abdominale et périnéale. Le périnée est relâché si vous êtes cambrée (voir « Le périnée »). Il y a alors une tendance à mal diriger les organes, il y a des « coudes » dans les tuyaux qui se vident mal.

La digestion et le transit

Si le diaphragme ne bouge pas, les intestins ne sont pas « massés » et cela peut aggraver des problèmes de constipation. C'est la principale cause de constipation en gériatrie ! (Voir « Limiter les problèmes digestifs… ».)

Si vous vous décambrez mal, en vous tassant, vous allez avoir des reflux et du mal à digérer.

Le périnée et les organes « suspendus »

L'utérus

L'utérus est surtout amarré dans sa partie inférieure.

Le fond utérin lui est libre et le corps utérin va normalement se redresser et s'incliner vers la droite (voir « La mobilité et les positions au cours de l'accouchement »).

Mais les ligaments qui suspendent l'utérus au bassin s'allongent au fur et à mesure que l'utérus grossit. Ainsi, en général, à partir du deuxième enfant et de plus en plus au fil des grossesses, ils vont être plus lâches et les mamans disent que leur bébé semble plus bas que le premier. En réalité, c'est l'utérus qui est bas, puisque les suspensions sont moins toniques.

Si la future maman est d'une nature très « laxe », c'est-à-dire avec des ligaments trop souples (danseuses…), elle a tendance à se faire des entorses et elle va avoir plus de problèmes de ce type qu'une autre, avec beaucoup de douleurs dans le bas du ventre, dans le bas du dos et dans la symphyse pubienne, partout où il y a des ligaments qui devraient empêcher les articulations de bouger dans tous les sens !

Si la femme se laisse aller dans la cambrure, l'utérus plonge en avant, bascule et tire plus sur les ligaments qui s'étirent trop, ce qui amplifie la cambrure. C'est un cercle vicieux.

Si la femme se positionne correctement, elle replace son utérus contre la colonne, et le soutient en dessous par la ceinture abdominale, ce qui est la meilleure prévention.

Enfin, le col utérin subit une pression plus importante s'il n'y a pas ce soutien par la ceinture abdominale basse. En cas de menace d'accouchement prématuré, on vous demandera une position allongée stricte pour éviter les effets de la pesanteur. Dans une position correcte, la « ceinture

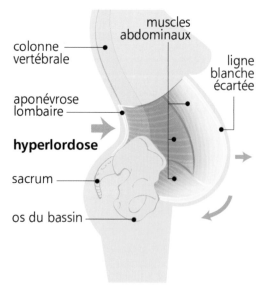

muscles abdominaux

colonne vertébrale

ligne blanche écartée

aponévrose lombaire

hyperlordose

sacrum

os du bassin

Hyperlordose

basse » aide à soutenir le bébé qui reste bien dans l'axe et bien maintenu en dessous, comme par une gaine. C'est la meilleure des préventions dans les moments où vous êtes debout.

On comprend donc à quel point une statique correcte (c'est-à-dire un dos étiré, une respiration libre, une base solide), peut éviter de problèmes dans la grossesse et les suites.

Le périnée

Vous avez constaté vous-même que dans la cambrure vous ressentez plus de poids, surtout à l'avant, dans la partie antérieure du vagin, juste sous la vessie, là où il n'y a pas de muscles. Vous avez l'impression d'une ouverture de la fente vaginale.

Si vous vous redressez correctement, le périnée semble soutenu sans contraction volontaire, la vulve se ferme, le coccyx est ramené vers l'avant, il n'y a plus de poids sur le plancher.

Imaginez que vous portez sur la tête. Si votre dos est une succession de creux et de bosses, vous n'aurez jamais la solidité pour soutenir un poids lourd sur le sommet de la colonne. Elle doit être comme une tige rigide, des pieds à la tête (en repoussant le poids vers le haut et non en le subissant et en s'effondrant en dessous). Si la nuque n'est pas dans le prolongement exact de la colonne, il y a perte d'unité et de puissance. Il faut donc ériger le sommet de la tête (le point de tonsure), nuque étirée, le regard à l'horizontale.

La relaxation debout

Nous allons voir une relaxation debout, qui a l'avantage de pouvoir se faire discrètement partout : dans le métro, au bureau, en attendant un enfant à l'école. Il suffit d'avoir un mur sur lequel s'appuyer.

Placez vos pieds assez loin du mur, pour pouvoir facilement plaquer les reins. Appuyez sur la taille (sans serrer les abdominaux grands droits, juste en vous laissant porter) au point d'avoir une impression de massage et de vous sentir plus lourde contre le mur que sur le sol. Vos pieds ne vous portent plus vraiment ; vous pouvez éventuellement pratiquer à deux, avec le papa, par exemple au début de l'accouchement. C'est alors lui qui s'appuie au mur et vous qui calez vos reins dans le creux de son ventre (il faut qu'il écarte les jambes s'il est trop grand). Balancez-vous et profitez de la chaleur et du massage respiratoire… C'est très agréable.
C'est encore mieux avec un ballon dans le dos.

Et bébé pendant ce temps ?

Il cherche sa place… Si vous lui offrez un ventre détendu, si vous respirez amplement, si vous le portez bien dans l'axe du bassin et non dans le vide, l'utérus sera mieux soutenu, mieux vascularisé et bébé aussi.

Si vous avez beaucoup de contractions, vous verrez qu'une bonne position, une bonne respiration sont essentielles pour les éviter et les calmer. Peut-être aura-t-il moins envie de sortir avant l'heure? En tout cas, vous limiterez certains facteurs de risque. Le portant mieux, vous serez plus en forme, moins tendue, moins gênée et plus en harmonie avec lui. Il ne vous limitera pas mais vous apportera la plénitude. Comment pourrait-il ne pas ressentir votre bonheur?

Il va bientôt vous indiquer ses préférences; il vous veut couchée sur le dos, sur le côté gauche ou droit. Cela peut aussi dépendre de la position du placenta… mieux vaut écouter ses messages, car il est difficile de tout contrôler médicalement et les conseils habituels sont trop « standards ».

Sa manière de bouger vous indiquera s'il nage dans la joie ou s'il « trépigne ». Il est toujours difficile de visualiser le bébé, de savoir exactement comment il est pelotonné. Vous pouvez demander, au cours des visites, qu'on vous précise la position, qu'on vous fasse sentir la tête, les fesses. Profitez de l'échographie. Observez où le médecin écoute le cœur: la tête est tout près du cœur chez les bébés et ce d'autant plus qu'ils sont jeunes.

Cherchez alors deux boules; l'une qui touche la zone du cœur, c'est la tête; l'autre à l'opposé, les fesses. Vous pourrez souvent repérer le dos que vous suivez entre la tête et les fesses, s'il est bien tourné le dos en avant. Les coups, aigus, pointus, différents de simples ondulations, vous situent les pieds. Vous pouvez ainsi avoir une idée plus précise.

La détente du ventre vous permettra un étonnant contact avec lui, et le papa pourra aussi le percevoir mieux.

Apprenez à vous reposer, acceptez une activité moins violente, un rythme de vie moins brutal. En prévenant les coups de reins, les tensions abdominales, la pesanteur prolongée, ce sont autant de facteurs de prématurité qui s'effacent.

La chance que vous avez, pendant la grossesse, c'est cette sensibilité aux erreurs de positionnement, de conduite des efforts. Aussitôt votre corps amplifie les effets. Vous pouvez ainsi corriger beaucoup de mauvaises habitudes et mettre en place une véritable prévention, valable toute la vie, que vous pourrez transmettre naturellement à votre enfant.

En conclusion, la grossesse est une très bonne école pour la vie!

Les abdominaux

Dans cette approche du corps qui vous permet de vous connaître, de comprendre le fonctionnement de cette superbe mécanique, nous voici arrivés à un chapitre qui va bouleverser quelques idées reçues… En effet, les plus graves erreurs du travail corporel sont faites à propos des abdominaux. Que vous ayez mal aux reins, à la nuque, aux jambes, on vous dira toujours qu'il faut faire des abdominaux et on vous attellera aux pédalages! Ce qui a toutes les chances d'aggraver le problème. Vous ne travaillez pas spécialement vos biceps, vos cuisses, votre dos même… Pourquoi y aurait-il besoin d'entretenir les abdominaux plus que les autres muscles? Si notre statique, notre respiration, notre transit intestinal, la gestion de nos mouvements étaient corrects, ils seraient travaillés en permanence de façon cohérente et un travail spécifique serait inutile. Si ça va mal de ce côté-là, ce n'est en fait que la conséquence d'autres erreurs.

Abdominaux, abdominaux, que d'erreurs commises en ce nom !

Pour comprendre, voyons plus précisément ce qu'est la musculature abdominale. L'abdomen est un cylindre qui unit le bassin au thorax. L'abdomen ne se trouve pas seulement devant: devant, c'est le ventre, mais il y a aussi le dos et les flancs, la taille.

À l'arrière

Il y a la colonne, sur laquelle s'accrochent des muscles, en particulier le muscle transverse de l'abdomen, qui, comme son nom l'indique, est en travers, horizontal, en forme de ceinture très large. C'est le muscle le plus profond, du moins dans sa partie supérieure et postérieure.

Mais nous allons voir que ce muscle est très particulier, puisqu'il est fait de deux morceaux très différents dans leurs insertions, dans leur fonctionnement et dans leur rôle.

Il y a en effet une partie qui se situe seulement devant, tout en bas du ventre, qui va d'un iliaque à l'autre, juste au-dessus de la symphyse pubienne. C'est le seul muscle qui aille d'un côté à l'autre du ventre, il devient alors le muscle le plus superficiel de l'abdomen, il est par-dessus les grands muscles.

Mais dans cette partie très basse il est très peu élastique, il est fibreux. Il est constitué en partie par l'aponévrose «antérieure» (voir plus loin). C'est lui qui soutient l'utérus et les viscères en bas et en avant. Il est juste en dessous de l'utérus, là où les femmes enceintes mettent les mains en fin de journée, quand ça pèse…

À l'avant, au milieu

La ceinture n'est pas bouclée sur elle-même à l'avant. Les muscles se prolongent par des aponévroses (l'aponévrose est cette peau résistante qui gaine les muscles… Si vous achetez du filet chez le boucher, il est entouré d'une peau très résistante : le filet, ce sont les grands bandeaux musculaires qui courent le long de la colonne vertébrale).

Les grands droits sont les

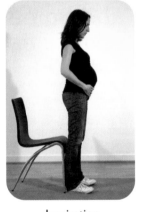

aponévrose superficielle

muscle grand oblique

ligne blanche

muscle transverse inférieur

muscle grand droit

muscle petit oblique

muscle transverse

aponévrose superficielle *rapport muscles grands droits et transverse inférieur* *muscles profonds*

Les différents abdominaux

grands muscles de devant qui vont du sternum au pubis, qui forment les tablettes de chocolat. Ce sont les « bandeaux de devant » qui correspondent aux bandeaux du dos.

Du sternum à la partie inférieure du transverse (là ou se dessine le tissage), il n'y a que la fameuse aponévrose qui entoure les deux bandeaux des grands droits. C'est un peu comme si la ceinture n'était pas élastique sur tout le périmètre… Devant il y a des « lacets », non extensibles ; derrière, il y a la colonne vertébrale, entre les deux une bande musculaire élastique. Lorsque les lacets sont serrés, le bassin d'aplomb, le cylindre peut s'élargir, lors de l'inspiration par exemple, par l'étirement de la portion élastique. Lors de l'expiration,

Inspiration Expiration

le cylindre se rétrécit car l'élastique qui a été étiré peut reprendre sa longueur. Si vous forcez l'expiration, votre ventre rentre au maximum et votre taille s'affine.

Même avec la grossesse vous pouvez observer ces mouvements, dans un cylindre bien entendu beaucoup plus large mais harmonieux, si vous êtes dans une bonne position.

Les muscles grands droits sont les plus superficiels. Ils vont du sternum (l'os entre les seins) et des cartilages costaux, jusqu'au pubis. Ils passent de chaque côté du nombril et laissent entre eux un espace qui va s'agrandir pendant la grossesse pour laisser se développer le bébé… C'est ce qu'on appelle, en anatomie, la « ligne blanche » (pendant la grossesse, la partie inférieure de cette ligne se colore et forme la ligne brune du pubis au-dessus du nombril !).

À noter qu'ils s'allongent aussi au dernier trimestre de la grossesse, de 15 centimètres, soit presque la moitié de la hauteur utérine… sinon ils s'écarteraient tellement qu'on ne récupérerait jamais!

Ce qui est mal connu, c'est que dans la partie inférieure du ventre, en dessous du nombril, les grands droits deviennent plus profonds car ils passent en dessous du transverse.

Cette organisation est très importante. En bas, ça ne doit jamais lâcher, sinon les os du bassin ne sont plus maintenus et bougent trop (douleurs dans les articulations sacro-iliaques, dans la symphyse…), il y a un risque que les viscères (utérus, vessie, intestin) ne soient pas bien soutenus et plongent trop vers le bas et l'avant.

Chez la femme enceinte cette anatomie est visible de l'extérieur: il existe un petit «plat» juste au-dessus des poils pubiens, puis on voit la forme de l'utérus qui s'épanouit au-dessus du bassin.

Le bas du ventre est plat

Sur les côtés

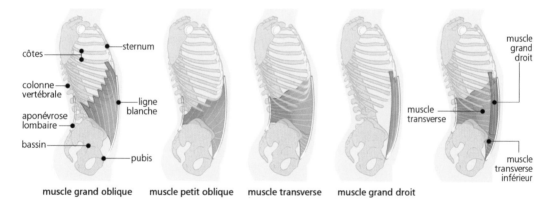

côtes — sternum

colonne vertébrale

aponévrose lombaire — ligne blanche

bassin

pubis

muscle grand droit

muscle transverse

muscle transverse inférieur

muscle grand oblique   muscle petit oblique   muscle transverse   muscle grand droit

Les muscles abdominaux

Les obliques (le grand et le petit) ont des trajets obliques en éventail! Le petit, accroché au bassin (les os iliaques), se dirige vers les côtes opposées. Le grand descend des côtes vers le bassin. Comme une guêpière contribuant à resserrer la ceinture.

Cambrée, le bassin basculé vers l'avant (de sorte qu'il déverse son contenu, en l'occurrence le bébé et les viscères, dans le vide), tout le poids vient vers la ligne blanche: les grands droits s'écartent, les lacets ne sont plus serrés et le transverse se fixe très latéralement, très loin du nombril. À l'inspiration comme à l'expiration ne pouvant pas resserrer la ceinture, remonter les viscères… on écarte encore plus les grands droits, créant une sorte de hernie au milieu. Un diastasis, qui ressort au milieu du ventre quand on lève la tête par exemple.

■ C'est pour cela que la respiration abdominale est impossible si on est cambrée ?
Oui, c'est ce que nous avons mis en évidence dans les mauvais dos creux, à propos de la respiration. Finalement vous ne respirez plus que très superficiellement, au niveau thoracique et ça vous protège un peu d'une poussée plus importante. Vouloir « inspirer, gonfler le ventre » dans une mauvaise position est particulièrement mauvais.

À quoi servent les abdominaux ?

Pas seulement à faire joli ! Bien sûr, ils font le profil, la silhouette, élancée, galbée ou matelassée par des « tablettes de chocolat ». mais ils ont des fonctions beaucoup plus internes. Ils servent à tenir le dos et le bassin, à respirer, à digérer, à faire circuler le sang, à contenir les viscères et à les recentrer, à porter les bébés et à accoucher.

Comment fonctionnent-ils ?

Le transverse, un muscle complexe

Il travaille dans un plan horizontal, il resserre la ceinture. Il ne fait pas bouger d'articulation, il se resserre sur lui-même, sur l'expiration. Mais il est en deux parties…

Le serrage du transverse

En position verticale, il faudrait que le ventre se rentre surtout et d'abord dans la partie inférieure, pour remonter les organes et en particulier l'utérus lors de l'expiration.

Si la contraction commence à la taille, ça pousse vers le bas. Il faudrait imaginer une sorte de gaine qui se ferme par une fermeture Éclair qu'on remonte du pubis vers la poitrine de plus en plus large vers le haut. C'est ce que nous avons vu à propos de la respiration et de la bascule correcte du bassin.

En position verticale, c'est la sensation de « grandir, mincir » à l'expiration qui pousse vers le haut, remonte aussi les seins. C'est donc la partie inférieure qui doit commencer le serrage. Mais nous avons vu que ça bouge peu, que c'est difficile à trouver et à mobiliser, sauf si on fait précéder de la contraction du périnée lors de l'expiration, sans qu'il y ait besoin d'un tonus plus important dans la partie inférieure. On sent facilement à quatre pattes ce recentrage des viscères. C'est tout le hamac abdominal qui travaille, sans dominante dans la partie inférieure.

Inspiration

Expiration

À la verticale, nous voyons à l'œil nu cette zone de «plat» en dessous de l'utérus. Il y a comme une marque de slip sur la peau. Ici la partie inférieure travaille plus.

Le transverse inférieur : un fonctionnement réflexe

C'est le muscle de l'éternuement, du vomissement, de l'éjection du bébé.

La partie inférieure du transverse a un fonctionnement tout à fait différent des muscles ordinaires. Elle est assez rigide, bouge peu, est difficile à activer de façon volontaire. En revanche, elle est très puissante dans un fonctionnement totalement réflexe, l'éternuement, le vomissement… Même chez des gens peu musclés, ces réflexes sont très efficaces. On redoute toujours que les gens dans le coma ou sous anesthésie générale vomissent (on craint qu'ils inhalent de la nourriture, et qu'elle arrive dans les poumons) : preuve que ce n'est pas volontaire ! De même des gens atteints de paralysie peuvent éternuer et vomir.

Ces contractions réflexes remontent la masse viscérale et refoulent l'estomac, le diaphragme. C'est le fameux «haut-le-cœur», tout remonte !

C'est le muscle de l'accouchement.

En effet les grands droits s'écartent à partir de la zone de clivage, au-dessus du petit bandeau rigide que constitue le transverse inférieur. Ils se sont allongés de plus de 15 centimètres pour laisser la place au bébé vers l'avant. Ils ne peuvent absolument pas agir pour pousser, puisqu'ils s'écartent encore lorsqu'on les contracte (voir plus bas).

▓ **Mais comment agit le transverse inférieur pour la poussée puisqu'il remonte tout ce qui est au-dessus ?**

Eh bien justement, c'est l'erreur habituelle : on croit qu'il faut pousser vers le bas puisque la sortie est en bas !

Mais il n'a jamais été prévu de sortir l'utérus avec le bébé. Il y a un moment où ils doivent se séparer ! Et c'est ce muscle qui le permet, alors que l'utérus continue de pousser son contenu du fond vers le vagin.

À un moment précis quand le bébé sera juste à la porte de sortie, prêt à franchir le périnée et l'orifice vulvaire, ce réflexe va se déclencher, ce qui va mettre une très forte pression entre le bas du ventre et la colonne (vous sentez bien cette pression quand vous éternuez, vous vomissez, c'est tout en bas, juste sur la vessie !).

Tout ce qui est au-dessus va remonter, y compris l'utérus dont l'ouverture a permis au bébé de passer dans le vagin. Mais, à ce moment, le bébé ne peut plus remonter car il a fixé sa tête au niveau du dernier détroit, aux épines sciatiques (voir «La mobilité et les positions au cours de l'accouchement»). Il y aura donc une très forte pression là où se trouvent les épaules du bébé, ce qui va les engager dans le bassin. Ce réflexe va rapprocher brutalement la partie supérieure des os iliaques (les ailes iliaques), ce qui va ouvrir le bas du bassin, et la remontée du diaphragme va entraîner la détente du périnée, comme dans le vomissement. Le bébé va surgir mais l'utérus, la vessie, les intestins vont remonter. C'est le fameux «démoulage».

On peut accoucher dans le coma, sous anesthésie générale, et des femmes paralysées peuvent accoucher sans rien ressentir. Il ne s'agit pas d'un processus volontaire pour lequel il faudrait s'entraîner pour avoir les abdominaux d'athlète olympique… aucun exploit sportif n'est aussi puissant !

S'il n'y avait cette organisation musculaire, nous ne serions pas là aujourd'hui !

Le vomissement est un bon moyen de pousser... peu agréable mais très efficace... toutes les sages-femmes le savent et se précipitent quand elles entendent une femme vomir en fin de travail ! Les matrones l'utilisent en stimulant le réflexe nauséeux (une cuillère dans le fond de la bouche…)

▤ **C'est merveilleusement organisé ! Mais c'est tout l'inverse de ce qu'on fait : lever la tête, inspirer, bloquer le souffle et pousser ?**

Exactement… comme nous avons vu que la respiration de la gymnastique, les séries d'abdominaux habituelles sont l'inverse de ce qu'on devrait faire !

▤ **Mais comment faire pour l'accouchement ? Je ne vais plus savoir…**

C'est surtout une question de position, nous le verrons. Par exemple, en suspension il n'y aurait aucun problème, vous ne pourriez pas faire autrement.

Nous allons ressentir tout cela par des exercices.

La contraction des grands droits

Ils rapprochent le sternum du pubis ou le pubis du sternum. Ils aident à « se plier en deux », ils ont plutôt une action en tassement. Ils participent dans les gestes de relèvement du buste vers les jambes (couchée, assise) ou des jambes vers le buste (en ramenant les jambes vers la poitrine).

Il faut savoir qu'au dernier trimestre de la grossesse, ils s'allongent de 15 centimètres pour un bébé unique, plus bien sûr pour des jumeaux. C'est-à-dire la moitié de la hauteur utérine à terme.

La petite saillie indique l'écartement des grands droits

Pourquoi ? S'ils ne s'allongeaient pas, ils s'écarteraient tellement que vous ne récupéreriez jamais !

Il faut donc aider cet étirement mais éviter tout ce qui les écarte.

Ils ressemblent à une boutonnière verticale ; quand ils se contractent elle s'ouvre, quand on pousse dessus de l'intérieur, en cambrant, elle s'ouvre. Cela va donc écarter plus les grands droits.

Le seul moyen de rapprocher les bords de la boutonnière est d'étirer le dos, ce qui les étire en les rapprochant, et d'expirer pour serrer la ceinture.

Les obliques

Ils mobilisent le buste par rapport au bassin, permettant les torsions, les inflexions latérales et les translations.

Quand ils ne font rien bouger, ils se serrent sur eux-mêmes comme une guêpière et renforcent l'effet gainant du transverse.

Avec quelques exercices simples, vous pourrez mieux ressentir leurs différentes actions.

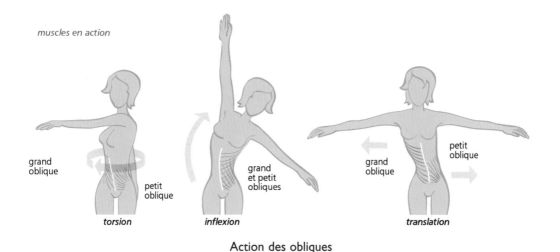

muscles en action

grand oblique

petit oblique

torsion

grand et petit obliques

inflexion

grand oblique

petit oblique

translation

Action des obliques

À quatre pattes, sans arrondir le dos, expirez au maximum puis relâchez et laissez entrer l'air.

🔲 **En effet, on sent bien la ceinture se serrer puis se relâcher.**

Arrondissez le dos en expirant: que se passe-t-il?

🔲 **Je ne peux plus respirer, j'ai le ventre sorti, bloqué.**
Ce sont les grands droits qui ont joué et empêchent les autres de travailler.

Allongez-vous sur le dos, genoux fléchis, pieds à plat, en replaçant votre bassin comme nous l'avons vu, par étirement. Mettez vos mains sur votre ventre, l'une entre le nombril et les seins, l'autre entre le nombril et le pubis. Expirez. Observez.

🔲 **Le ventre se serre, le nombril se rapproche du sol, la taille se galbe.**
À l'inspiration tout se détend.

Maintenant relevez la tête.

🔲 **Je sens une contraction des abdominaux.**

Que se passe-t-il sous vos mains?

🔲 **Ça gonfle, mes mains sont repoussées vers le haut.**

Votre ventre n'est donc pas rentré mais sorti, il s'est gonflé. Or vos abdominaux se sont contractés. C'est le paradoxe! Car vous faites des abdominaux pour avoir un ventre plat. En fait, lorsque les grands droits seuls se contractent, le ventre sort… Maintenant relevez la tête et un bras, comme pour attraper le genou, l'autre main restant sur le ventre.

🔲 **Je ne peux plus respirer, j'ai l'impression de faire exploser ma ceinture.**
Je retrouve cet aspect de pyramide qui pointe au-dessus du nombril, comme
lorsque je veux sortir de ma baignoire ou me relever de la table gynécologique.

C'est une petite hernie (voir p. 51) qui se forme lorsque vos grands droits se contractent en s'écartant (vous pouvez toucher, c'est mou!). Il y a alors, à cause du mouvement de relèvement de la tête, une descente du diaphragme qui repousse le contenu abdominal à travers cette brèche que l'on appelle un diastasis, et qui correspond à la zone médiane où il n'y a pas de muscle. Si vous essayez maintenant de resserrer la ceinture, en expirant, vous ne pouvez pas. La contraction des grands droits fait « sauter la ceinture » et le transverse, dans sa partie inférieure, n'est pas assez mobile pour le refouler. En fait ils sont antagonistes dans leur contraction.

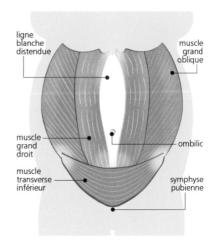

Diastasis : écartement des grands droits

Beaucoup de futures mamans sont si cambrées que leur transverse et leurs obliques sont étirés passivement pendant des mois, sans pouvoir se contracter à cause de ce « desserrage des lacets ». Après l'accouchement, lorsqu'elles veulent retravailler pour rapprocher les grands droits, il n'y a plus de réponse musculaire. C'est comme un élastique qui a été trop tendu trop longtemps. Il faut une véritable rééducation. Comme elle n'est en général pas faite, puisque la cambrure n'est pas correctement corrigée et que le bébé dans les bras n'est pas plus facile à porter que dans le ventre, on va se précipiter sur les abdominaux grands droits et les pédalages. On arrivera à une situation fréquente : une femme très mince, musclée, mais avec un petit ventre en avant! Il faut veiller tout le temps à une bonne position debout. Surtout debout, à cause de la pesanteur, mais aussi assise ou allongée. Même les hommes!

Revenons à quatre pattes pour plusieurs exercices.

Étirement dos creux

Reprenez le «quatre pattes, dos creux». Placez-vous d'abord dans l'attitude juste, pas de poids sur les mains, fesses en arrière du plan des genoux. Observez les tensions dans le ventre, la répartition des poids, la respiration.

▣ Le poids me semble réparti, je sens un étirement entre le nombril et la poitrine, sans aucune sensation d'écartement. Ça respire bien et à l'expiration, je sens se resserrer la ceinture musculaire du bas du ventre jusqu'aux côtes.

Ramenez maintenant le poids sur les mains, les hanches en avant des genoux. Respirez.

🔲 L'inspiration pousse au niveau du nombril (tout le poids est là!) et écarte les abdominaux à cet endroit; j'ai du mal à expirer, ça tire sur le dos et écarte encore plus. Je sens aussi l'étirement plus bas, entre le nombril et le pubis.

Rappelez-vous: une position juste est celle qui permet de bien serrer et de bien lâcher le ventre.

Cambrure

Le mauvais dos creux, la cambrure poussent le ventre en avant, écartent les lacets qui auront du mal à se resserrer.

Mauvais dos rond

Faisons maintenant la différence entre un bon et un mauvais dos rond: si vous vous pliez en deux, en rapprochant le front des genoux, la poitrine des hanches, il n'y a aucun étirement du dos, ce sont les grands droits seuls qui se raccourcissent et vous ne pouvez pas respirer librement.

Éloignez les épaules du bassin, en reculant vos fesses, en passant sur le bout des doigts, épaules tirées en avant. C'est dans cette position que vous arrivez le plus à faire «disparaître» votre ventre tant il se rentre! C'est comme si vous «l'avaliez». Si vous poussez au maximum l'expiration, en tirant le diaphragme vers le haut, cela se sent jusque dans la gorge et le périnée bien sûr.

Bon dos rond

Du périnée à la gorge, tout est lié! Tout dépend de l'étirement du dos, ou de son tassement. C'est-à-dire de l'étirement des grands droits ou de leur raccourcissement!

Reprenez la bascule du bassin en concentrant votre attention sur la possibilité de respirer, de serrer le ventre et de le relâcher sans poussée au niveau du nombril.

Si vous êtes bien placée, le bébé ne tire pas sur vos grands droits, ne les écarte pas; votre transverse peut travailler en ceinture basse, la meilleure «ceinture de grossesse».

Allons plus loin pour analyser le rôle des grands droits.

Écartez les jambes, pieds toujours parallèles et non en canard, décambrez par la rotation des fémurs, joignez les mains dans le dos, doigts croisés. Tirez vos mains vers le bas, le plus loin possible le long des fesses. Il faut maintenir fermement la bascule du bassin, sinon il plonge vers l'avant. Seul le haut du dos est creux. Bien que d'une manière limitée, vous pouvez respirer dans cette posture.

🖫 **On sent bien que ce ne doit pas être tout à fait habituel, car l'effort dans les fessiers et dans l'aine est intense ! Mais ça respire bien.**

Laissez partir le bassin en relâchant le périnée, en oubliant de ramener le coccyx vers l'avant...

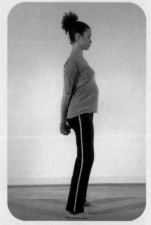

Bon

🖫 **C'est très désagréable, ça augmente la cambrure et tous ses effets... je ne peux plus respirer !**

Et vous aurez tendance à vous décambrer en contrac-

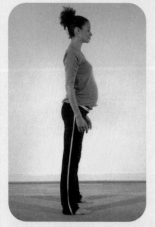

Mauvais

tant les grands droits, en «accrochant votre slip à votre collier», ce qui augmente le diastasis et ne permet toujours pas de respirer et de se détendre. Si vous aviez une statique parfaite, si vous conduisiez tous vos efforts correctement (sur l'expiration, dos protégé), en dehors de toute obésité maladive et d'intervention chirurgicale, il suffirait de laisser vos abdominaux à leur longueur normale, sans chercher à les raccourcir. Malheureusement, notre statique n'est pas parfaite, la vie quotidienne, le port de charges à bout de bras, les attitudes penchées sur le bureau, sur la table à langer, les éléments de cuisine et l'aspirateur ne donnent pas l'occasion d'un redressement tel que nos grands droits soient à leur juste longueur.

Faire de bons abdominaux

Première règle : ne jamais raccourcir les grands droits et chercher à les étirer pendant la grossesse

🖫 **Mais comment étirer les grands droits sans les écarter ?**

En faisant des «bons» dos creux, par exemple assise en tailleur, bien en avant, mains posées derrière le dos, sur le bout des doigts.

Coudes fléchis, expirez en creusant le plus possible le dos, comme pour joindre vos coudes en arrière ou à quatre pattes, dos creux, ou debout comme vous venez de le faire. Nous reprendrons des exercices de ce type dans « Limiter les problèmes digestifs… ».

▣ **Mais quand je suis couchée et que je veux relever la tête, je ne peux pas creuser le dos. Je suis obligée de pousser sur mon ventre et de raccourcir les grands droits.**

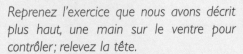

Bon dos creux

Reprenez l'exercice que nous avons décrit plus haut, une main sur le ventre pour contrôler ; relevez la tête.
Le tableau est toujours le même, le ventre sort, la main sur le nombril est repoussée, vous ne pouvez pas serrer le tour de taille.
Mettez une main sous l'occiput, rentrez le menton, essayez de redescendre la tête au sol en repoussant la main qui soutient l'occiput. Que se passe-t-il ?

▣ **Le ventre se creuse sous la poitrine d'un seul coup, le nombril va vers le sol, le bas du ventre se serre… J'ai même l'impression que le bassin bascule comme une roue.**

C'est le geste de « reculer » le cou qui entraîne cela, en faisant remonter le diaphragme et en allongeant les grands droits. Il suffit de sortir le menton pour que tout change. Essayez de relever la tête sans l'aide de la main, en rentrant bien le menton, en imaginant que vous repoussez un support imaginaire avec l'occiput. Pour redescendre, gardez le menton rentré jusqu'à ce que la tête soit posée, cela va travailler au milieu du dos et étirer la nuque, c'est très bon pour elle !

Nous allons ensuite apprendre à ramener les jambes sur la poitrine sans pousser sur le ventre et sans tirer sur le dos.
Couchée sur le dos, genoux fléchis pieds à plat, essayez de ramener les cuisses vers la poitrine.

▣ **Je commence à réaliser l'horreur ! C'est un grand coup de reins, une poussée sur le ventre, la petite « pyramide » qui pointe. Quand je pense que je montais et descendais les deux jambes tendues par séries de dix…**

Essayez de faire le moins d'efforts possible, de fléchir votre hanche au niveau du pli de l'aine comme le long d'un pointillé. Au moment de soulever le pied (une jambe à la fois), contractez le périnée et expirez. Il doit y avoir synchronisation entre le souffle et le mouvement.

Inspirez tranquillement, serrez le périnée, expirez en soulevant le pied sans effort. N'allez pas «pêcher» votre jambe au bout de votre colonne, elle n'est pas si lourde, laissez-la monter. L'expiration plaque les reins au sol et vous devez parvenir à ne pas pousser sur le ventre.

De même pour redescendre: restez détendue le plus longtemps possible, respirez normalement tant que l'axe de vos cuisses reste à moins de 90° du ventre. Vous sentirez à quel moment le bassin a tendance à tourner, emporté par le poids des jambes. C'est à ce moment seulement qu'il faut expirer en serrant le ventre (et le périnée). Essayez de poser assez rapidement le pied au sol, le temps de l'expiration, d'un seul mouvement. Là encore, le geste doit vous plaquer les reins au sol et non les décoller. Vous devez être capable de monter et descendre vos jambes fléchies (toujours une après l'autre) sans rien bouger dans le dos, sans aucune poussée dans le ventre. C'est fondamental pour éviter les pressions sur le périnée et la poussée vers le bas des organes. Chaque fois que vous faites l'effort en expirant, en partant du périnée, vous remontez votre utérus, vous dirigez les poussées vers le haut (voir «Respirez pour vous… et pour lui»).

Vous verrez que lorsque le ventre pointe, que vous contractez les grands droits, il y a souvent une contraction utérine (le ventre durcit, le souffle est un peu coupé… mais ça ne fait pas mal).

Il est très important d'apprendre à ramener une cuisse sur la poitrine sans utiliser ses abdominaux, pour la grossesse bien sûr, mais particulièrement pour les suites de couches, surtout pour les césariennes. Si vous contrôlez ces efforts, vous ne déclencherez aucune douleur… Si vous utilisez les grands droits, vous poussez sur la cicatrice et ça fait mal.

Ce sont des efforts très quotidiens, pour s'asseoir dans le lit, se redresser dans le lit ou sortir du canapé, se retourner dans le lit, etc. Et on voit tout de suite le bon et le mauvais geste!

Pendant la grossesse, pour permettre au bébé de se développer les grands droits vont s'allonger par fabrication des fibres musculaires (ce qui participe de votre besoin en protéines). Cet allongement permet de donner de la place en hauteur. Plus la maman est grande, plus l'espace entre le sternum et le pubis est important, moins elle sera gênée pour respirer, digérer, surtout si elle ne se cambre pas… Plus elle est petite, plus elle est voûtée, moins ses muscles se laissent étirer, plus le bébé va la gêner au niveau de l'estomac. Il va trouver la place vers l'avant en quittant son axe vertical pour aller «dans le vide». Que se passe-t-il? Il vient écarter les abdominaux au niveau du nombril et pousser en avant.

Le diastasis apparaît plus tôt chez les femmes qui ont déjà été enceintes, puisque leurs abdominaux ont déjà été écartés. Pour le premier bébé, c'est d'autant plus précoce et important que la femme est musclée. Plus elle a fait de gymnastique et d'abdominaux grands droits, plus ils sont rétractés, plus ils sont durs, surtout au niveau de leur insertion sur les côtes et le sternum, plus ils s'écartent! Il faut donc arrêter tous les exercices habituels dès le début de grossesse et étirer au maximum. Ensuite, il faut être vigilante en suites de couches et ne pas faire n'importe quels abdominaux.

Deuxième règle : procéder dans l'ordre : du profond au superficiel, du bas vers le haut…

Vous venez de vérifier que si vous levez la tête dans un geste habituel, vous ne pouvez plus expirer et serrer le transverse (ceinture basse).

Au contraire, si vous expirez d'abord, vous pouvez lever la tête ensuite sans tout relâcher, si vous vous y prenez correctement.

On peut représenter les abdominaux comme des couches successives de vêtements. Imaginons une dame du temps passé qui se pare. Elle commence par placer une gaine qui soutient le bas du ventre, comme une bonne gaine de grossesse. Puis elle met une guêpière dont elle serre les lacets pour affiner sa taille. Il vaut mieux procéder dans cet ordre-là, sinon la guêpière pousserait les viscères vers le bas et il serait impossible de mettre ensuite la gaine basse ! Pour finir, pour faire joli, par-dessus ses vêtements, elle met des bretelles.

Voilà nos différents abdominaux : le transverse, le plus profond, les obliques qui galbent la taille, les grands droits, qui sont des sortes de bretelles par-dessus. Vous comprenez bien que ce n'est pas en raccourcissant les bretelles que vous pouvez affiner votre taille ! Et c'est pourtant ce que nous faisons tout le temps dans la pratique des « abdos ». Pédalages, ciseaux, couché-assis les bras derrière la tête… Et après, il est impossible de resserrer la ceinture.

▦ **C'est fou ! Comment peut-on arriver à de pareilles erreurs ?**

Parce qu'on s'est fié à la sensation et à l'apparence de contraction des muscles, parce qu'on respire à l'envers, qu'on bascule le bassin par la contraction des grands droits… Ce sont les bases qui sont fausses.

▦ **Donc il ne faut jamais contracter les grands droits ?**

Il ne faut jamais les raccourcir. Il y a des circonstances où ils doivent se contracter pour maintenir un équilibre entre le dos et le devant du corps, entre les bretelles du dos et du devant ! Vous retrouverez des exercices pour les suites de couches qui utilisent ce travail. Mais, en général, quand ils devraient se contracter, pour empêcher la cambrure, ils ne le font pas !

▦ **Et pour l'accouchement ?**

Pendant l'accouchement, pour pousser, il faudra serrer le ventre concentriquement, en ceinture. Et vous avez vu que le seul fait de lever la tête, de mettre les bras en avant, *a fortiori* de tirer sur les étriers, va empêcher ce serrage. Seuls les grands droits vont être contractés et s'écarter encore plus. Mais ils sont à ce moment tellement écartés qu'ils ne peuvent pas du tout pousser. Il n'y aura en fait que la pression de la colonne d'air qui pousse le diaphragme vers le bas pour agir… vers le bas !

▦ **Que faire alors pour pousser ?**

Nous allons d'abord observer comment tout peut se faire tout seul, en fonction de positions particulières. Puis nous verrons l'adaptation possible sur une table d'accouchement.

▦ *Dans l'instinct, le bon sens reprend le dessus… Si vous essayez de rentrer dans un jean trop juste, vous montez la poitrine au plus loin du bassin, pour affiner la taille, vous ne vous tassez pas sur vous-même ! Vous étirez les grands droits.*

Les postures suspendues

Accroupie, penchée en avant: soit le papa est debout devant vous et vous vous accrochez à une écharpe passée autour de ses épaules.

Respirez, observez. Le bas du ventre est tout de suite actif, tout remonte. Essayez d'inspirer et de pousser le diaphragme vers le bas.

🔲 **C'est impossible, ça s'arrête tout de suite, je ne peux pas pousser vers le bas !**

On peut aussi prati-quer avec le papa assis sur une chaise et vous, accroupie entre ses jambes, si vous n'êtes pas trop grande (il ne faut pas que vos fesses touchent le sol).

Ou encore mieux, le papa sur le ballon et vous à moitié soutenue par le ballon et étirée en arrière

🔲 **Le bassin tourne tout seul (attention il faut laisser les fesses partir en arrière et ne pas rétroverser le bassin… vous êtes en extension et non en cambrure !). L'étirement des grands droits est encore plus net, la remontée des viscères aussi ! À l'expiration, le serrage est puissant, le bas du ventre très dur.**
C'est même plus que ça… Il devient impossible de pousser vers le bas.
C'est tout simplement qu'il y a eu étirement du dos, mais aussi du devant, tout le contraire de la position classique de poussée !
Ce n'est pas par hasard si on retrouve dans toutes les cultures des positions suspen-dues ou soutenues sous les bras, pour l'accouchement.

Pour l'accouchement, il faut arriver à obtenir cet étirement.
Cela suppose de :
– ne pas relever la tête mais chercher à enfoncer la nuque dans le coussin ;
– ne pas attraper les étriers ni tirer dessus ;
– trouver un équivalent de suspension, ou, à défaut, bien vous étirer, dos rond.
Vous verrez dans « La mise au monde » des propositions diverses, en fonction des lieux d'accouchement.

Reprenons simplement ici le «bon» dos rond en position couchée sur le dos. Placez-vous près d'un mur de manière à poser les pieds sur le mur, cuisses bien ramenées sur le ventre. Ou posez un pied sur un genou.

Posez les mains sur le ou les genoux, coudes fléchis pointés vers le haut, les doigts dirigés vers le ventre.

Expirez à fond en prenant appui sur les genoux sans pousser sur les bras pour les tendre, remontez bien les coudes, ouvrez les ailes! Cherchez à repousser le sol de tout votre dos, nuque comprise, menton rentré. On peut vous aider en donnant un appui sous l'occiput. Il ne faut pas lever la tête mais repousser la main avec l'occiput. Gardez bien le menton rentré.

Si vous êtes bien placée, vous devez voir un creux sous la poitrine, au niveau de l'estomac. Vous reproduisez en fait le bon dos rond à quatre pattes.

Poussée en étirement

🔲 **Ça serre vraiment très fort, sans difficultés, ça fait du bien au dos.**

La position de la nuque est très importante. Comparez au geste de lever la tête en tirant sur les bras... position la plus habituelle de poussée sur la table d'accouchement

🔲 **C'est tout l'inverse. Il faut beaucoup s'entraîner?**

Poussée «bloquée»

Il faut avoir bien ressenti, autant dans le dos que dans les abdominaux, la respiration.

Vous pouvez renforcer votre transverse au quotidien, et éviter de toujours travailler avec les grands droits, ce qui va les écarter trop. C'est vraiment tout le quotidien: apprendre à vous retourner au sol ou dans votre lit, à vous lever, à ramasser des objets, à aller chercher quelque chose en hauteur, etc. (voir «Mieux-être au quotidien»).

Le jour de l'accouchement, il sera possible d'aménager la position gynécologique, en adaptant surtout les étriers (voir «La mobilité et les positions au cours de l'accouchement»).

Et bébé pendant ce temps ?

Une mauvaise utilisation des abdominaux a tendance à provoquer des contractions, par exemple quand vous vous allongez sur la table d'examen… Chaque fois que votre ventre «pointe», en fait. Les effets sur le bébé dépendent de la fréquence de ces contractions.

En revanche, le serrage du transverse, en particulier dans la respiration, ne comprime pas le bébé! Il est bien isolé au milieu de sa chambre à eau! S'il n'y a pas de contraction utérine, la pression est insignifiante. Et cela d'autant plus que vous lâchez bien le ventre dans l'inspiration qui suit, puisque la respiration abdominale est libre. C'est au contraire un rythme rassurant pour lui, un va-et-vient qui ressemble à la mer. Il faut que le ventre bouge.

Pour faire de la place pour le bébé, il faut aider la nature qui prévoit cet étirement des grands droits. Tous les exercices, toutes les positions qui dégagent entre la poitrine et l'utérus sont confortables pour vous et pour lui. Évitez de rester assise «tassée».

Si vous arrivez à des étirements assez puissants, vous sentirez qu'il se place différemment, qu'il s'étale et bouge harmonieusement au lieu de jouer des coudes. Entre cinq et sept mois, il grandit beaucoup. Durant ces deux mois, il change donc complètement et votre ventre reflète cette évolution. Soyez en contact avec lui, c'est une phase critique.

Beaucoup de menaces d'accouchements prématurés ont lieu à six mois, comme si cette étape était difficile pour le corps de la mère.

Pour que votre ventre soit accueillant, il faut que vous soyez rassurée sur les possibilités de récupération, que vous acceptiez de le «lâcher», sans arrière-pensée. Ce qui est très différent de pousser dessus.

Votre utérus grossit et grandit vers le haut. C'est dans la partie supérieure de l'abdomen qu'il faut faire de la place. Il faut étirer les grands droits surtout au niveau de leurs insertions hautes, sous les côtes et le sternum. Vous verrez que les dos creux, les cobras, les étirements en arrière sur le ballon vous apporteront beaucoup de bien-être, et vous permettront une bonne récupération après.

Portez le bébé dans le hamac de vos muscles de ceinture, bercez-le de votre souffle. À la moindre contraction, reprenez contact avec votre ventre, respirez en dilatant les narines pour bien détendre.

Si votre ventre reste dur, installez-vous dans les positions de relaxation, d'étirement, à quatre pattes par exemple, ou en étirement en arrière par exemple avec le ballon. Faites-vous faire un massage du ventre (voir «Contractions… quelques nuages dans un ciel limpide»). Vous arriverez à sentir la relation entre votre confort et celui de votre bébé, en parfaite harmonie!

Photographiez-vous de profil… Vous serez étonnée, plus tard, de revoir combien vous êtes adaptable… Et les enfants adorent voir ces images du temps de l'attente.

Le périnée

C'est souvent au moment de la grossesse que vous entendez parler pour la première fois du périnée, d'une manière très floue, très incomplète et assez inquiétante. On vous indique que c'est l'espace entre l'anus et le vagin, ce qui n'est que la partie visible, extérieure. On vous dit qu'il faudra le détendre pour l'accouchement, faute de quoi on pratiquera une épisiotomie, c'est-à-dire qu'on coupera aux ciseaux dans cet espace pour agrandir le passage, pour éviter une déchirure. Il faudra ensuite le rééduquer, le renforcer pour ne pas avoir d'incontinence.

Bref, le périnée n'existe dans notre culture que comme une série de problèmes potentiels! Parlons-en plutôt pour une connaissance approfondie, bien plus riche et positive.

Tout ce que vous avez toujours rêvé d'apprendre sans jamais oser le demander

Notre éducation physique évite, par pruderie, tout travail conscient de cette musculature, et notre éducation sexuelle est théorique… Le périnée, c'est « l'impasse » de notre apprentissage!

L'origine grecque du mot signifie « autour (*péri*) du temple (*naos*) »… On voit là que ce qui est sacré pour les uns peut être « honteux » pour les autres; en effet notre anatomie appelle cette région « honteuse », car innervée par le nerf honteux!

Bien que singulier, le mot périnée recouvre en fait plusieurs muscles qui ferment, en dessous, le bassin osseux, lequel est une sorte de corbeille au fond percé.

Pour le décrire plus précisément, nous allons nous servir d'images familières. Pour l'image extérieure, représentez-vous le gousset d'un collant. C'est une sorte de losange de tissu au niveau de l'entrejambe. Cependant, le gousset n'a qu'une épaisseur de tissu, sans orifice. Le périnée, lui, présente plusieurs orifices correspondant à l'urètre, au vagin chez la femme et à l'anus. C'est ce qui lui donne un aspect de boutonnière en « brandebourgs » sur les planches anatomiques de face! Autre image: le « plancher pelvien ». Vous avez sans doute souvent entendu ce terme. Il introduit en fait une grave confusion car il laisse supposer que tout repose dessus. La fonction du périnée n'est pas de supporter les viscères: la vessie, l'utérus, les intestins sont normalement suspendus au-dessus du pubis, à l'étage abdominal. L'étage du « petit bassin » est un étage de conduits: l'urètre, le vagin, l'ampoule rectale qui sont le plus souvent vides. Mais s'il arrive que les suspensions, c'est-à-dire les ligaments qui soutiennent la vessie, l'utérus, les intestins soient relâchés, étirés, il y a ce qu'on appelle « une descente d'organes ». Et dans ce cas, le plancher joue un rôle de soutien. Tout cela évidemment à cause de la position verticale et de la pesanteur. En condition normale ou à quatre pattes ou à l'envers, il ne doit rien y avoir au rez-de-chaussée, sur les sphincters!

Peut-être avez-vous déjà vu des «youpalas», ces appareils à roulettes pour apprendre à marcher aux enfants. Le siège est constitué de bandes de tissu croisées, qui ménagent un passage pour les jambes. Lorsque le bébé est fatigué, il s'assied. Lorsqu'il tend ses jambes, il ne repose plus sur le siège. Le dispositif peut être renforcé et les bandes de tissu doublées : c'est ce qui se passe avec le périnée. Il y a un premier plan, profond, qui tapisse la cavité vaginale latéralement. Ces muscles s'accrochent sur les os du bassin et rejoignent le coccyx, puis un autre plan d'arrière en avant, du coccyx au pubis, qui aide les sphincters, un plan latéral, entre les cuisses, attaché aux ischions, ces os pointus sur lesquels nous sommes assis, plus des muscles plus superficiels autour du vagin, du clitoris. S'entremêlent à cela les sphincters… Les différents plans du périnée évoquent un peu l'architecture du youpala… Quand il y a des problèmes de «statique pelvienne», on revient à l'idée du youpala qui porte le bébé fatigué !

De plus, il faut tenir compte de plusieurs facteurs chez le vivant : selon sa position dans l'espace, les viscères vont se placer différemment, selon l'orientation du bassin, des jambes, le «losange» va être plus ou moins déformé dans ses diagonales. De plus, la vessie et le rectum, qui entourent l'utérus, sont tantôt vides, tantôt pleins et l'utérus change ainsi de positionnement en permanence. La statique pelvienne est donc un équilibre variable. Cette dimension n'est jamais prise en compte, l'examen gynécologique étant toujours fait en position couchée, avec tous les biais introduits par la position gynécologique elle-même (voir «La mise au monde», et «Le bassin : quand tout tourne autour»). Ainsi beaucoup de femmes qui ressentent une pesanteur dans le bas du ventre et sur le «plancher», qui ont l'impression que le bébé est très bas, qu'il va sortir… ont un examen gynécologique normal avec un col fermé ! Ce n'est pas le bébé qui est bas, c'est l'utérus qui pèse en position debout.

Voici une vue de profil qui peut vous aider à situer les organes :

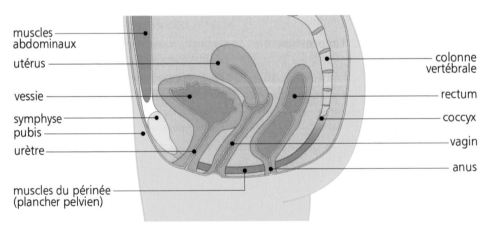

L'appareil génital de la femme (coupe)

Sentir son périnée assise en tailleur

Placez-vous en tailleur. Imaginez que vous vous retenez très fort d'uriner et d'aller à la selle, sans serrer le ventre. Que constatez-vous ?

▓ À la fois une sensation de fermeture du vagin, de serrage de l'anus et une sensation de remontée. Quand je relâche, je ressens une fermeture moindre et une «redescente». J'ai aussi l'impression de serrer les fesses lors de la contraction.

Vous sentez donc que ça bouge… c'est votre périnée et non vos fessiers, en tailleur, il est difficile de serrer les fesses… Essayez.

▓ En effet, il faut vraiment le faire exprès et ce n'est pas du tout ce que je ressentais!

On a un mouvement passif pour les fessiers. La contraction du périnée attire les fesses vers la raie interfessière et vous appuyez plus les os pointus des fesses (les ischions) sur le tapis.

Il est assez facile de sentir le travail le plus accessible du périnée dans la position assise, même sur une chaise, car nous avons des repères, des appuis, et que les muscles qui pourraient travailler à la place du périnée sont un peu désamorcés. Par exemple, à la consigne «retenez-vous», vous n'avez pas serré les cuisses, et les fessiers sont aussi neutralisés.

▓ Et les abdominaux? J'ai l'impression de serrer le ventre…

Oui, tout en bas justement. Là où il est difficile d'agir si on ne commence pas par le périnée. C'est normal. Mais ce ne sont pas les grands droits qui se contractent. C'est le bas du transverse, ça remonte et ça aide l'expiration. Il y a effectivement une synergie, un entraînement du transverse inférieur, lors de la contraction du périnée. C'est le démarrage du «tube de dentifrice», et c'est adapté aux efforts, pour que rien ne sorte du corps quand on ne veut pas.

Mais la synergie inverse n'existe pas: lorsqu'on contracte le transverse, ou qu'il se contracte de façon réflexe (éternuement, vomissement, accouchement), le périnée ne se contracte pas. S'il se contractait, si tout se fermait en bas quand le ventre se serre, on ne pourrait pas aller à la selle ou accoucher! Ça fonctionne exactement comme le tube de dentifrice.

▓ J'ai lu qu'on pouvait ressentir le périnée en faisant du «pipi stop»?

Pour prendre conscience, exceptionnellement. Mais il ne faut pas en faire un exercice régulier (cf. encadré p. 68).

C'est un autre moyen de sentir la contraction du muscle de la retenue, le plus mobile du périnée (le pubo-rectal, qui va d'une branche pubienne à l'autre en passant derrière l'anus), de le sentir, mais attention, ce ne doit pas être un exercice répété.

En début de miction, arrêtez d'uriner le plus nettement possible. Ça ferme et ça remonte… Gardez quelques instants, puis relâchez le périnée. Vous sentirez très bien là encore l'ascension puis la redescente. Ensuite seulement, relâchez votre sphincter (sans pousser!) et reprenez la miction. C'est un très bon moyen de percevoir les rapports, de différencier le périnée et le sphincter et également de faire aussi la nuance entre relâcher et pousser vers le bas. Lorsque vous avez vraiment stoppé le jet urinaire, si vous poussez vers le bas, vous bloquez tout et vous ne pouvez plus uriner. Il faut arriver à une sensation subtile… Relâcher le sphincter, le laisser s'ouvrir. Il y a une sensation d'allégement.

En fait le pubo-rectal est plus efficace encore pour retenir les selles puisqu'il va couder fortement le «tuyau» de sortie des matières (canal anal). Or les selles solides sont plus faciles à stopper que le liquide et les gaz, bien sûr. Le pubo-rectal a un tonus de base qui aide les sphincters à rester fermés, et peut rajouter une augmentation du coude en arrière, surtout pour aider le sphincter anal et un peu le sphincter de l'urètre. Mais il est moins efficace pour l'urine car il passe de chaque côté du sphincter.

Si vous avez envie d'aller à la selle mais que ce n'est pas le moment, vous contractez le pubo-rectal et le besoin passe. En effet, le renforcement du sphincter renvoie un message au réservoir (ampoule rectale) pour lui signaler que ce n'est pas le moment et la contraction de l'ampoule pour se vider va stopper. Quand c'est le moment, le pubo-rectal va se détendre sous la poussée des matières qui appuie sur le coccyx, qui va se relever vers l'arrière pour ouvrir et annuler le « coude ». Chez l'animal, c'est le mouvement de « lever la queue », qui ouvre l'anus et permet la défécation, très évident chez les vaches et les chevaux!

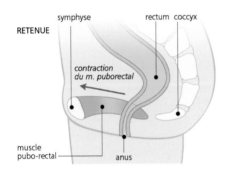 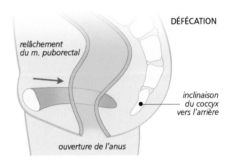

Le relâchement du muscle pubo-rectal

LE POINT SUR LE « PIPI STOP »

Cet exercice a été préconisé quelques fois comme travail du périnée et certaines femmes ont reçu le conseil de le faire systématiquement à chaque miction pour renforcer leur périnée. Il est admis aujourd'hui que cela n'est pas souhaitable. De même qu'il est bon de temps en temps de tester le frein à main de votre voiture, mais très déconseillé de le mettre chaque fois que vous appuyez sur l'accélérateur, il n'est pas bon pour le fonctionnement de la vessie de stopper l'évacuation chaque fois qu'elle se produit normalement. Cela finit par dérégler le fonctionnement très sophistiqué de la contraction vésicale et du relâchement simultané du sphincter lisse de l'urètre. On peut ainsi créer des vessies instables qui se contractent subitement sans prévenir et qui créent des accidents très désagréables!

Allons plus loin dans l'exercice de retenue.
Placez une main sur le ventre, au niveau du pubis, comme vous l'avez vu dans « Respirez pour vous… et pour lui ». Vous allez constater qu'il est difficile de différencier la contraction périnéale de la contraction des abdominaux. Quand vous essayez de vous « retenir », la partie la plus basse du ventre durcit sous la main. Il faut arriver à commencer vraiment par le périnée, à ne pas être exactement en même temps.

Ceci est particulièrement important après l'accouchement car votre périnée a été étiré, parfois coupé ou déchiré. Il a du mal à supporter la pesanteur. Si vous rajoutez la contraction des abdominaux, muscles beaucoup plus puissants, même s'ils vous paraissent affaiblis (comparez la taille des muscles!), vous allez générer une pression vers le bas impossible à juguler par le périnée. Et plus vous ferez d'exercices pour vous rééduquer, plus vous pousserez vers le bas, plus vous aggraverez la situation. Il faut donc être capable de commencer par le périnée. Nous verrons qu'il s'agit surtout de se positionner pour éviter ces poussées vers le bas, même si le périnée ne répond pas bien, ou est trop faible.

Pour l'éternuement par exemple, il ne faut pas contracter le périnée au moment où le diaphragme remonte… c'est trop tard! Il faut anticiper, contracter avant. Si le diaphragme remonte, il y aura une détente du périnée au moment où la pression est maximale sur la vessie, par la contraction du transverse. Si les «coudes» dans le tuyau ne sont pas accentués, le sphincter va être tout seul pour s'opposer à cette pression. Si on éternue dans une position cambrée par exemple, rien ne va fonctionner normalement. Il y aura peut-être une fuite urinaire, mais parfois aussi des douleurs dans le dos. On peut se faire un lumbago en éternuant!

LES NOUVELLES DONNÉES ANATOMIQUES

La représentation anatomique du périnée avait été élaborée à partir de la dissection, c'est-à-dire du cadavre, ou lors d'opérations sous anesthésie, c'est-à-dire de tissus sans tonus, ce qui entraînait l'affaissement inerte de l'ensemble.

Les études faites, grâce à la résonance magnétique nucléaire, sur des sujets vivants ont permis de montrer que la représentation anatomique était fausse. Le plancher périnéal n'est pas une coupole concave vers le haut mais une arche double, concave vers le bas Ce n'est pas un entonnoir mais un amortisseur de pression qui doit répondre aux pressions par une résistance. Si la poussée est trop intense et trop longue, la résistance s'épuise et il y a un relâchement du plan profond du périnée qui devient ensuite effectivement un entonnoir.

On comprend sur ce schéma que la détente va se faire en retournant à l'envers l'image, c'est-à-dire en mettant la femme en position inversée.

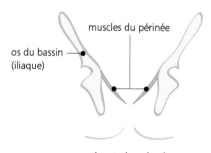

os du bassin (iliaque)

muscles du périnée

représentation classique

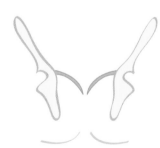

nouvelle représentation

La carène des releveurs

▤ **Mais si je ne laisse pas les abdominaux se contracter en même temps, c'est très faible, la remontée est très limitée…**

En effet, c'est faible et subtil. Contentez-vous d'un mouvement modeste, mais tout en bas. Puis rajoutez les abdominaux transverses pour expirer et continuer à remonter en expirant.

Le périnée joue comme un starter, il amorce la remontée. L'expiration va la continuer.

En fait le premier temps est surtout un placement pour pouvoir expirer correctement, en remontant. C'est pourquoi on va toujours penser « périnée, expir » pour tous les efforts. Se placer et expirer en remontant.

Un bon moyen de contrôle : la mobilisation du coccyx

Placez maintenant un doigt sur le coccyx, directement sur la peau. Il faut suivre la « raie des fesses » jusqu'au bout de la colonne, des derniers petits os près de l'anus, un peu en pointe. Contractez le périnée. Que constatez-vous ?

▣ **Le coccyx bouge un peu, il est tiré vers l'avant, puis il revient quand je relâche.**

Ce mouvement est très important. Regardez le chien : sa colonne se termine par la queue Cela fait un grand bras de levier qui rend le mouvement très ample. Lorsqu'il la ramène entre les jambes, il entraîne toute la colonne et il arrondit le dos. C'est une position de retenue, de fermeture. Au contraire, quand il s'étire dos creux, sa queue ne tire pas vers l'avant, elle est libre. Et pour la défécation, il la lève ! C'est encore plus net chez la vache et le cheval : l'anus s'ouvre entre le sphincter et le coccyx et non vers l'avant.

C'est pourquoi la position du bassin modifie le tonus et la mobilité du périnée et réciproquement. Il arrive que des coccyx qui ont été luxés lors de chutes sur les fesses ne puissent plus bouger. C'est une des causes de la non-réponse du périnée. Cela entraîne en général des difficultés à évacuer des selles dures et peut se traduire par une constipation chronique. Les selles accumulées en bas ont du mal à sortir car l'anus devrait s'ouvrir vers l'arrière, mais sont dirigées vers le vagin par le blocage du coccyx et donc du muscle pubo-rectal… Inutile de prendre des laxatifs ! Mais il serait judicieux de le savoir avant l'accouchement car certains coccyx très fixés, en hameçon, peuvent arrêter le bébé sur le périnée pendant longtemps.

Un travail ostéopathique peut résoudre beaucoup de problèmes.

Toute constipation « basse » ancienne devrait être prise au sérieux et traitée. Apprendre à vider le rectum est très proche de l'apprentissage de l'accouchement et les femmes qui ont ainsi des problèmes d'axe savent quelle position leur permet le mieux de vider le rectum. Il faut parfois changer de position, parfois se pencher en arrière puis en avant, appuyer entre le vagin et l'anus, écarter les fesses avec les mains… Bref si le coccyx ne bouge pas, il faudra bouger autrement ! Et le jour de l'accouchement, on va retrouver la même problématique. Les positions, mais surtout la mobilisation pendant la phase de descente et de sortie du bébé vont être inspirées des mêmes contraintes mécaniques. Plus que jamais, il faudra éviter la position qui renforce le plus la fermeture à l'arrière et qui bloque le coccyx au maximum.

Connaître son périnée, en maîtriser la contraction et la détente

Les muscles du périnée peuvent être contractés et détendus volontairement. Cela s'apprend.

Ainsi la contraction du périnée va entraîner une bascule du bassin, va amorcer la correction de la cambrure. Nous allons donc nous en servir constamment dans les exercices mais aussi dans la vie courante, par exemple debout, puisqu'il faudra lutter contre la cambrure pour se placer et contre la pesanteur.

Chez l'animal, le périnée travaille dans la respiration, normalement. À chaque inspiration, les narines s'ouvrent, le ventre se gonfle, le périnée se détend; à chaque expiration, le ventre rentre et l'anus se resserre et rentre légèrement. Tout est en place, et la pesanteur ne le gêne pas. Lorsqu'il va volontairement ramener la queue entre les jambes, il aura une attitude arrondie, inhabituelle pour lui puisque le quatre-pattes ne demande pas une bascule volontaire du bassin. Il le fait soit pour se retenir, parce qu'il a fait une bêtise et qu'il est penaud, soit pour faire un bon dos rond, suivi en général d'un dos creux et d'un bâillement dans le cadre de ses étirements

Je ne présenterai pas ici toutes les subtilités du travail en contraction, en retenue, en fonction des positions. Vous les trouverez dans les ouvrages plus détaillés sur les suites de couches. Nous n'allons ici voir que les grands principes, intéressants pour la perception périnéale et la recherche de sa mobilité.

D'une manière générale, la contraction d'un muscle, quel qu'il soit, est un principe simple et répétitif: si vous contractez le biceps, il gonfle, le muscle se raccourcit et l'avant-bras est ramené vers le bras. Vous ne pouvez pas demander à la contraction du biceps autre chose et votre « commande » est tout à fait monotone.

Mais le résultat de ce travail du muscle est, lui, varié: si vous partez bras tendu, coude demi-fléchi ou presque totalement plié, le même effort aura des effets différents... Si vous soulevez des poids de plus en plus lourds, votre travail va varier, jusqu'à un travail intense, maximum, pour un résultat nul si le poids est excessif. De même le travail est d'une autre nature si vous voulez rester longtemps dans la position de contraction ou si vous répétez des contractions très rapidement. Encore autre chose est de résister à l'étirement, par exemple dans le bras de fer ou pour déposer un objet lourd. Il en est de même pour le périnée. La commande la plus générale pour les muscles qui vont du coccyx au pubis est le geste de se retenir d'uriner et d'aller à la selle. Mais le travail sera différent selon la position dans l'espace, les résistances, l'état d'étirement ou de raccourcissement des fibres musculaires, etc. Et les autres muscles du périnée vont jouer aussi différemment selon qu'ils seront étirés ou raccourcis par la position, comme les autres muscles du bras, les triceps par exemple, vont réagir à la contraction du biceps en fonction des différentes situations.

La mobilité périnéale, en fonction des positions

Vous avez travaillé les contractions du périnée en tailleur. Comparez vos sensations en travaillant à quatre pattes, puis couchée sur le dos, les genoux sur la poitrine, puis à l'envers, par exemple le bassin remonté par des coussins, puis accroupie.

▓ **Ça change tout selon les positions. Je sens mieux le travail accroupie ; à l'envers, j'ai du mal à bien situer la contraction.**

Dans la pesanteur, parce qu'il y a une résistance à vaincre le travail paraît plus puissant. On le sent mieux, mais le résultat est parfois moins bon… De même si vous croisez les cuisses, vous aurez l'impression de mieux fermer le vagin et l'urètre que si vous écartez largement les jambes, mais le travail du muscle sera plus important, plus ample dans le deuxième cas. Et c'est ce qui est parfois difficile : les sensations sont tantôt des sensations de résultat, tantôt des sensations d'effort, et on est parfois tentée de ne faire que ce qui conduit à un résultat satisfaisant, avec un moindre effort !

Si vous êtes attentive à vos sensations, que ce soit pour des positions faciles ou difficiles, vous découvrirez sans doute aussi qu'il existe des moyens de conforter le périnée, de l'aider ou, au contraire, de lui mettre des obstacles pour le faire travailler plus. Ce sera très utile en postnatal.

Les « aides » à la contraction du périnée…

qui peuvent devenir parasites au moment où on cherche la détente.

> *Allongez-vous sur le dos, genoux pliés, pieds à plat. Faites un demi-pont, comme vous l'avez appris pour placer votre bassin. Vous avez appris à le faire en contractant le périnée dès le démarrage, dans l'image de tirer votre coccyx vers le visage, comme le chien rentre la queue entre les jambes, en expirant.*
>
> *Pour mieux le sentir, soulevez le bassin sans serrer le périnée. Une fois le bassin monté, serrez le périnée.*

▓ **Il me semble déjà serré…**

En effet, il n'y a plus beaucoup de latitude, ça bouge peu. C'est un peu comme contracter le biceps lorsque le coude est déjà plié, l'amplitude est très réduite. En fait, c'est l'action des fessiers qui a raccourci le périnée et qui vous permet d'obtenir une fermeture maximale. Cela est très perceptible en arrière, au niveau de l'anus, mais vous imaginez difficilement le bébé passant à travers le passage que vous lui offrez là ! On dit que les fessiers sont synergiques du périnée, c'est-à-dire qu'ils se contractent ensemble et que les fessiers renforcent le périnée (les yeux qui se ferment quand on éternue est un autre exemple connu de synergie). On verra en rééducation qu'il est parfois intéressant d'utiliser positivement cette synergie qui peut, en revanche, être très gênante pendant l'accouchement. Un positionnement correct suffira à l'éliminer.

▓ **En effet quand je suis à quatre pattes et que je pose les coudes au sol, le bassin est au-dessus de la tête, c'est une autre position à l'envers, mais la sensation est très différente. J'ai beaucoup de mal à contracter…**

Dans cette position, les fessiers sont totalement inhibés et le périnée est très détendu car il n'a pas de poids à supporter… certaines femmes ont même tendance à ressentir une entrée d'air dans le vagin, car il y a une ouverture « vers l'intérieur », une sorte d'aspiration.

▤ Il n'y a pas de risque à travailler la contraction du périnée pendant la grossesse ?

Au contraire, vous allez demander à votre périnée une élasticité que vous ne demanderez jamais à aucun autre de vos muscles. Vous ne tenteriez pas un grand écart sans échauffement ; il faut donc profiter de la grossesse pour préparer l'accouchement et les suites. Nous avons vu les composantes de la contraction ; nous avons ressenti le relâchement ordinaire qui suit la contraction et qui donne une impression de « redescente » du plancher. On peut aller au-delà mais il ne faut pas confondre détente et étirement.

LE PÉRINÉE DES DANSEUSES ET DES CAVALIÈRES

On a coutume de dire en obstétrique que les danseuses et les cavalières ont des périnées trop musclés, ce qui gêne l'accouchement et rend souvent obligatoire l'épisiotomie. Par extension, certains ont eu tendance à dire qu'il ne fallait pas travailler le périnée pendant la grossesse pour ne pas le muscler. Or il s'agit de deux situations très différentes : le travail volontaire du périnée comprend une contraction obligatoirement suivie d'une détente. Il est en effet impossible de conserver la contraction au-delà de quelques secondes. Dans ce cas on obtient un muscle élastique, efficace, capable de se laisser étirer et de résister. Si les positions du bassin sont variées, plusieurs des muscles seront sollicités, ce qui permettra un bon équilibre. En revanche, l'attitude « en dehors » des danseuses entraîne la contraction des fessiers et des rotateurs externes du bassin, qui maintiennent le périnée en position de raccourcissement, sans que celui-ci soit « conscientisé » et travaillé pour lui-même. C'est comme le biceps qui serait maintenu en raccourcissement par une ficelle qui maintiendrait le coude plié. Au bout de quelques années, si on n'enlève jamais la ficelle, il devient impossible de déplier le coude. Or pour la danseuse qui commence jeune, son bassin va se fixer dans cette attitude. Tous les étirements sont dans le sens de la rotation externe des fémurs (en dehors), elle marche « en canard » et même endormie sur le dos ses pieds partent vers l'extérieur. Il n'y a jamais de compensation. Cela finit par raccourcir le périnée qui ne se laissera plus étirer. De même en équitation : on ne tient pas le cheval avec les genoux seulement, il y a une participation des fessiers pour assurer l'assiette.

Il faudrait que les fillettes qui pratiquent intensivement ce genre de sport fassent des étirements qui compensent. Il y a en fait peu de sports qui demandent une position en rotation interne des fémurs. Il faudrait pratiquer par exemple le ski de descente rapide (position schuss) ou le patinage de vitesse, qui placent le corps très à l'horizontale, ce qui détend les fessiers.

La détente du périnée

Première confusion : entre détente et étirement

Précisons nos sensations

> *Prenez la position accroupie, pieds écartés mais parallèles, en vous appuyant contre un mur si vous avez du mal à poser vos talons au sol. Contractez et relâchez le périnée, essayez d'analyser la sensation. Allongez-vous maintenant sur le dos, les genoux sur la poitrine, un coussin sous les fesses pour surélever le bassin ; contractez, relâchez, comparez avec l'exercice précédent… Incontestablement, ce n'est pas la même sensation.*

Dans le premier cas, il y a un poids sur le périnée (ne serait-ce que la gravité) qui provoque, après le relâchement, un étirement. Dans le second, il n'y a plus de poids et c'est une véritable détente. Il ne faut surtout pas confondre les deux sensations. C'est souvent ce qui est fait si on demande le relâchement du périnée avant d'avoir contracté ; on a alors tendance à pousser sur le muscle.

> *Toujours couchée sur le dos, si vous relevez la tête, que vous preniez vos genoux dans vos mains et que vous releviez le buste, comme on vous le demande lors de la poussée classique, vous sentez qu'il y a à nouveau une poussée sur le plancher et un étirement.*

Premier impératif donc : ne pas pousser sur le périnée, mais le décharger.

Quelques images pour illustrer

Observez le fond d'un sac : plus le sac est plein, plus le fond est étiré. Si on charge trop, il finira par craquer. Le périnée peut être comparé au fond du sac, mais c'est un ensemble musculaire, donc élastique… Il se laisse un peu étirer puis se recontracte comme tout muscle trop allongé (vos jambes par exemple : essayez de faire le grand écart, vous verrez qu'assez vite il y a une résistance et que vos jambes ne sont pas du tout détendues).

Si vous voulez relâcher le fond du sac, vous pouvez par exemple le renverser… Il n'y aura même plus la pesanteur et le fond va « flotter ». C'est ce qui se passe lorsque vous surélevez le bassin. Cela crée parfois des ennuis dans les cours de gymnastique : certaines femmes ont le vagin qui se remplit d'air lorsqu'elles se mettent en chandelle ou sur la tête et cela fait du bruit au retour.

▓ **Est-ce la même chose au cours des rapports sexuels ? Ça arrive parfois.**

Et vous avez sans doute constaté que ça dépend des positions. Certaines relâchent, ouvrent beaucoup plus, jusqu'à parfois créer cette circulation d'air. Ce sont les positions où le bassin est au-dessus de l'abdomen, où l'on est un peu « à l'envers ».

Certains gynécologues relèvent un peu les pieds de la table d'examen et cela facilite beaucoup le toucher vaginal !

Vous-même, si vous deviez prendre la température à un enfant, vous ramèneriez ses cuisses sur son ventre au lieu d'allonger ses jambes.

▓ **Mais pour l'accouchement, ça ne suffit sans doute pas ?**

Nous allons voir plus en détail les conditions de la détente périnéale :

– ne pas le contracter volontairement : pas de danger ! Au cours de l'accouchement, vous ne pourriez tenir que quelques secondes et la résistance serait dérisoire ;

– être dans une position où il est possible de relâcher : il ne faut donc pas pousser dessus ;

– éliminer les synergies : vous avez constaté que le demi-pont contracte le périnée, alors que surélever le bassin par des coussins, les cuisses sur le ventre, relâche le périnée. Dans un cas il y a action des fessiers, dans l'autre non. Il sera donc très important de bien vous placer sur la table d'accouchement (voir « La mise au monde ») afin d'éliminer l'action des fessiers ;

– réaliser un relâchement semblable à celui des positions à l'envers, bassin au-dessus de l'abdomen.

Accoucher la tête en bas n'est pas vraiment simple, sauf à partir du quatre-pattes ! Mais nous verrons qu'il est possible de réaliser l'équivalent d'une position inversée au niveau du bassin, grâce au positionnement de la table et à des accessoires.

QUE SE PASSE-T-IL LORSQU'ON EST À L'ENVERS ?

L'effet de la pesanteur va s'inverser. Les viscères vont être, pour une fois, attirés vers la tête et non vers le « plancher ». Ainsi le diaphragme va remonter, l'utérus, les intestins, les autres organes aussi et le périnée va « flotter ». Les ouvertures vont bâiller et le périnée s'ouvrir comme une porte à battants, comme un pont suspendu. Le périnée est alors relâché au-delà du simple tonus minimum.

Deuxième confusion : la remontée active ou passive du périnée (le cric ou la grue)

Pour soulever une voiture, on peut choisir un cric ou une grue. Lorsque vous amorcez votre respiration par le périnée, comme nous avons appris à le faire, votre plancher joue le rôle du cric : il refoule les viscères abdominaux, qui refoulent le diaphragme, qui renvoie l'air. C'est l'expiration volontaire.

Vous avez pu observer que, dans ce cas, il y a en même temps remontée et serrage au niveau périnéal qui va avec une position du coccyx et du bassin, ce qui permet l'expiration correcte.

En revanche, lorsque vous éternuez et plus nettement encore quand vous vomissez (il est intéressant de vérifier la sensation en provoquant un haut-le-cœur, en regardant vos amygdales à l'aide d'une petite cuillère), il y a une remontée brutale du diaphragme qui tire les viscères vers le haut violemment… Mais le périnée se détend complètement ! C'est le diaphragme qui agit comme une grue et c'est une remontée passive du périnée.

C'est dans ces moments que bon nombre de femmes enceintes et toutes celles qui connaissent des problèmes après l'accouchement ont des fuites d'urine. Un des objectifs de la rééducation périnéale sera d'apprendre à serrer le périnée avant et de le garder serré pendant l'éternuement, la toux, etc. Il y a en effet une forte pression abdominale (le ventre se serre brutalement) et donc une pression sur la vessie, au moment où le périnée se détend.

Pourquoi le périnée se détend-il dans l'éternuement, le vomissement ?

Quand le ventre se serre très fortement, le diaphragme remonte et tire le périnée vers le haut. Il est remonté, aspiré, sans avoir agi. Si vous ramenez avec votre main gauche l'avant-bras droit sur le bras, en faisant plier le coude, le biceps reste détendu, même s'il est plus volumineux que lorsque le coude est allongé. Si c'est le biceps qui fait plier le coude, il est contracté.

Une fois le coude plié, la contraction volontaire du biceps sera minime.

Quand le diaphragme est remonté, ou quand vous êtes à l'envers, le périnée s'ouvre ici encore comme un pont suspendu, vers l'intérieur, car il remonte passivement.

Si vous avez une bonne gastro-entérite, des selles liquides et des vomissements en jet, il va être impossible de serrer le périnée et le meilleur sphincter va être dépassé. Il faut s'installer !

Il faudrait donc remonter le diaphragme pendant l'accouchement ?

Au Maghreb, ces principes sont bien connus et pour accélérer la naissance ou la sortie du placenta, les matrones chatouillent la gorge des femmes à l'aide de leurs cheveux, ce qui provoque un haut-le-cœur, serrage puissant du ventre et ouverture périnéale. Hippocrate suggérait l'utilisation de plantes à éternuer lors de l'accouchement…

Les obstétriciens reconnaissent volontiers que les femmes qui vomissent (ça arrive) pendant l'accouchement font très bien et très vite descendre le bébé sur un périnée très détendu. Mais bien sûr, cela reste exceptionnel et désagréable !

Concrètement, les solutions les plus simples pour obtenir ce serrage de la ceinture abdominale (indispensable pour ce qu'on nomme « expulsion ») et la remontée du diaphragme sont la réalisation de positions de suspension, sous les aisselles par exemple ou de positions de poussée particulière, qui ne poussent pas de haut en bas, mais « démoulent ».

Ceci est très net dans l'accroupi suspendu ; mais on peut imaginer d'autres postures, même couchées, qui permettent une suspension du tronc et cette « ascension du diaphragme » (voir « La mise au monde »).

La poussée sera obligatoirement une expiration, mais beaucoup plus poussée, en remontant le diaphragme au-delà de la simple expiration courante.

En résumé

Le périnée s'ouvre comme un pont suspendu, comme une écluse, devant le bébé, vers le haut et non en poussant dessus. Plus on l'étire, plus il se contracte et plus il est en danger de déchirure, d'élongation ou de claquage. Car plus il est contracté, plus il faut mettre de force pour vaincre cette résistance... La poussée vers le bas menace par ailleurs tout le système ligamentaire et fait descendre les organes avec le bébé. Vous pouvez en avoir un aperçu si vous êtes constipée et si vous êtes habituée à pousser pour aller à la selle. Vous aurez l'impression de pousser aussi le bébé.

Il faut donc complètement revoir ces efforts de poussée et utiliser au mieux la relation périnée-diaphragme (qui concerne aussi les abdominaux).

Nous allons voir comment jouer avec son diaphragme et son périnée.

Le barattage

Il s'agit d'apprendre à remonter le diaphragme pour relâcher le périnée.

Allongez-vous sur le dos, pieds au sol, dos bien placé en étirement. Inspirez, puis fermez la bouche, bouchez-vous les narines pour ne plus laisser passer l'air. Bloquez la respiration, essayez d'aspirer l'air par le nez que vous maintenez bouché. Ceci remonte votre ventre dans la poitrine en ouvrant les côtes. Il faut pour cela appuyer sur les épaules, « pousser » l'arrière de la tête dans le sol, menton rentré, et imaginer qu'on inspire dans le haut des poumons, en tirant vers le haut. Le ventre va se creuser comme celui du lévrier (au bébé près) !

Puis relâchez votre effort d'inspiration, toujours bouche et nez bien fermés. Le diaphragme redescend et le ventre se gonfle. Ne poussez pas vers le bas, relâchez simplement. Recommencez deux à trois fois puis respirez.

La fausse inspiration

La fausse inspiration peut se faire dans toutes les positions: couchée sur le dos, sur le côté, à quatre pattes, assise...
Ici, c'est une posture de dos rond.
Étiré. Après avoir expiré, on pince le nez et on ferme la bouche pour que l'air ne puisse rentrer.
On fait alors semblant d'inspirer dans la poitrine en repoussant l'arrière du cou vers le haut. Le ventre se creuse et la poitrine remonte.
Restez vide le plus longtemps possible, le diaphragme remonté. Puis laissez-le descendre pour inspirer.

▤ **Ça me fait tousser et j'ai l'impression que ça tire depuis tout en bas, que ça remonte l'utérus !**

En effet, il y a un lien entre la gorge, le diaphragme et le périnée.

Si vous faites cet exercice dans votre baignoire, il est possible que vous aspiriez de l'eau dans le vagin comme on boit avec une paille, en créant la dépression. C'est le secret des fameuses Thaïlandaises qui fument des cigarettes par le périnée. Il ne suffit pas de contracter le périnée, il faut aspirer ! Essayez maintenant de serrer le périnée, puis de faire cette aspiration et de conserver le périnée contracté.

▤ **Le périnée est comme aspiré, il remonte mais se relâche ; je crois que ce n'est pas mûr pour « les cigarettes » !**

On peut donc remonter le périnée en le relâchant sans se mettre à l'envers.

En position suspendue

Prenez une position accroupie (pieds parallèles et non en canard). Si vous n'arrivez pas à poser les talons au sol, adossez-vous contre un mur, avec une distance d'un pied environ entre le mur et vos talons.

Contractez et relâchez le périnée. C'est une position dans laquelle on sent très bien les deux temps, il y a une bonne amplitude. Si vous y restez un moment vous sentirez le poids qui tend à étirer le plancher. Celui-ci travaille en permanence pour répondre à cette pression. Ceci explique que les peuples qui vivent beaucoup accroupi ont des périnées beaucoup plus toniques et élastiques que les nôtres (comme le précise Moïses Paciornik dans son livre[1]).

Avec une table d'accouchement classique et un drap, faute de crochet au plafond

Comparez maintenant vos sensations lors du même travail périnéal dans un accroupi suspendu. Vous êtes assise sur un siège bas ou un coussin replié en siège. En vous suspendant à l'écharpe vous laissez bien descendre le bassin.

L'idéal est d'avoir un soutien sous les aisselles, ce qui est beaucoup plus agréable pour les épaules, mais suppose un système de suspension.

1. Moïses Paciornik, *Apprenez l'accouchement accroupi*, Lausanne, Faure, 1981.

Comment sentez-vous alors le plancher? Y a-t-il autant de poids que dans l'accroupi simple?

▨ **C'est très différent, il n'y a plus aucun poids, le périnée est relâché, allégé. Je peux le contracter, il remonte très haut mais je le sens moins puissant que dans l'accroupi simple.**
En réalité tout a été suspendu, le diaphragme a été maintenu à sa place alors que le bassin est descendu par la pesanteur. Il y a étire-ment du dos, étirement des abdominaux grands droits et serrage de la ceinture abdo-minale. Le bassin bascule facilement, automa-tiquement et le périnée est libéré, rien ne pèse plus dessus.

Vous pouvez le contracter mais la sensation est différente : elle est moins puissante puis-qu'il n'y a pas de résistance à vaincre. Si vous toussez dans cette position, vous sentirez le ventre se serrer plus encore et le périnée remonter en s'ouvrant.

L'ACCOUCHEMENT ACCROUPI

Il existe une polémique à propos de l'accouchement accroupi. Certains disent qu'il provoque des déchirures périnéales, d'autres en sont des partisans inconditionnels. Lors d'une recherche faite avec A. Bourcier [1] sur l'enregistrement électro-myographie de la contraction et de la détente périnéale en fonction des positions, j'avais eu la surprise de trouver que la contraction était maximale dans l'accroupi, mais que la détente n'était pas totalement optimale. Le tonus de base restait plus élevé que dans les autres attitudes. Ceci m'avait intriguée dans un premier temps, car il me paraissait étrange que cette manière d'accoucher soit si largement répandue alors qu'elle ne paraissait pas parfaitement adaptée. En réalité les peuplades qui pratiquent ces posi-tions ont bien ressenti la différence entre l'accroupi simple et l'accroupi suspendu et au moment de la naissance, c'est un accroupi suspendu qui est le plus naturellement pratiqué : les femmes se suspendent à une corde accrochée à la poutre de la cuisine, à deux aides, à une branche…

Un cas particulier : l'accouchement dans l'eau ; il y a une contre-pression qui s'exerce et rend la poussée sur le périnée moins violente. De toute manière nous verrons dans « La mise au monde » que la poussée réflexe, qui préside à ce type d'accouche-ment « naturel » réalise en elle-même la remontée du diaphragme et donc la détente périnéale.

D'autres suspensions

Peu de maternités possèdent des suspensions au-dessus de la table permettant d'accoucher ainsi et de repasser en position allongée en cas de besoin, de fatigue, de nécessité obstétricale.

Accoucher par terre n'est pas toujours confortable, ni pour la femme ni pour l'équipe.

---

1. Alain Bourcier, kinésithérapeute parisien, a introduit en France la rééducation périnéale avec électro-stimulation. Il est l'auteur de : *Le Plancher pelvien*, Paris, Vigot, 1989, et *Uro-dynamique et réadaptation en uro-gynécologie*, Paris, Vigot, 1991.

On peut alors aménager une suspension couchée, sur la table d'accouchement, sans aucune installation au plafond. La femme est allongée sur le dos, les jambes dans les porte-jambes bien adaptés, la table est basculée en arrière pour remonter le bassin, le dossier est peu relevé pour ne pas la plier en deux. Le papa est debout derrière la table, un drap autour de son thorax. Elle accroche le drap, bras tendus et il tire en arrière

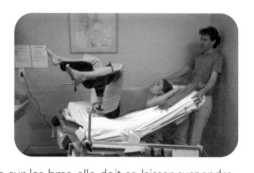

pour la suspendre. Il ne faut surtout pas qu'elle tire sur les bras, elle doit se laisser suspendre.

C'est très agréable pour le dos, ça décharge le périnée, les abdominaux se serrent en gainage… la mère est comme « retirée de l'enfant »

Dans le cadre de la recherche en uro-gynécologie, un kinésithérapeute belge, M. Caufriez, a fait des enregistrements électro-myographies simultanés des pressions intrathoraciques, intra-abdominales et périnéales lors de la respiration, des efforts, etc. Il développe une théorie de « l'aspiration diaphragmatique » qui permet d'alléger le périnée. Ceci est tout à fait en accord avec notre approche.

Est-ce qu'on peut ainsi éviter l'épisiotomie ?

En limiter le nombre, sûrement. Mais le plus important est de limiter les poussées vers le bas, qui risquent de léser les ligaments qui suspendent l'utérus et la vessie.

Nous reparlerons en détail de l'épisiotomie dans « La mise au monde » et « Les suites de couches ».

Et les hommes, ont-ils un périnée ?

Bien sûr…

Et ils le contractent par exemple à la fin de chaque miction pour éliminer les dernières gouttes ! La contraction du périnée fait remonter les testicules dans les bourses. Le périnée masculin est évidemment moins sollicité que celui des femmes, puisque moins découpé et n'ayant pas à subir l'accouchement. Mais il peut y avoir des problèmes périnéaux du type hémorroïdes, fissures anales, incontinence aux gaz. Les problèmes urinaires sont liés à la prostate et non aux muscles du périnée.

Un ami me racontait que petit enfant, alors qu'il atteignait pour la première fois, en se hissant sur la pointe des pieds, la chaînette de la chasse d'eau, il avait déclenché des sensations très agréables ! En réalité, la suspension provoque le redressement de la verge. Par exemple si on prend un petit garçon sous les bras, on verra son sexe tiré vers le haut. C'est peut-être pour ça que Tarzan pousse des cris de joie en se suspendant à sa liane ! Il est tout à fait intéressant de développer la prise de conscience du périnée chez les messieurs et la communication périnéale dans le couple !

Préparer le grand voyage de la mise au monde

« C'est psychologique », « c'est hormonal »…
Voilà ce qu'on vous dira souvent à propos de ces modifications physiologiques surprenantes, parfois peu agréables.
Ces fameux malaises « sympathiques » (du système du même nom) pas sympathiques du tout !
Essayons de comprendre en quoi ces changements sont à la fois normaux et sources de petits problèmes mécaniques ou d'états d'âme.
Comme dans tout voyage, il y a des haltes, des temps forts, des écueils et des rencontres !

Plexus

Je serai mère
Quand je serai vie
Quand je serai joie
Quand je serai
Pleinement
Centre
Pleinement
Sûre
Et rassurée
À la chaleur
De plénitude
Espace de l'envol
Et résonance
Du désir
Quand je serai
Lumière

Pour celui qui dort
Étoile
Pour celui
Qui vient de loin
Je serai mère
D'abondance
Et de soleil
Et pour la fille-pomme
Au point naissance
Du Cosmos
Je serai pleine
De fœtal rayonnement
Étrange
Sourire
Et pour celui
Qui ne sait plus

Je serai
Source
À la conscience
Sensible
Quand je serai joie
Quand je serai vie
Reconstituée
Plexus de l'onde
À l'origine
D'énergie

B.G.

L'agenda

I l n'y a pas seulement un hôte nouveau, c'est tout votre système biologique qui se méta-morphose. Toutes les fonctions biologiques, tous les équilibres sont recomposés.
Voici un bref aperçu de cette évolution. Mais on pourrait réécrire tous les livres d'anatomie, en les adaptant à la situation de la femme enceinte !

Ni tout à fait la même, ni tout à fait une autre...

Au-delà du visible, c'est-à-dire du ventre qui s'arrondit, des seins qui s'épanouissent, de la prise de poids, il y a des mécanismes d'ajustement extraordinaires qui vous déroutent en modifiant votre quotidien.

Le métabolisme se modifie, avec une augmentation des échanges et une dominante anabo-lique, c'est-à-dire de construction et stockage. Le cœur est accéléré, la température reste au-dessus de 37°, la respiration est plus rapide.

La circulation sanguine va s'adapter aux besoins d'échanges avec le placenta : par rétention d'eau, le volume circulant augmente d'un demi-litre à un litre (sur quatre litres, ce qui est une augmentation énorme). D'où la dilatation des veines, les jambes lourdes, parfois les œdèmes.

Tout le système ligamentaire va subir plusieurs vagues de relâchement sous l'effet hormonal pour élargir le bassin et le rendre adaptable (voir « La mise au monde »). La contrepartie négative est un risque augmenté d'entorses et de douleurs articulaires (sciatiques, douleurs dans la sym-physe pubienne). Les tendons et les muscles se détendent aussi, d'où la fatigabilité à l'effort.

Les abdominaux grands droits s'écartent et s'allongent (du cinquième au septième mois) pour faire la place au bébé. La cambrure s'accentue. L'utérus se développe pour atteindre vingt à trente fois son poids de départ, ses fibres musculaires sont trois fois plus larges et dix fois plus longues à la fin de la grossesse. Il change de direction, se verticalise (il est soit rétroversé, soit antéversé à l'état ordinaire) et s'incline vers la droite.

La glande mammaire aussi se développe considérablement, par stockage de liquide, vasodilata-tion et augmentation des graisses, développement des canaux galactophores sous l'effet hormonal.

Les reins subissent une dilatation des bassinets et les uretères sont comprimés, d'où la vul-nérabilité aux infections. La production d'urine augmente et la vessie est parfois comprimée par l'utérus, d'où les problèmes urinaires (infections, fuites et le besoin d'uriner plus souvent... même la nuit).

Les hormones et le système nerveux

Les glandes endocrines sont très modifiées.

L'**antéhypophyse** peut doubler de volume. Ses sécrétions activent les ovaires, la thyroïde, les surrénales, la glande mammaire. La **posthypophyse** produit l'ocytocine, qui va permettre les contractions utérines et, lors des tétées, l'émission du lait. L'augmentation de taille de l'hypophyse ne régresse pas complètement après la naissance et se reproduit à chaque grossesse.

La **thyroïde** atteint souvent plus du double de son poids normal. Son rôle hormonal est l'augmentation du métabolisme et des hormones de croissance ; sa régression pendant les suites de couches est tardive, seulement après le sevrage. Quand on connaît les effets sur l'humeur de l'hyperthyroïdie… on comprend l'irritabilité, l'hypersensibilité de la femme enceinte !

La **parathyroïde** équilibre l'augmentation du métabolisme du calcium. S'il y a une relative insuffisance, des crampes, des tremblements, voire des crises de tétanie peuvent apparaître.

La **cortico-surrénale** est activée. La couleur brune de la « ligne blanche », c'est-à-dire la marque qui monte du pubis vers le sternum, la coloration des aréoles des seins, voire le « masque de grossesse », témoignent de cette activité. En cas d'insuffisance, des chutes de tension et une grande fatigue sont notées.

Le système nerveux végétatif, dans lequel les systèmes sympathique et parasympathique s'équilibrent habituellement, est dominé par le parasympathique : somnolence, vomissements, fatigue en sont les effets négatifs. Comme effets positifs, les migraineuses sont souvent soulagées et vous êtes naturellement portée à ralentir votre rythme…

Vous voyez combien tous ces équilibres sont complexes. Une poussière dans le mécanisme et le miracle est imparfait…

Ma fille adolescente étant particulièrement irritable et agitée,
je lui demandai un jour ce qu'il lui arrivait et elle me répondit fort
justement : « Mais maman, c'est hormonal ! »
Il y a en effet de grands moments dans la vie biologique de la femme (plus
marqués que chez l'homme) : la puberté, les grossesses et la ménopause.
Et c'est toujours un peu difficile, l'équilibre n'est pas installé ; on le sait bien
pour la puberté et la ménopause, on a tendance à l'oublier pour la grossesse.

Le premier trimestre :
une présence intime et mystérieuse

Le premier trimestre est la période la plus mystérieuse, la plus chargée d'ambivalence. Vous êtes enceinte mais il n'y a pas encore la sensation d'un bébé, d'un être vivant. Existe-t-il vraiment ? Quand, comment va-t-il surgir de l'ombre, du fond de nos entrailles et se manifester ? Il est vrai, l'échographie vient un peu lever le voile et donner à voir l'imperceptible, mais il n'est pas évident d'« intégrer » cette image.

Pour beaucoup de mères, surtout lors d'une première maternité, il ne se passe rien. On se sent en pleine forme et le corps n'est pas modifié… On a tendance à oublier qu'on est enceinte ! On se dit même que c'est peut-être trop idéal… D'ailleurs, il ne manque pas de gens pour vous prédire le pire. Vous allez être surprise de voir à quel point les tiers vont se mêler de votre vie, en général pour vous dire qu'il ne faut surtout pas faire ce que vous faites.

▤ **Mais n'est-ce pas la période la plus critique, celle où il y a le plus de risques de fausses couches ?**

C'est vrai, il y a statistiquement plus de grossesses qui s'arrêtent avant trois mois qu'après. Mais on considère, d'un point de vue médical, qu'il ne faut pas tenter de les maintenir à tout prix, car les œufs ainsi rejetés sont en principe porteurs de malformations et il s'agit d'un processus de sélection naturelle.

Ne vous inquiétez pas, un œuf normal, bien implanté, ne se décroche pas facilement. Il n'y a pas si longtemps que la contraception existe et bien des malheureuses ont essayé la corde à sauter ou la moto sans résultat ! Ce qui ne veut pas dire qu'il faut prendre des risques et faire n'importe quoi…

On peut donc sans angoisse particulière mener une vie normale, et attendre l'expression des besoins de son corps. Soyez simplement à l'écoute. Votre odorat s'affine (vous allez devenir très sensible aux odeurs et sans doute mal supporter certaines d'entre elles), votre « oreille intérieure » va aussi se développer et vous allez entendre des messages de votre corps que vous n'aviez jamais perçus. La seule difficulté est d'accepter de quitter le monde du rationnel, des normes sociales, pour entrer dans le monde de l'instinct.

▤ **Je sais bien que la grossesse n'est pas une maladie et je n'ai pas de problèmes particuliers, tout se déroule normalement. Néanmoins je me sens fatiguée, décalée dans mon sommeil, les contraintes du travail me pèsent, j'ai du mal à vivre une vie normale. Pourtant je suis très heureuse.**

Voilà un des nœuds du problème : quand on vous parle de vie normale, on vous parle d'une vie qui n'est en rien naturelle. Or la grossesse est naturelle ! Regardez une chatte qui attend ses petits. Elle dort presque toute la journée, elle boit du lait, elle veut la paix… Même ses précédents petits la gênent et elle les rejette avec violence !

Votre enfant et, à cause de lui, votre corps, n'ont rien à faire de vos horaires, de vos rendez-vous, du savoir-vivre qui fait qu'on ne s'endort pas quand on est invité à dîner, qu'on attend l'heure pour manger… Si vous viviez « naturellement », c'est-à-dire en accord avec les besoins de votre corps, vous dormiriez quand vous avez sommeil, vous mangeriez en fonction de votre faim et de vos envies, et vous ne verriez que les gens que vous avez envie de voir, au moment où vous avez envie de les voir. Vous n'allez pas imposer à votre nouveau-né un rythme de P-DG ! Mais bien vite, il ira à l'école, il sera obligé de se réveiller pour être à l'heure, de dormir à l'horaire prévu pour la sieste… Et, comme vous, il en arrivera à penser un jour que travailler est naturel et ne pas être à l'heure signe de maladie…

Bref, je voulais simplement vous dire qu'il ne faut pas lire à l'envers. Nous sommes obligées de travailler, de vivre en société. Nous devons nous adapter et il faut savoir que c'est plus difficile pendant la grossesse, parce que notre corps retourne à des fonctions naturelles très exigeantes, qui demandent beaucoup d'énergie, normalement toute notre énergie. À nous de voir ce que nous privilégions, dans les limites du possible, et de notre potentiel énergétique. Je trouve qu'une grossesse est suffisamment importante, pour l'enfant et pour les parents, pour mériter de remettre à plus tard des choses qui peuvent attendre. Un enfant, ça n'attend pas et ça ne se recommence pas. Plus que jamais, il va falloir faire des choix, établir des priorités, et c'est dérangeant.

▤ **Il y a quand même beaucoup de femmes qui sont mal pendant ce premier trimestre : nausées, vomissements, malaise général !**

Vous savez peut-être que le fonctionnement automatique de notre corps est gouverné par deux systèmes, antagonistes d'ailleurs, le sympathique et le parasympathique. Au cours des premiers mois de grossesse, le parasympathique va dominer et il se crée ainsi un déséquilibre. Le parasympathique gouverne plutôt la nuit, le repos, la vie « végétative », les périodes de récupération du corps, alors que le sympathique est plus présent dans l'activité, l'utilisation de l'énergie. Vous allez donc vous trouver un peu endormie, un peu en « hibernation », d'humeur peu entreprenante, la mémoire embuée… C'est presque la Belle au Bois Dormant !

Les principales manifestations

Voici une liste des petits désagréments possibles, qui vous concerneront plus ou moins, dont certains pourront être très importants pour cette grossesse et d'autres pour une suivante, ou pour une autre femme car il est rare que deux grossesses se déroulent de la même manière :

– légère augmentation de la température (supérieure à 37°), impression de chaleur, intolérance aux atmosphères surchauffées, besoin d'air frais pour respirer. La thyroïde est une des responsables de ces réactions ;

– essoufflement au moindre effort, accélération du rythme cardiaque (dû à l'augmentation du volume sanguin et à la température (voir « Respirez pour vous… et pour lui ») ;

– perturbation du sommeil : insomnies et besoins impérieux dans la journée ou le soir, sommeil nocturne agité, rêves, cauchemars (voir « Résoudre les problèmes généraux ») ;

– perturbation de l'appétit : faims impérieuses, dégoûts et envies (mais oui ça existe !), horaires variables, cycles de trois heures environ, nausées ou vomissements ;

– fatigue inhabituelle en début de grossesse, généralement en augmentation régulière avec le nombre d'enfants (pas seulement explicable par un surcroît de travail domestique) ;

– sensibilité exacerbée aux odeurs, à la fumée ;

– constipation due à la modification des pressions dans l'abdomen, à une mauvaise respiration aggravée par la cambrure, à une sédentarité augmentée, à la rétention d'eau. Mais il arrive que des natures « constipées » voient le problème disparaître pendant la grossesse et parfois se régler définitivement ;

– besoin d'uriner fréquent, dû à l'augmentation du volume sanguin et donc urinaire et à la pression de l'utérus qui est, à ce stade, juste au niveau de la vessie. Cela contribue à « couper les nuits » ;

– troubles de l'humeur : irritabilité, alternance de joie et de tristesse, larmes faciles, sensibilité aux images violentes et aux histoires dramatiques (influence de la thyroïde) ;

– salivation excessive : ceci est plus rare mais très désagréable.

Ainsi que, bien sûr, les modifications physiques :

– les seins surtout, à ce stade, augmentent très vite de volume, avec développement des aréoles (pastille rose du bout de sein) et du réseau veineux. Mes « petites statistiques » me conduisent à constater que les seins se développent très tôt quand on attend un garçon, et plus lentement quand on attend une fille… Mais ceci sans garantie ! Ils sont parfois très sensibles, voire douloureux. Au début, le moindre contact avec le bout de sein, même le drap, peut parfois être pénible comme à la puberté !

– le milieu acido-basique du vagin se modifie, avec possibilité d'une poussée de champignons… Là encore, j'ai l'impression que c'est plus fréquent quand c'est un garçon ;

– au plan mécanique, il y a peu de gêne, l'utérus étant encore très petit. Néanmoins, vous pouvez avoir des douleurs dans le bas du ventre, assez aiguës, comme des points de côté ou des « coups de poignard », ce qui est toujours angoissant. Il s'agit de réactions musculaires des muscles profonds de la paroi abdominale, lors du développement de l'utérus, ou ligamentaires. Parfois, il peut y avoir un épisode de douleurs dans la symphyse pubienne (le pubis est la partie recouverte de poils, au-dessus du sexe), dues au relâchement ligamentaire, particulièrement à partir de la deuxième grossesse (voir « Douleurs de l'aine et du pubis… »).

– pour celles qui ont déjà un, ou des enfants, une incontinence lors d'une toux, due à la pression de l'utérus qui se trouve juste sur la vessie et au relâchement sphinctérien dû aux hormones. Cela arrive plus rarement pour le premier enfant.

▤ Ne peut-on faire quelque chose pour limiter toutes ces manifestations ?

On ne peut pas agir sur la cause, puisque la cause en est la grossesse elle-même ! Mais on peut déjà les comprendre et agir sur les désagréments, les diminuer, les gérer. Ce qui rend la grossesse plus confortable et permet d'en profiter plus sereinement.

▤ On répond souvent à nos petits problèmes par l'affirmation « c'est psychologique »…

Réponse bien vague et dangereuse, car une future mère a toujours l'angoisse d'être une mauvaise mère et le désir d'être la meilleure mère possible.

Comme sa propre mère, par définition, n'a pas été parfaite (ou l'a été trop !) et que la littérature sait bien dire ce qui ne va pas, mais ne donne pas de modèle (forcément et heureusement, mais ça ne facilite pas les choses !), le questionnement est permanent. Ainsi, à la moindre nausée, à la moindre baisse du sentiment de bonheur parfait… on va penser qu'on rejette sûrement cet enfant dans son inconscient !

Le fait de décider de la maternité et non de la subir, nous interdit quelque part l'ambivalence.

Or elle existe forcément au moment où l'enfant est conçu puisque nous l'avons voulu. Il devient responsabilité pour toute une vie, responsabilité majeure d'une vie qui est en fait un inconnu ; car on réalise alors que tout de cet être nous est inconnu et que nous ne savons pas ce qu'il sera, ce que sera sa vie. Il faut accepter d'avance qu'il ait sa vie, qu'il souffre aussi parfois et meure un jour.

Au contraire, il me semble plutôt inquiétant qu'on ne ressente pas la moindre angoisse…

Un nombre non négligeable de futures mères se pose d'ailleurs la question de l'interruption de grossesse…

Dans son livre Marie-Claude Bomsel[1], vétérinaire, montre bien combien les choses sont plus simples pour les mères animales qui suivent leur instinct sans se poser de questions et combien il est difficile à la mère de l'homme de reconnaître ses véritables désirs, de trouver des attitudes naturelles. Tout est compliqué par l'interférence des habitudes sociales, des pratiques médicales, du nombre important de personnes qui interviennent dans la relation mère/nouveau-né. La mère entend tellement de choses à faire et ne pas faire, aussi rationnelles (?) les unes que les

---

1. Marie-Claude Bomsel, *Être mère, c'est galère*, Paris, Plon, 1984.

autres, qu'elle finit par ne plus savoir où elle en est de ses propres sensations…

▤ Y a-t-il quelque chose à faire pour passer ces moments difficiles?

Face à ces petits ennuis, d'origine hormonale, psychologique ou mécanique qui peuvent assombrir notre bonheur, à tous les stades de la grossesse, nous avons un peu perdu les recettes de bonnes femmes… Or elles n'étaient pas toujours sans fondement! En tout cas, les réponses purement médicales ou pharmacologiques étant inexistantes ou contre-indiquées pour la plupart de ces petits problèmes, il est intéressant de chercher, dans des solutions sans danger, ce qui peut apporter un mieux. Ce que nous allons essayer de faire à travers une hygiène de vie, des exercices, des conseils pratiques, de la détente, des massages…, etc. (voir «Résoudre les problèmes généraux»).

▤ Et les pères?

Il est plus difficile de répondre. Je pense qu'ils sont de plus en plus concernés, de plus en plus responsables (et responsabilisés par le modèle social).

Leur éventuelle angoisse se manifeste souvent autrement, soit par des somatisations (ulcères, problèmes digestifs), soit par un changement de travail, des déplacements, une sorte de fuite dans le temps et l'es-pace… Ils ne subissent pas les perturbations hormonales et il leur arrive souvent d'être plus positifs, plus confiants dans la nature que les femmes… Beaucoup estiment que tout cela se fera tout seul, tout naturellement…

C'est pourquoi les femmes se sentent incomprises! Surtout si se rajoute une difficulté relationnelle avec sa propre mère. C'est souvent au moment où la femme devient mère qu'elle prend le rôle et en quelque sorte la place de sa mère. La rivalité se rejoue ici et ce peut être un moment difficile pour la future grand-mère aussi!

Mais certains futurs papas vont aussi avoir des manifestations psychosomatiques. Ils vont grossir, avoir mal au ventre, demander à être maternés, rassurés sur l'amour de leur compagne. On appelle ça la «couvade», qui peut rester une manifestation normale si les symptômes sont mineurs…

 Une étude américaine a montré que les nouveaux pères très impliqués dans la maternité ont montré à l'approche de l'accouchement une augmentation du cortisol, des poussées d'adrénaline, bref des signes biologiques de stress, et des modifications hormonales allant jusqu'à une chute de la testostérone (hormone mâle, responsable de l'agressivité positive, de la libido…).

La mère de la future mère dans la grossesse et l'accouchement

Une discussion «en rond», dans un groupe de préparation à la naissance. Six futures mères, de vingt à trente-cinq ans ont entamé la discussion qui suit, à partir d'une remarque sur les «grand-mères» tenues à l'écart au moment de la naissance dans un hôpital. Dès qu'on y réfléchit un peu, la grand-mère est «là», probablement plus encore si l'enfant attendu est une fille.

Voici le «brut de conversation»:

Dominique :
À l'hôpital où j'accouche, ils sont contre la présence de la mère.

Hélène :
Ils ont raison ! Il n'y a rien de plus catastrophique pour dramatiser la situation.

Dominique :
Oui, mais c'est quand même excessif, ça dépend de la mère et de la fille.

Hélène :
Bien sûr… Mais c'est quand même plutôt au père de l'enfant d'être là. Un enfant, c'est l'affaire d'un couple ; il est quand même temps de devenir adulte si on veut être mère à son tour.

Muriel :
Justement, moi, c'est parce que je me sens plus sûre de moi, plus adulte, plus « son égale », que je peux me rapprocher d'elle. Finalement, c'est parce que j'étais encore dans une relation infantile que j'éprouvais le besoin de m'écarter, de l'écarter, d'aller presque à l'opposé de ce qu'elle était, de son mode de vie. Je travaille, je milite, je ne suis pas mariée, mais finalement, je me retrouve enceinte et c'est comme si le cercle se bouclait.

Marie :
Mais tu ne conçois pas du tout ton enfant comme elle a pu concevoir les siens et pour son éducation, tu ne vas pas du tout te trouver d'accord.

Muriel :
Bien sûr… Mais c'est curieux, c'est au niveau physique ; une sorte de complicité que je n'attendais pas… Il me semble finalement, qu'il y a quelque chose d'universel, d'intemporel dans le fait de sentir un enfant bouger dans son ventre et de savoir qu'il va falloir qu'il naisse. Cette magie, cette alchimie de la grossesse, je la partage plus intimement avec des femmes, des mères, qu'avec des hommes, que ce soit le père ou l'accoucheur.

Dominique :
Je crois qu'il ne faut pas oublier que justement l'accouchement à la maternité, c'est un peu une récupération par les hommes à l'origine… Tant que ça se passait à la maison, même s'il y avait le père et l'ac-

coucheur, la complicité des femmes était naturelle… Mais amener sa mère à l'hosto, ça choque ! On peut se faire materner par n'importe qui, la sage-femme, l'accoucheur, la personne qui vous a préparée, le père… Mais surtout pas par sa propre mère.

Isabelle :
Moi, c'est une sensation de dépossession qui domine : je sais que ma mère est très négative pour moi en ce moment. J'évite de la voir, de lui parler. Ce ne sont pas des échanges, c'est à sens unique. Tout ce que je peux ressentir, elle l'a ressenti avant moi, elle sait tout, elle a des idées sur tout et en plus, elle me parle toujours de l'étape d'après, elle ne me laisse rien découvrir.
Je ne voudrais surtout pas qu'elle soit présente à l'accouchement, j'aurais l'impression qu'elle me vole ça et j'ai peur pour la suite. Je sais qu'elle aura du mal à supporter que j'aie la relation que je veux avec mon enfant, elle aura du mal à admettre que ce n'est pas son enfant, qu'il s'agit de moi.

Brigitte :
Remarque, je comprends un peu, ça ne doit pas être évident de renoncer à ce rôle de mère… Moi, j'ai déjà trois enfants et, après chaque naissance, je me sens vide, j'ai envie de recommencer, quand mes enfants grandissent, j'ai envie d'en avoir de tout petits… Mais je sais bien qu'on ne peut pas passer sa vie enceinte et qu'il faut bien s'arrêter un jour, cette fois-ci je me conditionne à l'idée que c'est la dernière ! Parfois je me dis que je ressortirai de la maternité en sachant que la « fois suivante », j'irai pour voir un petit-fils ou une petite-fille !

Dominique :
J'ai une amie qui s'est retrouvée seule, son ami n'a pas supporté et il est parti dès le début de la grossesse. Elle a été très mal pendant quelque temps, c'était trop dur, elle a craqué. Elle s'est retournée vers sa mère, ce qu'elle voulait éviter au départ et, en fin de compte, ça a été très chouette, elle dit qu'elle a découvert sa mère.
Elle a pu se laisser aller, ne plus avoir à faire face, à faire semblant, redevenir une petite fille désemparée, elle a senti qu'elle pouvait faire confiance, qu'elle était aimée, et en même temps s'appuyer sur sa mère pour être, à son tour, mère et assez forte pour assumer.

ISABELLE :

C'est l'idéal peut-être, mais des mères capables de renoncer à leur propre désir pour permettre à leur fille de réaliser le leur, c'est pas très courant… Il y a un certain deuil à faire.

DOMINIQUE :

De toute manière, c'est sûr que c'est une période qui oblige à se poser des questions et même à se demander si on a vraiment été désirée en tant qu'enfant et en tant que fille et qu'est-ce que ça signifiait pour notre mère.

HÉLÈNE :

Eh bien ! Quand on entend les récits des grossesses et des accouchements, c'est toujours des histoires pas possibles, à vous donner des cauchemars et surtout pas envie d'y passer.

MURIEL :

Pas toujours… Il y en a qui parlent du plaisir, mais c'est vrai que dans le temps, c'était une épreuve et surtout un risque plus grand.

HÉLÈNE :

D'accord… Mais c'est énervant ce comportement d'ancien combattant, cette valorisation de la douleur.

MURIEL :

Remarque… Les anciens combattants, on leur donne des médailles, des monuments, des pensions, alors, je ne vois pas pourquoi on reprocherait à nos mères de se faire plaisir en racontant leurs accouchements comme des exploits, après tout, ça ne coûte rien à personne et c'est moins idiot que de battre des records débiles ou de prendre des risques (et d'en faire prendre) pour accomplir des exploits gratuits, uniquement pour se prouver quelque chose.

HÉLÈNE :

Finalement, c'est bien difficile de vivre la grossesse et l'accouchement autrement que «par rapport» à sa mère, à la manière dont on a ressenti sa mère, dans sa propre enfance.

Ça fait partie de l'histoire, même si on se croit très autonome.

Le deuxième trimestre : la vie s'éveille

Maintenant, votre ventre devient caractéristique, surtout de profil. Le placenta est formé et la grossesse bien installée. La période un peu «marécageuse» est terminée, les hésitations dépassées. Vous entrez vraiment dans une nouvelle vie : celle de parent.

C'est une étape généralement assez calme, avec peu de problèmes physiques, et des états d'âme plus sereins.

Bébé bouge ! Cette période est dominée par l'émerveillement des premiers mouvements perceptibles du bébé. Il y a longtemps qu'il bouge ! Vous l'avez vu à l'échographie – mais vous ne pouviez pas encore le sentir car les coups étaient trop faibles.

▌ **Je suis à la fin du quatrième mois et je devrais sentir mon bébé. Je crois que je ne sais pas reconnaître les sensations.**
C'est très subtil au début, surtout au premier. On confond avec des mouvements intestinaux, on ressent comme des bulles d'air au fond de l'eau, comme un frétillement de poisson. Rassurez-vous, cela va s'affirmer très vite et, en quelques jours, vous découvrirez de vrais petits coups, des ondulations plus amples. À partir du deuxième enfant, on ressent ces mouvements plus tôt, vers trois mois de grossesse. Sans doute parce qu'on sait mieux les reconnaître, aussi parce que

l'utérus grossit plus vite (comme un ballon qui a déjà été gonflé et qui est donc plus facile à distendre).

▤ **Est-ce agréable ? Certaines femmes se plaignent que leur bébé bouge trop, que les coups de pieds leur font mal…**
En général, c'est une sensation extraordinaire… Sentir cette présence en soi, se sentir habitée, comprendre aussi qu'il est un autre, qu'il a ses rythmes, sa vie propre au cœur de la nôtre. Personnellement, cela me manque toujours un peu après la naissance… Et beaucoup de mères supportent mal que leur bébé s'arrête de bouger quand elles le sollicitent. Peut-être sommes-nous influencées par le discours psychanalytique, qui prétend que le ventre de la mère est le paradis que l'on va toujours rechercher, mais il est vrai que c'est une sensation gratifiante, très positive : à travers ce contact on a l'impression de protéger l'enfant, que rien de mauvais ne pourra lui arriver dans notre ventre… Et on ne se sent plus seule !

Celles qui vivent les choses négativement sont sans doute plus inquiètes et n'arrivent pas à se détendre. C'est parfois simplement pour des raisons mécaniques. Parce qu'elles sont mal assises ou trop cambrées, elles ne respirent donc pas librement. Parfois il y a des raisons morphologiques : les mamans dont la cage thoracique est très étroite sont plus gênées, les natures très toniques dont l'utérus et les abdominaux se laissent mal étirer ont plus de tensions dans le ventre, par exemple. Et puis il y a l'environnement, le poids de cette responsabilité. Il faudrait pouvoir en parler.
Si les mouvements du bébé, sans déclencher de douleur, sont vraiment source de malaise, sont vraiment difficiles à supporter psychologiquement, il faudrait trouver quelqu'un avec qui approfondir. Peut-être y a-t-il eu dans l'enfance un choc en rapport avec la zone sexuelle, souvent totalement refoulé[1]. Il ne sert à rien de rester dans cet état de mal-être qui peut conduire à un accouchement plus difficile, voire une césarienne qui masquera le problème sans vous permettre d'avancer.

Des douleurs inconnues et fulgurantes

▤ **Sur le plan physique, j'ai repris de l'énergie et j'ai envie de faire plein de choses… Mais je suis parfois arrêtée en plein élan par des douleurs fulgurantes dans le bas du ventre ou du dos, à la marche, au moment de me relever, de me retourner.**
C'est une phase transitoire, où les problèmes purement mécaniques, c'est-à-dire liés au poids et à la taille du ventre, ne se posent pas encore, mais où le bébé est assez gros pour comprimer autour de lui, des organes ou des nerfs en fonction de vos positions. L'utérus est lourd et les ligaments commen-

cent à s'étirer, se détendre. Quand vous bougez trop vite, ils sont étirés brutalement.
Voici les problèmes que vous pouvez rencontrer le plus souvent durant cette période :
– perturbations du sommeil ;
– prise excessive de poids, œdèmes des pieds et des mains (plutôt vers six mois) ;
– petits malaises par hypotension orthostatique (tête qui tourne en station debout) ;
– problèmes circulatoires : petits vaisseaux superficiels qui éclatent, formant comme de la couperose sur les jambes, varices débutantes ;

1. Voir Bernadette de Gasquet, *L'Enfance abusée. La mort dans l'âme*, Paris, Robert Jauze, 2002.

– hernies inguinales (dans l'aine), rares, concernant des femmes qui ont un terrain particulier;
– douleurs du bas du dos, en dessous des reins, en fait au niveau des «fossettes», c'est-à-dire de l'articulation sacro-iliaque. Ces douleurs irradient dans la fesse et parfois la cuisse et sont souvent appelées sciatiques, mais sans descendre jusqu'aux pieds comme les vraies sciatiques (voir « Ménager son dos »);
– difficultés à digérer, sensations de brûlures d'estomac de «remontées acides».

L'utérus se développe très rapidement, il y a parfois des contractions, voire des menaces d'accouchement prématuré… Et on peut vous ordonner le lit au moment où vous commenciez à avoir envie de vous réveiller! Il se peut aussi que vous ayez, vers six mois, des malaises lors de la position allongée sur le dos, avec sensation d'étouffement, d'oppression, et la nécessité de vous asseoir ou de vous coucher sur le côté. Ceci est lié à la position du bébé, qui comprime la veine cave et empêche un retour correct du sang au cœur (voir «Les problèmes de circulation du sang»).

Dans l'ensemble, c'est une période agréable, où votre bébé existe sans vous gêner trop, où vous vous retrouvez un peu, où vous êtes aussi pour les autres une «femme enceinte», c'est-à-dire malgré tout un peu sacrée.

▤ C'est l'état «intéressant», le temps de l'espérance, comme on disait autrefois?

Tout à fait, et cette vision avait du bon… C'est la période où le bébé dialogue avec vous, répond à vos caresses, reconnaît son père (sa voix, ses mains), exprime ses goûts musicaux et son malaise (bruits violents, alcool, positions inconfortables où il trépigne…). Déjà la vie s'organise autour de lui, en fonction de lui. On pense au nid, on pense à l'enfant qui va paraître.

Le troisième trimestre : le temps de la plénitude

C'est le temps de la plénitude, le temps où vous rayonnez de cette lumière si extraordinaire, le temps où maternité signifie féminité… Parce que mère et enfant ne sont qu'une même image. Quand je vous vois, j'ai toujours cette impression de sacré. Quel état de grâce… Avouez que vous planez un peu au-dessus de notre petit monde mesquin! C'est le temps de l'accomplissement, de la calme certitude. Même s'il y a parfois des crises, des angoisses, des petits problèmes physiques… Mais c'est surtout le père qui est vulnérable pendant cette période, parce que le bébé prend de plus en plus de place!

▤ Je suis distraite, je crois que je perds la mémoire… Je me fais répéter trois fois les choses et j'oublie mes rendez-vous.

Tout à fait typique de cette période… Voulez-vous la vérité? Vous vous comportez comme une adolescente amoureuse, vous êtes amoureuse! La nature a encore arrangé les choses à sa façon, qui n'est pas celle du bureau et des réunions très importantes… Une seule chose est importante: votre bébé! Non seulement pour lui et vous, mais pour l'espèce, pour tous ceux qui s'agitent autour de vous. Pour que ce monde continue, il faut des bébés, tout le reste est bien secondaire; tout le reste n'est pas la vie. Je crois que nous ne nous rendons pas compte de ce qui se passe réellement en nous, de ce miracle; nous sous-estimons l'importance de ce qui s'accomplit en nous.

Bref, pas d'angoisse, vous retrouverez plus tard toutes vos facultés de femme d'action. Pour le moment, notez les choses essentielles et laissez votre cerveau faire un peu le vide ; d'ailleurs il n'oubliera pas n'importe quoi… Juste les choses les plus ennuyeuses ou sans importance réelle.

▤ J'ai quand même du mal à avoir une réflexion et une concentration aussi riches qu'à l'ordinaire.

Allez-vous accueillir votre enfant avec un discours, des tableaux de chiffres et les théories des nouveaux philosophes ?

Pour vous comprendre tous les deux, il faudra bien que vous soyez sur sa longueur d'onde, comprendre une grimace, un pleur, un grognement… Il faudra régler votre horloge sur celle des tétées, trouver le plus grand intérêt à la couleur de ses selles ! Vous verrez alors combien le monde est vain, ses rythmes fous… La terre entière pourrait bien s'écrouler, vous n'auriez rien vu venir ! Mais un jour, vous aurez à nouveau envie, besoin de l'agitation du monde, de l'organisation des choses. C'est merveilleux de pouvoir être tout cela, de pouvoir vivre ces différents niveaux de vie…

▤ Merveilleux mais un peu lourd : au sens propre comme au sens figuré ! Au sens propre, je me déplace avec la grâce d'un éléphant…

C'est ce que vous croyez. Si vous pouviez être à ma place quand je vous regarde traverser le boulevard, depuis la fenêtre du premier étage, vous seriez surprise. Il y a une majesté, une force stable dans votre démarche lente, qui contraste avec l'agitation de la rue ; je trouve cela infiniment plus beau que la frénésie alentour ! Mais je vous accorde qu'il faut apprendre à bouger harmonieusement, afin d'éviter le mouvement douloureux et parfois le blocage musculaire.

▤ J'ai souvent des douleurs dans le bas du dos, parfois des sciatiques et depuis peu des douleurs dans l'aine et le bas du ventre, au milieu…

Ce sont tous les problèmes mécaniques liés à la compression, à l'étirement des muscles et des ligaments. Il est évident que l'utérus prend maintenant une place énorme, qu'il appuie un peu partout… Beaucoup de femmes, en fin de grossesse, ressentent le besoin de travailler l'ouverture du bassin, d'aider cet étirement. C'est normal, reportez-vous à « Étirez-vous… » où vous trouverez des postures d'ouverture du bassin.

Comme pour les périodes précédentes, voici les gênes les plus fréquemment rencontrées :

– « sciatiques », douleurs sacro-iliaques ;
– douleurs de la symphyse pubienne et de l'aine ;
– brûlures d'estomac, reflux acides ;
– problèmes circulatoires (rares, mais très surprenantes, les varices des petites lèvres), œdèmes ; « impatiences » dans les jambes, engourdissement des doigts la nuit ;
– troubles du sommeil ;
– vergetures, démangeaisons ;
– contractions.

▤ J'ai en effet quelques-uns de ces problèmes. Pas tous heureusement !

Et bien sûr… on pense à l'accouchement !

Car l'étape inéluctable approche et on ne peut plus reculer.

En même temps on a envie d'être « délivrée » car le bébé devient très envahissant pour la plupart, ce qui facilite la « séparation » physique inévitable.

Mais certaines sont si bien enceintes qu'elles pourraient prolonger le bail…

Résoudre les problèmes généraux

C omment limiter et mieux vivre ces petits problèmes qui jalonnent la grossesse? Ils peuvent surgir dès le premier trimestre ou survenir n'importe quand. Ce sont les plus vagues, les plus difficiles à exprimer. Ce n'est pas une raison pour les laisser s'installer!

L'état général

La fatigue

Elle est souvent présente tout au début de la grossesse, alors même que celle-ci paraît abstraite, qu'il n'y a pas encore de prise de poids, de gêne mécanique. C'est donc d'autant plus troublant!

Comme à l'adolescence, au moment des poussées de croissance, on peut se sentir épuisée, sans énergie. On se traîne, un peu endormie, tout effort paraît insurmontable.

Il faut se rendre compte du prodige que votre corps est en train de réaliser, de la vitesse de croissance cellulaire à ce moment, de l'énergie que ça consomme!

Alors, pas de panique… On va essayer de doper un peu le système. Mais il faut aussi respecter les besoins de repos de notre organisme autant que possible. Comme nous l'avons vu, vous êtes un peu en hibernation sous les effets du parasympathique et par l'influence hormonale.

Pour activer le métabolisme (les échanges sanguins) et apprendre à se détendre à l'effort: assise en tailleur ou équivalent, allongez vos bras devant vous, à hauteur de la poitrine, sans les tendre totalement de manière à rester décontractée. Serrez les poings et ouvrez-les en tendant les doigts le plus possible, dans un mouvement rapide. Faites cela le plus longtemps possible.

▣ Ça commence à me faire mal dans les avant-bras, ça chauffe…

Il faut arriver à isoler le travail des doigts et ne pas contracter partout. Si vous n'êtes pas vigilante vous allez tétaniser les muscles des avant-bras, mais aussi des poignets et des épaules. Le dos même peut devenir douloureux. C'est d'ailleurs un des pièges de l'accouchement: il y a une douleur dans le ventre, mais tout le corps étant crispé, cela devient insoutenable. Descendez bien les épaules, ne crispez pas le dos, relâchez les coudes, les poignets et essayez de faire des mouvements très légers, juste aux extrémités, juste du bout des doigts, souplement, comme si vous rejetiez loin de vous les tensions.

**▣ En effet, j'ai l'impression de ne plus crisper du tout
et que je pourrais continuer sans fin…**

Secouez ensuite les mains. Le sang a bien circulé jusqu'au bout des doigts. Cette action est simple, elle stimule bien les échanges sans provoquer de fatigue.

Voici une autre posture, très tonique, qui demande beaucoup d'énergie, mais vous recharge aussi beaucoup.

LA GRANDE FENTE

Départ à quatre pattes (attention aux bonnes distances). Amenez le pied gauche entre les mains… C'est un peu loin! Rentrez les orteils droits, tendez la jambe droite, sans lever la fesse. Restez bien tirée en arrière, la jambe gauche est bien perpendiculaire au sol, le poids du corps en arrière.

Tirez fortement sur le talon droit, descendez les fesses, cherchez une ligne droite parfaite du talon au sommet de la tête. Attention à la nuque! Il faut rentrer le menton et ne pas laisser la tête se relever.

▣ **C'est épuisant! Ça tire partout, dans l'aine, derrière le genou… Je ne peux pas tenir longtemps!**
Surtout si vous ne respirez pas!
Vous avez bloqué complètement le souffle dans l'effort.

Posez le genou au sol, récupérez et changez de côté. Puis nous irons plus loin…

Ramenez les bras tendus dans le prolongement du dos, les mains jointes, dans une superbe flèche du talon au bout des doigts

▣ **Je pense que j'ai activé les échanges des orteils au bout des ongles en passant par les oreilles! C'est immobile et puissant… Mais je me sens bien.**

LE COBRA

C'est un étirement en dos creux mais pas une cambrure!

C'est aussi une posture puissante pour réveiller un peu. Les effets du cobra sont également très intéressants pour les problèmes digestifs, pour les abdominaux et pour le bassin. Il est bon de commencer assez tôt dans la grossesse pour que l'étirement se fasse progressivement avec la croissance de l'utérus.

Départ fesses sur talon, genoux écartés, ventre au sol, bras allongés devant, passer à quatre pattes. Sortir et monter la poitrine au maximum, laissez descendre le pubis vers le sol (voir «Limiter les problèmes digestifs…»).

Pour ne pas cambrer, il faut tirer la poitrine le plus haut possible, et le pubis le plus bas possible… Entre les deux, la colonne s'étire !

Laissez les genoux s'écarter, reculez le cou, ne cassez pas la nuque.
Pour en sortir, tirez les fesses en arrière et repliez-vous comme au départ.

🖻 **Ça tire beaucoup dans le ventre, sous les seins, au niveau de l'estomac, mais ça dégage bien, ça fait de la place !**

C'est signe que la posture est juste. Ça peut même donner une sensation de brûlure sous les seins, dans le haut du ventre, mais il ne faut jamais que ça pousse entre le nombril et le pubis.

Si c'est trop violent comme étirement, ne relâchez pas en arrondissant le haut du dos, mais revenez en arrière pour recommencer trois fois. À la troisième, c'est confortable en général. C'est une posture impressionnante mais tellement efficace !

Reprenez aussi les demi-ponts en creusant bien le haut du dos (voir « Sentir la bascule du bassin » et « Étirez-vous… »).

Vous remarquerez que les postures qui redressent, creusent le haut du dos, ouvrent la poitrine et sont plutôt des postures énergétiques.

Bien entendu, la respiration est un élément important de la dynamisation. Certains jours, on se sent nouée, sans raison particulière. Il y a une boule dans le creux de l'estomac, le souffle est court, on a une crainte abstraite. Il faut libérer le diaphragme, faire respirer, éliminer le trop-plein de tension…

On pourrait tout à fait refaire « La grande fente » et « Le cobra », mais nous allons commencer par des postures d'ouverture thoracique, de respiration.

Allongez-vous sur le dos, bien placée, genoux fléchis, pieds à plat ou un pied sur le genou opposé. Placez les doigts croisés au-dessus de la tête, en contact avec le sol et les cheveux. Expirez en allongeant les bras.

Ne respirez plus, puis ramenez les mains au contact des cheveux pour vous laisser inspirer. Vous allez rapidement sentir le diaphragme bouger, ce qui commencera à vous détendre (voir « Respirez pour vous… et pour lui »).

Placez maintenant les mains jointes au-dessus de la tête, pouces en contact, coudes vers le sol.

▣ J'en suis loin ! Si je pose les coudes, tout bouge.

Il faut faire l'effort avec le dos, le point entre les omoplates, au niveau de l'attache du soutien-gorge, ce qui va ouvrir devant au creux de l'estomac.

Pour ne pas cambrer, laissez les abdominaux grands droits s'étirer. Terminez par une contre-posture, en plaçant vos mains dos à dos et en les poussant vers le plafond, pour faire un « dos rond ». Reprenez un demi-pont, en creusant bien le haut du dos lorsque vous êtes au plus haut.

La grenouille

Au retour du demi-pont, une fois le bassin bien placé, rapprochez vos pieds l'un de l'autre, puis prenez la posture de la grenouille, en maintenant la bascule du bassin, en poussant l'aine vers le ciel pour que les genoux descendent sans entraîner le dos (voir « Sentir la bascule du bassin »). Il ne faut pas vouloir descendre les genoux vers le sol, il faut vouloir étirer la région de l'aine.

Restez quelques respirations dans la posture. On peut faire les bras et les jambes en même temps, c'est-à-dire reprendre la posture avec les mains jointes au-dessus de la tête, c'est alors plus difficile de ne pas cambrer.

Ces postures d'ouverture détendent particulièrement.

Pour en sortir, partez bien de la contraction du périnée pour rapprocher les cuisses depuis l'aine vers les genoux et non à partir des genoux… ce qui pourrait déclencher une douleur dans la symphyse.

Allongez-vous sur le côté, les bras tendus devant vous, l'un sur l'autre, à hauteur des épaules, les genoux repliés sur la poitrine. Glissez, comme pour l'éloigner de vous l'épaule qui est au sol (au moins 10 centimètres).

En gardant bien les cuisses au plus près du ventre, décrivez un grand cercle au ras du sol derrière votre tête, avec le bras de dessus,

jusqu'à ce qu'il arrive dans le prolongement de l'autre. Votre tête a suivi le mouvement ; soulevez-la légèrement pour mieux la tourner, en étirant bien la nuque. Regardez en direction de vos fesses, respirez.

Votre colonne doit être totalement alignée une fois que vous êtes dans la posture.

Il est impératif de bien maintenir les genoux remontés vers la poitrine ; si vous laissez aller, vos hanches vont se déplier et vous allez vous retrouver avec un angle buste-cuisse supérieur à 90°, c'est-à-dire en cambrure !

Et, bien sûr, la posture n'a plus du tout le même effet. C'est malheureusement bien souvent ainsi qu'elle est réalisée et présentée dans les revues ou manuels !

🔲 **Ça tire un peu sur l'épaule, mais ça se détend peu à peu, c'est agréable cette sensation d'ouverture.**
Si ça tire trop, vous pourrez mettre un coussin sous le bras pour permettre la détente.

Revenez sur le dos, bassin bien replacé, éventuellement avec la chaise, placez les bras en cerceau autour de la tête, les coudes dans les mains, nuque étirée. Respirez profondément dans la poitrine, en ouvrant les narines.

En plus de ces quelques exercices, ne négligez pas la ressource du chant, particulièrement efficace pour les états d'âme !

▓ **C'est curieux, je me sentais nouée, comme angoissée en arrivant et cela a disparu.**

C'est le but recherché. Le travail sur le plexus solaire, la détente du diaphragme sont très efficaces sur ces sensations de stress. Souvenez-vous en dans la vie et pour l'accouchement !

▓ **Maintenant je n'arrête pas de bâiller, mais pas de sommeil…**

C'est encore le reflet de la mobilisation du diaphragme et le signe de la détente, à ne pas confondre avec la fatigue !

Le sommeil

C'est un problème auquel vous avez peu de chances d'échapper, à un moment ou un autre de la grossesse.

À la fin, il y aura l'aspect mécanique, c'est-à-dire que vous ne saurez plus comment vous installer pour dormir, il faudra trouver des aménagements. Mais c'est surtout le rythme qui est perturbé.

▓ **Au début, j'avais l'impression de dormir tout le temps, je ne me reconnaissais pas ! Moi qui suis « couche-tard », je ne pouvais plus tenir à partir de 22 heures. Impossible de passer une soirée dehors, et la télévision avait un effet hypnotique ! On se sent sénile, c'est dur… Maintenant, j'ai toujours aussi sommeil le soir, mais au milieu de la nuit je me réveille pour de longues heures. C'est au moment de me lever pour aller au bureau que je dors bien… Alors je suis fatiguée et je crois que c'est un cercle vicieux…**

Il est important de bien comprendre ce qui se passe et pourquoi nous avons tellement plus besoin de sommeil. Il ne s'agit pas de paresse mais d'un besoin physiologique.

Pendant l'état de veille, c'est nous qui pilotons notre corps, en dehors des fonctions végétatives. Pendant la nuit, notre corps est au repos, mais notre cerveau continue à fonctionner, il règle la survie, il se recharge, il génère la production d'hormones, il classe et met de l'ordre dans la mémoire… En fait, si on regarde de près, l'activité volontaire est très faible par rapport à ce qui fonctionne automatiquement dans notre organisme. Surtout au moment de la grossesse !

Le cerveau a besoin de temps pour assumer tout cela, de temps non parasité par la pensée, l'action… Alors il l'impose et c'est fondamental pour la construction du bébé, en particulier la construction de son cerveau. Ne croyez pas que vous perdez votre temps à dormir…

▓ **Mais je n'ai pas un bon sommeil, je suis agitée, je me réveille souvent, je rêve beaucoup, plutôt des cauchemars d'ailleurs… Ça ne doit pas être bon pour le bébé.**

Jeannette Bouton[1] nous permet de comprendre. Chez l'adulte, il y a une nuit et une journée de veille. Chez l'enfant, les cycles sont plus courts, sommeil et veille se succédant durant les vingt-quatre heures. Jusqu'à sept ans environ l'enfant a besoin de siestes. À l'intérieur d'une période de sommeil, il y a des cycles : toutes les deux heures, il y a une alternance de sommeil lent, calme, de plus en plus profond et de sommeil paradoxal, agité avec mouvements rapides des yeux, pendant lequel arrivent les rêves. Toutes les deux heures, il y a un stade de « disposition à l'éveil », qui nous rend sensible aux bruits, aux sollicitations. Ce moment se situe à la fin d'une période de sommeil paradoxal.

---

1. Jeannette Bouton, *Bons et mauvais dormeurs*, Paris, Gamma, 1971.

À l'âge de la maturité cérébrale, il y a dans chaque cycle 90 minutes de sommeil lent et 15 à 20 minutes de sommeil paradoxal, plus ces phases intermédiaires propices à l'éveil. Chez le prématuré, les rapports sont inversés : le sommeil paradoxal représente 80 % du temps. Le sommeil paradoxal diminue à l'approche du terme, jusqu'à représenter 50 %. Puis à mesure des mois et des années, l'enfant va se rapprocher de l'adulte.

Mais la future maman se met en phase avec son bébé ! Elle inverse progressivement le rythme et, à la naissance, il y a 50 % de sommeil paradoxal dans son cycle. Elle est donc plus souvent proche de l'éveil, et rêve beaucoup… Mais elle ferait bien la sieste, pour compenser l'insomnie de la nuit.

▤ C'est fabuleux mais pas pratique. Comment faire quand on travaille ?

Essayez de vous organiser ! D'abord ne pas hésiter à dormir quand vous le pouvez, même si ce n'est pas le moment socialement parlant. Ça peut être à 11 heures du matin, si votre travail vous en laisse le loisir ou le week-end. N'ayez pas peur de faire des siestes, cela ne vous empêchera pas de dormir la nuit… Quant à la nuit, il ne faut pas lutter : ne cherchez pas à tenir à tout prix si vous sentez l'endormissement venir juste après le repas. Si vous arrivez à dépasser cette phase, vous en avez pour un moment avant que cette étape revienne ! Inutile de vous coucher si vous n'avez pas sommeil, cela ne fera que vous exciter davantage, il faut attendre que le moment arrive spontanément. De même au milieu de la nuit, inutile de faire des efforts pour se rendormir… Restez calme, occupez votre esprit en lisant (prévoyez une petite lampe qui ne dérange pas votre compagnon) ou allez faire votre repassage jusqu'au signal suivant !

▤ J'imagine que c'est pareil pour les enfants…

C'est souvent un problème, on veut les faire manger alors qu'ils s'endorment, ils deviennent grognons et si on arrive à passer l'heure, ils ne s'endormiront pas jusqu'au cycle suivant (90 minutes pour l'adulte, 40 à la naissance). Mieux vaut ne pas les mettre dans leur lit où ils vont hurler… En revanche, il faudrait attendre le réveil spontané ou intervenir dans un moment de disposition à l'éveil. Un enfant sorti brutalement d'un sommeil profond sera très grognon. Nous sommes plus capables de « prendre sur nous », mais les problèmes de sommeil nous rendent de mauvaise humeur et agissent sur nos capacités de mémoire, concentration, résistance ; cela parfois pour quelques minutes de décalage avec un réveil spontané.

▤ Cet état différent de la future mère régresse-t-il rapidement ? Quand redevient-on « adulte ordinaire » ?

Trois à six semaines après l'accouchement, si vous n'allaitez pas. Si vous allaitez, l'harmonie de vos rythmes avec ceux du bébé persiste pendant tout l'allaitement. C'est pourquoi la jeune maman a le sommeil si léger ; elle est tout de suite éveillée quand son bébé se manifeste et se rendort facilement. Plus tard, le réveil sera difficile et la nuit sera perturbée, s'il faut émerger d'un sommeil profond.

▤ C'est bien ajusté… Mais le père n'est pas dans le coup !

C'est pourquoi on a du mal à le secouer pour qu'il aille chercher bébé. Il a plus de mérite que la maman !

Tout serait parfait si on ne s'occupait que du bébé, en se laissant dormir quand il dort, quelle que soit l'heure, quel que soit l'état de l'appartement et des stocks de provisions.

▤ À défaut de changer toute l'organisation sociale, peut-on améliorer les choses ?

Il y a quelques petits moyens qui sont parfois efficaces.

Essayez de vous coucher quand vous avez sommeil et pas avant, ou alors pour lire, être avec votre compagnon, mais pas pour dormir sur décision, ça ne marche pas !

Ne traînez pas lorsque le signal arrive. Aménagez votre position, au moins pour l'endormissement : il faut souvent un coussin pour soutenir le genou ou une serviette pliée en 4, si vous êtes sur le côté afin de retrouver l'angle inférieur à 90° entre fémur et colonne (voir « Respirez pour vous… et pour lui » et « Sentir la bascule du bassin »). Il faut parfois surélever la tête pour éviter les reflux, les brûlures d'estomac. Préférez rehausser le matelas qu'un gros oreiller qui vous plie en deux ! (mettez plutôt l'oreiller sous le matelas et un tout petit coussin sous la tête)

Il vaut mieux un lit assez grand pour vous retourner sans gêner l'autre.

Prenez soin de bien étirer la colonne quand vous vous posez, surtout sur le dos. Si vous avez des difficultés à trouver un aménagement, un coussin du type Corpomed® peut vous aider. À éviter, s'étirer les pointes des pieds allongées, cela peut provoquer des crampes pénibles.

N'hésitez pas à prévoir la lampe et le roman, afin de prendre sans aucune nervosité votre livre en pleine nuit. À vous de préserver le sommeil de votre compagnon, à lui de savoir vous laisser dormir le soir ou le matin quand c'est possible. Il faut parfois revoir quelques détails d'interrupteur, de veilleuses. Vous allez vous lever plusieurs fois la nuit pour aller aux toilettes… Ça vaut la peine, d'autant que vous amortirez cela avec les quelques années de nuits entrecoupées qui vont suivre… Après les tétées nocturnes, il y aura les cauchemars, les nuits de fièvre. Bref, il faut vous faire une raison : les nuits d'adolescent sont un peu révolues !

▤ Il doit falloir une grande résistance et beaucoup de calme, c'est un peu effrayant…

Il y a des ressources qui se mettent en place, des évolutions qui se font toutes seules. Il ne faut pas s'angoisser, ni « gaspiller ses forces. »

Améliorer le sommeil qui concerne en fait votre hygiène de vie

Veillez à faire des repas digestes. Ne mangez pas trop vite, mâchez bien, sans surcharger le repas du soir Si vous pouvez faire une petite promenade, prendre un peu l'air après le repas, c'est très détendant. Sinon, aérez au moins la chambre avant d'aller vous coucher. Bien évidemment si vous ou le papa êtes encore fumeurs, évitez absolument d'enfumer la chambre !

Nos grands-parents eux prenaient des tisanes, tilleul, camomille. Ça reste très agréable. On préconisait aussi le lait chaud. Le seul problème est que votre vessie vous dérange déjà souvent…

Une pomme, mâchée lentement, réussit à certaines. Évitez les excitants, mais le problème n'est pas vraiment l'insomnie et il est rare que vous ne trouviez pas le sommeil.

Détendez-vous après le repas, en changeant d'activité. Si vous êtes dans un bureau, ce peut être un moment d'activités plus manuelles ; si vous avez fait du ménage toute la journée, allez vers de la lecture, ou un film, de la musique…

Faites attention aux programmes télé souvent violents ; pendant la grossesse vous êtes impressionnable et votre sommeil peut en souffrir.

Si votre compagnon est disponible, la pratique de massages est vraiment idéale. Vous pouvez aussi, bien sûr, être ensemble dans une relation au bébé.

▦ Je crois que je n'aurai jamais le temps de me détendre. Quand je suis fatiguée, je me jette dans le lit, sans transition.

C'est un peu dommage car le repos sera moins bon. Prenez un bain, ou restez simplement quelques minutes en relaxation, avec la chaise (couchée sur le sol, les jambes sur le siège, les fesses au plus loin sous le siège, nuque étirée). Si vous êtes du genre stressée, vous pouvez cadrer le temps de relaxation, par exemple par de la musique : il suffit de sélectionner une partie du CD et vous vous laissez complètement aller sans contrôler l'heure. Choisissez une musique qui vous apaise, c'est encore plus agréable.

Vous prenez bien le temps de vous démaquiller, de vous brosser les dents et les cheveux… Éliminer les parasites de vos pensées est aussi important pour bien vous endormir. Et cinq à dix minutes suffisent !

La respiration carrée

Cette respiration est très apaisante, équilibrante, elle fixe votre mental. Essayons :
Après deux ou trois respirations profondes, respirez en comptant : expiration, puis inspiration sur quatre temps, pause quatre temps, expiration quatre, pause quatre.
Le cycle suivant est sur cinq temps, le suivant sur six, puis vous redescendez, cinq, quatre.

▣ **C'est comme compter les moutons… Mais j'ai du mal à rester vide six temps…**

Bon moyen pour sentir votre diaphragme qui « pompe » et vous fait inspirer trop rapidement ! Il faut en fait détendre le diaphragme à la fin de l'expiration, c'est-à-dire le laisser redescendre mais sans laisser l'air entrer, puis inspirer par un mouvement volontaire des narines qui guident l'entrée de l'air doucement, régulièrement. C'est un bon entraînement de maîtrise du souffle.

▣ **C'est vrai que ça détend bien, ça fait un peu planer.**

Concentration, relaxation et sommeil

Ne laissez pas votre esprit se fixer sur des inquiétudes.

Essayez de visualiser des scènes calmes, des images sereines avec votre bébé ou alors fixez-vous sur une image de nature qui soit apaisante pour vous et essayez de remplir le tableau avec des couleurs, des odeurs, des sensations, des bruits… Affinez le détail de la fleur imaginaire, la fraîcheur de l'eau que vous entendez couler dans votre paysage. Ne faites pas appel à des souvenirs, mais regardez ce que vous créez minutieusement.

Si vous avez quelques angoisses et que vous n'arrivez pas à faire le vide, reprenez des postures toniques, des respirations, déchargez le trop-plein dans une dépense physique.

N'oubliez pas que l'orgasme est un très bon moyen de détente.

Mais si rien ne va bien et que la tension monte, ne retenez pas à tout prix vos larmes… Libérer ses sanglots est un grand apaisement.

Les futures mères rêvent beaucoup. Certains rêves les inquiètent, elles en parlent et découvrent alors que les autres mamans ont fait à peu près les mêmes. J'ai rassemblé ici ceux qui reviennent le plus souvent et vous livre quelques pistes de compréhension psychologique. En effet, ce travail a été conduit avec l'aide d'un psychanalyste.

Les rêves de la grossesse

Début de grossesse

Il y a des rêves, courts, en bribes. Peu de mémorisation. C'est le flou, c'est décousu ; quelques images sans lien.

Quelques rêves typiques :

Rêves de séduction : la rêveuse interprète elle-même cela comme lié à l'angoisse de perdre son attrait pendant la grossesse ou d'en sortir moins désirable.

La grossesse est considérée parfois comme une perte de féminité, femme et mère étant presque antinomiques : d'attraits sexuels, les seins deviennent des seins nourriciers, le ventre est gros, la silhouette ne correspond pas aux « canons » aux top-modèles (même si la mode actuelle est à la maternité exhibée chez les actrices), etc.

Rêves de plaisir : certaines femmes ont à cette période des orgasmes pendant leurs rêves. Voici quelques pistes, non exclusives. Il peut s'agir d'une compensation (réassurance de la féminité par rapport à la maternité), d'une féminité exacerbée et satisfaite (la maternité vécue comme la féminité extrême), de causes hormonales.

Rêves de famille : la famille de la mère réapparaît souvent : on rêve des frères, du père, de la mère, mais aussi des morts. On peut rêver des sœurs, cousines et autres personnages féminins, elles-mêmes enceintes. On peut penser à un renforcement de la filiation, rassurante quant à un sentiment inconscient qui articule la vie et la mort.

Milieu de grossesse : deuxième trimestre

Les rêves sont généralement plus clairs, plus longs, racontant une histoire plus cohérente. On rêve plus rarement de l'enfant et de l'accouchement qu'au dernier trimestre.

La mère de la femme enceinte réapparaît très souvent. Il y a réactivation de conflits anciens, ou présence indésirable de la future grand-mère.

Très souvent, cette dernière tient des propos ou a des gestes incohérents ; on ne peut la comprendre et elle n'est pas du tout adaptée à la situation.

Les rêves anciens, essentiellement les cauchemars de l'enfance, réapparaissent aussi assez souvent. Des grandes peurs sont ravivées dans ces rêves.

On peut se demander si cette période n'est pas celle d'une structuration dans le rôle de mère, avec une sorte de repositionnement par rapport aux représentations en place.

Quand l'enfant est rêvé, c'est généralement **l'enfant oublié**. Rêve typique : on s'aperçoit tout à coup qu'on a oublié l'enfant enfermé à la maison. On est partie depuis très longtemps et on réalise avec angoisse qu'on ne l'a pas nourri.

Veut-on réellement oublier la grossesse, l'accouchement et l'enfant à venir ? Est-ce sa présence manifestée par les mouvements qui provoque ce désir contradictoire ? Le besoin de nourriture est-il aussi un besoin de la mère (nourriture, affection, attention) ? Est-elle oubliée elle-même au profit de l'enfant ?

Il y a **peu de représentation du bébé**. On voit un enfant plus grand (2-3 ans). Il est dans une situation de relation en général à autrui, pas à la mère : il joue, il se promène avec sa grand-mère, etc. Il est sexué. C'est un petit garçon ou une petite fille.

Souvent plusieurs rêves reprennent le thème, l'enfant changeant presque toujours d'aspect (il était blond, il est brun, etc.) et parfois de sexe.

L'enfant sexué serait-il un enfant un peu plus différencié, « extériorisé », par rapport au fœtus, au bébé du début, totalement abstrait, neutre ?

Il a en tout cas grandi dans le rêve. L'enfant n'apparaît pratiquement jamais sous les traits d'un nouveau-né, même dans les rêves de naissance.

Son aspect inattendu fait penser à l'identité propre de l'enfant qui en général ne « ressemble » pas à ce qu'on imaginait, ne ressemble à personne de la famille mais à des images d'enfants : publicités, magazines, etc.

Quelquefois apparaît **une image du regard de l'enfant** (toujours d'au moins 1 an). Regard chargé de sens, grave en général, véritable communication sans parole.

Fin de grossesse

C'est une période de sommeil très agité. Il peut y avoir plusieurs rêves dans une nuit. C'est la période des cauchemars explicitement liés à la grossesse, des rêves qui se précisent, surtout pour celles qui ne rêvaient pas auparavant (ou ne s'en souvenaient pas).

Il y a le thème de **la surprise à la naissance** : arrivée à la maternité, il n'y a rien, du vent, une grossesse nerveuse ! En général, la sage-femme est très ironique, elle se moque de la mère.

Les jumeaux inattendus, un train peut en cacher un autre, dit la morale de l'histoire.

L'enfant anormal : l'enfant est laid, bizarre. Il n'a pas de membre, ou il a un bec-de-lièvre (très fréquent) ou une grosse tête. Le mongolisme n'est pas représenté : les choses sont externes, visibles. Il y a parfois des problèmes de couleurs non compatibles avec celle des parents. Souvent, on ne voit pas l'enfant, il est caché dans un tas de linge, dans une boîte… On sait qu'il est monstrueux mais sans précision. On le tient éloigné de soi, survient alors la question de ce que l'on va faire.

Parfois, le père ou quelqu'un a une solution tout à fait incohérente : elle n'a aucun rapport, mais ça règle tout par enchantement (aspect magique). La possibilité de l'abandon est évoquée. En général, toutefois, cela ne va pas jusqu'à la décision.

Ce qui frappe ici souvent, c'est que l'angoisse est surtout narcissique : l'enfant est vilain, ce n'est pas le beau bébé dont on est fier, il n'est pas conforme à l'image idéale, il n'est pas montrable ; souvent, même est évoqué le « qu'en dira-t-on ». En revanche, cela ne semble pas renvoyer à de la compassion comme si l'enfant lui-même ne souffrait pas de son état… Le sentiment de la faute maternelle, de la « tache » est présent, culpabilisant pour la mère, la rendant responsable du résultat. Le fait qu'on veuille cacher l'enfant, qu'on ait honte de le montrer peut se rapporter au mauvais enfant enfoui en nous-mêmes et qui resurgit là chez la mère. Va-t-elle l'abandonner ou l'accepter malgré l'image négative ? Le flou de l'image indique peut-être encore le refus de voir cette partie de soi.

L'enfant mort : très peu rêvé ou alors comme quelque chose qui n'a pas d'importance, sorte d'évacuation purificatrice. La mère est d'ailleurs la plupart du temps très sereine dans les rêves.

Le poulet : accoucher d'un poulet est une image fréquente dans les rêves de fin de grossesse. Il s'agit d'un poulet plumé genre : « prêt à cuire ». Pourquoi cet animal plutôt qu'un autre ? Pourquoi sous cette forme ? Sans doute l'œuf est-il l'origine de l'enfant et du poulet ? On retrouve d'ailleurs souvent l'œuf (plutôt brisé) comme symbole de naissance : couvertures de livres, faire-part, etc. L'embryon de poulet ressemble à l'embryon humain. La mère couve, c'est une mère poule, les petits sont souvent des «poussins».

Le thème de l'enfant non né: c'est la représentation de l'enfant *in utero* (pas encore né) ou sans que l'accouchement ait été vécu en rêve. Il suffit parfois d'entrer dans le neuvième mois, de faire la dernière échographie pour que se déchaînent les images nocturnes.

L'enfant apparaît souvent à cette période «en morceaux». Les détails sont très précis et ont beaucoup d'importance. Les yeux, les pieds, le poids, une dent, une particularité: souvent, au grand étonnement de la mère, l'enfant nouveau-né parle.

La perception parcellisée de l'enfant est peut-être liée au fait que la perception des mouvements permet d'isoler les pieds, la tête, etc. Mais on peut se demander si l'échographie ne joue pas un rôle dans la mesure où, au dernier examen justement, on ne peut saisir l'enfant dans sa globalité sur l'image et que l'on doit prendre une série de clichés sous des angles différents.

Comment interpréter une focalisation précise sur le poids, la taille ou tel autre détail? Il semble difficile de donner des éléments généralisables.

Le «blanc» de l'accouchement

L'accouchement: il y a, de façon tout à fait nette, un blanc sur l'accouchement lui-même. On trouve des rêves présentant l'arrivée à la maternité puis, l'enfant né. Parfois, on assiste à la sortie de l'enfant, la première image étant déjà la tête à l'extérieur. Le travail lui-même, les contractions, la douleur ne sont, d'après tous les témoignages et récits reçus à ce jour, jamais sentis. La descente de l'enfant, l'effort de poussée, les sensations au niveau du vagin non plus. Les mères disent: «Ça c'est tellement bien passé, je n'avais pas mal et l'enfant était là, si ça pouvait être comme ça!»

En revanche, on trouve une vision de l'accouchement en forme d'ouverture du ventre, non douloureux mais spectaculaire: fermeture Éclair sur toute la longueur du ventre, ouverture autour du nombril ou de la vulve jusqu'au nombril, dans une sorte de séparation en deux du bas du corps.

Ces visions font penser aux représentations enfantines qui imaginent toujours l'enfant sortant par le nombril et le ventre ouvert. Il est étonnant de voir que c'est cette représentation première et fantasmatique qui reste la plus forte alors que les images objectivement connues sont celles d'accouchements «par voie basse» (peu de gens ayant vu des césariennes). D'autres rêves symbolisent ce moment du point de vue de l'enfant. Ce sont des scènes de remontées difficiles, abruptes: routes étroites, raides, glissantes, échelles, etc. En haut est l'espace, la lumière, le ciel, la chaleur.

Après l'accouchement: certains rêves représentent le moment qui suit immédiatement la naissance. On a rarement la reproduction de la photo idyllique d'une mère heureuse tenant son bébé tout rose dans les bras. On a à ce niveau, des rêves d'angoisse et d'impuissance de la mère: son bébé va tomber, il échappe des mains qui le tiennent, il n'y a personne pour l'attraper à la naissance, ou bien on l'emporte et la mère pense ne plus le revoir. Sensations parfois qu'elle va mourir et que personne ne peut rien pour elle. Mais le sentiment dominant est celui de l'impuissance à aider son bébé.

La mère est souvent représentée couchée sur la table d'accouchement ou le lit, clouée là, comme paralysée ou statufiée: elle ne peut faire aucun mouvement pour aller au secours du bébé. La situation que je décris n'est pas ressentie comme une paralysie en elle-même, mais cela semble aller de soi : l'accouchée ne bouge pas, elle est impuissante, dépendante, jambe en l'air, immobilisée sur le dos.

Peut-on dire que la mère redoute la perte du pouvoir qu'elle a sur l'enfant, qu'elle prépare la séparation ? Une des marques d'impuissance se retrouve au niveau de prénom de l'enfant, qui, dans le rêve, n'est pas celui choisi pendant la grossesse : profitant de l'immobilité forcée de la mère : « on a déclaré l'enfant sous un autre prénom ».

On peut se demander alors si cela ne renvoie pas directement au père qui dans la tradition donne le nom, mais par le jeu administratif, va déclarer l'enfant et se trouve donc en situation de changer le prénom. La mère a donc à affronter, au moment de la séparation, le pouvoir médical et le « pouvoir » du père, ce qui renforce sa propre impuissance.

Dans les jours qui suivent la naissance, se produisent souvent quelques rêves très bien mémorisés par la mère. On retrouve les tentatives d'abandon de l'enfant, l'oubli (on l'enferme quelque part, consigne de gare par exemple, on ne le nourrit pas), ainsi que des scènes de mise à l'épreuve, l'enfant devant affronter des dangers : traverser une route très fréquentée, une pièce d'eau… Ces rêves sont agités, la mère transpire, il y a du suspense. En général, l'enfant s'en sort très bien et ne semble pas avoir vu la situation sous un angle dramatique.

L'oubli, l'abandon renvoient peut-être au sentiment éprouvé par certaines mères lorsque l'enfant prend trop de place pour tout le monde, la mère n'existant plus, cela peut aussi être le vécu de la grande sœur au moment de la naissance d'un plus petit et rappeler l'enfance de la mère.

La mise à l'épreuve apparemment suicidaire est peut-être à relier à la prise de conscience de la responsabilité à assumer qui angoisse la mère dans la journée.

Enfin, on a souvent des rêves de remise en ordre, de grands rangements… Un peu comme lorsqu'à la veille de la naissance, la mère se met à refaire ses placards. Ces rêves sont agréables, il s'en dégage un sentiment de satisfaction, de travail bien fait, propre, net.

Il est vrai que la grossesse et la naissance sont de tels bouleversements que l'aspiration au calme est aussi réelle et légitime.

Quelques réflexions, après discussion avec les mères sur leurs rêves

Les cauchemars marquent beaucoup les femmes enceintes. Beaucoup plus que les rêves agréables. En général, elles réveillent leur compagnon et ne peuvent se rendormir. Il n'est pas rare que ce rêve les poursuive dans la journée ou se reproduise.

Bien que s'en défendant, elles accordent une sorte de valeur prémonitoire à ces messages, jugés de mauvais augure. Dès lors, elles cherchent en elles systématiquement la cause de ces images négatives et sont presque d'emblée prêtes à accepter leur responsabilité : ainsi elles sont amenées à s'avouer « capables » de rejeter leur enfant, l'abandonner, le tuer, ne pas l'aimer, etc. C'est comme une fatalité, elles sont « monstrueuses » et se sentent tenues de le reconnaître.

Culpabilité, solitude, acceptation de cette culpabilité. C'est un engrenage horrible. La femme n'ose pas en parler, elle est si peu sûre d'elle qu'elle pense qu'on pourrait la croire capable de…

Même les plus blindées ruminent au fond d'elles-mêmes. Ainsi, cette mère ayant rêvé un enfant totalement anormal et qui après s'être tout d'abord défendue d'y voir la moindre indication, expliquait qu'au début de sa grossesse, sans savoir qu'elle était enceinte, elle avait pris des médicaments « qui, peut-être… ». Cette autre évoquait « la pilule qu'elle avait continuée sans savoir». Il n'y a qu'à observer la demande précipitée d'échographie après certains rêves pour constater que la mère est bel et bien remuée…

On peut aussi se demander comment coexistent les représentations ou angoisses héritées du passé lointain (ouverture du ventre, bec-de-lièvre, enfant poulet, etc.) avec les images réelles données par les échographies ; comment celles-ci sont-elles intégrées au niveau inconscient et mêlées aux fantasmes archaïques ?

Il est sûr en tout cas que les échographies sont très souvent suivies de rêves qui semblent contredire la photo. La femme est cependant rassurée : elle a vu que tout était normal et son rêve ne l'angoisse plus.

L'alimentation et la digestion

Les nausées

Si vous en avez beaucoup, demandez à votre médecin un sirop, il en existe qui ne sont pas dangereux ; mais ils risquent de vous faire somnoler encore davantage ! N'oubliez pas que l'homéopathie, ainsi que l'acupuncture, marchent assez bien sur ce genre de problèmes.

Parmi les petits trucs :

– Une eau gazeuse en petites quantités est parfois efficace, même le matin à jeun ; il y a des chances que vous ne supportiez plus très bien le café ; essayez le thé.

– Préférez les céréales aux tartines, si possible très peu sucrées, c'est moins écœurant (le riz soufflé n'est pas sucré) ; n'hésitez pas à faire un petit-déjeuner salé, avec fromage, jambon ou poulet froid, œufs, si vous sentez que ça passe mieux. Le démarrage de la journée est souvent le moment le plus difficile, et cela vaut la peine de chercher ce qui convient le mieux.

– Pour les autres repas, prenez plutôt des petites quantités à la fois. Sachez que vous risquez une petite faim toutes les trois heures (comme les bébés) et si vous n'avez pas un en-cas satisfaisant, vous mangerez une sucrerie, ce qui barbouille toujours plus et surtout, vous fait grossir sans vous apporter le nécessaire.

– Ayez plutôt dans votre sac des fruits frais ou secs, des petits fromages faciles à manger, des petits pains de seigle aux raisins, des biscuits diététiques salés (ou sucrés si vous y tenez vraiment).

– Aérez bien les pièces et respirez profondément. Évitez les attitudes «tassées», en particulier assise, qui compriment l'estomac.

Certaines postures qui dégagent l'estomac, ouvrent les côtes, peuvent vous aider beaucoup (voir «Limiter les problèmes digestifs…»).

Les envies

Si ces notions ont traversé les siècles, c'est qu'il doit y avoir une constance du phénomène. En fait, il ne s'agit ni de caprices ni de compensation psychologique. D'abord on a (sauf cas exceptionnel) terriblement faim, surtout les premiers mois.

Une vraie faim, physiologique, qui fait qu'on ne supporte plus d'attendre l'heure du repas, qu'on est réveillée aux aurores par un besoin impératif. Et souvent on a faim de quelque chose de très précis, ou du moins d'une saveur précise : sucré, salé, acide.

Je pense qu'il s'agit de l'expression de besoins réels de l'organisme qui règle ses apports, au fil des mois.

Vous pourrez constater aussi des différences d'une grossesse à l'autre, et en particulier selon que vous attendez une fille ou un garçon et en regardant de plus près, vous verrez qu'il y a souvent une correspondance yin-yang… Plus de besoins en laitages et douceurs pour les filles, plus de protéines et d'aliments acides pour les garçons.

Les Inuits (esquimaux), dans leur sagesse, pensent que si la femme vomit ou a des dégoëts, c'est que la nourriture ne convient pas au bébé ! C'est une manière d'introduire l'enfant dans le problème et c'est sans doute aussi déculpabilisant pour la mère. Il faut donc chercher d'autres mets jusqu'à ce qu'on trouve et toute la communauté s'y emploie.

Notre vision « manger pour deux » n'est que quantitative alors qu'il est évident que les besoins qui s'imposent à la maman vont souvent varier beaucoup d'une grossesse à l'autre, pour une même prise de poids éventuellement. Preuve que le corps exprime des manques bien spécifiques. Certaines vont tout à coup avoir « envie » de choses qu'elles ne mangent justement jamais… et être dégoûtées de leur plat favori…

Les besoins au fil des mois

La grossesse est une période de fabrication (d'anabolisme) : non seulement vous fabriquez votre bébé, mais aussi des tas d'éléments dans votre corps pour permettre son développement : le placenta, le réseau galactophore au niveau des seins avec stockage de graisses en vue de l'allaitement.

Vous fabriquez aussi des muscles : développement de l'utérus, développement des muscles abdominaux pour faire de la place. Votre circulation sanguine est aussi développée pour permettre tous les échanges et nourrir toutes ces structures.

Cette infrastructure va régresser après la naissance, qui est une période de catabolisme, c'est-à-dire de destruction, d'élimination.

Tout cela est réglé par le système hormonal et on peut dire que pendant la grossesse il y a une combustion accrue…

Le premier trimestre est celui qui bâtit le plus de structures de base ; c'est donc celui qui va consommer beaucoup de protéines. Il n'est pas rare que vous ayez plus envie de viande, de céréales ou d'œufs. Ne vous basez pas sur les notions habituelles de l'équilibre alimentaire, laissez-vous guider dans ce sens par votre corps.

Le deuxième trimestre est plus varié. Les besoins sont plus subtils, plus qualitatifs. Vous aurez besoin de vitamines, de sels minéraux, fer, fluor, magnésium, zinc, calcium, vitamines B6, B12, E… Il est souvent nécessaire de compléter notre alimentation de citadins, pauvre en aliments frais et naturels. Pensez aux germes de blé, à l'huile d'olive, aux compléments alimentaires ou complexes spécial grossesse, selon vos préférences.

Le dernier trimestre est souvent dominé par une soif de fraîcheur (salades, crudités, légumes verts), avec beaucoup moins de protéines et plus de calcium : laitages, fromages, aliments cuisinés à base de fromage (gratins, etc.). Ne vous forcez pas à consommer de la viande. Vous en avez beaucoup moins besoin et vos tissus seront plus souples. C'est important pour éviter les vergetures et faciliter l'accouchement.

Les cornichons, les olives, la tomate sont très souvent dans les désirs du début de grossesse, surtout chez celles qui auront un dégoût du sucre. Bizarrement, cela ne provoque pas plus de brûlures d'estomac (en réalité, c'est l'estomac qui sécrète l'acide et non un apport d'aliments).

Ce n'est pas le moment de faire un régime de restriction, surtout pas n'importe comment, car vous risqueriez des carences (pour vous, pas pour le bébé ; lui, il prend ce qu'il lui faut). Vous en subiriez les conséquences pendant la grossesse et longtemps après la naissance : crampes, fatigue, anémie, décalcification, problèmes de peau (rides, vergetures), de cheveux, etc.

Si vous avez tendance à grossir, c'est qualitativement qu'il faut être vigilante : évitez le sucre ! C'est vraiment la clé d'une grossesse sans stockage de graisse. Évitez les boissons sucrées, essayez de ne plus sucrer thé et café, limitez les légumes sucrés, betteraves, pommes de terre, pois… Évitez les sucreries, les gâteaux (à tout prendre, il vaut mieux un peu de chocolat pour le moral et le magnésium). Vous avez de toute façon assez de sucre à travers les céréales, les pâtes, le pain et les fruits qu'il est important de consommer régulièrement,

Proscrivez les graisses, charcuteries, beurre et crème en quantité, sauces…, mais elles sont moins cachées que le sucre et on est souvent moins tentée.

Le poisson est recommandé car moins riche en graisses que la viande.

N'hésitez pas à vous faire des plats de riz ou de pâtes (complets de préférence) avec des tas de légumes, oignons, carottes, poivrons, fenouils, champignons… Tout ce qui vous tombe sous la main, de saison. Ça vous calera bien, c'est riche en saveur, varié en apports et vous éviterez le dessert, le pain, les frites. C'est un exemple.

Les soupes de légumes sont aussi un bon moyen de les consommer et ça remplit l'estomac sans être lourd à digérer.

La prise de poids

Combien de kilos est-il normal de prendre ? C'est un terrain de polémique et de mode. Depuis le temps où l'on disait aux femmes de « manger pour deux » jusqu'à celui des régimes draconiens, plusieurs normes ont été tour à tour adoptées et rejetées : il y a quinze ans environs, la prise de poids « réglementaire » était de 9 kilos, c'est-à-dire un régime « affamé », souvent assorti de privation de sel.

On tolère aujourd'hui 12 kilos et le régime sans sel est totalement contre-indiqué, en particulier en cas de toxémie. Certaines prennent beaucoup au début, puis restent plus stables, d'autres ne prennent presque pas de poids durant les quatre-cinq premiers mois et ont une forte progression après. Il faut regarder la moyenne et réagir si vous stockez 5 kilos en quelques jours car cela peut signifier une toxémie et présenter un vrai danger. Le bon sens devrait nous guider. Si vous êtes très menue et prenez 25 kilos en six mois vous ne pourrez plus bouger, vous ne serrez plus vous-même, vous habiterez un autre corps. Vos muscles, vos ligaments, votre squelette même ne seront pas adaptés et vous aurez aussi du mal à vous retrouver.

Une femme qui a toujours été « ronde » est adaptée, elle peut être très tonique, très souple malgré 85 kilos. Les 12 ou 15 kilos supplémentaires seront moins perturbants.

La toxémie

C'est un syndrome comportant de l'hypertension, des œdèmes, la présence d'albumine dans les urines et une prise de poids excessive et rapide. C'est pourquoi on surveille ces différents paramètres durant votre grossesse. Le pronostic pour la femme et l'enfant reste grave : sans intervention, éclampsie pour la mère, mort du bébé *in utero*. Lorsque la toxémie est certaine, on fait une césarienne ou on déclenche l'accouchement rapidement.

On a cru longtemps, puisqu'il y avait prise de poids, rétention d'eau et hypertension qu'il fallait supprimer le sel. On sait aujourd'hui que c'est une erreur. La toxémie est un phénomène complexe qui n'a rien à voir avec l'alimentation.

Les carences

À partir de dosages systématiques, des chercheurs américains ont mis en évidence de nombreuses carences chez la femme enceinte, en particulier en calcium, en zinc, en magnésium, en fer, en fluor et en vitamines de différentes sortes, cela dans une population économiquement aisée.

En France, il y a encore peu de préoccupation de ce type. Et on vous adressera plutôt volontiers à une diététicienne pour un excès de poids. Il n'est en effet pas encore d'usage de complémenter systématiquement le régime des femmes enceintes en vitamines, ni de les informer de leurs besoins supplémentaires.

Il est difficile de savoir s'il faut prendre systématiquement des compléments… Ce ne devrait sans doute pas être les mêmes pour toutes les femmes. L'efficacité et l'absorption des compléments en gélule sont contestées. Mieux vaut avoir une alimentation de qualité, variée, guidée par vos dégoûts et besoins (sauf s'ils se limitent aux sucreries…)

N'hésitez pas à signaler à votre médecin toute sensation de fatigue excessive, souvent signe d'anémie, fatigue qui sera bien combattue par un apport en fer.

Les crampes, les « impatiences » sont souvent signe de manque de magnésium et de vitamines B6.

Le besoin en calcium n'est pas une vue de l'esprit. À l'époque des carences alimentaires, des famines, on disait que chaque enfant faisait perdre une dent… C'est en effet le bébé qui puise sur les réserves maternelles. Mais encore faut-il assimiler le calcium que nous avons en quantité dans notre alimentation de « nantis » ! À ce propos, j'ai remarqué que les femmes qui accouchent au printemps sont souvent plus anémiées et plus fatiguées en raison d'une grossesse en hiver, c'est-à-dire sans apport de soleil et de produits frais de saison.

Il faut savoir que les vitamines n'agissent jamais très rapidement : vous devez donc en consommer suffisamment avant l'accouchement et rester vigilante après. Vous éviterez ainsi un épuisement après la naissance ; sinon votre corps serait obligé de vivre sur ses réserves qui seront alors très longues à reconstituer.

▤ **Comment savoir ce qu'il faut manger ? Avant je n'entendais parler que de steak et de salade ! Mais maintenant le steak doit être très cuit, et la salade est déconseillée. Tellement de choses sont interdites, je ne sais plus quoi acheter !**

La médecine moderne a mis en évidence des dangers pour le bébé, surtout au début de sa construction neurologique.

Certaines toxines ou bactéries peuvent être ingérées et se révéler dangereuse pour lui alors qu'elles ne rendent pas malade celle qui les a mangées.

C'est pourquoi on recommande une attitude très prudente

Au-delà des dangers, il est logique d'adapter l'alimentation au processus de gestation.

▤ **C'est-à-dire ?**

Au début de votre grossesse se constituent le placenta et pour ce qui est du bébé, le squelette et les organes essentiels.

Par la suite, votre bébé grossit mais ce ne sont plus que des choses très fines qui se forment. C'est l'extérieur qui se « fignole ». Malgré les apparences, c'est au tout début que le bébé grossit le plus et le plus vite et que votre corps doit s'adapter brutalement.

▤ **C'est donc au début de ma grossesse que je devrais manger le plus ?**

C'est en tout cas le temps où vos besoins sont les plus importants, surtout en protéines. Vous fabriquez non seulement le bébé, mais des fibres musculaires dans votre corps. Ainsi, la taille des fibres musculaires utérines est multipliée par 40 au cours de la grossesse. Quant aux abdominaux, vos grands droits s'allongent de 15 centimètres. Vous fabriquez également le placenta ; votre volume sanguin est aussi très augmenté ; et l'activité métabolique est beaucoup plus importante qu'à l'ordinaire : il y a beaucoup plus d'échanges, une température de base de 37°…

Les besoins caloriques de la femme enceinte sont augmentés de 200 à 300 calories par jour et atteignent 2 300 calories. Vous êtes un travailleur de force, en train d'accomplir le travail le plus énorme qui soit !

Je ne rentrerais pas ici dans le détail des conseils de nutrition qui doivent être adaptés et personnalisés.

Étirez-vous, détendez-vous !

Pour votre plaisir, pour votre bien-être, pour le mieux-être du bébé. Ce chapitre pour vous occuper de vous, vous donnera des éléments pour garder un contact agréable et tonique avec votre corps, pour lui donner tous les moyens de mieux remplir sa fonction «maternelle» et de récupérer ensuite. Vous allez voir à quel point la grossesse affine et aiguise les sensations, et combien il est agréable de s'étirer durant cette période quand le corps semble trop petit pour vous contenir tous les deux !

Avez-vous remarqué comment le chat, plusieurs fois par jour, mobilise sa colonne ? Regardez bien… Il utilise ses griffes pour bien se fixer au sol et tire très fort son arrière-train en arrière. Remarquez sa nuque droite, la courbe uniforme de son dos, creux mais non cambré. Puis le voici qui se met en boule, il semble repousser le ciel de toute son échine… Dos creux, dos rond ; c'est le principe même de «posture, contre-posture»… Il étire maintenant ses pattes arrière… Quelle harmonie dans ces mouvements !

Et il bâille ! Car l'étirement libère le diaphragme et la respiration.

Notez au passage que le chien fait aussi cette gymnastique mais, n'ayant pas les mêmes griffes, il procède différemment : il fixe son bassin, hanches très en arrière et pousse ses pattes avant, une après l'autre vers l'avant…

Ainsi donc l'étirement dépend de la morphologie, des caractéristiques physiques.

Vous verrez que votre bébé fera aussi des étirements et bâillera. D'ailleurs, il s'étire déjà de temps en temps en poussant sur ses pieds et ses mains.

Eh bien, vous aussi, étirez-vous, assouplissez votre corps ! La pratique des étirements est riche de détente, elle maintient en forme et entretient l'élasticité des muscles.

Plus que jamais pendant la grossesse, il faudra vous efforcer de respecter les principes d'étirements réguliers. Les 12 kilos (ou plus) supplémentaires vont peser sur votre colonne, tirer votre ventre en avant et donc solliciter vos reins, écraser vos voûtes plantaires… et nous n'avons pas la chance de répartir le poids sur quatre pattes !

Donc, pour éviter le cycle douleurs, tension, fatigue et peut-être contractions, bref si vous souhaitez garder la forme en prenant des formes, n'hésitez pas à faire ces exercices pour le simple plaisir de bouger, de vous dénouer, de faire de la place, pour respirer largement. Si vous avez déjà quelques problèmes, vous éprouverez un bien-être beaucoup plus grand encore et vous pourrez éviter les récidives.

▌ Je suis en forme mais je me sens plus proche de l'éléphant que de la gazelle et j'ai l'impression d'être incapable de la moindre souplesse, je me sens monolithique, comme faite d'un seul bloc ! Moi qui étais sportive, je me sens handicapée…

C'est une sensation partagée par toutes celles qui sont assez « physiques ». En fait, c'est encore une conséquence de l'image actuelle de la maternité ; sous prétexte qu'il ne s'agit pas d'une maladie, que c'est naturel et qu'on doit en plus être heureuse, il faudrait être comme d'habitude… Regardez encore une fois les animaux, la chatte en particulier lorsqu'elle attend ses petits… Elle, si vive d'habitude, voyez la majesté de ses mouvements, avec quelle lenteur elle bouge, s'étire, se déplace… Voyez combien elle se laisse dormir… Quelle beauté sereine ! En fait, une femme enceinte qui sait accepter cette pesanteur nouvelle se meut avec beaucoup plus d'arrondi, de douceur dans les gestes. Ce n'est plus de l'agitation, mais de la présence. Cela n'empêchera pas la chatte de retrouver toute son habilité, son agilité… Ni la mère de retrouver son tonus…

En revanche, les femmes plutôt mal dans leur corps d'habitude se sentent souvent plus épanouies enceintes, leur corps devenant tout à coup quelque chose d'important, qui fonctionne merveilleusement bien et qui n'a plus à répondre à un idéal de revue de mode. Pour beaucoup, c'est une révélation, la fin de complexes rebelles, la réconciliation avec le genre féminin. Cela a aussi des conséquences sur la sexualité, nous y reviendrons.

Étirements pour vous et pour le bébé

Nous allons passer ensemble quelques bons moments, à travers toute une série d'exercices que vous pourrez combiner à loisir pour vous fabriquer votre séance, seule ou à deux, en fonction des besoins qui peuvent varier au cours de la grossesse.

Nous partons ici du principe que tout va bien, à la fois d'un point de vue médical et général, c'est-à-dire que vous n'avez pas de problèmes graves de type hernie discale, de pathologie articulaire indépendante de la grossesse. Les exercices présentés ici ne sont pas à visée « thérapeutique », mais sont utilisables en complément des propositions spécifiques pour les douleurs mécaniques fréquentes dans la grossesse (nous verrons ces différents problèmes dans les chapitres suivants).

Cet enchaînement est dans tous les ouvrages sur la maternité, mais si peu précis !
Départ à quatre pattes, en respectant la prise de distances… Fesses sur talons, cuisses écartées en fonction du ventre, mains le plus loin possible en avant.
Passez directement dos creux, en laissant bien le poids du corps sur les genoux, fesses légèrement en arrière. Creusez le haut et le bas du dos, tirez les épaules en arrière, redressez la tête sans casser la nuque. Respirez. Passez maintenant en dos rond… Respirez.

▤ **Ça ne respire pas très amplement en dos rond…**

Bien sûr, car vous êtes dans un « mauvais » dos rond ! D'après vous, quel est le but de cet exercice ?

▤ **De faire bouger le dos, de s'étirer, de se détendre.**

Tout à fait ! Malheureusement ce n'est pas toujours ce qui est obtenu. Si au moment où vous commencez à faire tourner le bassin, vous faites en même temps tourner les épaules et la tête et si, de même, pour revenir en dos creux, vous ne déroulez pas votre colonne, alors vous la pliez en deux au milieu.

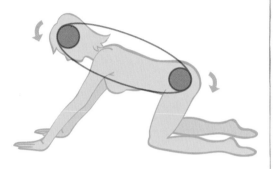

Essayez de concevoir votre colonne comme une chaîne entre deux roues. Pour que la chaîne se tende, il ne faut pas que les deux roues tournent ensemble et dans le même sens. Il faut que l'une résiste un peu quand l'autre commence à entraîner la chaîne. Ainsi, essayez de garder les épaules en arrière, les omoplates bien « emboîtées », la tête levée. Imaginez une pince fixant les omoplates et faites tourner le bassin, en partant du périnée, en visualisant que vous tirez le coccyx vers le visage ; expirez sur chaque mouvement (imaginez que vous faites bouger chaque vertèbre, l'une après l'autre).

Quand vous ne pouvez plus arrondir ainsi le bas du dos, alors que le haut reste creux, laissez bouger les premières vertèbres dorsales, puis le milieu du dos et enfin arrondissez les épaules en les tirant vers l'avant, passez sur le bout des doigts comme pour repousser le sol et laissez tomber la tête à la fin. Respirez et repartez dans l'autre sens : on creuse le bas du dos et on termine par la tête.

▤ **C'est terriblement exigeant, mais on sent que le dos est « huilé ».**
Comment respirez-vous dedans ?

▤ **Moins bien que tout à l'heure, je ne sais pas pourquoi. Je me suis bien appliquée pourtant et j'ai essayé de respirer en mobilisant mes vertèbres.**
Eh oui ! il y a encore un autre piège que nous n'avons pas éliminé : regardez l'axe de vos cuisses, la place des hanches par rapport aux genoux. En fait vous avez avancé les cuisses et vous êtes venue en avant…
Regardez bien la forme de votre dos sur la photo ou dans la glace : il n'y a pas de véritable étirement. Au niveau du bas du dos, des reins, des lombes, c'est à peine arrondi. En revanche les épaules sont bien arrondies, mais c'est justement leur tendance habituelle ! De même en dos creux, il ne faut pas venir en avant sinon c'est une cambrure (voir « Respirez pour vous… et pour lui » et « Un bon repère : la règle de l'équerre », p. 25).

▤ **Effectivement, le bon déroulement ne ressemble pas à ce que je faisais d'habitude. C'est très difficile en fait. Je commence à sentir cette ondulation qui se propage d'un bout à l'autre de la colonne, du coccyx à la nuque. C'est vrai que ça détend le dos, que ça dérouille !**

Essayez d'avancer à quatre pattes, en amenant d'abord le genou en avant (attention, un tout petit pas… il y a le ventre !), puis après le bras. Levez bien le bras pour tirer la main au plus loin avant de la reposer au sol, c'est plus joli et ça fait travailler les omoplates.

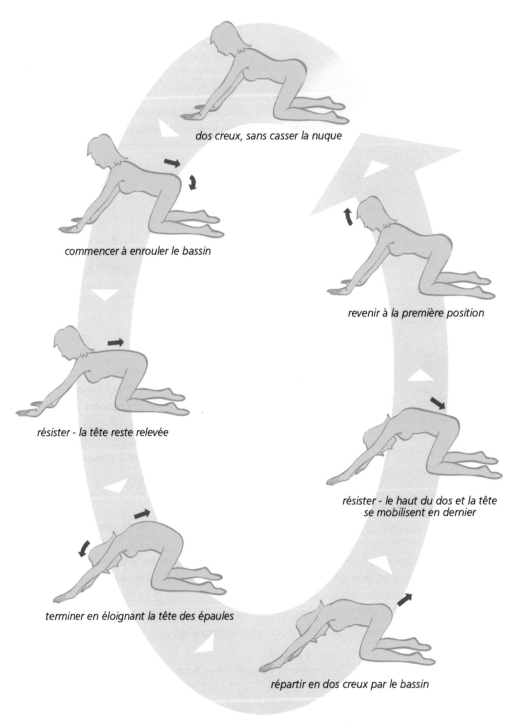

dos creux, sans casser la nuque

commencer à enrouler le bassin

revenir à la première position

résister - la tête reste relevée

résister - le haut du dos et la tête
se mobilisent en dernier

terminer en éloignant la tête des épaules

répartir en dos creux par le bassin

Enchaînement dos creux – dos rond

Etirements à quatre pattes

Vous pouvez aussi vous étirer du bout des doigts au bout des orteils, en diagonale et soulever bras et jambe, poignet et cheville fléchis, sans venir en avant pour ne pas cambrer. C'est tonique, surtout au niveau des fessiers !

L'étirement latéral est très agréable pour étirer le flanc, pour libérer sous les côtes, en cas de douleurs dans les sacro-iliaques, et très accessible à toutes.

Départ à quatre pattes, avancez le genou gauche très légèrement, posez le coude gauche, tirez vos fesses vers l'arrière et poussez votre main droite le plus loin possible devant vous un peu vers la gauche, comme si vous vouliez marcher sur un cercle.

Regardez vers la gauche « sans casser » la nuque, menton rentré. Respirez.

🔲 **Ça dégage vraiment bien sur la droite, j'ai l'impression de respirer plus du côté droit.**
Tout à fait et ça fait un massage du côlon droit… vous retrouverez ces exercices pour stimuler le transit.

Essayez l'autre côté. Vous verrez qu'il y a un côté plus agréable, en fonction de la position du bébé. Restez plus longtemps du côté qui a besoin d'être dégagé.

🔲 **Pour moi c'est plus agréable de dégager à droite, c'est là que je me sens toujours bloquée.**
L'utérus est toujours redressé et incliné vers la droite, quelle que soit la position du bébé à l'intérieur de l'utérus. Beaucoup de femmes sont donc plus gênées à droite.

LE CHAT QUI FAIT SES GRIFFES

Départ assise sur les talons, genoux écartés pour laisser la place au bébé, les mains le plus loin possible devant, passez à quatre pattes.
Posez les coudes à la place des poignets, passez sur le bout des doigts comme pour planter des griffes dans le sol, puis tirez à la fois les fesses en arrière et les poignets au-dessus des doigts ; ainsi, vous avez un véritable étirement entre deux points qui s'éloignent l'un de l'autre.

Soyez vigilante quant aux distances ; vous devez vous sentir tirée en arrière et ne jamais tomber en avant. Vos reins ne sont pas du tout cassés ; ça doit tirer entre le nombril et les seins et jamais entre le nombril et le pubis, sinon il y a cambrure.

Vous trouverez des variantes de cette posture dans «Ménager son dos» et «Limiter les problèmes digestifs… ».).

LE COBRA (voir p. 94)

Une posture tonique, pour celles qui aiment bien garder un entraînement physique plus intensif : c'est un étirement très puissant.

LA GRANDE FENTE (voir p. 94)

L'ACCENT CIRCONFLEXE

Étirement des jambes et du dos (voir «Le haut du dos»).
Départ à quatre pattes. Retournez les orteils, tirez les fesses vers le haut en arrière, les talons vers le sol. Poussez sur les bras. Revenez à quatre pattes.

Si vous avez dépassé, ou peu ressenti, la période de fatigue du début, vous trouverez plaisir et détente dans des enchaînements plus puissants ; c'est d'ailleurs le but de ce chapitre…

Quelques propositions originales, avec des sangles

Pour certaines postures, une simple ceinture, un foulard peuvent suffire ; pour les enchaînements, il faut des sangles plus longues et réglables. Achetez trois mètres cinquante de ceinture de judo ou de passementerie et des boucles (comme dans les chemises porte-documents). Fixez-les de manière à pouvoir régler la longueur.

Commençons par les échauffements de base… Je vous incite à démarrer vos séances par ces étirements.

Couchée sur le dos, pied gauche au sol, la cuisse droite ramenée sur le ventre, replacez bien le bassin sans « écraser le sol », passez la sangle sous le pied droit, allongez la jambe gauche puis tentez de tendre la jambe droite verticalement, les mains à hauteur des genoux, les coudes tirés près de la taille, épaules basses, cou dégagé ; la nuque est bien étirée, les omoplates emboîtées. Il ne faut pas que les coudes soient par terre, sinon il n'y a plus aucun travail dans le dos. Il faut éviter de laisser la cuisse s'écarter du ventre ; au-delà de 90°, c'est la cambrure et il n'y a plus d'étirement

⊡ **Ça tremble…**

Allez un peu moins loin et laissez passer le tremblement ; ce sont les muscles trop étirés qui réagissent. Respirez derrière les genoux, en imaginant la vapeur d'un fer à repasser qui sort à cet endroit. Cherchez à détendre, par paliers. Une fois installée dans la posture on se détend bien.

Au bout de quelques respirations, essayez de fléchir le genou droit (sans arrêter de pousser sur le talon gauche) en passant la cuisse sur le côté, mais surtout en gardant l'axe talon-genou bien perpendiculaire au sol. Vous réalisez ainsi l'hyperflexion de l'aine (voir « Ménager son dos », et « Les "fausses sciatiques" de la grossesse… »).

▤ **Difficile de garder cet axe : j'ai tendance à laisser le genou fléchir au-delà de 90°, le pied se rapproche de la cuisse.**

Vous voyez alors qu'il n'y a plus aucun étirement. En fait, c'est exactement la même posture que « La grande fente » (voir p. 94) mais couchée. Quand on est dans la pesanteur, la flexion de l'aine se fait toute seule et l'étirement de l'autre côté est mieux ressenti, mais il faut se faire violence pour bien garder la jambe d'appui verticale.

▤ **C'est intéressant de faire la même posture dans des positions différentes par rapport à la pesanteur ; c'est moins fatigant ainsi.**

C'est pourquoi nous retrouverons cette posture en cas de « problèmes ». Il est important de pouvoir s'étirer sans trop forcer et en position couchée, si par exemple vous avez des contractions.

La sangle a l'avantage de vous permettre un travail sans contraction des abdominaux (n'oubliez pas de vérifier que vous respirez souplement). Elle nous permettra, en suites de couches, de faire de « bons abdominaux ». Nous allons maintenant aborder d'une façon très douce des postures dites « terribles »… les pinces. Il s'agit de fléchir les hanches, pour ramener le ventre en contact des cuisses, et de chercher à tendre les jambes sans laisser la « pince » s'ouvrir au niveau de l'aine. C'est la même posture, mais en partant en position assise. Il faudra être « modeste » et ne faire que ce qui est accessible sans tricher, c'est-à-dire sans arrondir le dos. Tant pis si les jambes ne sont pas tendues, l'important c'est de protéger le dos, les espaces intervertébraux.

▤ **Ce n'est pas pratique avec le bébé.**

Pas de fausses excuses ! C'est justement parce qu'il est là que vous ferez moins d'erreurs. En général, on cherche à poser le front sur les genoux, sans se préoccuper de la forme et de la position du dos, ce qui aboutit à arrondir le haut du dos, mais aussi le bas, ce qui est grave. Mais avec le bébé ce sera tellement désagréable si vous ne réussissez pas à vous étirer, vous allez vous sentir coincée, tassée, vous ne pourrez plus respirer et vous comprendrez vos erreurs ! Impossible de se plier en deux, il y a un obstacle.

▤ **C'est ce que j'ai toujours fait en gymnastique ! Et c'est vrai que j'avais mal au dos le lendemain. Mais je ne peux pas faire autrement, je suis tout de suite limitée par la raideur de mes jambes.**

Les sangles vont être une aide précieuse !

Les pinces

Partez assise, jambes écartées, légèrement fléchies. Reculez une fesse puis l'autre, pour vous asseoir plus sur l'avant du fondement.

Prenez une sangle passez la sous les pieds, vos mains à la hauteur du genou sur la sangle. Posez le ventre sur les cuisses en pliant dans l'aine. Poussez bien sur la tête pour ne pas vous effondrer, sortez la poitrine. Vous devez avoir une belle ligne oblique, des fesses au sommet de la tête et vous pouvez avoir une respiration abdominale.

Essayez progressivement de tendre les jambes, en poussant sur la sangle, sans rien changer au dos, aux épaules, aux bras, à la nuque.

▣ **C'est plus facile avec la sangle mais ça tire dans le dos, dans le haut du dos, ça brûle un peu entre les omoplates, j'ai vraiment envie de tout relâcher et de faire un bon dos rond !**

C'est le point le plus difficile à régler.
Essayez de ne pas tirer avec votre dos, mais de chercher à resserrer fortement le pli de l'aine ; poussez bien sur la tête, menton rentré, nuque en «bélier» et repoussez un peu le sol avec vos fesses comme pour vous enfoncer dans le tapis afin qu'on ne puisse vous déloger.
Il faudrait que votre dos soit plat, que vous soyez comme articulée au niveau de l'aine comme une poupée en celluloïd.

▣ **C'est mieux, mais ce n'est pas totalement détendu !**

Nous allons continuer par un enchaînement très agréable.

Assise, jambes écartées confortablement, demi-fléchies devant vous.
Dans ces conditions, vous devez facilement pouvoir vous pencher un peu en avant, par une flexion au niveau de l'aine (antéversion du bassin).
La sangle dans le dos et sous les aisselles, passez un pied dans chaque boucle.
Réglez la sangle dans le dos au niveau de l'attache du soutien-gorge de telle sorte qu'elle vous soutienne un peu.
Allongez les jambes en poussant sur vos pieds contre la sangle.
La sangle doit être un peu courte, bien vous soutenir ; vous devez avoir un peu de mal à tendre les jambes et à rester en antéversion (si la sangle est trop longue vous aurez le bas du dos arrondi).
Respirez un moment dans la posture, en vous appuyant bien sur la sangle, en la repoussant même du dos. Puis tentez de resserrer les jambes progressivement.
Plus vous vous rapprochez de la posture jambes parallèles, plus c'est difficile.

▣ **On est très bien soutenue ainsi… On devrait faire des fauteuils sur ce principe !**

Arrêtez-vous à une limite encore confortable. Prenez appui sur les mains et basculez pour vous trouver en posture d'équilibre fessier.

Pour trouver l'équilibre, il faut pousser sur les pieds et appuyer sur le dos en même temps. Vous ne devez pas partir en arrière et reposer sur le bas du dos (sacrum), mais sur les ischions (les os pointus des fesses)
Attention certains coccyx n'aiment pas du tout cette posture. N'insistez pas !

🔲 Ça travaille gentiment l'écart et ça étire l'arrière des jambes sans qu'on s'en aperçoive ! J'ai envie de poser mes bras sur la sangle comme sur des accoudoirs ! C'est confortable pour le dos.

Faites-vous aider éventuellement, gardez bien la tête relevée et roulez tout doucement sur le dos. Si vous ne vous crispez pas, ça roule bien rond, en douceur.

Une fois sur le dos, posez la tête, nuque étirée, pliez les jambes pour attraper les sangles, les enlever pour les remettre croisées.
Puis tentez de tendre les jambes en poussant sur les sangles.
La croisure empêche vos jambes de s'écarter (ce qui obligerait à une tension pour les retenir).

🔲 **Et mes bras ? Je ne sais pas quoi en faire.**

Vous pouvez poser les mains sur le ventre pour reprendre contact avec bébé. Vous pouvez aussi en profiter pour travailler vos épaules, le haut du dos.
Portez vos bras tendus, poignets fléchis, en arrière de la tête ou placez les l'une sur l'autre sous votre occiput, coudes au

sol si ça ne tire pas trop dans les épaules.
Vous êtes protégée de la cambrure, c'est pourquoi c'est moins facile qu'à l'ordinaire, on ne peut pas tricher ! Vous pouvez aussi reprendre l'exercice en joignant les mains sur la tête (voir « L'agenda »).

🔲 **Ça devient moins dur dans les jambes, ça tremble moins...**

Plus vous vous détendrez, plus ça sera agréable. C'est un travail efficace, mais passif. Repliez maintenant les jambes, passez les sangles sur le bord externe des genoux, écartez-les, poussez sur la sangle en plaçant vos pieds plante contre plante, en grenouille.

Si vous mettez vos bras en couronne autour de la tête, les coudes dans les mains, vous vous sentirez encore plus planer !

🔲 **C'est une des postures les plus agréables que je connaisse ! J'ai l'impression que ça s'étire tout seul, sans effort.**

Vous pourrez souvent constater que lorsqu'il est possible de travailler en détente, on va beaucoup plus loin que lorsque des tensions viennent polluer le travail. Alors essayez de retendre les jambes comme tout à l'heure.

🔲 **C'est étonnant, ça se passe beaucoup mieux, j'ai gagné du terrain.**

Recommencez plusieurs fois cette alternance étirement-détente et vous constaterez de réels progrès. Profitez-en pour travailler votre nuque et vos épaules. Puis roulez sur le côté, asseyez-vous et tendez les jambes en gardant les sangles croisées. Vous constaterez que c'est devenu possible, alors que c'était impossible avant. Vous avez donc beaucoup gagné en étirement.

🔲 **On pourrait aussi le proposer au papa qui est si raide et qui se plaint souvent de son dos !**

Bien sûr ! Ils adorent ça et en redemandent dans les cours

La torsion couchée

(Voir « Résoudre les problèmes généraux », « Limiter les problèmes digestifs… ».)
Si vous êtes très souple et pas encore trop gênée par le ventre, vous pouvez travailler jambes tendues.

Utilisez la sangle pour tendre la jambe droite à 90° de la colonne, jambe gauche tendue au sol, cheville fléchie pour étirer derrière le genou.

Venez déposer la sangle dans la main gauche, glissez bien l'épaule gauche vers l'avant puis faites un grand cercle avec le bras droit au-dessus de la tête jusqu'à avoir les bras en croix. Il se peut qu'un côté soit très agréable et l'autre beaucoup moins…, n'insistez pas !

Avec une chaise

Nous avons déjà vu la position magique de « La relaxation avec la chaise » (p. 24). Il y a des tas de postures possibles avec une chaise[1].

Parmi les choses simples et agréables, vous pouvez reprendre le demi-pont, en posant les pieds sur le bord du siège, hanches très fléchies. Ça monte très facilement… sans risque de cambrure.

Vous pouvez étirer très fort le haut du dos en tirant bien les épaules loin des oreilles.

Mais c'est une posture qui deviendra souvent inconfortable en fin de grossesse, à cause de la compression de l'estomac, des reflux éventuels et de la sensation de « sang à la tête ». En revanche, elle est très précieuse en suites de couches (voir « Les suites de couches »).

Le retour est particulièrement détendant. Portez les bras allongés derrière la tête, déroulez vertèbre après vertèbre, en ramenant les orteils vers vous pour éviter les crampes.

▣ C'est extraordinaire ! À la montée j'ai l'impression de m'envoler tant c'est léger, facile. Au retour ça vaut un massage et une séance de relaxation !

Autour de la position de base de relaxation vous pouvez faire des « grenouilles », c'est-à-dire poser les pieds contre le bord de la chaise et écarter vos genoux sans forcer. Si vous êtes très près de la chaise vous serez protégée de la cambrure.

La galette ou un petit ballon sous le sacrum vous permettront de vous masser le bas du dos.

---

1. Voir Bernadette de Gasquet, *Gym autour d'une chaise*, Paris, Robert Jauze, 2005.

Avec le papa ou une aide

Le papa ou l'aide assis à califourchon sur la chaise, juste pour assurer le contrepoids, vous utilisez le dossier comme une barre d'espalier pour vous étirer en arrière, puis pour vous accroupir et vous remontez, dos droit.

LA PLANCHE À VOILE

En plus de sa participation aux exercices, le papa pourra apprendre les principes de la planche (et vous aussi car vous pourrez inverser les rôles).

Partez debout face à face, en vous tenant bien les poignets ; l'un va alors se tirer en arrière, en pliant bien au niveau de l'aine, dos plat, en se suspendant à l'autre comme à un espalier. On ne peut s'étirer vraiment que si on se suspend de tout son poids, il faut donc que l'autre tienne bon ! Et son attitude pour tenir est tout à fait comparable au planchiste : s'il laisse les épaules venir en avant et les fesses partir en arrière, c'est le plongeon ! Il faut fixer le tronc comme dans un corset. Ça ne plie pas des épaules aux hanches ; les jambes sont souples, tendues ou pliées mais mobiles, les épaules reculent d'autant que le poids est important et comme le bloc épaules-dos-bassin est fixe, plus les épaules reculent, plus le bassin avance.

Si vous respectez cet équilibre, il n'y a aucun problème pour contrebalancer un vent fort ou un poids plus lourd que soi. C'est aussi intéressant pour celui qui s'étire que pour celui qui sert d'espalier, car cela confirme tout ce qu'on a vu sur la bascule du bassin et vous entraîne à protéger votre dos, tout en restant détendue dans les jambes et le ventre… car vous pouvez tout à fait respirer !

🔲 **C'est étonnant, je n'avais jamais réussi à me placer en planche, je crois que je viens de comprendre !**

Continuez à tirer, en balançant doucement le bassin latéralement, pour diminuer la tension derrière les genoux. Essayez d'emboîter les omoplates, puis passez accroupie (attention aux genoux, il ne faut pas qu'ils soient trop écartés au moment de l'accroupi, sinon c'est désagréable).

Il faut que le «planchiste» se rapproche pour laisser descendre l'accroupi au plus bas, les fesses presque par terre. Relevez la tête et le haut du dos pour ne pas être coincée sur le ventre. Respirez.

🔲 **Ça fait surtout du bien dans le bas du dos, zone difficile à étirer.**

Remontez le long d'un mur imaginaire, en poussant bien les genoux vers l'avant, ça doit tirer un peu dans l'aine au moment de tendre les jambes ; ne laissez pas cambrer à l'arrivée !
Si vous avez la chance d'avoir un balcon très solide, un rebord de fenêtre à la bonne hauteur (ou, luxe… un espalier), vous pourrez faire cet étirement toute seule.

Placez votre dos contre le mur, les pieds avancés de la longueur d'un pied, écartés de la largeur du bassin. Laissez bien peser votre corps contre le mur, les reins bien appuyés.
Descendez les fesses contre le mur, les talons se soulèveront peut-être, puis se reposeront quand vous serez accroupie, en appui sur le mur. Ne tentez pas de remonter, laissez-vous asseoir.

🔲 **C'est super pour le bas du dos et finalement je « case » assez bien mon ventre.**

Vous verrez que c'est encore plus agréable avec un petit ballon dans le dos et aussi avec le papa.

Si vous aimez les suspensions accroupies prenez une écharpe et passez là derrière les épaules du papa, Accrochez-vous aux extrémités de l'écharpe et balancez-vous.

Vous pouvez faire de même dans la baignoire (le papa hors de la baignoire), même le jour de l'accouchement à la maternité si elle possède une baignoire pour le travail : c'est très détendant.

Avec un ballon

Nous aurons souvent l'occasion d'utiliser le ballon pour étirer, bercer, mobiliser. Voici quelques exemples :

Assise en tailleur, le haut du dos soutenu par le ballon, les côtes dégagées

Assise sur le ballon en étirement en avant

Accroupie en suspension sur les cuisses du papa

En arrière

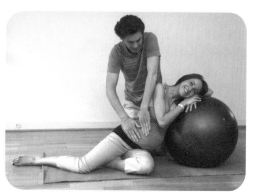

La petite sirène : étirement sur le côté

Vous retrouverez ces postures dans les différents chapitres, à propos de problèmes particuliers.

Détendez-vous

Vous avez tellement entendu dire qu'il faut se relaxer, être détendue pendant l'accouchement que vous en êtes déjà toute stressée…

En réalité qu'est-ce que la détente ?

Ce n'est pas le fait de se concentrer très fort sur une volonté de détente. Plus vous vous acharnez à dire : « Il faut que je me détende, il faut que je me détende… », plus vous avez de chances d'arriver à un blocage et à une tension encore plus grande.

La détente est un état, un résultat, on la goûte, on la constate, on ne l'impose pas. Elle est très liée aux positions ; vous avez pu constater qu'elle est impossible dans certaines attitudes… Quels que soient les efforts de concentration, si votre dos n'est pas bien posé, si votre ventre ne se relâche pas, si votre nuque est coincée… vous ne pourrez pas être dans cet état planant qui s'installe tout seul. Beaucoup de gens pensent qu'il suffit de s'en persuader pour être détendu alors qu'un observateur extérieur remarque toutes les tensions !

Il ne s'agit pas non plus de se laisser aller et de confondre détente et relâchement.

Détendre, c'est enlever les tensions.

Se relâcher, c'est retomber dans ses tensions et compensations habituelles.

L'écolier avachi sur sa chaise n'est pas dans une détente bénéfique… Vous remarquerez qu'on penche toujours du côté de sa scoliose et que se redresser demande un gros effort.

Imaginons que nous voulions soulever une grosse pierre ; il faudra développer une certaine force, elle ne se soulèvera jamais toute seule ! Supposez qu'elle soit arrimée au sol par des sandows (puissants élastiques). Une fois que vous l'avez décollée du sol, il ne sert à rien de tirer de toutes vos forces, les élastiques ne se tendraient que davantage !

Il vaut mieux faire appel aux amis, leur demander de décrocher les sandows et vous pourrez aller au bout de votre projet. Ainsi beaucoup mettent une tension énorme à vouloir détendre au lieu d'aller lever les obstacles.

Après le premier effort de redressement, de positionnement, il faut «rentrer» dans la zone résistante, souffler, et peu à peu, sans violence demander à son corps de lâcher prise. Vous serez souvent étonnée des résultats. Si vous vous découragez tout de suite, si vous luttez de façon négative, vous ne parviendrez à rien.

Par exemple, prenez un exercice d'étirement comme la «pince», encore appelée dans la tradition du yoga la «posture terrible».

LA POSTURE TERRIBLE

Reprenez celle que nous avons vue, assise, avec la sangle. Ça tire beaucoup derrière les genoux et dans le mollet. Ne crispez pas; détendez tout ce qui peut l'être sans trop d'effort, là où il n'y a pas de douleurs… Les mains, les bras, le visage et bien sûr le ventre. La posture doit rester ferme, ne pas s'avachir… Rien ne doit changer dans la forme, mais vous maintenez sans crispation. Vous verrez tout de suite que si on relâche tout ce qui peut l'être, pour ne laisser la tension que dans la partie du corps à étirer ou à travailler, c'est déjà moins fatigant, plus supportable.

Maintenant essayez de «rentrer» dans les zones douloureuses; imaginez que vous expirez comme un fer à vapeur et que la vapeur sort derrière les genoux, le long des mollets… Expirez beaucoup, le plus à fond possible, en chassant la tension vers l'extérieur dans le souffle. Demandez à vos jambes de laisser aller… Vous sentirez comme un cran qui saute, une résistance du muscle qui accepte de céder…

Même si vous n'allez pas très loin, avouez que c'est bien moins fatigant ainsi. Restez assez longtemps à chaque étape, ne cherchez pas à aller trop vite… Il faut laisser «infuser», diffuser. Il faut «apprivoiser» vos muscles.

Comparez avec ce que vous obtenez en faisant des mouvements de ressort forcés et rapides comme en gymnastique… En fait, le mouvement se fait avec des tas de compensations et le résultat n'est pas durable, il n'a pas le temps de s'inscrire dans le muscle, de le façonner; c'est un peu le principe des «formes» à chaussures, il faut quelque temps pour que le cuir se détende…

De même pendant l'accouchement, lorsque l'utérus travaillera, il faudra enlever toutes les autres tensions, et chercher à ne pas lutter contre les contractions.

J'ai volontairement pris un exercice qui est un peu douloureux, musculairement. En effet, on a trop tendance à ne concevoir la détente que comme «la plage au soleil», les petits oiseaux, chaleur et musique douce, voix berçante, images sublimes… Je crois tout à fait qu'il faut pratiquer ce genre de relaxation, parce que ça fait du bien au physique et au moral, parce que c'est un plaisir et qu'il n'y en a pas de trop dans la vie. Mais parfois le décalage est trop grand lorsqu'il faut appliquer cela sur une table d'accouchement, avec des lumières vives, des voix «ordinaires» et des contractions douloureuses.

C'est pourquoi il me paraît important de s'entraîner à se détendre même et surtout quand c'est dur et que ça fait mal.

▤ **Mais là on était très statique et actif, concentré… Est-ce transposable quand c'est rapide ou quand ça surprend, qu'on n'a pas programmé la détente ?**

C'est plus difficile bien sûr, mais il faut s'entraîner à toujours réagir en respirant d'abord… Si vous cognez dans une porte, si vous écrasez un doigt dans une charnière, etc. au lieu de vous crisper, de serrer très fort les dents et la partie blessée, essayez d'expirer profondément, de laisser passer sans réagir, comme si vous laissiez traverser le flux de douleur, sans aucune opposition. Ouvrez-vous tout entière et soufflez, soufflez. Vous observerez alors des sensations curieuses… Comme si l'influx douloureux vous traversait comme un éclair de bas en haut, jusqu'au cerveau. Vous pourriez en dessiner le trajet et cela s'éteint alors très vite et il y a moins d'hématomes (bleus). De même sur des douleurs type «points de côté» où le réflexe est de se plier en deux, de bloquer. Si vous tirez bien sur la zone sensible, si vous respirez à fond «dedans», ça passe très vite.

À toute occasion (crampes, exercices, etc.), exercez-vous à souffler et relâcher tout autour et dans la zone douloureuse, à étirer là où ça fait le plus mal.

Au moment de l'accouchement, si vous êtes crispée, si tout est en tension, le travail sera beaucoup plus insupportable. Il avancera moins et vous vous épuiserez plus vite.

Si vous arrivez à vous concentrer sur la détente de «tout ce qui ne fait pas mal» et à laisser les contractions vous traverser sans résistance, elles seront efficaces et beaucoup moins douloureuses.

Les positions de détente, les accessoires

La détente étant très liée à la respiration, et la respiration à la posture, il est important de pouvoir prendre et maintenir des postures qui permettent la détente, même pendant les contractions.

La péridurale enlève la douleur, pas forcément les tensions le stress, l'appréhension. Il faudra continuer à chercher les positions les plus confortables, celles où vous respirez le mieux.

On peut identifier une production d'endorphines dans le bercement (d'où tous les rituels qui utilisent des chants rythmés, des mouvements répétitifs).

Le système parasympathique est stimulé, c'est le système du sommeil et de la détente.

Quelques accessoires permettront de posturer et de mobiliser, même sur la table d'accouchement, même avec la péridurale.

 Les bercements sont hypnotiques. Ils calment tout le monde, même le papa et le personnel qui assiste ! On berce les enfants pour les endormir, pour les consoler. Le roulement du train endort…

Debout

> *Les reins contre un mur, pieds à quelques centimètres du mur, laissez vous porter.*
> *Si vous avez un petit ballon, type ballon de plage, mettez-le entre le mur et vos reins, pour vous masser.*
> *Bien sûr ça peut être le papa qui est contre le mur et qui vous berce contre lui (voir p. 47).*

Assise

Pour se reposer vraiment en position assise il faut aménager son siège.

Sur une chaise, utilisez un petit banc ou des livres sous les pieds, mettez le coussin au niveau du milieu du dos et non des reins, ou posez les coudes sur la table si vous êtes devant une table. Surtout ne vous appuyez pas sur le dossier, vous seriez complètement avachie.

En tailleur au sol ou sur le lit : voir « Respirez pour vous… et pour lui ».

Avec le papa

Si le papa peut vous étirer c'est très efficace : en quelques secondes vous enlevez toutes les tensions de la nuque, des épaules, du dos.
Il est devant vous, soit assis sur une chaise, soit sur le ballon, soit à genoux si vous êtes en tailleur au sol.
Vous vous accrochez à son cou, le front ou une oreille posée contre sa poitrine. Il tire légèrement vers le haut et vers l'avant pour dégager de la place sous les seins, libérer l'estomac.
Il vous berce et masse le haut du dos.
Vous respirez pleinement.

En appui sur une table ou un lit : le front posé sur les mains, avant-bras posés sur le support, ou les coudes en appui sur les genoux, dos étiré, le papa peut masser le dos.

Couchée sur le dos

Le papa peut vous aider à replacer le bassin. Si vous êtes seule il faut toujours vous repositionner.

Il y a deux problèmes : la nuque et le bas du dos :

– la nuque : si votre menton pointe vers le ciel, que votre nuque est «cassée» quand vous êtes couchée sur le dos, vous avez besoin d'un oreiller. Mais il ne faut pas qu'il soit trop haut, il faut bien le placer, pas dans le creux du cou, mais juste sous l'occiput. Le mieux est évidemment le coussin microbilles que vous ajustez et qui soutient à la fois la nuque et les aisselles. Vous êtes comme suspendue sous les bras et l'estomac est bien dégagé ;

– le bas du dos : si vous n'êtes pas parfaitement à plat, vos sacro-iliaques vont se manifester ! Or ce n'est pas une posture stable, et dès que vous bougez un peu la cambrure réapparaît. Jambes tendues, c'est impossible à tenir en détente. Il faut donc prévoir des coussins pour soutenir les genoux. Le grand luxe est encore le coussin microbilles, placé sous les genoux ou un peu sous le bassin et sous les cuisses si vous êtes mieux en grenouille. Cette dernière position surélève le bassin et allège le périnée. Elle est particulièrement intéressante quand la maman a la sensation de «bébé bas».

La «galette» sous les reins et le sacrum est aussi très agréable et ça bouge !

Avec une chaise

C'est la posture magique de relaxation que nous retrouverons aussi en suites de couches.

Il faut que vous puissiez passer les fesses en dessous de la chaise et que le siège soit la bonne hauteur. Ajustez-vous avec des oreillers sous les mollets ou au contraire des couvertures sous votre dos si vous êtes un peu petite… pour la chaise ! La galette sous le sacrum peut être suffisante.

Le sommet de la détente, malgré des sacro-iliaques sensibles

Avec le ballon

Les jambes sur le ballon permettent de se bercer, sont agréables pour la circulation, mais l'angle fémurs-cuisse est supérieur à 90°. Si vos sacro-iliaques sont sensibles, vous ne serez pas bien.
La galette sous le sacrum corrige la posture.

LA GRENOUILLE

Si le ballon est bien calé, mettez vos pieds plante contre plante contre le ballon, et écartez les genoux sans forcer. Bercez-vous de façon asymétrique.
En suspension : le papa assis sur le ballon, la maman soulève son bassin et vient poser ses mollets sur les cuisses du papa puis se laisse suspendre, le bas du dos et les reins dans le vide.

C'est le grand bonheur, la détente la plus importante qu'on puisse imaginer pour le dos !
Presque la plus importante, car il y a encore meilleur :

À l'aide d'une écharpe passée sous les reins et le bassin de la maman, le papa complète la suspension en balançant à droite et à gauche. Ça vaut toutes les séances de relaxation !

Couchée sur le côté

C'est vous qui choisissez le côté.

Prenez deux oreillers ou le coussin micro-billes.
Passez votre bras sous le coussin et remontez bien la cuisse supérieure pour décambrer. Adaptez la hauteur du microbilles pour que le ventre ne soit pas comprimé.
Vous devez respirer pleinement

Couchée sur le ventre

Certaines femmes rêvent de se coucher sur le ventre toute la grossesse. Le plus souvent elles n'osent pas, ce qui est dommage, car ça correspond à une adéquation entre elles et leur bébé. Mais bien évidemment il ne faut pas comprimer le ventre.

Le coussin microbilles est indispensable et ne peut être remplacé par des oreillers.

Le coussin est placé sur le plan de couchage dans une forme de J à l'envers.
Il faut partir du quatre-pattes et se poser, le flanc qu'on souhaite appuyer contre le coussin, la jambe correspondante allongée.

L'autre hanche est fléchie, la cuisse supérieure est bien remontée pour décambrer. Il faut descendre un peu pour que les seins soient dans le vide et la nuque posée.
La respiration est abdominale et vient masser les reins. Pour les utérus très toniques, très contractiles, c'est souvent la position qui détend le mieux le ventre.

Le chant

Chanter est aussi très détendant et produit des endorphines. Si vous faites partie d'une chorale, vous devez savoir que cela met dans un état un peu euphorique et fait tout oublier!

N'hésitez pas à vous faire un petit programme musical que vous pourrez utiliser à la maternité, peut-être pendant le travail ou au moins en suites de couches pour calmer votre bébé et vous oxygéner aussi! Je suis sûre qu'il appréciera plus que les hurlements de la télé…

Quand vous êtes stressée, contrariée, mettez les écouteurs et chantez dix minutes, même sans son si l'environnement n'est pas favorable… vous verrez que les problèmes n'ont plus la même couleur et sont plus distanciés après.

Il existe des préparations à l'accouchement à base de chant. Le chant indien, qui consiste à chanter des voyelles sans mettre de paroles, est particulièrement adapté pour déconnecter et ne pas intellectualiser.

Peut-être pouvez-vous trouver encore dans le commerce la bande sonore du film de Frederick Leboyer *Le Sacre de la naissance* qui est un bon support.

Les massages

Travailler avec un ordinateur est souvent encore plus pénible enceinte et les tensions dans le haut du dos sont très fréquentes. Il y a particulièrement un point sous l'omoplate, près de l'attache du soutien-gorge, le plus souvent à droite, comme une brûlure.

Vous retrouverez ces tensions lors des portages du bébé dans les bras, de l'allaitement, même au biberon.

Si vous restez alitée, la nuque est souvent très tendue aussi et les efforts de poussée lors de l'accouchement, si vous levez la tête et « tirez sur les barres », laissent des contractures pendant quelques jours.

Dans toutes les traditions nous retrouvons des massages familiaux, non thérapeutiques, mais très précis et très efficaces pour détendre, décontracturer, contrer un influx douloureux, stimuler la circulation sanguine et énergétique ainsi que le système immunitaire.

Le papa pourra ainsi s'occuper de votre bien-être et vous offrir un soulagement souvent instantané, et sans danger alors même que les thérapeutiques médicamenteuses peuvent être contre-indiquées (par exemple, les anti-inflammatoires).

Ils s'utilisent dans la grossesse, dans l'accouchement et bien sûr en suites de couches… en fait toute la vie et vous pourrez masser à votre tour votre compagnon s'il a des douleurs dans les épaules par exemple.

Les mouvements circulaires

Partez sur le côté, bien positionnée avec le coussin si vous l'avez, sinon avec un oreiller sous le genou supérieur. Le bras inférieur est glissé sous l'oreiller, la main supérieure posée sur la cuisse supérieure.

Le masseur empaume l'épaule entre ses deux mains bien étalées à plat, une en avant, l'autre sur l'omoplate. Il fait alors glisser l'omoplate vers le haut, en remontant l'épaule vers l'oreille, puis vers le bas et l'arrière, en essayant progressivement d'augmenter l'amplitude du mouvement.

C'est très simple et ne doit jamais être douloureux mais au contraire détendre très rapidement. Faites une dizaine de cercles.

Le décollement de l'omoplate

C'est un geste un peu plus délicat et impressionnant mais qui peut soulager beaucoup ces douleurs à la base de l'omoplate.

Placez le bras supérieur vers l'arrière, coude fléchi.

Le masseur repousse le moignon de l'épaule vers le bas et l'arrière, ce qui fait saillir l'omoplate en «aile d'ange». Dans le sillon formé, il passe les doigts et pianote en essayant de sou-

lever légèrement l'omoplate; Il y a en général des points très sensibles que ce massage peut révéler mais soulager beaucoup.

Après quelques minutes reprendre les cercles précédents. Vous verrez que l'amplitude est bien augmentée.

Le massage des trapèzes

Ce sont des muscles très tendus comme des cordes, entre l'épaule et le cou et très sensibles si on les pince entre le pouce et l'index.

Remettez bien le bras supérieur posé sur la cuisse.

Le masseur pose ses deux mains verticalement sur le milieu des trapèzes, la tranche du petit doigt sur la peau.

Le mouvement consiste à éloigner les deux mains l'une de l'autre en gardant un appui assez ferme. Les mains vont l'une vers la base du crâne, l'autre vers la pointe de l'épaule, en essayant d'allonger le geste, d'étirer de plus en plus.

Les muscles du dos

Pendant la grossesse pour faire « contre-poids » au ventre, il y a souvent un mouvement de recul des épaules et du buste qui raccourcit les muscles du dos. Ils restent donc contractés et deviennent très rigides. En suite de couches les seins sont lourds, le ventre encore « en avant », les portages et positions d'allaitement contractent particulièrement le haut du dos.

Les postures d'étirement sont très efficaces, « La relaxation avec la chaise » (p. 24), « Le chat qui fait ses griffes » (p. 115), les suspensions…

Mais le massage est un plus incontestable.

Avec des balles de tennis ou mieux de jonglage (moins dures)
Inutile de savoir masser. Assise en étirement en avant, le front posé sur les avant-bras (ça reproduit la position de base des chaises de massage) : il suffit de faire rouler deux balles de chaque côté de la colonne vertébrale, en faisant des petits cercles pour masser les cordes musculaires que l'on sent très bien même à travers la balle. Un régal !
Allez du bas du dos jusqu'à la base du cou.

Les vibrations

Plus fatigantes et difficiles pour le masseur, les vibrations sont d'une grande efficacité.

Dans la même position, le masseur plie l'index et le majeur de la main droite par exemple, il place la tête des phalanges de chaque côté de la colonne vertébrale et remonte en déplaçant ses doigts et en vibrant.

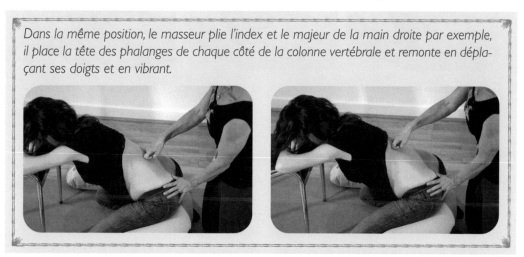

Le décollement de la peau

Partant du bas de la colonne, il s'agit de décoller la peau et de créer une sorte de petit rouleau que l'on fait remonter progressivement jusqu'à la tête. La peau est très adhérente dans le bas et à partir de la taille plus facile à mobiliser. On retrouve souvent une zone dure dans le haut du dos. Si on le refait plusieurs fois, il y a de moins en moins d'adhérence.

Le massage des sacro-iliaques

Beaucoup de femmes enceintes soufrent de douleurs sacro-iliaques, c'est-à-dire dans le bas du dos, au niveau des « fossettes ». Ce sont ces fameuses « fausses sciatiques ».

Ce massage soulage beaucoup pendant la grossesse mais sera particulièrement utile au cours de l'accouchement en cas de douleurs localisées surtout dans le bas du dos, ce qui est lié à la position du bébé.

La position étirée en avant est en elle-même antalgique mais le massage est parfois la seule façon de supporter les contractions sans le recours à des thérapeutiques médicales.

Le masseur place ses mains à plat sur le bas du dos, le renflement en dessous du pouce au contact de la « fossette ».
Bras tendu il doit mettre un appui important, peser de tout son poids et faire un mouvement tournant, vers l'extérieur.

On peut aussi masser avec les pouces dans la fossette mais il faut appuyer assez fort en tournant vers l'extérieur de l'articulation.

Les massages « descendants » pendant l'accouchement

Quand vous serez dans des positions d'étirement en avant, par exemple avec l'arceau, ou en suspension, ou à quatre pattes accrochée à la tête de lit, le papa pourra simplement glisser ses deux mains bien étalées le long du dos, de chaque côté de la colonne, du haut vers le bas, ce qui accompagnera énergétiquement le bébé dans sa descente. À vous de diriger la force de pression.

Les massages latéraux

Si vous avez des postures asymétriques, comme «La petite sirène» (p. 125) vous apprécierez le massage du côté étiré. C'est le même type de massage que dans le dos mais sur le flanc.

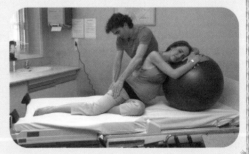

Le massage du ventre

Quand l'utérus grossit, selon votre morphologie, votre type de peau, vous sentez le ventre très tendu, des démangeaisons, le nombril ressorti.

Le massage du ventre est très agréable et permet de « donner de la place », de bien stimuler la circulation sanguine superficielle et donner un peu plus de souplesse. Si ça ne peut suffire à prévenir les vergetures, c'est un moyen de limiter la tension et sans doute d'aider à conserver l'élasticité cutanée.

Beaucoup de papas ont peur de masser le ventre et on dit souvent qu'il ne faut pas trop le toucher si vous avez beaucoup de contractions. N'ayez crainte : ce massage ne stimule pas l'utérus et vous allez constater qu'au contraire celui-ci se détend, devient plus souple.

Le premier problème est de supporter de rester sur le dos. Si vous avez des difficultés à respirer, que vous étouffez dès que vous êtes sur le dos, il ne faut pas insister. C'est dû à la position du bébé, ça peut évoluer. Vous pourrez réessayer…

Si vous avez mal au bas du dos, il suffit de bien vous repositionner et surtout de stabiliser l'étirement par le coussin. Une fois étirée, les reins bien au sol, placez le coussin sous les genoux pour éviter les tensions à l'intérieur des cuisses et éviter la cambrure.

C'est ce qu'on appelle le « palper rouler » en massage.

Le masseur commence du côté du ventre qui est le moins tendu, essaye de décoller la peau et de créer un petit rouleau entre le pouce et l'index que l'on fait avancer vers l'autre côté du ventre, sans arrêter le contact.

Attention de ne pas appuyer avec les doigts sur le ventre, il faut effleurer avec les autres doigts et faire glisser les pouces vers eux.

Arrivé sur l'autre flanc, ramener les mains au point de départ, légèrement plus haut, en gardant le contact pendant que vous ramenez les mains. Recommencez à ce niveau et ainsi de suite jusqu'au fond utérin, sous les côtes. Vous allez voir la peau rosir.

Revenez autour du nombril là où c'est le plus tendu, en essayant de « trouver de la place » entre la peau et l'utérus. C'est souvent impressionnant de voir combien on dégage d'espace, surtout quand c'est très tendu.

Vous vous sentirez légère, le bébé va sans doute onduler avec bonheur et venir se blottir dans les mains du papa, répondre à son invitation.

Et bébé pendant ce temps ?

Votre détente, votre amplitude respiratoire, votre énergie et le bien-être avec lequel vous le portez sont évidemment des facteurs importants de son développement physique, mais bien plus encore.

Votre corps est en fait son premier nid, il faut qu'il soit douillet. Il est fondamental que vous vous sentiez bien dans ce corps de femme enceinte, que vous n'ayez pas peur d'être ainsi «envahie». Qu'au contraire vous ayez déjà trouvé de la place pour lui, dans tous les sens du terme. Si le papa participe aussi physiquement, il pourra lui aussi mieux lui donner cette place dans sa vie (c'est parfois plus difficile pour lui qui n'a pas ce contact permanent).

Mais si ce n'est pas le genre de votre compagnon, de vous bercer, de vous masser, d'être dans une participation physique à l'attente, il ne faut pas dramatiser; vous êtes assez forte pour régler beaucoup de choses harmonieusement, et il y sera associé autrement. Le papa sera présent ailleurs, même si c'est une absence apparente, un nouveau travail, plus contraignant par exemple, qui est une responsabilité nouvelle, une façon de mûrir lui aussi.

Dès que vous vous détendez, que vous donnez ce temps de respiration, ce temps pour vous, bébé manifestera sa satisfaction en nageant tranquillement, en s'étirant lui aussi, en communiquant par ses mouvements, ce qui est très bon pour le moral de la maman et confirme la grande complicité entre elle et son bébé. Devant l'épanouissement de leur compagne, beaucoup de papas ont envie de partager cet échange avec bébé et sont émus quand il répond à l'invitation à jouer!

Connaître, prévenir et surmonter les passages difficiles

Attente

L'hiver est froid
L'hiver est pluie
Je me suis refermée
Sur ma chaleur primale
Immobile et blottie
J'attends

L'infiniment petit
Résonnant de silence
Envahit ces matins
Qui ressemblent aux soirs

Voici que je m'égare
Au profond de moi-même
Et tout m'est inconnu
Et tout m'est étranger

Je suis dans le sommeil
Et je suis dans l'attente
Vestale

Tu es là
Petite flamme dense
Et présence à jamais
Pour toute cette vie
Je t'attends

Je te contiens
Et tu me fais passive
Attendre
La seconde
Où tu vas t'animer

Alors je sortirai
De cette lassitude
Et nous pourrons danser

Il y a dans ma mémoire
Une belle endormie

Il y a dans mon espoir
Par la nuit
Qui me prend
Un jour de Grand Éveil
Après cent ans d'oubli

BG (6 mai 1980)

Ménager son dos

Certains problèmes de dos se révèlent très tôt dans la grossesse, en particulier à cause du relâchement ligamentaire d'origine hormonale qui fait que les articulations ne sont plus aussi maintenues, que «tout bouge», provoquant quelques pincements ici ou là. Le plus souvent, le développement du ventre vers l'avant, la prise de poids, n'arrangent pas les choses et les problèmes de dos s'affirment ou se confirment. La maternité, en effet, est souvent révélatrice des points faibles, à travers les gestes les plus simples, les plus quotidiens.

C'est le moment de bien mettre en place des réflexes de protection, utiles toute votre vie et que, malheureusement, la plupart des gens ne découvrent que trop tard, lorsque leur colonne vertébrale est abîmée. Quand votre enfant sera né, il faudra encore et pour longtemps, le porter, se pencher sur lui, assumer des courses, porter des poids… Mais vous n'aurez pas forcément tout de suite le clignotant de douleur ou de gêne qui vous servent de repères aujourd'hui. C'est pourquoi la grossesse est un moment privilégié pour s'éduquer à la prévention.

Nous allons décomposer ce chapitre en deux parties. Le haut du dos d'abord : la nuque, puis les épaules et les omoplates ; le milieu et le bas du dos, c'est-à-dire les reins et la région sacro-iliaque.

Bien entendu, une statique correcte en toute position et la pratique d'exercices d'étirements restent les meilleurs garants de votre bien-être et de la santé de votre dos.

Le haut du dos

Ces douleurs du haut du dos surviennent toujours sur une fragilité préexistante :

– pour la nuque : souvent douloureuse ou coincée, maux de tête fréquents, courbure inversée (nuque droite), muscles du cou raccourcis (tête tirée en arrière, menton vers le ciel lors de la position allongée au sol sans oreiller ; impossibilité de rentrer le menton dans cette posture), cou très fin et long… ;

– pour les épaules, douleurs fréquentes entre les omoplates surtout (au niveau de l'attache du soutien-gorge). Le plus souvent, il s'agit de morphologie de type dos «creux» ou plat. En effet, les «dos ronds» sont rarement douloureux.

D'une manière générale, les femmes de grande taille obligées de se pencher pour s'adapter aux équipements de bureau ou au matériel électroménager ont souvent des tensions dans cette partie du dos.

Les tensions d'origine professionnelle sont fréquentes chez les femmes qui travaillent assises devant des ordinateurs ou des claviers, des tables à dessin, etc., ainsi que les attitudes dissymétriques : enseignants écrivant au tableau, dentistes…

▦ Moi c'est un point sous la pointe de l'omoplate, ça brûle, c'est très pénible.

Regardez bien le profil d'une future maman qui se laisse aller à la cambrure.

Si vous dessinez les lignes de forces dues à la pesanteur, vous voyez non seulement le ventre tendu, les reins creusés, mais aussi en prolongeant la ligne qui passe par le nombril, la traction exercée sur la zone qui vous fait mal, comme si le ventre était suspendu dans le vide à partir du haut du dos.

▦ Si j'essaie de me tenir droite c'est pire, c'est une tension permanente.

Oui, parce, que vous tirez les épaules en arrière pour vous redresser et vous rétractez encore les muscles du dos.

Avez-vous remarqué les postures qui vous détendent?

▦ Quatre pattes dos rond, « La relaxation avec la chaise » (p. 24), couchée sur le dos,

jambes repliées sur la poitrine, la relaxation sur le côté…

En somme, toutes les postures où le dos est sans tension alors que le ventre est détendu. Et les postures pénibles?

▦ Les dos creux, les postures où j'essaie de me redresser, de me tenir.

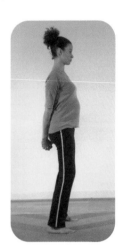

Essayons de comprendre l'origine des tensions dans ces postures.

Précisons nos sensations

Assise, l'autograndissement

Assise sur une chaise, redressez la tête, le haut du corps, que se passe-t-il?

▦ Ça cambre, si je ne fais pas très attention. Ça recontracte dans le dos, dans ma zone de tensions.

Bien sûr, puisque tout l'effort est pris dans la contraction de cette bande musculaire, sous l'attache du soutien-gorge. Essayez maintenant de pousser sur vos fesses comme pour vous enfoncer dans le sol.

▦ Ça arrondit le bas du dos, mais aussi un peu le haut, je me sens tassée sur le ventre.

Il faut donc pousser sur les deux bouts à la fois afin qu'il n'y ait aucune zone de rétraction, aucune zone de tassement, comme si vous étiez couchée sur le dos, jambes sur la poitrine, ou en détente avec la chaise.

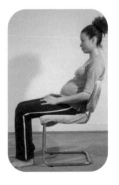

▤ **Je crois que j'ai bien senti pour le milieu du dos, mais j'ai du mal à situer ma nuque.**
Quand on allonge le dos, on a tendance à «casser la nuque» en levant le menton. L'explication est simple : du talon au sommet de la tête, il y a une chaîne de muscles qui agissent comme des élastiques de rappel… Comme c'est globalement «trop court», chaque fois qu'on tend une partie, une autre a tendance à se raccourcir.
Par exemple dans «Les pinces» assises : tant que les genoux sont fléchis, on arrive à maintenir le dos droit et la nuque en place ; dès qu'on tend les jambes, le dos s'arrondit et si on fixe le dos, c'est dans la nuque que l'élastique va se raccourcir.
De même, vous l'avez vu, quand vous vous penchez en avant, dos droit, la nuque est cassée, la tête remonte au lieu de rester dans l'alignement du corps.
Il faut bien visualiser toute la ligne du dos et même au-delà, prolonger la colonne vertébrale vers le bas, au-delà du sacrum, et vers le haut, au-delà de la nuque.

Pensez aussi que vous poussez sur le sommet de la tête comme un bélier, avec toute la force de votre cou bien rigide, qui lui-même s'appuie sur un dos très solide. Imaginez un instant que vous portez quelque chose de lourd sur la tête. Si votre cou est plié, vous n'irez pas loin ! Si votre dos est rond, il vous est impossible de hisser votre tête et si vous vous cambrez, vous n'aurez aucune force. Il faudra bien prendre votre appui sur les fesses, rigidifier toute la «colonne» qui mérite alors son nom.
Cela s'appelle de l'autograndissement, et c'est à la fois un étirement et un moyen de muscler le dos et les abdominaux du bas du ventre.

▤ **En effet je sens la «ceinture basse» autour du bassin et le ventre qui se durcit tout en bas.**

Porter sur la tête

Surtout si le poids est «imaginaire», c'est un bon exercice. Bien souvent, avec une bassine d'eau sur la tête, un bébé dans le dos, un autre dans le ventre, pieds nus, la ligne reste pure ! Rien à voir avec nos filets à provisions à bout de bras, notre nuque en avant et nos talons hauts qui nous déséquilibrent.

▤ **C'est fatigant ! Ça travaille partout, mais je sens que c'est un bon étirement.**
C'est la clé des positions assises prolongées, par exemple au cinéma quand vous commencez à sentir l'estomac qui remonte. Prenez bien appui sur vos fesses et poussez le sommet de la tête vers le haut, en évitant de sortir le menton.

Ce mouvement de la nuque est fondamental pour libérer un peu de place sous le diaphragme, mais si vous ne faites pas attention vous cambrez ; il faut donc à la fois pousser sur les fesses et sur le sommet de la tête, comme pour porter un poids «à l'africaine». En fait, si on portait sur la tête, on aurait les bons réflexes.

Prévenir et soulager les tensions

Bien que la tension donne envie de faire un dos rond, il est important de mobiliser la colonne vertébrale et les masses musculaires dans toutes les directions pour obtenir un bon déblocage et ne pas tomber dans le relâchement en croyant se détendre… Nous allons donc commencer par des mobilisations à quatre pattes. Ce sont les plus simples pour détendre.

Postures à quatre pattes

Reprenez plusieurs fois (voir « Étirez-vous… ») : dos creux direct, respirez, dos rond direct, respirez, alternance dos creux, dos rond. Puis marchez à quatre pattes en étirant bien le bras avant, soulevez la main, poignet fléchi pour bien emboîter l'omoplate.

LA POSTURE DU CHAT (voir « Étirez-vous… »)

Si vous faites partie des «dos creux», évitez de trop pousser la poitrine vers le sol. Faites cet exercice en vous accrochant à un meuble lourd, ou avec l'aide d'un(e) ami(e) et tirez vos fesses vers l'arrière, afin de vous étirer dos bien plat au lieu d'accentuer votre tendance naturelle. Pensez seulement à tirer les fesses en arrière, les mains étant fixées.
Revenez en faisant un dos rond, en poussant bien fort vers le haut, surtout le point «d'attache du soutien-gorge».

LA BARRE DE FER (voir « Étirez-vous… »)

À quatre pattes, essayez de visualiser votre dos parfaitement plat. Il faut donc à la fois emboîter les omoplates pour tirer les épaules en arrière, effacer la «bosse» du haut du dos, tirer sur le périnée pour basculer le bassin et éviter le creux dans les reins. Regardez-vous dans une glace ou faites-vous corriger.
Remontez le cou pour aligner la nuque. Imaginez maintenant que vous devez repousser deux forces à la fois qui tentent de vous plier en deux : une qui pousse sur vos fesses, une sur le sommet de la tête. Si vous laissez s'amorcer la pliure, c'est fini, vous ne pourrez pas résister ! Poussez donc bien en même temps sur les deux extrémités. Respirez quand même, votre ventre n'a rien à voir avec ça ! Et maintenant, voyons si vous êtes solide et si vos reins sont bien tenus. En fait si vous poussez bien sur les fesses et sur la tête, on pourrait s'asseoir sur votre dos sans que ça plie et pourtant vous pouvez respirer dans le ventre.

🔲 C'est extraordinaire, je n'ai jamais eu la sensation d'une telle solidité dans les lombes, mais c'est logique !

Huiler les épaules et les omoplates

En tailleur de préférence ou jambes écartées allongées devant vous, bien basculée en avant pour ne pas être tassée, ou sur une chaise en votre siège en aménageant votre siège.

LES BRETELLES CROISÉES

Haussez les épaules au maximum, puis laissez-les redescendre sans les guider, deux à trois fois. Puis faites descendre vos épaules par un travail des omoplates. Imaginez que vous croisez des bretelles dans le dos, tirez l'épaule droite vers la hanche gauche et réciproquement. C'est ce qu'on appelle «emboîter les omoplates». Attention, il ne s'agit pas de resserrer vos épaules l'une vers l'autre, mais au contraire de les éloigner. C'est au niveau de la pointe des omoplates que ça se resserre. Imaginez un cintre sur lequel vous posez une veste... Il faut que le cintre soit assez grand pour bien maintenir les épaulettes.

Attention à la cambrure si vous n'êtes pas dans une posture «protégée» (angle fémur-colonne inférieur à 90°).

Ça travaille beaucoup plus ainsi, juste à l'attache du soutien-gorge. C'est même un peu douloureux, ça réveille la sensation de tension.

C'est là, la pointe de l'omoplate...
Comme toujours, il faut alterner, après un dos creux, un dos rond, mais en étirement.

Mauvais

Bon

L'AIGLE ENDORMI

Bras croisés devant la poitrine, placez vos mains sur la pointe des épaules. Veillez à ne pas laisser descendre les coudes, ne vous écrasez pas les seins.

Arrondissez le bas du dos légèrement, en basculant le bassin, mais sans que la poitrine descende vers le ventre.

Restez bien haute, tirez-vous vers le haut, dégagez bien l'espace seins-estomac.

Poussez vos coudes en avant, par un mouvement qui part des omoplates, rentrez légèrement le menton, regardez vers le nombril, sans pour autant descendre la tête.

Votre repère est toujours le même : vous devez pouvoir respirer. Ainsi vous êtes en dos rond étiré, vous élargissez la

zone qui se serre d'habitude entre les omoplates.

Ça ressemble aux ailes d'un rapace quand il cache sa tête dessous pour dormir.

Changez de croisement de bras après quelques respirations.

🄴 **Ça fait vraiment du bien, c'est juste là où j'avais mal que ça détend, que ça décrispe. C'est facile à faire, même au bureau !**

En appui en avant sur une table ou un dossier de chaise, un meuble, une cheminée… Même exercice

Série avec le ballon

– Avec le papa, (sur le ballon ou un autre siège) : il est assis ou debout devant vous. Accrochée à son cou il vous étire vers l'avant et vers le haut et masse le haut du dos. Détente immédiate assurée !

– Avec le ballon en extension en arrière : assise très en avant sur le ballon, faites-le rouler en avant pour que votre dos vienne se poser dessus. Remontez bien les fesses et le bassin et laissez la nuque se poser aussi sur le ballon.

Attention à ne pas vous déstabiliser.

C'est particulièrement détendant après une journée d'ordinateur.

Pour corriger les dos ronds

Debout, jambes écartées, bien campée dos droit, le bassin basculé, respirez puis joignez les mains dans le dos, faites bien descendre les omoplates, ce qui permet de tirer les mains vers le bas.

🖻 **Ça cambre facilement !**

Il faut bien pousser les fesses vers l'avant.

🖻 **C'est dur de joindre les mains jusqu'au poignet !**
C'est le geste qui compte, même si vous n'y arrivez pas.

Postures couchée

Ouvrez votre cage thoracique :
Sur le dos, pieds au sol, bassin bien repositionné, placez les mains l'une dans l'autre sous votre occiput. Laissez les coudes descendre sans forcer, juste en creusant un peu plus au niveau de l'attache du soutien-gorge. Si ça tire dans les épaules, mettez un petit coussin pour soutenir les coudes qui ne doivent pas être dans le vide.
Attention, ça ne doit pas cambrer.

Toujours couchée, un pied sur un genou ou avec la chaise, les hanches en hyperflexion, placez vos mains contre les genoux, doigts vers le sol, coudes vers le haut.
En expirant, poussez bien votre occiput dans le coussin, menton rentré, et rapprochez les coudes l'un de l'autre vers le haut. Ne poussez pas sur les genoux, prenez juste appui pour faire glisser vos omoplates comme des ailes. Étirez bien la nuque. Vous devez reproduire la posture du quatre-pattes dos rond, mais à l'envers, et vous devez ressentir plus fort l'étirement surtout dans la nuque.
C'est aussi une bonne préparation à la position pour pousser en position gynécologique « aménagée » de Gasquet.

Tant que vous n'éprouverez pas trop de tensions sous les côtes, vous pourrez pratiquer une torsion des épaules, qui détend parfaitement le haut du dos, les épaules, qui fait bien respirer (voir p. 121).

Et bébé pendant ce temps ?

Il n'est pas directement gêné par vos tensions. Cependant, celles-ci signifient que votre statique n'est pas bonne, que vous êtes tassée ou en tension et que donc votre respiration n'est pas libre. Or, il se placera moins bien si votre ventre est comprimé ou tendu dans le vide, si vous avez du mal à lui faire de la place en détente. Il vous gênera davantage pour digérer ou poussera plus fort sous les côtes. La circulation se fera moins bien et les échanges seront moins bons surtout s'il a son dos à droite qui comprime la veine cave. Il se peut que vous ayez une sensation de malaise, des difficultés à respirer qui vous obligent à vous pencher en avant pour libérer la veine cave.

Encore et toujours, votre bien-être conditionne le sien et permet une harmonie entre vous.

Les problèmes de dos et particulièrement du haut du dos, sont le lot de presque toutes les mères durant les suites de couches... lesquelles durent jusqu'à ce que l'enfant ne soit plus porté dans les bras, c'est-à-dire deux ans au minimum. En effet, un enfant qui marche ne marche pas en réalité des heures et des kilomètres ; il ne monte pas les escaliers s'il est fatigué ; il se couche s'il a sommeil... Vous l'aurez donc encore longtemps dans les bras. Nous reverrons plus tard cette question dans « Les suites de couches », mais pensez déjà que tous les exercices présentés ici sont importants à travailler en prévention.

La nuque

Les tensions dans la nuque sont extrêmement fréquentes chez nous, en raison en partie de nos positions assises, de notre mode de portage, de nos oreillers et des appuie-tête qui, dans les trains, avions, voitures, nous mettent la tête 15 centimètres en avant du buste, ce qui est tout à fait anormal ! Vous retrouverez ces tensions, souvent plus importantes encore, en suites de couches car vous êtes penchée sur le bébé, les seins sont lourds, les portages permanents.

J'éprouve souvent le besoin de faire des mouvements pour relâcher ma nuque, surtout quand j'ai passé du temps devant l'ordinateur.
Malheureusement, ce qui nous a été enseigné comme exercices de détente est tout à fait néfaste. En effet, mobiliser la nuque en détendant les muscles du cou ne peut en aucun cas étirer et décomprimer. La tête est très lourde et elle est au-dessus de la colonne cervicale. Lorsque vous décrivez des cercles avec la tête, que vous l'inclinez sur une épaule, en relâchement, vous écrasez purement et simplement vos disques,

vous mobilisez avec un maximum de frotte-ments. Le seul moment où vous auriez inté-rêt à relâcher ainsi, c'est lorsque la tête se trouve en dessous de la colonne, lorsque vous vous penchez en avant, tête en bas. Alors le poids même de la tête réalise l'éti-rement ; manque de chance, il y a toujours un « élastique » qui vous fait relever la tête au moment précis où elle devrait pendre vers le sol !

▤ Mais alors comment étirer, détendre ? C'est impossible en position normale ?

En position redressée, il faut combattre la pesanteur. Et en position horizontale, aligner la nuque et le dos. Voyons quelques postures.

Si vous avez un problème sérieux de cervicales, on vous fera porter une minerve, c'est-à-dire un collier rigide et haut qui maintient la tête le plus loin possible des épaules et garde le cou étiré. C'est toujours cette sensation d'étirement et de fermeté que vous devez rechercher, tout comme on met un corset pour les problèmes lombaires, un plâtre pour un membre cassé. Nous avons vu la posture de l'autograndissement. Elle reste valable aussi pour la nuque.

Mais pour détendre la nuque, la posture de choix, très efficace même en cas de torticolis, est le demi-pont.

LE DEMI-PONT

Lorsque le bassin est au plus haut, tirez les mains vers les fesses, pour libérer la nuque. Vous devez reposer sur la pointe des épaules, il doit y avoir un espace entre le cou et le sol.

LA DEMI-CHANDELLE

Pour aller plus loin, vous pouvez refaire la pos-ture avec la chaise ou le mur, afin d'aller jus-qu'à une demi-chandelle, avec le même tra-vail des mains et des épaules. Vous sentirez un étirement, une mise « à plat » extraordi-naire de la nuque et le déroulement de tout le dos au retour (voir « Étirez-vous… »).

LA TÊTE DE VACHE

C'est le nom un peu étrange de la position des bras qui va souvent avec la posture « anti-sciatique » que nous verrons plus tard dans « Ménager son dos ».
Vous pouvez la prendre à partir de la position assise en tailleur.

Glissez bien un bras vers le bas et l'arrière, pliez le coude pour placer l'avant-bras le plus près possible de la colonne vertébrale. L'autre bras est levé, le coude derrière la tête. Accrochez vos doigts. La tête, menton rentré, repousse le bras... et non l'inverse !

Vous pouvez également reprendre la posture avec «Le parapluie» (voir p. 175) pour bien dégager la nuque.

🔲 **Oui, ça détend la nuque, mais ça tire entre les omoplates.**

Reprenez «L'aigle endormi» (p. 145). Il faut toujours alterner le creux et le rond comme les animaux qui s'étirent... avant de bâiller !

Mobilisations de la nuque

Alignez votre nuque. Assise en tailleur, poussez sur les fesses et sur le sommet de la tête comme si vous portiez un poids sur la tête.
Étirez le cou.

Assise, en tailleur de préférence, dos droit, nuque dans le prolongement de la colonne. En expirant, repoussez le cou vers l'arrière et le haut. Le front descend légèrement, mais on ne cherche surtout pas à descendre, on cherche à monter vers l'arrière. L'estomac se dégage, la poitrine doit monter et non descendre, la respiration est libre, il y a une sensation d'étirement actif de la nuque. Le menton se rapproche du cou, mais s'éloigne du sternum.

🔲 **Juste l'inverse de ce que l'on fait d'habitude !**

On peut y associer un léger dos rond dans le haut du dos, comme si on repoussait vers le haut la nuque étirée et la zone des omoplates. C'est plus facile avec des repères comme la sangle par exemple (voir p. 21).

Étirez latéralement le cou. Revenez à l'aplomb, puis poussez l'oreille droite vers le plafond. L'oreille gauche descend vers l'épaule, mais l'effort est vers le haut, la colonne cervicale n'est pas pliée, elle s'étire en inflexion. Ne montez pas l'épaule! Idem pour l'autre oreille.

Bon   Mauvais

◉ **Je sens bien la différence avec la pratique habituelle où on cherchait à descendre l'oreille le plus bas possible vers l'épaule. Quand on pense à monter, les muscles du cou sont étirés latéralement et ils travaillent.**

Puis recentrez la tête et faites une torsion: le menton dans le plan de l'épaule, rengorgez-vous, reculez le cou. La nuque doit toujours être très étirée, très droite, la poitrine monte, respirez!

◉ **Je crois que je vais avoir des courbatures. C'est la première fois que je fais travailler ces muscles-là. Je sens jusqu'au milieu du dos quand je me rengorge ainsi.**

Nous verrons dans «Mieux-être au quotidien» comment aménager nos positions de travail et de repos pour préserver notre nuque et garder un port de reine…

Mais le plus efficace est le massage: nous verrons des gestes simples à faire pour vous détendre très rapidement, même si vous êtes obligée de rester couchée, ce qui n'est pas simple pour la nuque.

Et bébé pendant ce temps ?

Dans les premiers mois du développement de l'embryon, il est complètement enroulé sur lui-même, le menton collé sur la poitrine.

Le cou n'existe pratiquement pas, plus tard il va se former et la tête va pouvoir se mobiliser. Lors de l'accouchement, il va fléchir la nuque en reculant bien son cou pour pouvoir mettre ses bras devant, épaules bien enroulées, un peu comme vous le faites dans la posture de l'aigle, mais avec les mains devant le visage. Les hanches sont aussi très fléchies, les genoux aussi, cuisses contre le ventre, il a la forme d'un œuf. En effet chez le fœtus et le bébé petit les bras et les jambes sont très courts… pas difficile pour lui de sucer ses orteils, ils arrivent juste au niveau de la bouche!

Ainsi bien compacté, il va pouvoir partir «schuss» pour la descente.

S'il n'a pas cette position, il va être difficile pour lui de rentrer dans le bassin. Les bébés dont la tête n'est pas bien fléchie ainsi ont des difficultés à s'engager dans le bassin, et à engager leurs épaules (voir «La mise au monde»).

Si on soutient bien un nouveau-né sous les fesses, en remontant ses cuisses pour que l'angle fémur-colonne soit inférieur à 90°, il se redresse et tient sa nuque quelques instants. Ce n'est malheureusement pas la position induite par certains porte-bébés qui laissent les jambes du bébé ballantes, allongées. On voit alors la nuque complètement tassée et la tête, très lourde, roule un peu de tous les côtés.

La position fœtale

Dès la naissance on voit que le bébé fait des efforts musculaires pour redresser sa tête qui tombe normalement vers l'avant, ce qui n'est pas dangereux. Il n'est pas conseillé de laisser la tête partir en arrière! Et si c'est le cas le bébé n'aura pas la force de la ramener en avant.

Mais certains bébés restent en tension, la tête en arrière, même sur le dos, même au sein. Ce n'est pas la position normale du nouveau-né, c'est en relation avec une position fœtale peut-être «à l'étroit» ou au contraire pas assez contenue (par exemple beaucoup de liquide amniotique), ou avec un accouchement difficile qui a nécessité des manœuvres sur la tête fœtale pour le fléchir, le faire tourner… ce qui est souvent dû à une présentation mal fléchie et donc à sa position *in utero*, etc.

Il serait bon d'avoir un bon ostéopathe qui puisse détendre ces tensions pour lui permettre une meilleure position, une détente.

Vers quatre mois, le bébé «tient sa tête». Elle ne part plus en arrière brutalement et il est capable de la ramener vers l'avant. À six mois environ, il tient assis. La musculature se renforce ainsi du haut vers le bas pour arriver à la station debout.

Pour nous, repartir de la nuque, c'est un peu recommencer le voyage…

Les matrones n'orientent pas la tête du bébé en général car elles ne pratiquent pas les «touchers vaginaux» et bien sûr pas les ventouses, forceps, etc. Elles ne cessent de «remonter» l'utérus et le bébé tout entier par des massages, pour lui permettre de se repositionner avant de buter contre le bassin dans une orientation imparfaite. Et à la naissance elles pratiquent des massages et façonnages du crâne du nouveau-né pour effacer les tensions induites par l'accouchement.

Sur le principe, c'est très cohérent. Mais il y a peut-être des gestes mal maîtrisés et des opératrices plus ou moins douées!…

La région lombaire – le mal aux reins

▌ Depuis que je suis enceinte, j'ai souvent mal aux reins. En particulier quand je marche un moment, en fin de journée… C'est sans doute parce que je suis trop cambrée. Mais quand je reste assise le dos rond j'ai tout aussi mal au bout d'un moment.

Le creux des reins est une zone de faiblesse, puisque c'est une charnière et parce que nous passons notre temps à plier notre colonne à cet endroit, pour nous incliner, nous redresser, nous pencher sur un côté…

Le poids du ventre va venir directement tirer dessus et entraîner une cambrure de plus en plus importante au fur et à mesure de la grossesse. Si vos efforts pour redresser sont mal conduits, si vous cherchez à vous tenir droite en utilisant les muscles du dos et les abdominaux, vous allez vous épuiser et réaliser des contractures, des tassements, mais pas des étirements. Il faut apprendre à étirer le dos (voir « Sentir la bascule du bassin »).

Les erreurs les plus fréquentes sont faites à propos des « dos ronds », qui sont préconisés comme postures antalgiques mais sont rarement bien exécutés.

Postures assise

Précisons nos sensations. Assise en tailleur, faites le dos rond en repoussant la taille vers l'arrière, laissez s'effondrer la poitrine sur le ventre la tête en avant…
Comment vous sentez-vous ?

🔲 **C'est épouvantable ! Je ne peux pas respirer, je suis toute coincée !**

On aurait pu s'en douter. Il est évident que ce n'est pas un étirement mais un tassement. Preuve qu'il ne suffit pas que le dos soit rond pour que la position soit juste.

Placez vos mains, doigts vers le ventre, sur vos genoux, coudes fléchis, amenez bien les épaules en avant et repoussez-vous vers le ciel, dans un mouvement arrondi, c'est-à-dire que vous repoussez le bas du dos vers l'arrière, l'attache du soutien-gorge vers le ciel.
Attention à la nuque ! Repoussez bien le cou vers le plafond, menton légèrement rentré… Il faut que, de profil, la courbe soit continue et non cassée, que la tête soit dans le prolongement du dos. Hissez-vous le plus haut possible, faites une arche douce, longue, comme si on vous enlaçait sous les seins pour vous tirer vers le ciel, lâchez le ventre.

🔲 **Le ventre se serre très fort, mais je peux le lâcher avec beaucoup d'amplitude. Je respire bien dans cette posture mais elle est fatigante !**

Laissez descendre votre tête en cassant la nuque…

🔲 **Ça bloque le souffle et je sens mon diaphragme coincé…**
Avec la sangle c'est plus net, et ça permet d'étirer les jambes (voir p. 21).

🔲 **C'est dur, on se rend compte des habitudes de facilité…**

À quatre pattes

Dos rond. Voir «Étirez-vous…», p. 112.
Reprenez cette posture décrite dans tous les manuels sur la maternité, qui est réputée bonne pour les maux de reins. Essayez de respirer et observez. Êtes-vous étirée?

🔲 **Je me sens le dos rond, mais j'ai du mal à respirer…**
Vous êtes exactement comme dans la première posture, dos rond assise! Vos mains sont trop près de vos genoux, le poids du corps trop en avant et vous êtes pliée en deux. En fait, votre arrondi ne concerne que les épaules, au niveau des reins il n'y a aucun étirement. C'est malheureusement toujours ainsi que la posture est réalisée et présentée…

Essayons de corriger: il faut absolument prendre vos distances pour que les épaules se trouvent au plus loin du bassin (synonyme d'étirement). Gardez bien les fesses sur les talons, en écartant les genoux et placez vos mains le plus loin possible en avant au sol. Passez à quatre pattes, dos rond, sur le bout des doigts, le poids du corps en arrière. Repoussez le sol du bout des doigts et tirez sur le périnée à chaque expiration.

🔲 **C'est vrai, j'avais oublié les distances; toujours les habitudes! Maintenant je me sens étirée et je retrouve les mêmes sensations de détente et de serrage du ventre que dans la posture assise. Pourquoi fait-on spontanément ces erreurs?**
À cause de nos abdominaux grands droits. Ce sont eux qui refusent de s'étirer et qui ramènent sans cesse les épaules vers le bassin. Lorsque vous mettez vos mains au plus loin, vos omoplates en avant, en empêchant le bassin de bouger, vous étirez votre dos mais aussi vos abdominaux.

Postures debout en appui sur le mur

Le dos contre le mur, les pieds décollés du mur et avancés de 50 centimètres environ, écartés d'une bonne largeur de bassin, plaquez votre dos contre mur. C'est du repos debout.

Le papa peut être contre le mur et vous appuyée contre lui, votre dos contre son thorax, vos reins contre son ventre, vous pouvez vous bercer ensemble.

Le papa peut aussi s'appuyer sur un ballon pour se bercer (voir p. 47).

Avec un petit ballon (inutile d'avoir un ballon de gymnastique, un ballon de plage pour enfant suffit tout à fait) : placez-le dans le haut du dos contre le mur et massez le haut du dos, à la pointe des omoplates, ou dans les reins, ou au niveau du sacrum et descendez en position accroupie en faisant rouler le ballon.

Vous retrouverez avec bonheur ces exercices en suites de couches, bébé dans les bras !

Postures accroupie

Ce sont les postures clefs pour l'étirement du bas du dos.

▤ **J'ai un problème ; je n'arrive pas à poser les talons au sol, je ne sais pas pourquoi…** C'est très fréquent chez les Occidentaux adultes. Mais ne vous inquiétez pas, on va trouver le moyen de contourner l'obstacle… Si vous n'êtes pas trop gênée par votre ventre !

Pour ce dernier point, il est vrai, il y a beaucoup de différences selon que le bébé est haut ou bas, très en avant ou très étalé. Au même terme, certaines seront à l'aise et d'autres auront l'impression de coincer le bébé !

Choisissez de préférence un mur lisse, appuyez-vous dos au mur puis avancez un pied jusqu'à ce que le talon soit au niveau de la pointe des orteils de l'autre, qui est resté en contact avec le mur. Ce sont les distances de base. Amenez le deuxième pied au même niveau, en laissant le dos au mur. Écartez les jambes d'une bonne largeur de bassin, puis laissez-vous glisser le long du mur.

⧈ **Et mes talons se soulèvent…**

Continuez à descendre, ils vont revenir au sol. En effet, étant appuyée au mur vous conservez un équilibre vers l'arrière qui n'oblige pas à une trop grande flexion des chevilles.

▤ **C'est vrai mais ça coince un peu le ventre. Si j'écartais les pieds davantage ?**

Attention ! Il ne faut surtout jamais mettre les pieds en canard pour s'accroupir. Écartez-les un peu si vous voulez, mais parallèles. Si vous écartez les genoux au-dessus des pieds, vous trouverez la place pour le bébé, sans tous les inconvénients de la mauvaise posture.

▤ Je l'ai souvent vue réalisée les pieds en dehors. Quels sont les inconvénients ?

Encore une de nos compensations qui font que l'on obtient l'inverse du but recherché. D'abord, ça abîme les genoux. Les voûtes plantaires sont effondrées et si vous regardez de dos, vous verrez qu'il y a un pincement au niveau des articulations sacro-iliaques qui semblent se rétrécir, alors que, si vous gardez les pieds parallèles et que vous poussez vos genoux au-dessus des petits orteils, la voûte plantaire se marque et travaille, les genoux retrouvent un axe normal et les sacro-iliaques s'élargissent, se mettent bien à plat… Ce qui soulage beaucoup.

Par ailleurs, il y a des différences importantes au niveau du périnée qui est fermé en arrière et ouvert en avant (voir « Le périnée ») si vous mettez les pieds en dehors et qui est très étiré latéralement et libéré en arrière si les pieds sont parallèles.

▤ En fait je suis bien ainsi, ça détend beaucoup le bas du dos.

C'est l'effet de la pesanteur. Tant que les fesses ne sont pas par terre, le bassin descend comme suspendu et il y a étirement.

Le haut du dos étant appuyé, seul le sacrum est dans le vide et les effets de la posture se concentrent sur cette zone.

Si vous redressez bien le buste, vous aurez aussi une sensation agréable d'ouverture dans la cage thoracique. Laissez-vous glisser jusqu'à être assise au sol… Vous êtes à nouveau tassée.

Variantes

Tous les accroupis sont bons : faites-les à deux.

Soit le papa est debout et vous tient les mains, soit vous êtes tous les deux accroupis et vous vous tenez les mains, soit il est assis à califourchon sur la chaise et vous vous accrochez au dossier.

Les accroupis-suspendus sont encore plus puissants pour étirer le dos.

Le papa peut être assis, sur une chaise ou sur un ballon, et vous accroupie devant lui, dos contre la chaise ou le ballon, en suspension sous les aisselles. Le massage du ballon dans le bas du dos est très efficace. Vous pouvez aussi utiliser une barre de gym entre deux portes sur laquelle vous passez une grande écharpe ou un drap pour vous accrocher.

Si nous étions assises sur des sièges beaucoup plus bas, par exemple ici un petit marchepied recouvert d'un coussin ou d'une galette pour le confort de l'assise, nous serions dans une posture proche de l'accroupi, le dos tiendrait tout seul sans tension.

On trouve ce genre de siège dans beaucoup de pays où les canapés ne sont pas encore généralisés.

Les autres étirements

N'oubliez pas, tous les étirements que nous avons vus (voir « Étirez-vous… ») sont conseillés pour l'ensemble des douleurs du dos.

Sur le dos

LA DEMI-CHANDELLE AVEC LA CHAISE

Placez la chaise adossée au mur. Installez-vous, couchée sur le dos, les jambes sur le siège, les fesses au ras de la chaise, les bras à 45° du corps, paumes vers le ciel, omoplates bien emboîtées, épaules basses. Commencez à monter un demi-pont comme d'habitude, en prenant appui sur le siège. Ramenez au fur et à mesure les pieds vers le bord du siège, posez-les à plat à la fin, en montant très haut le bassin, sans cambrer.

▣ Ça fait drôle de voir ainsi son ventre à l'envers… J'ai du mal à respirer…

Il faut bien appuyer sur les épaules pour creuser le haut du dos, si vous laissez les épaules venir en avant, vous bloquez le diaphragme. Croisez les doigts dans le dos, comme d'habitude, tirez bien les mains loin des épaules et creusez au maximum entre les omoplates. Portez les bras en arrière pour redescendre, en laissant les chevilles se fléchir pour que les pieds se posent contre la tranche du siège. Vous allez arriver en accroupi-couché, très serré, ce qui étire beaucoup le bas du dos.

▣ Le retour est un régal, j'ai envie de rester un moment ainsi…

Et toujours : ramenez la chaise vers vous pour poser les jambes sur la chaise, les fesses légèrement en dessous… et planez un moment.

Avec le coussin

> *Replacez votre bassin et placez le coussin microbilles sous les genoux pour pouvoir vous détendre totalement.*

Les « fausses sciatiques » de la grossesse : la région sacro-iliaque

▓ En fait je n'ai pas vraiment mal aux reins, ce que je redoutais vu ma cambrure. Mais, j'ai mal plus bas et sur le côté, surtout à droite d'ailleurs.

Pourriez-vous préciser cette douleur? À quoi ressemble-t-elle, est-elle continue? C'est important pour vous de savoir s'il y a des choses qui la déclenchent ou qui la calment...

LE LOSANGE DE MICHAELIS

Autrefois on ne se contentait pas de regarder une femme enceinte en position gynécologique, laissant aux radios et échographies le soin de préciser toutes les mesures... On regardait la femme de dos pour se faire une idée de sa colonne, des déformations qui pouvaient poser problème, des anomalies de statique et surtout des déséquilibres du bassin. On peut percevoir nettement un losange au niveau du sacrum dont les «fossettes» représentent les extrémités de la diagonale horizontale. Plus on se rapproche d'un carré, plus le bassin est large.

De plus, si les deux fossettes ne sont pas à l'horizontale, c'est qu'il y a un déséquilibre du bassin, peut-être une jambe plus courte que l'autre. Si les deux fossettes ne sont pas à égale distance de la colonne, il s'agit encore d'une petite déformation qui peut parfois poser des problèmes au moment de l'accouchement. À noter que la largeur du bassin «interne» a peu à voir avec le tour de hanche extérieur.

▓ Ça pince, parfois je suis coincée, j'ai l'impression que je ne pourrais pas me retourner... C'est seulement dans certaines positions, quand je veux me retourner dans mon lit, me relever d'une chaise, quand je marche un peu longtemps ou que je piétine, quand je me penche pour ramasser quelque chose, que je passe l'aspirateur... Ça descend dans la cuisse, c'est comme une sciatique. Parfois ça me réveille en pleine nuit alors que je ne fais pas d'effort!

L'aspirateur devrait être interdit aux femmes enceintes, c'est une source de contractions et de douleurs. C'est un appareil particulièrement mal pensé. Vive l'ergonomie! Laissez donc votre homme goûter aux performances de la technologie domestique: peut-être aura-t-il des idées pour améliorer ce produit!

L'origine de ces douleurs est le relâchement des ligaments du bassin… Normalement, les différents os du bassin sont bien maintenus par des ligaments, c'est-à-dire des structures puissantes mais non élastiques… Sous l'effet hormonal, les ligaments se relâchent et tout se met à bouger. En particulier cette articulation qui unit le sacrum et les os iliaques, c'est-à-dire les deux gros os du bassin. De l'extérieur, on repère le point d'articulation aux fossettes du bas du dos…

Dans certains mouvements, un filet nerveux qui passe par là se trouve comprimé et ça provoque une douleur aiguë, un pincement. Mais, contrairement à la vraie sciatique, il suffit de changer de position pour débloquer. Ce n'est pas permanent et ça ne descend jamais jusqu'au pied. Lorsque vous êtes allongée sur le dos et que vous levez une jambe tendue, cela ne fait pas plus mal au bas du dos, mais ça tire dans les muscles derrière les genoux. Et ces douleurs se déclenchent dans des situations précises, celles que vous venez d'évoquer et qui sont très caractéristiques.

Il faut apprendre à maintenir les articulations par un corset musculaire, apprendre à changer de position sans tirer dans le dos, ni pousser dans le ventre. Il faut se bouger d'un bloc et non faire bouger ces articulations.

J'aimerais regarder votre dos et en particulier le sacrum en position assise sur les talons ou à quatre pattes… Évidemment, il est particulièrement «bombé».

C'est une constatation que l'on peut faire: lorsque le sacrum ressort ainsi entre les deux fossettes qui paraissent alors en creux, il y a presque toujours des douleurs sacro-iliaques. Ce peut être une disposition naturelle antérieure à la grossesse, mais bien souvent c'est après un premier bébé. Vous avez peut-être entendu dire que le bassin s'adapte au cours de l'accouchement. Il devrait «s'ou-

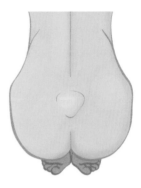

Le sacrum bombé est souvent douloureux

vrir» dans le bas au moment de la naissance et se «refermer» après (voir «La mise au monde») mais parfois cela ne se fait pas très bien et le sacrum reste saillant.

Dans ce cas les femmes ne supportent pas d'être couchées sur le dos sur un plan dur (tapis de gym par exemple).

▤ N'y a-t-il rien à faire?

Si, bien sûr. Après l'accouchement il faut remettre le bassin en place… Nous le verrons dans «Les suites de couches». Vous pouvez aussi voir un bon ostéopathe. En fait, les suites de couches sont le moment de faire le bilan et de rectifier ce qui n'est pas parfait, puisque tout est encore malléable, tout bouge… Inutile d'attendre que tout soit fixé à nouveau!

▤ Et pendant la grossesse?

Tous les ostéopathes ne travaillent pas avec les femmes enceintes, mais certains y sont habitués et pourront beaucoup vous soulager. Si c'est simplement une hyperlaxité hormonale, tout va recommencer à la première occasion. D'où l'intérêt de savoir bouger sans se recoincer! et parfois de tenir avec une petite ceinture (voir «Sentir la bascule du bassin»).

Postures couchée

▌ **Au lever je me sens toute raide et j'ai mal. Parfois c'est au milieu de la nuit, ça me réveille, je me sens bloquée.**

Il est impossible de contrôler sa position toute la nuit et il y a des chances que vous soyez cambrée, soit sur le dos, soit sur le côté, ce qui a tiré sur ces articulations. Plus les muscles sont détendus et moins les articulations sont tenues! Or le problème c'est cette mobilité des sacro-iliaques.

Avant de vous lever, il faudrait faire quelques étirements dans le lit, bien gérer la manière de vous retourner, de vous asseoir et de passer debout (voir «Mieux-être au quotidien»).

Les étirements dans le lit : flexion-extension de l'aine

Rappelons d'abord qu'il est souhaitable que votre literie soit dure, mais pas rigide. Ramenez un genou vers la poitrine, avec précaution (voir «Les abdominaux» et «Sentir la bascule du bassin») c'est-à-dire sans coups de reins ni poussée dans le ventre, juste en pliant au niveau de l'aine, en tirant un fil imaginaire sous le genou et en expirant.

Tendez bien l'autre jambe, en poussant sur le talon, en étirant bien au niveau de l'aine. Maintenez le genou le plus près possible du ventre, à l'aide de votre main, sans laisser le bas du dos s'arrondir, respirez quelques minutes, puis changez de côté. On cherche la flexion maximale de l'aine d'un côté et l'extension maximale de l'autre.

Genoux fléchis, pieds à plat, replacez le bassin puis mettez un pied dans le prolongement de la colonne et croisez les jambes. Serrez fortement les cuisses l'une contre l'autre, vous sentirez le bas du dos se détendre et l'articulation sacro-iliaque «s'aérer».

LE CULBUTO

Sur le dos, ramenez les genoux sur la poitrine. Restez dans cette position, prenez un genou dans chaque main, écartez-les, puis écartez les coudes et balancez-vous, en rebondissant sur les coudes pour rouler bien rond…

C'est un très bon massage, très agréable pour certaines, parfois douloureux au passage sur le point sensible… Dans ce cas, ne le faites pas, restez simplement dans la position, en laissant peser les mains sur les genoux, sans les tirer vers la poitrine.

C'est un accroupi-couché.

ATTENTION AU DOS ROND

Une erreur fondamentale est souvent commise à propos de cette position antalgique très utilisée, car spontanée. Croyant s'étirer plus, la plupart des gens remontent au maximum les genoux vers la poitrine, ce qui soulève les fesses et arrondit le bas du dos, en tassant. Ce geste pince les disques intervertébraux sur la face antérieure de la colonne, au lieu de les pincer sur la face postérieure, comme dans la cambrure, mais il pince quand même ! Et c'est en réalité plus grave qu'une cambrure. Il faut chercher encore une fois à fléchir l'aine et à étirer le rachis et non à faire le dos rond…

Un accessoire essentiel : la galette !

Il s'agit d'un ballon plat, comme un coussin de jardin, rempli d'air.

Ça prend peu de place, peut s'amener à la maternité éventuellement et vous servira sur votre siège de bureau (mais il faudra mettre des livres sous les pieds si vous n'êtes pas très grande) ou dans votre voiture…

Quand vous êtes couchée sur le dos, placez la galette sous le sacrum de façon à remonter un peu le bassin, les reins dans le vide comme dans un hamac. Le périnée est déchargé, la circulation retour améliorée. Et le balancement est très détendant.
Les sacrums saillants, bombés, seront très soulagés par cet accessoire.

Si vous avez un gros ballon, vous pouvez croiser les chevilles et poser les jambes sur le ballon, le bassin un peu en suspension, et mettre la galette sous le sacrum.
Le bercement est maximum, la détente et l'étirement aussi.

Mais surtout il faut savoir se retourner, s'asseoir, se relever du lit ou d'une chaise, se pencher pour ramasser quelque chose, monter et descendre les escaliers… voir « Mieux-être au quotidien ».

Postures à genoux

LA POSTURE DU HÉROS

Reprenez la montée à genoux depuis la position assise sur les talons, dans le geste que nous avons appris, par la rotation externe des fémurs.
Posez le pied droit au sol devant vous, cuisse à 90° de la jambe.
Accrochez bien le pied au sol comme une ventouse et faites le geste de le tirer vers l'arrière. Vous devez sentir la contraction derrière la cuisse droite et un fort étirement sur le devant de la cuisse gauche et dans l'aine gauche. Ne reculez pas les épaules, lâchez le ventre !

🖱 **Le mouvement est minime, mais ça tire beaucoup, c'est difficile à tenir tant ça chauffe dans le haut de la cuisse gauche !**
Ça prouve que vous avez du mal à réaliser cette extension de la hanche, que vos muscles sont rétractés. Ce qui explique aussi votre cambrure et les douleurs du bas du dos… Ce sont des corrections qui prendront un peu de temps. Placez votre main dans le dos et touchez la zone lombaire et sacro-iliaque.

🖱 **C'est bien plat, bien étiré ! Les fessiers sont contractés en dessous, mais le creux des reins est effacé.**

À partir du quatre-pattes

Les étirements à quatre pattes, en diagonale, en inflexion latérale surtout sont très efficaces pour ces douleurs (voir « Étirez-vous… », p. 111).

LA GRANDE FENTE

Voir « Étirez-vous… ».
Départ à quatre pattes. Amenez un pied entre les mains (c'est un peu dur, ça paraît très loin !). Tendez la jambe arrière en tirant bien le talon vers le sol, en imaginant que vous ramenez les orteils vers le front. Ne levez pas trop les fesses ! Laissez bien la jambe avant perpendiculaire au sol…

On a souvent tendance à venir en avant, ce qui réduit les effets de la posture. Placez bien la nuque dans le prolongement du corps, visualisez la flèche du talon au sommet de la tête.

Laissez agir quelques instants, la pesanteur va étirer très fort l'aine.

À ce moment vous réalisez une flexion parfaite d'un côté et un étirement complet de l'autre… Vos sacro-iliaques sont comblées !

🔲 **C'est costaud comme posture ! Je n'aurais pas cru travailler autant sans bouger, il faut vraiment respirer pour tenir.**

Avec le ballon : assise sur les talons, le coussin entre les cuisses et les mollets pour éviter la compression des jambes, prenez le ballon dans vos bras, posez le sternum et l'oreille sur le ballon, et bercez-vous.

Le papa peut aussi être à genoux devant vous. Vous avez les bras tendus et il tire sur vos mains pour vous étirer. Vous pourrez retrouver ces étirements sur la table d'accouchement.

Postures avec les sangles

Tous les enchaînements déjà présentés avec les sangles sont excellents.

LE PETIT TRAIN

Au départ, vous êtes assise, les jambes allongées le plus parallèles possible. (mais pas trop serrées, il faut laisser la place au ventre !). Prenez les sangles, faites des boucles aux extrémités, passez un pied dans chaque boucle. Croisez les sangles, prenez un pan dans chaque main (mains à hauteur des genoux), le buste légèrement penché en avant.

Portez-vous sur une fesse et soulevez la jambe opposée à l'aide de la sangle. L'effort doit être fait par les bras, surtout pas par les abdominaux. Puis poussez le pied soulevé vers

l'avant à partir de la hanche. Soulevez l'autre jambe et ainsi de suite. Avancez sur le tapis, puis reculez de la même manière.

⊡ Pourquoi croiser les sangles ?

Pour obliger l'épaule droite et la hanche gauche à bouger ensemble, ce qui fait bouger l'articulation sacro-iliaque. Si vous ne croisez pas, vous avancez un côté du corps puis l'autre et il n'y a pas d'action dans le bassin.

⊡ En effet je sens bien le mouvement dans le bas du dos, dans les fossettes.
Cette posture est douloureuse – et donc à éviter, en cas de problèmes de symphyse car elle entraîne un mouvement de cisaillement à ce niveau.

Pour se relever, se tenir debout et marcher:
Passez à genoux correctement (voir «Sentir la bascule du bassin») puis debout, basculez bien le bassin. Le principe est toujours de maintenir le dos, d'avoir une bonne «ceinture basse». Dès que vous êtes debout, «vissez-vous» dans le sol, imaginez le sac à dos, et vous n'aurez plus mal.

 Si vous êtes très cambrée, très laxe, que vous sentez une forte pesanteur dans le bas du ventre avec l'envie de soutenir votre ventre, la ceinture de soutien sera une très bonne réponse au quotidien (voir p. 42).

Postures spécifiques

L'ANTISCIATIQUE

Cette posture n'est pas conseillée en cas de vraie sciatique,
avec hernie discale et pincement de la racine du nerf sciatique.
Dans ce cas, il n'est pas question de tirer sur les racines nerveuses.
Mais, dans le cas des «fausses sciatiques» de la grossesse,
elle est très efficace pour décomprimer, pour «dépincer» l'articulation.

Départ à quatre pattes. Rapprochez vos genoux l'un de l'autre, puis pivotez sur les genoux, en ramenant les deux jambes sur la gauche, par exemple. Le mouvement doit vous étirer la taille et non vous tasser sur vous-même. Venez maintenant croiser la jambe gauche par-dessus la droite, écartez les pieds et asseyez-vous entre les pieds.

J'ai du mal à poser les deux fesses par terre, ça tire vraiment le long de la cuisse, sur le côté et dans la hanche…

Allez progressivement dans la posture… Vous devez avoir de moins en moins mal et non de plus en plus mal, respirez, faites descendre doucement les fesses au sol. Si vous êtes vraiment trop loin et que vous restez trop tordue, placez un coussin sous la fesse gauche, ce qui rééquilibrera.

J'aurais eu tendance à mettre le coussin sur la fesse qui ne pose pas…

Erreur… Vous accentuez le problème et ne progresserez jamais! Bien au contraire, le poids du corps doit être renvoyé sur la droite pour que la fesse droite descende peu à peu.

C'est vrai ça va mieux, ça devient même agréable…

Attendez que ce soit bien détendu… Puis changez de côté et revenez une fois sur le côté le plus douloureux, c'est celui qui en a le plus besoin.

La deuxième fois ça passe tout seul! Et ça décoince vraiment, j'avais l'impression de pouvoir suivre tout le trajet du nerf. Pourquoi prendre la posture de façon compliquée, ne pourrait-on simplement croiser une jambe sur l'autre?

C'est justement l'erreur… Et si vous ne voyez que la posture finie, vous ne pouvez pas savoir comment on y va. Si vous croisez les jambes, en position assise, il ne va pas y avoir d'étirement dans les hanches, tout va se passer dans les genoux. Or il ne faut jamais tirer sur les ligaments des genoux.

Il ne faut donc pas avoir mal au genou. C'est pour cela que ça pince un peu dans l'aine…

Exactement. N'oublions pas que pendant la grossesse: on est toujours assise jambes écartées, ce qui raccourcit les muscles et déséquilibre l'étirement ligamentaire.

Si vous supportez bien cette posture, vous pouvez la compléter en plaçant vos bras en «tête de vache»… C'est le nom traditionnel (voir p. 148).

Les accroupis

Voir « Ménager son dos… : Le mal aux reins ».

Les accroupis sont des postures à privilégier pour étirer le bas du dos et replacer les sacro-iliaques. Les accroupis suspendus soulagent beaucoup, en particulier pendant l'accouchement.

VOTRE BARRE DE DANSE

Au fil des exercices, nous avons vu l'intérêt d'une sangle, ce qu'on peut faire avec une chaise…

Il est aussi possible d'acheter chez un quincaillier ou de ressortir du grenier une barre que vous fixerez bien solidement entre les deux montants de la porte. Mais, au lieu de la placer très haut, vous la placerez à hauteur d'une barre de danse. Vous pourrez y faire l'étirement de « La planche à voile » (p. 123), les postures accroupies, le « cochon pendu », des « pinces » en étirement du haut du dos et des épaules, des étirements des jambes comme à un cours de danse. C'est parfois un balcon qui fait l'affaire, un rebord de fenêtre.

Si vous laissez la barre à la hauteur normale, passez une écharpe de portage ou un drap par-dessus et faites des accroupis ou du travail avec le ballon (voir les suspensions en salle d'accouchement).

LE COBRA

Cette posture fait travailler l'articulation sacro-iliaque, si elle est bien exécutée. C'est parfois un moyen de faire bouger, de décoincer (voir p. 94).

Et bébé pendant ce temps ?

Si son dos est à droite dans votre ventre, ou s'il a sa colonne vers votre colonne, sa position occasionne en partie vos troubles. Mais sans doute y est-il bien puisqu'il y reste ! Essayez de le motiver à aller à gauche, en lui « expliquant », en utilisant l'haptonomie, en dormant beaucoup sur le côté gauche si vous le supportez.

Mais en général vous n'y serez pas bien. Mieux vaut rester sur le côté droit, plutôt couchée en latéro-ventral.

▌ **Il est recommandé de se coucher sur le côté gauche, mais je n'y suis pas bien du tout, est-ce grave pour le bébé ?**

En se couchant à gauche, on libère la veine cave inférieure, ce gros tuyau qui ramène tout le sang du bas du corps au cœur. Lorsque celle-ci est comprimée, le cœur pompe «à vide» et il y a un malaise, une sensation de suffocation, parfois de perte de connaissance. Bien évidemment si votre circulation est perturbée, les échanges avec le bébé le sont aussi. Mais si vous vous sentez bien à droite, c'est que tout va bien pour vous et donc pour le bébé! On ne peut pas se tromper, le malaise est vraiment important.

Vous pouvez aussi utiliser le coussin Corpomed® pour vous installer de trois quarts ou presque sur le ventre, ce qui l'incitera à tourner, à mettre son dos en avant et dégagera la veine cave.

Vous pouvez sans doute distinguer ses mouvements amples, quand il s'étire, des mouvements saccadés, des coups brefs, comme s'il trépignait. Cela suffit à vous dire qu'il faut changer de position!

Il est vrai que les douleurs créent des tensions et des appréhensions, ce qui ne vous aide pas. Si cela déclenche des contractions, on entre dans un cercle vicieux.

C'est pourquoi il est important d'apprendre à vous décoincer, de savoir éviter les erreurs, de savoir que ce n'est pas grave qu'il n'y a pas de risque. J'ai essayé dans ce chapitre de vous en donner les moyens.

Ou vous répète que le bébé ressent les tensions, les angoisses de sa mère! Il ne faudrait pas oublier qu'il ressent aussi son bien-être! N'hésitez pas à vous occuper de vous, à vous faire du bien, à vous faire plaisir, à vous ménager… Il est fondamental que vous arriviez à trouver des postures de repos, que vous lui fassiez de la place, sans vous trouver coincée de partout.

Il ne peut bouger tout son corps que si votre ventre est détendu, si vous êtes étirée. Vous aurez peut-être un matin la surprise de ne plus avoir mal du tout, parce qu'il aura changé de côté!

Douleurs de l'aine et du pubis, tensions dans le bas-ventre

À divers moments de la grossesse des douleurs aiguës peuvent survenir dans le bas du ventre, au pli de l'aine ou au pubis, soit pendant la marche, soit à l'occasion de mouvements simples, comme se relever après une longue station assise, se retourner dans son lit, monter ou descendre des escaliers, mettre ses chaussures., serrer ou écarter les genoux. Il s'agit de douleurs un peu en coup de poignard, qui mettent un certain temps à disparaître. Elles ressemblent à ce que vous avez peut-être connu lors de poussées de croissance trop rapides ; en fait, c'est un peu comparable… Quand les os grandissent très vite, les muscles et les tendons ont du mal à suivre, ils sont étirés et c'est douloureux. Ici c'est le bassin qui s'agrandit, les os du pubis qui s'écartent, et les muscles ont du mal à suivre.

Favoriser l'ouverture du bassin

Dans le cas de la grossesse, il s'agit d'une action hormonale qui relâche les ligaments (et il y en a beaucoup dans le bassin !). Les parties osseuses ne sont plus fixées de façon rigide, elles se mettent à bouger les unes par rapport aux autres, provoquant des « cisaillements », surtout au niveau de la symphyse pubienne. On a alors des douleurs qui n'ont rien à voir avec l'utérus, mais qui malgré tout inquiètent et rendent la vie moins agréable.

▦ C'est quoi exactement la symphyse pubienne ?

Si vous touchez votre pubis juste au-dessus du sexe, vous sentirez deux branches osseuses qui se rejoignent au milieu. À ce point de jonction se trouve un espace, c'est la symphyse. Il s'agit d'un cartilage ; au-dessus et au-dessous se trouvent des ligaments qui vont d'une branche à l'autre afin de solidifier la liaison. Lors de la grossesse, la nature prévoit l'agrandissement du bassin. Les relâchements dus aux poussées hormonales successives (en général autour des quatrième, sixième et neuvième mois), vont permettre à la symphyse de s'agrandir et aux ligaments de s'étirer.

▦ Alors, tout bouge…

Oui… Et c'est pourquoi, de temps en temps, vous comprimez ici ou là un petit nerf, dans un mouvement banal. Et pourquoi vous aurez du mal à rentrer dans vos jupes après la naissance, même si vous retrouvez le même poids. Les os du bassin se sont écartés, les hanches sont plus larges ; cela va se récupérer, mais durer quelques mois sans que les régimes puissent accélérer le processus, surtout si vous allaitez (hormonalement vous êtes « à moitié enceinte ! »). Parfois il reste des douleurs dans le bas du dos et une impression d'être disloquée. Cela arrive surtout lorsque l'accouchement a été traumatique, parce que le bébé était trop gros ou mal placé (en occipito-sacré par exemple, c'est-à-dire le visage vers vous et la nuque vers votre sacrum), s'il y a eu des forceps ou tout simplement parce que vous avez des ligaments très souples (hyperlaxité).

▓ Y a-t-il quelque chose à faire ?

Oui, mais notre culture l'a oublié. Après l'accouchement, c'est le grand vide dans notre médecine. Dans toutes les traditions il y a des gestes et des techniques précises. Nous en reparlerons dans « Les suites de couches ». Il peut être utile aussi, voire nécessaire, de consulter un bon ostéopathe…

Revenons à la grossesse. Avez-vous repéré les mouvements qui vous faisaient mal ?

▓ Je ne sais pas bien, c'est brutal, ce n'est pas régulier, ça peut me faire mal la nuit…

Faisons quelques postures-tests.

Postures verticales

> ### LA POSTURE DU HÉROS
>
> *Partez en position assise sur les talons, redressez-vous à genoux, puis essayez de poser un pied devant… (voir p. 161).*

▓ Quand je passe en appui sur une seule jambe, j'ai mal juste au milieu du bas-ventre, à la symphyse, vraiment mal. Si j'essaie de me relever en prenant appui sur le pied au sol, c'est très dur ! comme lorsque je soulève un pied pour enfiler des chaussettes, monter ou descendre les escaliers… !

C'est ce qui s'appelle « l'effet de cisaillement ». En portant tout le poids sur une jambe, vous déséquilibrez les branches du pubis, il se produit un mouvement très désagréable. Une fois le glissement réalisé, cela n'empire pas.

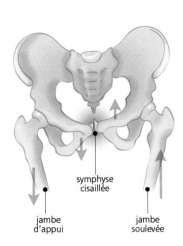

symphyse
cisaillée

jambe
d'appui

jambe
soulevée

Postures couchée

> *Couchée sur le dos, pieds à plat, jambes écartées, essayez d'écarter puis de resserrer les genoux…*
>
> ▣ **C'est exactement les gestes qui me font mal, ce qui m'empêche de me retourner dans le lit. Je commence à comprendre les mouvements qui me sont pénibles. Y a-t-il des exercices pour me soulager ?**

Les principes sont simples :

– Ne jamais se cambrer. Si vous êtes cambrée, il y aura une poussée vers le bas, une angulation et un appui sur la symphyse.

– Éviter le cisaillement lors de l'appui sur une seule jambe, par exemple lorsque vous marchez en terrain accidenté, lorsque vous montez ou descendez les escaliers.

Pour cela, il faut conduire vos mouvements pour maintenir un soutien musculaire là où vos ligaments font défaut : garder le bassin basculé, serrer le périnée, expirer lors des efforts. Pour gainer vos articulations.

Bref on ne peut pas changer la cause, cette hypermobilité qui sera nécessaire à l'accouchement. Il faut gérer et pallier le maintien ligamentaire par un gainage musculaire (aidé éventuellement par la ceinture) au moment des changements de position qui risquent de déclencher une mobilisation des sacro-iliaques ou de la symphyse.

Au-delà de ce que nous avons vu dans les gestes quotidiens, vous pouvez aider les muscles à se laisser étirer par des postures d'assouplissement, à condition de ne jamais travailler en cambrure.

Les étirements musculaires

LE PAPILLON

Assise, les jambes repliées devant vous, pieds en contact plante contre plante. Balancez-vous doucement pour rapprocher vos fesses de vos pieds.

Ne faites pas l'inverse, rapprocher les pieds des fesses, c'est beaucoup moins efficace, ça travaille beaucoup moins les hanches.

Arrivée au plus près de vos pieds, prenez appui en arrière sur les doigts pour vous redresser au maximum et balancez-vous pour faire peu à peu descendre les genoux, parce que les hanches s'ouvrent.

▣ C'est curieux, alors que je me sens raide de partout, je me trouve beaucoup plus souple qu'à l'ordinaire ; mes genoux touchent presque par terre. En tout cas c'est agréable et ça efface toutes les sensations de tiraillement de l'exercice précédent…

Cette souplesse nouvelle est due à ce relâchement hormonal.
Elle est plus ligamentaire que musculaire (attention aux entorses !).
Voilà au moins une sensation gratifiante, profitons-en pour assouplir un peu plus…

Le petit train sera certainement désagréable puisqu'il mobilise de façon asymétrique… évitez ce genre d'exercice.

Postures à genoux

Asseyez-vous sur les talons puis reprenez l'exercice du passage à genoux (voir «La posture du héros») que nous avons vu lors de l'apprentissage de la bascule du bassin. Vous vous souvenez qu'il s'agit d'éviter de se tirer vers le haut avec un mouvement de reins et un à-coup dans le ventre mais au contraire de bien pousser dans le sol dans un mouvement de rotation externe des fémurs. Vous arrivez alors bien décambrée, l'aine très étirée, horizontale. Le bébé est bien placé dans le bassin, et non suspendu dans le vide. Vous respirez librement.

C'est un exercice tout à fait étonnant d'efficacité quand vous avez mal, que vous avez fait des mauvais mouvements, c'est l'antidote idéal.

Postures debout

La position debout correcte, c'est-à-dire bassin basculé par la rotation externe des fémurs suffit souvent à vous remettre en place. N'hésitez pas à la prendre au moment où vous avez tendance à rester pliée en deux sur votre douleur.

Par exemple dans une file à la caisse du supermarché…

Postures couchée

LA GRENOUILLE, AVEC LA CHAISE OU LE BALLON

Allongez-vous sur le dos jambes pliées, pieds au sol, bassin bien placé, ventre détendu. Posez vos pieds contre le rebord de la chaise, ou contre le ballon, puis ouvrez les genoux et mettez vos plantes de pieds l'une contre l'autre.

Avec le ballon vous pouvez faire des balancements asymétriques comme «le papillon», très détendants.

Pour en sortir, très important, il faut éviter le cisaillement.

En expirant, vous serrez bien le périnée puis vous rapprochez les cuisses en partant du haut de la cuisse, pour aller vers les genoux.

Ne commencez surtout pas par les genoux… Imaginez un mouvement en «fermeture Éclair» du périnée jusqu'aux genoux et non en «pince à sucre».

🔲 **C'est probant, je n'ai pas éprouvé de douleur dans la symphyse quand j'ai serré les jambes !**

LE PIED À LA MAIN

C'est une posture bien connue des danseuses qui la font en général debout.
Nous allons ici pouvoir contrôler à la fois l'étirement de l'arrière des jambes, l'ouverture, la
position du bassin, sans risquer de contracter
les abdominaux. Allongée sur le dos, replacez
le bassin, tendez une jambe à la verticale à
l'aide de la sangle, toujours angle « fémur-
colonne vertébrale » inférieur à 90°.
Allongez l'autre jambe au sol, en poussant
bien sur le talon, cheville fléchie.

Puis placez le poing fermé au sol, juste à côté
de la tête du fémur et laissez descendre
votre jambe sur le côté en vous posant sur le
poing comme sur une cale.
Le bassin ne doit pas bouger, pas rouler sur
le côté. C'est comme si vous repoussiez la
tête du fémur dans l'articulation de la
hanche, ça détend beaucoup les tiraillements
dans cette zone, ça libère la tête du fémur.

Attention, pour revenir, toujours contracter le périnée, expirer et bien partir du bassin vers
le pied.

🔲 **Ça tire beaucoup dans les muscles derrière les jambes
et dans les adducteurs, mais c'est une sensation agréable dans l'aine.
Mais je sens mes sacro-iliaques dès que mon bassin
bouge d'un centimètre… c'est d'une précision extraordinaire !**
En effet, c'est de l'horlogerie… il faut bien maîtriser le placement
et tenir grâce au périnée et à l'expiration.

Si vous ne supportez pas de rester sur le dos, ou pour varier vos exercices, vous pouvez travailler sur le côté, le genou de la jambe posée au sol assez replié pour prévenir la cambrure,
la tête posée sur le bras, posez le pied supérieur devant le genou et poussez vos fesses vers
l'avant et votre genou vers l'arrière.
C'est une très bonne manière de sentir la bonne bascule du bassin. Ça étire l'aine et ça libère
les sacro-iliaques.

🔲 **Ça travaille beaucoup les fessiers, c'est une sensation agréable,
on se sent tonique !**

Et bébé pendant ce temps ?

Il envahit l'espace… Chaque poussée de croissance le rend plus présent ici ou là, en haut ou en bas. En général, celles qui ont des douleurs dans la symphyse pubienne sont moins gênées au niveau de l'estomac… Sauf si le bébé est très grand !

À partir du deuxième bébé, il est fréquent d'avoir cette sensation d'appui, et de fait les seconds sont souvent plus bas que les premiers. En réalité, ce n'est pas le bébé qui est plus bas dans l'utérus, c'est l'utérus qui est plus bas ! En effet, les ligaments qui suspendent l'utérus s'étirent pour accompagner sa croissance. Après l'accouchement ils ont régressé, mais pas totalement et ils sont restés plus souples. Lors de la deuxième grossesse, l'utérus qui s'est déjà distendu une fois grossit plus vite et le poids l'attire vers le bas, d'autant plus que les suspensions sont lâches.

Si donc vous pouvez le faire un peu remonter, il y a des chances que vous vous sentiez mieux. Installez-vous le plus souvent possible le bassin surélevé (avec un petit coussin ou une serviette pliée en quatre sous la pointe des fesses), faites des postures inversées, comme « Le chat » (p. 143), « Le demi-pont » (p. 148) et surtout évitez la cambrure. Vous sentez qu'il appuie moins vers le bas quand vous êtes bien placée. Le bas du ventre est tenu, comme par une gaine de grossesse, le bébé semble « remonté ».

La ceinture peut vous aider. Elle remplace un peu vos mains qui soutiennent le ventre. Mais certaines mamans ne supportent rien qui touche le ventre, surtout si le bébé est un peu décentré et appuie beaucoup dans le creux de l'aine d'un côté.

▤ **J'ai parfois l'impression de coincer sa tête quand je serre les jambes ou quand je me penche, le ventre sur les cuisses.**

Quand l'utérus est très bas, le bébé semble se bloquer dans le bassin lors des mouvements. Ne vous inquiétez pas, il est très bien protégé ! Mais ça vous oblige à mieux gérer vos mouvements.

Essayez la fausse inspiration thoracique (p. 184), préférez les postures en étirement en arrière aux postures qui fléchissent l'aine et si vous devez vous pencher, remontez votre ventre de vos mains avant de plier les hanches.

Il faudra bien s'occuper de remonter l'utérus et de le maintenir en suites de couches pour éviter que ça empire pour le prochain bébé, et pour aider les ligaments à se retendre correctement.

Limiter les problèmes digestifs et la gêne sous les côtes

Nous avons évoqué, dans «L'Agenda», des problèmes digestifs d'origine sympathique (nausées, dégoût, vomissements). Nombre de femmes se plaignent plus fréquemment encore de brûlures d'estomac et de «remontées» acides.

Une des causes en est le relâchement des sphincters, d'origine hormonale, qui rend inopérant le système de fermeture de l'estomac vers le haut. Mais, encore une fois, la mécanique peut jouer un grand rôle sur ce terrain. Nous allons améliorer les choses!

En temps ordinaire, l'estomac est situé dans l'abdomen, sous le diaphragme, très légèrement à gauche. L'œsophage traverse le diaphragme pour entrer dans l'estomac et il existe un système qui empêche les remontées. Lors du dernier trimestre l'utérus dépasse 25 centimètres de hauteur (il atteindra environ 33 centimètres). Il vient ainsi refouler l'estomac. En fin de grossesse, l'estomac passe alors à travers le diaphragme pour former une petite hernie (dite hernie hiatale). Il est donc ouvert dans l'œsophage. Comme l'estomac fabrique de l'acide, il y a des remontées le long de l'œsophage, sous le sternum. Or l'estomac est tapissé d'une muqueuse qui résiste à l'acide, mais pas l'œsophage. Cela donne donc ces sensations de brûlures.

> *La morphologie de la mère compte beaucoup. Une femme très grande trouvera de la place pour loger son bébé et garder un peu d'espace entre l'utérus et les seins. Une femme d'un mètre cinquante devra caser ses trente-trois centimètres de hauteur utérine… Il y a donc des chances qu'elle soit plus gênée. Par ailleurs, une femme un peu voûtée, les épaules en avant, va forcément coincer davantage son diaphragme que la danseuse au dos plat ou creux.*

▦ **J'ai remarqué que certaines positions favorisent les crises…**

C'est cela qui est mécanique… Quelles positions?

▦ **Rester assise après un dîner, m'allonger sur le dos, me pencher en avant. D'ailleurs c'est souvent difficile le soir, je n'arrive pas à dormir et je suis réveillée en pleine nuit!**

Nous verrons comment résoudre ces problèmes de la vie quotidienne. En tout cas, dans les postures, il faudra éviter de mettre la tête en bas et de travailler couchée au début des séances. Ça ira mieux ensuite.

▦ **J'éprouve souvent le besoin de creuser mon dos, de me redresser pour trouver un peu de place…**

Le problème est toujours le même: vous redresser sans cambrer! Je vous propose des postures, des aménagements qui permettent de s'étirer sans risque de cambrure.

Postures assise

LA FIGURE DE PROUE

Assise en tailleur ou les jambes allongées, les fesses rehaussées d'un petit coussin.

Mettez vos mains derrière vous, juste contre vos fesses, sur le bout des doigts. Fléchissez les coudes pour faire descendre les épaules et tentez de rapprocher les coudes l'un de l'autre. Reculez le cou, nuque droite.

Attention! Vous devez bien rester en avant, les épaules en avant du plan des hanches, sinon vous allez cambrer au lieu de libérer le haut. Respirez en remontant bien le bébé en début d'expiration, puis en serrant le dos, dans le geste de «croiser des bretelles» au niveau des omoplates (voir «Ménager son dos: Le haut du dos»).

Vous devez imaginer une barre située à l'attache du soutien-gorge et que vous voudriez franchir par un saut dorsal. Si vous reculez vos épaules, vous faites tomber la barre. Il s'agit donc d'un geste qui creuse le haut du dos, pas les reins, et qui fait «grandir».

L'inspiration est toujours passive et vous verrez combien votre ventre se détend bien...

▣ **Ça chauffe et c'est un peu douloureux entre les omoplates...**
C'est donc bien placé! Nous faisons d'abord quelques postures dos creux et nous ferons ensuite des contre-postures dos rond pour compenser («L'aigle endormi» par exemple, p. 145).

Postures à deux ou, à défaut, seule

Avec le ballon: le papa assis sur le ballon, vous assise par terre en tailleur, le ballon dans le dos, les bras posés sur les cuisses du papa pour dégager vers le haut.

Le ballon doit vous soutenir au niveau de l'attache du soutien-gorge, vous pousser la poitrine en avant, dos creux sans cambrure.

Si vous êtes seule, vous pouvez plaquer le ballon contre le mur. Il n'y aura pas la même ouverture, ni le bercement, mais le dos sera creux.

Avec le canapé: le papa assis sur le canapé, vous par terre, le dos contre le canapé, les bras sur ses cuisses.

Seule, mettez des coussins pour surélever l'assise du canapé et posez vos bras dessus.

LE PARAPLUIE

Prenez une planche, ou un parapluie, placez-le derrière l'occiput, placez vos bras pour maintenir le parapluie, menton un peu rentré et repoussez-le avec votre tête, en expirant.

À l'inspiration, ne bougez pas ; poussez plus loin sur l'expiration suivante. Cela vous permet de travailler seule, sans risque de cambrure si vous restez en tailleur. C'est particulièrement efficace et agréable pour certaines. C'est en

même temps une bonne posture pour étirer et renforcer la nuque, qui est un point très faible chez nous.

▣ **C'est très puissant, ça dégage vraiment et ce n'est pas si dur qu'on se l'imagine.**

Autres postures assise

En tailleur ou dans une posture du type de « l'antisciatique ».

Joignez les mains paume contre paume dans le dos puis tendez les bras en arrière en essayant de rapprocher les poignets l'un de l'autre (« La tête de vache » voir p. 148).

Postures debout

LES MAINS DERRIÈRE LE DOS

Basculez bien le bassin en poussant vos genoux vers l'extérieur : les mains jointes dans le dos, essayez d'allonger les bras en rapprochant les poignets l'un de l'autre... Sans cambrer, bien sûr, et en gardant la nuque étirée, le sommet de la tête le plus haut possible.

CONTRE-POSTURE DE L'AIGLE ENDORMI (voir p. 145)

Vous pouvez le faire en position debout aussi. En dos creux comme en dos rond, c'est le placement de la nuque qui permet de dégager le diaphragme et d'agir sur vos problèmes digestifs.

Après ces premiers exercices, si votre déjeuner n'est pas trop récent, vous pouvez travailler allongée. S'il y avait trop de « remontées gastriques », passez directement aux exercices à quatre pattes.

Postures couchée

Pieds au sol, bien décambrée. Placez vos mains l'une dans l'autre sous l'occiput, et essayez de faire descendre vos coudes vers le sol parce que vous creusez fort le haut du dos, entre les omoplates. Gardez un coussin sous les coudes s'ils ne se posent pas au sol, pour ne pas tirer sur les épaules.

Si vous n'êtes pas trop gênée encore, essayez la torsion des épaules (voir p. 121) :

Couchée sur le côté, la tête entre les bras bien tirés vers le haut, les genoux remontés sur la poitrine, tirez bien l'épaule qui est sur le sol en avant, comme pour l'éloigner de vous. Vous réalisez ainsi une translation des épaules.

Faites un grand cercle avec le bras de dessus derrière votre tête et amenez l'épaule au plus près du sol, sans trop bouger les genoux. La tête a suivi le mouvement, vous regardez vers vos fesses. Restez assez longtemps, en respirant, pour que l'épaule descende doucement. Surtout gardez les genoux vers la poitrine afin de ne pas risquer la cambrure.

🗨 **C'est très agréable, ça ouvre la cage thoracique et ça détend le dos. Mais quand je fais l'autre côté, c'est désagréable juste sous les côtes, ça coince…**
Tout dépend encore de la position du bébé et du terme de votre grossesse. Vous pouvez mettre un petit coussin sous les genoux et laisser votre bras simplement à la verticale derrière la tête du côté pénible, ou ne faire qu'un côté.

Dans la série des exercices qui libèrent sous les côtés, vous pouvez reprendre :

Le demi-pont

En tirant bien les mains jointes vers les pieds lorsque vous êtes au plus haut, ça dégage l'estomac et ça ouvre très fort la cage thoracique (voir p. 148).

Postures à quatre pattes

Toujours en bonne position. Marchez un moment en étirant bien le bras de devant, en le relevant, poignet fléchi, pour faire travailler entre les omoplates.

Assise sur les talons, passez à quatre pattes dos creux, en tirant bien les épaules en arrière, en emboîtant les omoplates.
Puis, après quelques respirations, posez les coudes au sol, en les resserrant l'un vers l'autre, sans reculer les fesses.

C'est fort dans le dos, entre les omoplates. Il faut bien rapprocher les coudes, sinon on ne sent rien, ou on se coince la nuque.

Si vous êtes bien dégagée et qu'il n'y a pas de «remontées gastriques», vous pouvez tenter un «chat»… Ça étire bien dans le sens voulu, mais évidemment, le fait d'avoir la tête au-dessous de l'estomac favorise les reflux.

Postures spécifiques

LE COBRA

C'est effectivement la posture la plus efficace. Spectaculaire, un peu délicate à réaliser (voir p. 94). La première tentative de réalisation du «cobra» est très dure, mais ensuite ça va de mieux en mieux. Il faut donc recommencer au moins trois fois pour arriver à être bien et à en éprouver les effets qui sont immédiats.
Si vous aimez cette posture, n'hésitez pas à la refaire, après une préparation (dos creux, chat…) et en respectant bien les conditions d'étirement…

On se sent dégagée, étirée, on respire et ça fait un effet «siphon». On dirait que tout redescend sous le diaphragme !
Nous l'avons déjà vu: en position verticale, les abdominaux grands droits nous tassent. Pendant la grossesse, ils doivent s'étirer pour laisser la place au bébé. Il faut aider à cet étirement, sinon, ils s'écartent et entraînent toutes sortes de problèmes (mal au dos, digestion…).

Je ne sais si mon bébé est très haut, mais j'ai un point douloureux à droite, sous les côtes, comme s'il appuyait sur le foie.
Il est très fréquent d'avoir des coups de pied dans cette région du ventre. Là encore, il faut essayer de trouver de la place.
Je vous propose quelques postures pour étirer l'abdomen.

Les étirements latéraux

À quatre pattes, ramenez le genou gauche contre le droit et pivotez les pieds vers la gauche.

Tirez bien les fesses en arrière. À l'inspiration, étirez-vous en poussant le poignet vers le haut en expirant, et repoussez-vous vers le haut.

LA DEMI-LUNE

Assise, levez un bras et repoussez-vous vers le haut en expirant. Attention, ne pas se pencher du côté concave, mais pousser vers le haut côté convexe.

▤ Y a-t-il des médicaments atténuant les brûlures d'estomac?

Votre médecin vous prescrira peut-être des produits qui forment un film imperméable se déposant au-dessus du contenu de l'estomac, ou des anti-acides. Certaines femmes en sont satisfaites, chez d'autres leur efficacité est moindre. Là encore, il faut parfois essayer plusieurs produits voisins avant de trouver celui qui réussit le mieux.

▤ Et les vomissements?

En début de grossesse, s'ils sont moins fréquents que les nausées, ils se rencontrent assez couramment pour être considérés comme normaux. Leur origine est liée au déséquilibre sympathique-parasympathique. J'ai pu constater qu'ils sont plus rares lors de la première maternité, d'où l'étonnement des futures mères qui découvrent ce problème au deuxième ou troisième enfant.

Attention au piège d'une psychologie simpliste: cela ne signifie pas forcément que cet enfant est moins désiré, voire rejeté! Lorsque des vomissements apparaissent au troisième trimestre ou qu'ils durent les neuf mois, on se trouve devant un problème plus complexe, puisqu'il n'y a plus d'explication physiologique. De plus c'est une cause d'épuisement et d'amaigrissement pour la mère, qui puise sur ses réserves, d'où des risques de carences pour elle en vitamines, sels minéraux, calcium… Le médecin devra s'assurer qu'il n'y a pas d'autres causes possibles (hépatite par exemple), vous donnera des anti-émétissants (antivomitifs) surtout efficaces en perfusion… L'isolement en chambre fraîche et sombre, des sédatifs complètent le traitement dans les cas graves. Il n'y a pas pour le moment d'explication médicale à cette situation. On cherchera donc toujours une éventuelle explication psychologique, qui est parfois tout à fait claire, parfois plus douteuse.

À savoir: l'acupuncture peut donner aussi de bons résultats.

Les attitudes qui « coincent » l'estomac et les côtes

Le portage de poids

Nous avons déjà rencontré ce problème à propos du dos et puisque nous devons porter à bout de bras et non sur la tête, apprenons à porter à bout de bras. Attention, si vous laissez les épaules revenir en avant, vous coincez l'estomac ! Il est donc indispensable de bien emboîter les omoplates, de rejeter les épaules en arrière et de faire peser l'ensemble sur le « cadre » solide des omoplates bien plaquées, comme pour le garde-à-vous. Cela remonte la poitrine et donc le diaphragme, laissant le ventre libre et un bon espace pour l'estomac.

Le siège de travail

Évitez les chaises trop hautes où vous glissez en toboggan en vous tassant sur votre estomac…

Pensez à emporter votre petit sac-valise dans les dîners en ville, pour surélever les pieds !

Mauvais

Bon

Le canapé

Si vous regardez la télé ou si vous lisez et que vous vous installez (surtout après dîner), au fond du canapé, vous avez toutes les chances d'être mal. Mieux vaut s'asseoir par terre, le dos appuyé contre le canapé ou le mur, bien collée au plan qui vous soutient, en tailleur ou en « grenouille », pieds joints, plante à plante avec des coussins pour soutenir les genoux… Il ne doit pas y avoir de tension dans les jambes. Le haut du dos est bien soutenu, la nuque se place naturellement. Posez les coudes sur le siège du canapé, ça dégagera davantage.

Si vous devez rester longtemps dans une réunion et que rien n'est possible, passez le bras sur le dossier de la chaise voisine (attention seulement à la cambrure). Et surtout pensez à vous servir des mouvements de recul du cou…

▤ **Et dans mon lit, je ne sais plus comment faire.**
Surélevez la tête de lit, en préférant des coussins sous le matelas aux coussins directement sous la tête. Et ce n'est pas seulement la tête mais le buste qu'il faut remonter jusqu'à mi-dos ! Certaines ne pourront même dormir que si elles sont presque assises. Le coussin traversin, en billes denses, peut vous soutenir confortablement pour dormir ainsi redressée.

Évitez de vous coucher tout de suite après le repas, de rester trop statique. L'idéal serait de bien libérer l'estomac par quelques exercices, par une promenade, au lieu de rester assise plus ou moins tassée. Au fond, le temps de la vaisselle à la main avait peut-être du bon ! Ça occupait les soirées par une station verticale !

▤ **C'est vrai que le lave-vaisselle oblige à se pencher en avant, ce qui est terrible !**
Surtout si vous vous pliez en deux ! Si vous êtes très gênée dans la digestion, n'hésitez pas à reprendre « Le cobra » (voir p. 94) après quelques échauffements.

▤ **L'alimentation a-t-elle de l'importance sur l'acidité ?**

Qualitativement, il est difficile de répondre. L'estomac fabrique de l'acide, quelle que soit la nature des aliments ingérés. Toutefois vous avez peut-être remarqué à titre personnel ce qui favorise ou calme vos brûlures. Le lait est souvent dit efficace. Il n'y a pas de recette universelle, il faut apprendre à s'observer. Mieux vaut éviter le sucre, les épices, les fruits et légumes acides. Préférez des aliments « adoucissants » : purées, pâtes, bananes, petits fromages, fruits, œufs durs à répartir sur la journée, mangez lentement en mâchant bien !

Quantitativement, il est important de manger des petits repas, quitte à les multiplier... Reportez-vous pour plus d'indications à « L'agenda ».

▨ *La zone que nous avons fait travailler par des postures, entre les omoplates, est une zone réflexe bien connue des Chinois : c'est la zone de la digestion. C'est là que l'on massera en cas de digestion difficile et dans la tradition, c'est ainsi que les nouveau-nés seront massés pour leur faire évacuer les glaires qui encombrent leurs poumons. De même, c'est là que nous tapotons généralement après le biberon pour favoriser le renvoi... Pas par hasard ! En réalisant ces exercices, vous avez donc à la fois débloqué l'estomac à l'avant et stimulé la zone de la digestion. Intéressant !*

La constipation

▤ **Comme beaucoup de femmes enceintes, je suis constipée : pourquoi ?**
Il s'agit soit d'un problème de transit, les intestins ne sont pas très actifs et les aliments digérés mettent beaucoup de temps à arriver au rectum, soit, si c'est bloqué en bas, que vous n'arrivez pas à éliminer les selles dures, tassées dans le rectum.

Dans le premier cas inutile d'aller passer des heures sur les toilettes puisqu'il n'y a rien en bas, au niveau du réservoir.

Dans le deuxième cas, inutile de prendre des laxatifs ou même des aliments qui stimulent le transit, il faut arriver à évacuer, sans pousser !

▤ **Si je ne prends pas de laxatifs, quelles recettes naturelles puis-je utiliser ?**
Il existe en effet un certain nombre de petits moyens, mais il faudra trouver le vôtre, car la sensibilité de chacune est variable.

D'abord, il faut beaucoup boire, car l'intestin absorbe l'eau des aliments, en fonction des besoins et, si vous êtes déshydratée, vos matières seront desséchées et vos selles plus dures, ce qui favorise la constipation. Un grand verre d'eau très fraîche au réveil, ou un jus d'orange est un bon stimulant du transit. Il faudra être particulièrement attentive aussi à la boisson lors de l'allaitement car il arrive qu'on ne boive pas assez pour fournir à la fois du lait et une hydratation suffisante. Commencez vos repas par un aliment gras, avocat par exemple, olives noires, mêts à la crème ou en vinaigrette, avec si possible de l'huile d'olive ou de noix. Vous pouvez aussi commencer par du fromage, ou en manger avant le repas pour apaiser une petite faim… Les graisses favorisent la libération des sels biliaires, très importants pour une bonne digestion. Il vous suffira de modérer votre consommation de graisse dans la suite du repas, pour rétablir un équilibre positif (plus radical, mais peu agréable, une cuillère d'huile d'olive le matin à jeun).

Mangez du pain complet qui apporte beaucoup plus de vitamines et de sels minéraux que le pain blanc. Le pain au son est particulièrement laxatif, parfois trop irritant. Il existe des céréales « fruits et fibres » très agréables.

Les fibres : pour lutter contre la constipation, le cholestérol, aider l'élimination des graisses… On les trouve dans les céréales et surtout le son, les légumes secs et fruits secs.

Les betteraves rouges, les épinards sont également efficaces, mais tous les légumes verts participent à un transit satisfaisant. Les célèbres pruneaux, secs ou trempés la veille au soir et absorbés au réveil, réussissent bien à certaines. Les abricots cuits ont le même effet ; le jus d'orange et le jus de citron ont cette propriété en plus de tant d'autres. Sucrez avec du miel, même votre café, si vous ne voulez pas rajouter le miel à votre ration quotidienne de sucre.

HYDRATATION DE LA FEMME ENCEINTE

Dès le début de la grossesse, une rétention d'eau et de sodium se produit, afin d'augmenter le volume sanguin, pour les échanges avec l'embryon.

Le seuil de déclenchement de la soif est abaissé et la femme enceinte va donc boire davantage. Elle aura donc aussi beaucoup plus souvent envie d'uriner. Mais, elle stocke également de l'eau dans les tissus et fait facilement des œdèmes. Il faut éviter trop d'apport de sel (sans faire de régime sans sel strict).

Buvez beaucoup pour garder une peau souple et ferme. Il faut aider à éliminer tous les déchets produits par cette combustion intense, par ces échanges accélérés. Si vous avez du mal à boire de l'eau, préparez des infusions, chaudes ou froides, des bouillons, des jus de fruits dilués, du lait écrémé chaud ou froid, des sirops légers.

Les boissons ne devront pas être trop salées, ni trop sucrées.

Boire suffisamment permet de garder une bonne hydratation de la peau, d'éviter la constipation due à des selles trop dures, de lutter contre les infections urinaires (en faisant travailler le rein à un débit élevé).

Les vertus extraordinaires du miel : c'est un aliment imputrescible, qui a été retrouvé intact, après des millénaires, dans des monuments égyptiens. Il n'est attaqué ni par les virus ni par les microbes. Il peut être utilisé directement sur les brûlures pour lutter contre l'infection, apaiser et cicatriser. Il était réputé assurer une longue vie... Et apporte un véritable coup de fouet énergétique, d'action très rapide (passage dans le sang 30 minutes environ). Attention, ne le mélangez pas au yaourt, la combinaison est indigeste !

Sélectionnez les aliments qui sont les plus efficaces pour vous personnellement. Et, encore une fois, n'oubliez pas de boire assez, même si vous allez très souvent aux toilettes ! Enfin, respectez surtout une hygiène de vie : la constipation ne se traite pas que par « le haut », par ce qu'on boit et qu'on mange. Allez à la selle dès que vous en avez envie, au premier besoin, organisez-vous pour ne pas être obligée d'attendre. Le deuxième besoin est en effet moins fort et les selles deviennent plus dures, plus tassées, cependant que l'ampoule rectale se distend et c'est ainsi que se crée la constipation. Attention à la position sur les toilettes : afin de recréer une sorte d'accroupi qui favorise l'excrétion il faut rehausser les pieds par des bottins par exemple. Surtout ne poussez pas ! À cette période de relâchement ligamentaire, les poussées sont très traumatiques et font descendre l'utérus et la vessie plus qu'à l'ordinaire. Retenez surtout ce principe : il ne faut pas pousser. C'est une très mauvaise réponse au problème qui risque d'avoir des conséquences sur l'ouverture du col et la descente des différents organes. Ce qui est normal, physiologique, c'est d'avoir envie d'aller à la selle et que cela se fasse tout seul. Si ce n'est pas le cas, il faut résoudre le problème en amont et non en poussant. Ne restez pas des heures aux toilettes à lire le journal, la pression est très forte sur le périnée.

Vous n'aurez pas forcément des selles tous les jours. Votre rythme peut changer : vous n'aviez jamais de problème et pouvez rencontrer des difficultés très nouvelles pour vous, ou au contraire voir vos problèmes anciens réglés par magie. Vous ne mangerez sans doute plus les mêmes choses... peut être aurez-vous plus d'aliments « sans résidu » et donc moins de selles. Ou au contraire votre consommation de légumes va-t-elle augmenter brutalement et améliorer le transit.

La grossesse est en tout cas un moment idéal pour bien s'écouter, connaître son périnée, chercher des solutions en nous-mêmes et personnalisées, ce qui est très favorable à la préparation corporelle de l'accouchement !

N'y a-t-il pas des exercices qui favorisent le transit ?

D'une manière générale l'activité physique, la mobilité, est préférable à l'immobilité, assise couchée. La marche, si elle ne provoque pas de contractions est un bon moyen de stimuler le transit ; la natation, le vélo sans trop d'efforts, ni trop de secousses, mobilisent bien aussi et, bien sûr, le yoga peut vous aider beaucoup. La respiration abdominale est fondamentale. Elle exerce un massage intestinal indispensable. Pratiquez-la le plus possible et surtout à quatre pattes, c'est là que l'amplitude est la plus grande.

Le barattage, la fausse inspiration thoracique (voir p. 184) sont encore plus puissants.

POUR LES PROBLÈMES D'ÉLIMINATION : SURTOUT NE POUSSEZ PAS !

Ce n'est jamais une bonne chose, mais enceintes vous sentirez bien que vous poussez « tout » vers le bas et pas seulement les selles ! Vous aurez l'impression de pousser le bébé, ce qui est en partie vrai puisque vous poussez l'utérus. C'est un traumatisme pour votre utérus, votre vessie, les ligaments qui « suspendent » vos organes. De plus, la poussée entraîne une pression sur le col qui n'est pas du tout souhaitable. Il vaut mieux aménager vos toilettes… Des livres ou un petit banc devant la cuvette permettent de s'asseoir avec les genoux bien au-dessus des hanches et d'être presque accroupie… Vous verrez alors que les forces de poussée seront automatiquement autres, en « tube de dentifrice » et non vers le bas, vers l'arrière et pas vers l'avant.

Il faut aussi se donner le temps et l'organisation pour aller « au premier besoin » qui a lieu après les repas, en particulier le petit déjeuner… Quand l'estomac reçoit de la nourriture il envoie un signal – « il faut faire de la place » –, et les intestins transmettent, le rectum se remplit et la sensation de besoin arrive tout d'un coup. Si vous allez à la selle à ce moment précis, dans une bonne position, ce sera automatique et vous n'aurez pas à pousser.

Mais il est facile d'attendre, de se retenir, parce que ce n'est pas le bon moment, le bon endroit… Et le besoin passe, les selles s'accumulent, se durcissent… le repas suivant rajoute des selles et le besoin est moins fort… et ainsi de suite. Donc de plus en plus tendance à pousser pour faire sauter le bouchon…

Il vaudrait mieux essayer de s'organiser pour déjeuner au saut du lit, faire sa toilette et se maquiller après pour laisser le premier besoin se présenter quand on est à la maison, au lieu de se préparer et d'avaler un café et une tartine juste avant de prendre la voiture ou le bus…

Sinon, mieux vaut prendre un suppositoire à base de glycérine ou contenant du gaz qui redonne l'envie, le besoin.

▤ Il n'y a pas de risque de s'habituer aux suppositoires ?

Les circonstances particulières de pression, dues à la grossesse, les hormones qui ralentissent la plupart des fonctions, tout cela va disparaître après l'accouchement.

De plus il n'y a pas de substance qui puisse passer dans le sang et avoir des conséquences durables : il ne s'agit que de mécanique ! Si ma bague est trop juste, j'utilise du savon pour l'enlever… c'est le même type d'action.

Les exercices pour stimuler le transit

Départ à quatre pattes. Placez le genou gauche légèrement en avant et en dedans, étirez le bras droit loin devant vers la gauche, comme si vous marchiez sur un cercle et faites pivoter vos deux jambes vers la gauche. Regardez vers vos fesses, à gauche. Dans cette posture, respirez en forçant un peu l'expiration. Observez.

▓ **Je me sens très étirée du côté droit, tout le flanc, le dos, ça respire surtout à droite d'ailleurs.**

Si vous insistez sur l'expiration vous allez masser le côlon droit.

▓ **Pourquoi faut-il commencer par tourner vers la gauche ?**

Pour masser le côlon droit par la respiration. Or le côlon droit est le côlon ascendant, il faut donc le stimuler avant le côlon descendant. Vous pouvez reprendre «La demi-lune» (p. 178). Elle réalise aussi un étirement latéral. Nous en avons vu d'autres dans «Étirez-

vous…». «La petite sirène» est aussi un bon étirement : s'appuyer sur le ballon pour bien tirer sur le côté.

LE BARATTAGE

Sur le dos, bien décambrée, genoux fléchis, pieds au sol. Poumons pleins inspirez, puis bloquez la gorge et bouchez-vous le nez. En appuyant vos épaules et votre occiput au sol, jouez avec l'air que vous avez pris, en imaginant que vous le faites passer dans la poitrine, puis dans le ventre. Bien entendu, l'air reste dans les poumons… mais le ventre se gonfle. Ouvrez largement la cage thoracique, bombez la poitrine et élargissez les côtes comme pour une inspiration thoracique. On dirait qu'on tire l'air vers le haut puis relâchez. Sentez la cage redescendre, le ventre gonfler (sans pousser vers le bas).

Recommencez ce va-et-vient plusieurs fois et relâchez quand cela devient inconfortable. Reprendre trois ou quatre fois (voir aussi p. 77).

LA FAUSSE INSPIRATION THORACIQUE

Poumons vides. Même position, expirez au maximum, fermez bien la bouche et le nez et imaginez que vous faites rentrer de l'air dans la poitrine, que vous inspirez fortement par le nez, mais sans laisser entrer d'air extérieur. Tirez au plus haut en écartant vos côtes, puis détendez (et inspirez !) pour laisser le ventre se regonfler…

C'est fatigant et peu confortable si vous êtes gênée au niveau de l'extomac. N'insistez pas. C'est parfois agréable quand vous ressentez beaucoup de gêne «en bas» : appui sur la vessie, hémorroïdes, varices vulvaires… Ça remonte, ça draine…

▓ **Ça irrite la gorge, ça me donne envie de tousser. Ça me procure une sensation de chaleur au creux du ventre…**

Tout cela est tout à fait normal… Rien d'autre ? Jusqu'où vont les sensations ?

▓ **En «fausse inspiration» dans la poitrine, ça tire dans mon ventre, comme si tous mes viscères étaient aspirés vers la gorge ; même l'utérus. J'ai l'impression que ça va jusqu'au périnée… Insister réveille ma nausée…**

Bien sûr, il s'agit en fait du geste qui reproduit le réflexe du vomissement, en moins violent… Essayez de bien le percevoir, nous l'avons vu lors de l'étude du périnée et nous le retrouverons en rééducation postnatale. Ces deux massages «barattages» sont efficaces pour la constipation, mais aussi pour l'aérophagie, les ballonnements…

Pendant la grossesse, le geste «à plein» est moins violent et plus confortable.

Pour résoudre les problèmes de transit, les torsions sont des postures de choix. Malheureusement, elles sont souvent inconfortables à partir de cinq-six mois. Je vous en propose une praticable jusqu'à la fin et une aménageable…

LA TORSION ASSISE

Assise sur un coussin en tailleur ou les jambes allongées, bien en avant, redressez-vous en vous appuyant sur la main droite en arrière, pour dégager la poitrine et garder une respiration libre. Placez la main gauche sur le genou droit.

Prenez garde de ne pas tourner tout de suite les épaules ; commencez à expirer à partir du périnée en visualisant que vous voulez faire tourner votre corps comme une vis montante, du bas vers le haut vers la droite. Au cours des premières respirations, rien ne doit bouger au-dessus de la taille, même et surtout pas la tête. Il y a juste un petit mouvement dans le bas du ventre, en biais, et très peu de chose du côté de la colonne vertébrale.

Repartez toujours bien du périnée et continuez votre mouvement tournant en remontant.

Quand vous arrivez à la taille puis sous les côtes, prenez appui sur votre main gauche pour faire tourner les épaules. Progressez doucement, un léger mouvement à chaque expiration, et surtout en restant bien en avant, bien redressée et en repartant toujours bien du périnée pour visser un peu plus chaque fois.

Quand tout votre corps est ainsi vrillé, tournez lentement la tête «une vertèbre par expiration», en restant bien droite, en repoussant le cou pour garder la colonne cervicale bien dans l'axe de la colonne dorsale, rentrez légèrement le menton. Gardez la posture pour quelques respirations, déroulez doucement. Faites de même de l'autre côté.

Observez la respiration.

C'est comme une «diagonale», en travers, mais toujours facile, ample, agréable.

Ce massage, cette pression vont réveiller un côlon paresseux et entraîner en réponse des contractions péristaltiques (qui assurent la progression dans l'intestin). On a donc une action mécanique, beaucoup plus satisfaisante que l'action chimique des laxatifs. Commencer toujours par comprimer le côlon droit, c'est-à-dire en tournant vers la gauche.

LA TORSION COUCHÉE (éventuellement avec un coussin)

Allongez-vous sur le dos. À l'aide d'une sangle, tendez le plus possible la jambe droite à la verticale, sans laisser l'angle cuisse-ventre devenir supérieur à 90°, tandis que l'autre jambe s'allonge au sol. Placez un coussin assez épais le long de votre flanc gauche, si nécessaire.
Portez le bras gauche perpendiculaire au corps, allongé au sol.

Tournez sur vous-même pour venir déposer la jambe droite sur le coussin ; la main droite qui tient la sangle vient à la rencontre de la main gauche ; laissez votre hanche gauche se soulever pour effectuer un petit décalage du bassin (vous sentirez ce mouvement, il est tout à fait naturel…).
Prenez la sangle dans la main gauche, remontez bien votre jambe (pour conserver l'angle de 90° entre la colonne et la cuisse), puis laissez votre bras droit faire un grand cercle derrière la tête jusqu'à vous retrouver les bras en croix. La tête a suivi le mouvement, nuque droite, menton bien placé.
Malgré le coussin, il arrive que la posture soit inconfortable, sous les côtes, simplement

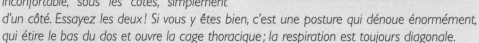

d'un côté. Essayez les deux ! Si vous y êtes bien, c'est une posture qui dénoue énormément, qui étire le bas du dos et ouvre la cage thoracique ; la respiration est toujours diagonale.

Sortez de la posture en laissant glisser la jambe droite vers le sol jusqu'à l'autre. Vous vous trouvez alors en demi-lune, en arc de cercle, ce qui est très agréable. Faites, bien sûr, les deux côtés et restez quelques respirations dans la posture, pour avoir un effet sur le transit, il ne faut évidemment pas lâcher immédiatement la pression… Laissez infuser !

Les massages externes

Vous ne pouvez les utiliser qu'au tout début de la grossesse, tant que l'utérus ne déborde pas sur le côlon. Ils seront très utiles en suites de couches (notamment à propos de la constipation, problème fréquent durant cette période) (voir « Les suites de couches »).

Et bébé pendant ce temps ?

Il y a une poussée très nette du ventre autour de cinq mois ! Pas étonnant donc qu'il prenne de plus en plus de place jusqu'au moment où il descend. C'est même tout à fait étonnant d'arriver à trouver un modus vivandi aussi satisfaisant.

Le travail que vous faites pour étirer sous le sternum et allonger vos abdominaux ne peut que permettre à votre enfant d'être plus à l'aise, tout en vous gênant moins. Et cela est important car les brûlures d'estomac rendent les gens irritables, c'est bien connu… Et si vous avez en permanence la sensation de ne pas digérer, vous finirez par ne pas bien digérer l'état de grossesse.

VOMIR OU PAS ?

Parfois le malaise est trop grand quand la nausée persiste… Les aliments n'étaient peut-être pas très frais ou trop lourds… On peut alors se demander s'il n'est pas préférable de vomir vraiment.

Rien de plus facile, enceinte ou pas, si on s'inspire des recettes de nettoyage du yoga. Prenez une bonne carafe d'eau à peine tiède et avalez-la rapidement. Vous devez sentir votre estomac tellement plein que ça remonte un peu dans l'œsophage. Cette bonne réplétion est indispensable pour que le vomissement soit efficace et peu violent.

Mettez-vous au-dessus des toilettes et, avec deux doigts ou une petite cuillère venez stimuler l'arrière-gorge : le spasme provoqué va permettre un jet très important, car l'estomac est très plein. Trois ou quatre jets suffiront à vider tout ce qui vous gênait. Vous vous sentirez mieux après. Buvez ensuite un peu d'eau gazeuse, si vous aimez ça.

Bien entendu, il ne faut pas abuser de cet exercice mais il peut rendre service.

Si vous vomissez, cela peut déclencher des contractions et donc être violent pour le bébé. N'hésitez pas à garder le contact avec lui, à lui parler de cette situation désagréable. Et, surtout, ne cherchez pas à tout prix à vous trouver une responsabilité, une culpabilité, cela n'arrange jamais rien !

Restez positive et pensez que demain sans doute ça ira mieux. Mangez en pensant très positivement à lui.

Il peut arriver que cette situation se débloque tout d'un coup comme par magie ; il est fort probable que la position du bébé joue un rôle. J'ai pu voir des femmes ne plus vomir du tout quand leur bébé a brusquement changé de place.

Si vous êtes très gênée par les nausées et que vous perdez du poids, sachez que le bébé, lui, prend toujours ce qu'il lui faut et que des femmes très carencées peuvent mettre au monde des enfants tout à fait normaux, d'un poids souvent standard. Ne dramatisez pas et sachez qu'il n'y a aucune raison pour que ça recommence pour une autre grossesse.

Les problèmes de circulation du sang

C e sont des problèmes fréquents chez les femmes, même en dehors de la grossesse. Mais celle-ci n'arrange rien et peut parfois déclencher une flambée inquiétante ou spectaculaire : nombreux petits vaisseaux qui éclatent, faisant des traînées ou des plaques d'un rouge-violet (on appelle cela des « pétéchies »), varices des jambes, hémorroïdes, varices vaginales (au niveau des grandes lèvres), jambes lourdes et gonflées… Bien que la plupart de ces perturbations soient temporaires, elles méritent qu'on s'y attarde car on peut agir en prévention et limiter les effets.

▤ Pourquoi la grossesse facilite-t-elle ces troubles ? Est-ce à cause du poids ?

En partie. Il est vrai que si vous prenez 30 kilos, cela n'améliore pas l'état des jambes : vous êtes plus lourde à porter ! En tout état de cause, en fin de grossesse vous êtes beaucoup plus lourde qu'à l'ordinaire (autour de 10 kilos sans prise excessive de poids, ce qui fait 20 % d'augmentation en quelques mois si vous partez de 50… dur de s'adapter !).

Mais ce n'est pas la seule raison et, en fait, ce n'est pas la plus importante. Il y a même des futures mères qui voient les problèmes apparaître très précocement. Encore une fois, nous allons beaucoup parler de mécanique et de statique mais aussi de « terrain », puisque certaines femmes, après cinq enfants, auront des jambes intactes alors que d'autres auront des problèmes dès le premier bébé.

Le mécanisme des troubles circulatoires

Notre système circulatoire comprend des artères et artérioles qui amènent à l'ensemble du corps le sang oxygéné, des veines et capillaires qui ramènent au cœur le sang chargé en gaz carbonique. Or les veines et les artères sont de nature différente : les artères sont contractiles, elles ont une paroi musculaire beaucoup plus puissante que les veines et, lorsqu'elles sont dilatées, distendues, leur élasticité leur permet de retrouver leur état antérieur. Les veines, en revanche, lorsqu'elles ont été forcées, n'ont pas l'élasticité suffisante. Elles restent distendues et forment alors des varices.

▤ C'est quoi exactement les varices ?

C'est l'élargissement du diamètre de certaines veines qui fait que le sang stagne dans ces sortes de poches au lieu de remonter directement vers le cœur. On a alors des veines saillantes et dilatées, parfois douloureuses. La station debout fait que ces poches se remplissent de sang, alors que le repos couché ou jambes en l'air les fait se vider et pratiquement disparaître. Cet élargissement régresse plus ou moins après la grossesse.

Pourquoi les veines se dilatent-elles pendant la grossesse ?

Il y a, dès le début, près d'un litre de plus de sang (sur 4 litres) à véhiculer dans les mêmes tuyaux ! C'est aussi pour cela que vous êtes un peu essoufflée (voir «Respirez pour vous… et pour lui»). Les artères s'adaptent bien mais les veines souffrent, surtout si vous avez hérité de veines fragiles, à la paroi vulnérable. Par ailleurs, la chaleur fait dilater les vaisseaux. Si vous êtes enceinte alors que l'été est caniculaire, ou que votre appartement est chauffé par le sol, les risques sont plus grands. Il faudrait aussi éviter les bains trop chauds. Mais la grossesse elle-même augmente la température corporelle, de façon permanente.

Ne peut-on pas prévenir les varices ?

Il n'y a pas de prévention absolue. Il est vrai qu'il n'existe pas, comme pour d'autres problèmes, une attitude préventive systématique de la part des médecins puisque ce n'est pas un risque vital ! Il faut reconnaître aussi qu'il n'y a pas de moyens très efficaces dans notre arsenal médicamenteux. S'il y a un terrain fragile, le médecin prescrira peut-être des toniques veineux destinés à rendre les parois veineuses plus résistantes. Il vous dira surtout de vous allonger, jambes en l'air, ce qui est tout à fait pratique au quotidien, surtout quand on travaille ! Il pourra aussi vous prescrire des bas à varices; nous en reparlerons en détail.

Je pense qu'il y a pourtant des choses simples à faire: des exercices, une amélioration de la statique, des petits aménagements, des chaussures adaptées, etc.

Les populations qui vivent accroupies, qui portent sur la tête et ne connaissent ni chaises, ni tables, n'ont pas ces problèmes. Ainsi un jeune Chinois s'étonnait-il de voir «toutes les femmes âgées, en Europe, avec de vilaines jambes». Malgré leurs nombreuses grossesses, les grand-mères chez lui avaient des jambes lisses !

C'est surtout quand on reste debout un moment ?

Si votre statique est mauvaise, vous êtes cambrée, le ventre tire en avant. Regardez vos jambes, du haut en bas: au niveau de l'aine c'est fermé, plié, il y a une compression importante qui empêche le retour veineux. Très souvent d'ailleurs, si le bébé est bas, ou complètement sur un côté, vous serez plus gênée par cette compression, qui pourra être douloureuse, à type de brûlure ou d'élancement, avec des varices unilatérales le plus souvent dans la cuisse. Avec cette statique, vos genoux sont bien sûr tournés légèrement vers l'intérieur, vos pieds «plats», par l'écrasement de la voûte plantaire.

Or la voûte plantaire est très importante dans la circulation de retour; on l'appelle le deuxième cœur. Le sang artériel a été envoyé par la compression du muscle cardiaque avec une certaine pression. Pour le retour il n'existe pas de moteur semblable; il y a seulement l'aspiration par la pompe cardiaque aidée du diaphragme. Les valvules, le long de la paroi veineuse, empêchent le sang de redescendre. Il arrive que ces valvules soient trop faibles ou que la dilatation de la veine rende le système inefficace. Il y a alors «incontinence» et reflux vers le bas, ce qui aggrave la dilatation dans la partie la plus bas située… Ce sont les chevilles qui gonflent, les jambes lourdes.

Vous avez pu constater que cela est fréquent non seulement quand on reste debout longtemps, mais aussi assise, les jambes pendantes (dans le train par exemple), alors que la marche, surtout pieds nus sur le sable, ne provoque pas les mêmes réactions. Dans le travail normal du pied, lorsque la voûte n'est pas affaissée, il y a une sorte de pulsion qui chasse le sang, à chaque déroulement du pied. Au cours du même mouvement, les muscles de la jambe et de la cuisse se contractent, se resserrent sur les veines, dans une sorte de massage (c'est pourquoi les varices se situent surtout au niveau des veines superficielles, là où il n'y a pas de muscles qui les entourent.)

▤ On lit partout que la marche est très bonne pendant la grossesse, est-ce pour cela ?

En partie et en principe… Car il n'est pas simple de marcher correctement.

▤ C'est peut-être mon cas, car j'ai souvent mal au dos, mal dans le bas-ventre et dans l'aine… Et parfois des contractions. En fait, ça me fatigue beaucoup !

Bien marcher est une des choses les plus difficiles, surtout en ville. Si vous êtes cambrée, si vous portez des chaussures, surtout à talons, si vous rajoutez un poids à bout de bras, vous aurez toutes les chances de ne pas marcher correctement.

Regardez ce que ça donne : ce ne sont pas vos pieds qui se déroulent, vos jambes qui travaillent (vous sentirez la différence lors des postures !), ce sont vos reins qui tirent vos jambes, avec une secousse dans le ventre à chaque fois ! Ventre qui ne respire pas, qui pèse en avant, tendu… Le pli de l'aine est écrasé.

Vous comprenez maintenant qu'une mauvaise statique cumule tous les handicaps : compression sur le trajet du retour au niveau de l'aine, voûte plantaire affaissée et inefficace, mauvais déroulement du pied et travail insuffisant des muscles des membres inférieurs et mauvais drainage par le diaphragme.

STATIQUE, RESPIRATION ET CIRCULATION : ENCORE LE DIAPHRAGME !

Le diaphragme crée, en s'abaissant, une pression négative dans la cage thoracique, qui attire l'air et réalise l'inspiration. Mais il y a de plus une action sur la circulation. Imaginez les cafetières type Melior où un piston-filtre s'abaisse sur l'eau chaude et le café. Au fur et à mesure que le piston descend, l'eau passe au travers du philtre et le café se trouve prêt au-dessus. Ainsi, le diaphragme joue un rôle de pompe et vient aider le cœur à assurer le retour veineux. Encore faut-il que le diaphragme puisse descendre correctement… Et vous avez vu depuis le premier chapitre que ce n'est pas le cas si vous êtes cambrée ou tassée.

C'est un des éléments supplémentaires de la responsabilité de la statique sur la stase veineuse dans les jambes.

Précisons nos sensations

Et essayons de corriger: basculez le bassin, comme vous l'avez déjà pratiqué. Vérifiez que vous pouvez respirer, lâcher le ventre. Regardez comme l'aine est étirée, comme le trajet de retour est libre, sans sensation de compression par le bébé qui semble tellement plus léger. Regardez les voûtes plantaires: si vous avez cherché à pousser vos genoux vers l'extérieur en gardant le gros orteil en contact avec le sol, vous retrouvez des arches solides. Et il y a un tonus important dans les muscles des jambes. Vous ne subissez plus la pesanteur, vous la repoussez, en repoussant le sol pour vous tenir érigée. Si le diaphragme peut correctement descendre, il crée un appel de sang vers le cœur et les poumons.

Classiquement, les postures pour la circulation sont des postures «jambes en l'air». Néanmoins, il me paraît important de travailler aussi debout, puisque c'est là que les problèmes se posent et que vous ne pourrez vivre toujours couchée (ce qui d'ailleurs vous exposerait aux phlébites!). Nous ferons donc pour le plaisir, la détente et la «vidange» des exercices en position couchée, mais en essayant d'apprendre à éviter que tout recommence, aussitôt le pied posé à terre.

SUR LES POINTES DE PIED

Pour se dresser ainsi, la tendance est toujours de se tirer vers le haut par un coup de reins. Mettez une main dans le dos, sur la taille: ça ne devrait pas bouger du tout lors du passage sur les pointes de pied, comme si vous aviez un corset des hanches aux aisselles.

Puis, au lieu de vous comporter comme si vous montiez à la corde et de tirer la poitrine vers le haut, imaginez que vous repoussez le sol de vos pieds, propulsée par-dessous comme la fusée Ariane. Pensez même que vous avez un poids très lourd à soulever sur votre tête. Il faut que votre nuque soit bien en place, bien solide, le sommet de la tête aligné sur le sacrum et non la tête projetée en avant comme un volatile!

Faites bien sûr ce geste en expirant.

Puis, tendez les bras au-dessus de la tête, sans cambrer. Restez un instant, respirez, lâchez le ventre, redescendez sans tomber sur vos talons. Vous n'êtes pas suspendue à un fil qu'on coupe brutalement!

Accrochez-vous à vos orteils et amusez-vous à descendre à mi-course, puis à remonter et à redescendre, comme si vos talons écrasaient un matelas pneumatique et le dégonflaient.

Si vous êtes bien sur vos orteils, si vous déroulez bien tout votre pied, vous êtes très stable, vous ne devez pas avoir de problèmes d'équilibre.

▤ **Ça fait travailler les pieds et les mollets!**
Attention à la crampe! En fait, on a encore tendance à tricher un peu… Au lieu de bien repousser le sol, comme un alpiniste qui vient de placer son pied et qui se hisse à la force de sa cuisse, on tire avec le mollet, en raccourcissant beaucoup les muscles, ce qui fait monter le talon, au prix d'une crampe et sans travail véritable de la voûte plantaire!
En fait, il faudrait vouloir à la fois se hisser sur la pointe et garder le talon le plus bas possible.
C'est subtil, mais très riche en sensations…

▤ **Pas si difficile que ça quand on a compris le geste… Et plutôt agréable. On ressent une sorte de légèreté et une grande adhésion au sol.**
Si vous êtes un peu attentive, vous verrez qu'on éprouve bien ce massage des veines par la gaine musculaire et qu'il n'y a aucune sensation de jambes lourdes et de stase.

▤ **Ça réchauffe les pieds et même les jambes.**
Bien sûr puisqu'il y a un travail musculaire et donc appel de sang dans les muscles, et non plus stagnation dans les impasses variqueuses.

LE REPOS DEBOUT (sans bouger, avec travail imaginaire)

Cette station est très difficile et pas très conseillée malgré tout, mais si vous êtes obligée de faire la queue dans une file, on peut limiter les dégâts! Il faut vous comporter comme si vous vouliez monter sur la pointe des pieds, mais sans le faire.

LE GARDE DE SA GRACIEUSE MAJESTÉ

Imaginez que vous portez un poids très lourd sur la tête, qui va vous écraser si vous ne vous redressez pas, en prenant bien votre force au sol, en le repoussant, le dos bien droit, pour que cette pression dans le sol se transmette dans toute la colonne, jusqu'au poids sur votre tête. Vous verrez alors que les muscles des jambes ne sont plus passifs, qu'ils combattent la pesanteur. C'est la technique des soldats de la garde de Sa Gracieuse Majesté, entre autres.
Mais vous pouvez aussi faire comme les soldats grecs qui se reposent debout, jambes écartées (c'est le principe des tréteaux!). Chaque jambe repousse le sol obliquement et s'appuie sur l'autre. C'est hélas peu habituel devant les caisses de nos supermarchés.

Les escaliers

▤ Observez, au square, les enfants qui montent les marches des toboggans; elles sont généralement si hautes qu'ils sont obligés de monter très haut leurs genoux pour poser le pied, puis de pousser dessus pour se hisser; imaginez l'effort que vous devriez faire pour monter des marches qui auraient la hauteur d'un siège de chaise. Les enfants ont des jambes très puissantes; ils savent très bien pousser sur leurs pieds, très tôt, avant même d'être en équilibre debout!

C'est tout un programme qui va nous permettre de réaliser un exercice, de façon virtuelle : la montée d'escalier mimée.

L'ESCALIER IMAGINAIRE

Premier temps : debout, pieds parallèles. Portez le poids du corps sur un pied, soulevez le genou opposé (fléchi).

Prenez garde de ne pas pencher le buste vers la cuisse, restez bien droite, imaginez un fil sous le genou, un pointillé dans l'aine… Expirez et tirez votre fil imaginaire vers le haut, en pliant suivant le pointillé ! Votre cuisse monte toute seule à l'horizontale, il n'y a eu aucun tirage dans le ventre, aucun mouvement dans le dos. Cherchez maintenant à reposer ce pied près de l'autre…

🔲 **Ça entraîne une cambrure. Si je ne creuse pas les reins, j'ai l'impression que ma jambe est trop longue.**

En fait, pour pouvoir poser le pied sans cambrer, il faut encore faire ce mouvement de vissage, poser la pointe du pied, « monter » sur la hanche et poser tout le pied en gardant la rotation externe du fémur.

🔲 **C'est très puissant ; c'est ainsi qu'il faudrait monter les escaliers ?**

Il faudrait soulever un pied sans bouger le dos, prendre appui sur la marche, pousser dans le sol en déroulant le pied et en tendant la jambe jusqu'à ce que l'on change d'appui pour recommencer sur l'autre pied ! Vous pourriez porter un poids sur la tête, un enfant dans le dos… Rien ne bougerait et vos jambes seraient bien travaillées !

🔲 **On dit qu'il faut monter les escaliers sur la pointe des pieds. Est-ce pareil ?**

Essayez ! Rester sur les pointes sans dérouler la voûte plantaire, sans pousser sur le sol n'a aucun intérêt. Votre dos fait n'importe quoi et vous attrapez des crampes dans les mollets, c'est tout ! C'est important de sentir la différence.

Celui-là n'est pas fatigant, vous pourriez le faire très souvent dans la journée :

Debout, bassin bien en place, posez la pointe du pied droit sur le dos du pied gauche. Jusque-là pas de problème. Maintenant fermez les yeux…

▤ **C'est horrible, je ne tiens pas vingt secondes, c'est effrayant ce que ça change!**
Les yeux sont des organes qui contribuent à l'équilibre, comme les oreilles. Reprenez l'exercice, concentrez-vous sur les voûtes plantaires, c'est le moment ou jamais de sentir avec vos pieds…

▤ **J'ai l'impression qu'il y a une foule d'articulations différentes, très fines. C'est très subtil, c'est un mouvement incessant, jusqu'à l'échec.**
C'est là qu'on prend conscience de la complexité de cette organisation qui nous permet d'être bipèdes! Essayez de bien ancrer le gros orteil dans le sol puis de faire une «rotation externe des fémurs», comme vous avez appris à le faire pour la bascule du bassin: le poids du corps va venir sur le bord externe du pied, la voûte va se marquer. À chaque fois que les oscillations vous renverront sur le bord interne, servez-vous de votre gros orteil comme d'une butée.

▤ **C'est tout à fait étonnant. Quand le déséquilibre me met sur le bord interne, je ne peux plus rattraper. Si j'arrive à empêcher ce passage, ça oscille, mais ça tient. J'ai l'impression de n'avoir jamais autant senti ma voûte plantaire. C'est assez agréable, ça chauffe, mais en allégeant mes jambes.**

LES PIEDS

Les animaux bipèdes ont un pied très développé, contrairement aux quadrupèdes qui ont un équilibre plus facile, réparti sur une large base (le rectangle entre les sabots). Ces derniers ont donc de tout petits points d'appui. Par contre, le moindre minuscule oisillon a une surface d'appui au sol énorme par rapport à son corps. Étant des bipèdes, nos pieds sont assez développés, en longueur surtout, puisque le corps est totalement redressé. Malheureusement nous ne nous servons pas de toute la surface disponible et notre édifice est souvent dans un équilibre trop coûteux pour la colonne.

Les « vidanges », ou postures jambes en l'air

Ce sont en général les seules propositions qui vous sont faites dans les revues ou livres spécialisés.

Il est évident qu'en plaçant les pieds au-dessus du cœur, on facilite le retour veineux et on diminue la sensation de pesanteur. Nous allons aller plus loin et réaliser une véritable vidange, en nous servant de la pression des muscles. Il existe des bottes en caoutchouc, gonflables, utilisées dans les centres de rééducation, qui, une fois enfilées, se gonflent à l'air pulsé, comprimant les veines de l'extérieur pour les vider. Nous allons obtenir la même chose mais par un massage interne.

Installez-vous sur le dos ou sur le côté si vous ne supportez pas bien. Votre dos est plat, bien posé, nuque étirée. Ramenez une cuisse sur la poitrine, placez la main (du même côté) sous le creux derrière le genou, afin de ne pas fatiguer, et surtout de ne pas tenir votre jambe levée par une contraction des abdominaux, ce qui gênerait la respiration et n'est pas recommandé (voir «Les abdominaux»). Amusez-vous maintenant à pointer le pied (pas trop fort, attention aux crampes), puis à ramener les orteils vers vous, en tirant cette fois le plus possible. Recommencez plusieurs fois. Puis faites des cercles avec vos chevilles, les plus amples possibles, dans un sens puis dans l'autre, toujours avec la même jambe. Vous pouvez reprendre le pointé-fléchi, en respirant tranquillement, ventre détendu, dos étiré. Vous allez sentir le travail de vos muscles et voir vos veines se vider.

Puis essayez d'animer la voûte plantaire en creusant le pied, en crispant les orteils avant de les étirer en éventail. Jouez aussi avec le bord interne et externe que vous poussez alternativement vers le plafond. Avant d'arrêter, massez un peu avec vos mains, l'une après l'autre, de la cheville vers le bassin, en passant derrière les cuisses. Puis secouez un peu votre jambe en l'air, pour faire ballotter le mollet. C'est très agréable.

Si vous êtes contre le mur ou en relaxation avec la chaise (p. 24), laissez votre jambe en l'air pour faire l'autre côté.

Étirements jambes en l'air

Le but est de rester un moment jambes en l'air et de travailler les muscles postérieurs des membres inférieurs.

Toujours couchée, reprenez les sangles et cherchez à tendre une jambe, en rapprochant de plus en plus la cuisse du ventre. Attention aux épaules, à la nuque…
Il n'y a que la jambe qui travaille.

Couchez-vous sur le dos ou sur le côté, les fesses collées à un mur. Faites rouler une balle de tennis contre le mur sous votre pied (massage de la voûte plantaire).

Demi-ponts avec la chaise

Voir « Étirez-vous… », p. 111.

C'est aussi une bonne vidange pour les jambes. Reprenez le déroulement présenté avec la chaise.

Les autres problèmes circulatoires

Les hémorroïdes

Beaucoup de femmes enceintes en souffrent, surtout si un premier accouchement les a extériorisées. Les causes sont les mêmes que pour les varices de jambes (dilatation des veines, compression dans le petit bassin) mais ici il va y avoir un facteur aggravant : la constipation.

Il est donc essentiel de ne pas vous laisser atteindre par ce problème. Il faut absolument éviter de pousser, pour ne pas accentuer la pression vers le bas et le remplissage excessif des sacs hémorroïdaires qui risquent de s'irriter, voire de se rompre. De plus en poussant ainsi, vous favorisez aussi les descentes d'organes. Vous devez ressentir d'ailleurs cette pesanteur sur le périnée lors de vos efforts…

Le réflexe ergonomique consiste simplement à installer des annuaires de chaque côté de votre cuvette de W.-C. pour vous installer « à la turque » ; c'est la meilleure protection, la poussée s'effectue par serrage du ventre et non de haut en bas.

Il faut boire suffisamment pour ne pas avoir des selles dures et déshydratées, prendre quand ça s'aggrave de l'huile de paraffine pour graisser les parois intestinales, demander à votre médecin des médicaments inoffensifs (ça existe !). Il existe aussi des suppositoires pour calmer localement la douleur et tonifier la paroi veineuse.

Il faudra bien entendu éviter la poussée bloquée au moment de l'accouchement, afin de ne pas extérioriser les hémorroïdes. Il faut aussi faire beaucoup d'exercices de contraction du périnée, dans toutes les positions et des « fausses inspirations » pour drainer (voir « Le périnée » et « Les suites de couches »).

Des bains de siège froids (avec travail du périnée), voire l'application de glace, soulagent bien.

Les varices vulvaires

Elles sont impressionnantes car elles tuméfient la vulve qui apparaît enflée, violacée, parfois douloureuse. Elles peuvent survenir au deuxième trimestre, puis s'estomper, ou apparaître à la fin de la grossesse et ne disparaître qu'après l'accouchement. Il faut savoir que, contrairement aux varices de jambe, elles disparaissent toujours, totalement et sans laisser de traces.

La pesanteur joue ici aussi un grand rôle. Le repos est « magique », tout semble réglé totalement après une nuit… mais au fil des heures, les choses empirent. La position de l'utérus n'est pas indifférente, très bas, il comprime plus la circulation de retour dans le petit bassin… Toujours la statique !

Les exercices de contraction-détente du périnée sont essentiels, à répéter souvent dans la journée, en particulier dans des positions inversées pour drainer (demi-pont, pieds sur une chaise ou jambes contre le mur, ou simplement couchée par terre, pieds au sol, un coussin sous la pointe des fesses).

Les exercices de « vidange » du petit bassin, c'est-à-dire les « fausses inspirations » sont les plus efficaces.

La ceinture Physiomat® peut aussi améliorer quand vous êtes debout.

TRAITEMENTS MÉDICAUX

Il en existe plusieurs pour les hémorroïdes et pour les varices, en homéopathie ou allopathie. Ce sont des toniques veineux, qui renforcent la paroi des vaisseaux. Ils n'ont pas une action spectaculaire. Il faut les prendre longtemps et ne pas se lasser. C'est plus préventif que réparateur. Les lésions apparues sont impossibles à récupérer pendant la grossesse. Mais certaines régressent spontanément après. Pour celles qui persistent, il reste les actions curatives : sclérose ou stripping (chirurgie) pour les varices, électro-coagulation pour les petits capillaires qui « couperosent » les jambes.

Les crampes

Beaucoup de futures mamans sont réveillées par des crampes dans les mollets ou dans les pieds, ou les déclenchent au réveil, lors de l'étirement. Elles sont dues au raccourcissement du mollet lorsque vous pointez le pied et sont aggravées par des problèmes circulatoires et des déficits en magnésium et vitamines B6. Vous pouvez trouver ces vitamines dans le pain complet, les céréales complètes, certains additifs alimentaires (germes de blé, etc.). Consultez les formules dans les rayons santé de votre supermarché ou de votre boutique bio. On est souvent amené à en prescrire, étant donné le nombre de futures mères carencées.

En règle générale : pour les étirements, ne jamais s'étirer en pointant les pieds mais au contraire en tirant les orteils vers le visage au maximum. Si la crampe est installée, tirez sur votre pied en flexion avec vos mains, ou demandez au papa de le faire. Ou encore, levez-vous : portez alors tout votre poids sur ce pied en fléchissant le genou d'appui (comme dans « L'escalier imaginaire ») afin de rallonger le muscle. Poser le pied sur du froid (carrelage) accélère la détente.

Plus vous travaillerez à étirer vos jambes, moins vous aurez de crampes. Faites des « pinces » (voir « Étirez-vous… »).

Les risques d'œdèmes

▌ **J'ai les chevilles gonflées, les doigts boudinés, une impression d'empâtement des cuisses et des hanches. Pourtant, je fais attention à ce que je mange. On m'a dit que c'était de la « rétention d'eau ». Est-ce que c'est lié à la circulation du sang ?**

Si ces gonflements sont apparus brutalement, si vous avez pris beaucoup de poids en quelques jours, ou si vous avez mal à la tête, des bourdonnements d'oreilles, des mouches qui volent devant les yeux… Allez vite faire contrôler votre tension et votre albumine ! Il peut y avoir un problème médical et non seulement esthétique.

Mais si vous avez régulièrement des œdèmes des chevilles (c'est-à-dire un gonflement qui laisse une marque en creux quand on appuie avec les doigts) et un empâtement sans prise brutale de poids, il s'agit certainement d'un blocage lymphatique.

En cas de doute, si vous avez simplement l'impression de gonfler, si vos paupières sont boursouflées le matin, achetez en pharmacie des bandelettes pour tester vous-même l'albumine. La lecture en est simple et cela peut vous rassurer ou au contraire vous conduire à consulter plus rapidement.

Les veines ramènent au cœur le sang chargé de déchets. Certains de ces déchets sont trop gros pour circuler avec le flux sanguin et sont véhiculés par le réseau lymphatique où ils constituent la lymphe, liquide beaucoup plus épais et visqueux qui emprunte un circuit très précis (chaînes ganglionnaires, canal thoracique, le long de la colonne vertébrale, et retour au cœur par la veine cave supérieure). Lorsqu'il y a un blocage, par compression par exemple, le flux est arrêté et, par un phénomène de différences de pression, l'eau est attirée et infiltre les tissus voisins. C'est donc un problème de circulation de retour, au sens large et pas seulement un problème veineux. Ce qui est frustrant, c'est que les régimes les plus draconiens sont impuissants et qu'il est angoissant de se sentir envahie de cellulite en ayant faim à longueur de temps.

Rassurez-vous, ces phénomènes régressent très bien après l'accouchement (mais pas en huit jours, il faut souvent un ou deux mois). Vous avez dû rencontrer des femmes qui grossissent ainsi énormément pendant leur grossesse, du moins en volume et qui retrouvent plus vite leur ligne que l'adolescente qui a pris 3 kilos en mangeant des gâteaux! Et il est vrai que jamais, à une autre période, vous ne pourriez fondre aussi facilement… Donc, pas de panique!

Faut-il manger sans sel?

Étant donné qu'il y a rétention d'eau, on a cru longtemps qu'il fallait appliquer le régime habituel et supprimer le sel. On avait oublié qu'il ne s'agit pas d'une femme toute seule, mais d'une femme enceinte et que donc le bébé intervient dans les échanges, ainsi que le placenta. On sait maintenant que la suppression du sel ne fait qu'amplifier les réactions en chaîne et accentuer le problème. On sait aussi qu'il n'est pas bon pour la mère et l'enfant de diminuer trop le sel. Il faut donc manger normalement (mais on mange en général trop salé). Supprimez seulement les choses salées telles que la charcuterie, les fromages forts, les conserves, les plats fumés. Ne salez pas à la cuisson, mais après, très modérément et pour la plupart des légumes, pas du tout. Il y a déjà beaucoup de sel dans les aliments ordinaires, pain, lait, beurre… Si on vous prescrivait un régime plus strict encore, il existe du faux sel tout à fait supportable au goût.

Il faut boire beaucoup, pour drainer, hydrater, laver et ne pas fatiguer le rein.

Vous pouvez recourir à des drainages lymphatiques, de préférence manuels. C'est aujourd'hui la seule méthode qui semble efficace.

Quels exercices puis-je faire?

Voici quelques exercices plus spécifiques (mais toutes les postures décrites plus haut sont tout à fait recommandées, et «Le chat qui fait ses griffes» (p. 115) est excellent).

LA DÉCLIVE

Placez-vous comme pour passer à quatre pattes, fesses sur talons, buste allongé entre les genoux, mais près d'un mur, à une distance telle que votre pied est arrêté par le mur lorsque vous tentez d'allonger une jambe en arrière.

Redressez-vous à quatre pattes puis posez les coudes au sol, ramenez les avant-bras à l'horizontale sur le sol et posez les mains l'une sur l'autre. Posez le front sur les mains et tirez vos fesses en arrière, comme dans « Le chat qui fait ses griffes » (p. 115).

Tendez alors une jambe dans le prolongement du corps et posez le pied sur le mur, en essayant de poser le talon au mur, sans bouger le corps, sans vous asseoir ni vous coincer le ventre. Jouez ainsi à pousser sur la pointe puis sur le talon, ballottez votre jambe en l'air avant de redescendre.

▣ Et pour les mains ?
Tout dépend de vos sensations exactes.

Si les doigts gonflent le soir

S'il ne s'agit que de doigts gonflés en fin de journée, c'est toujours le problème lymphatique et il est bon de faire des mouvements qui aident au drainage.

Assise, bras allongés devant soi à l'horizontale, fermez et ouvrez les mains le plus vite et le plus longtemps possible, puis secouez les poignets et recommencez.

Bras allongés devant la poitrine, à l'horizontale, tendez les doigts au maximum, écartez-les et imaginez que vous envoyez des rayons laser au-delà de vos doigts. Prolongez-vous au maximum, sans crisper les avant-bras ou les épaules.

Bras levés, coudes semi-fléchis, mimez le geste de vous agripper à une muraille et de vous tracter, faites les marionnettes, placez vos mains face à face et repoussez les doigts de la main gauche avec ceux de la main droite et réciproquement.

Triturez une balle mousse dans les mains (ou des boules chinoises antistress).
À vous d'inventer des exercices, de vous remettre au piano, ou de pétrir votre pain !

Mettez le ventre dans le vide, par « le quatre pattes » (poids du corps bien sûr en arrière) ou penchée en avant en appui sur une table, ou simplement sur vos genoux si vous êtes assise. En décomprimant la veine cave et le canal thoracique, la circulation de retour se fait mieux et vous voyez vos mains dégonfler de façon spectaculaire !

Si les doigts gonflent la nuit

S'il s'agit de gonflement, surtout le matin ou même la nuit, avec des picotements au bout des doigts, une sensation de doigts endormis, en carton, parfois une diminution de la force (par exemple pour serrer et tenir quelque chose), c'est un problème plus complexe. C'est ce qu'on appelle le « syndrome du canal carpien ». Le canal carpien est une sorte de bracelet réalisé par un ligament en forme d'anneau au niveau du poignet. Ce bracelet est inélastique ; il détermine des loges, par des cloisons à l'intérieur de l'anneau, rigides elles aussi. À travers ces loges passent vaisseaux et nerfs. Lorsque les vaisseaux se dilatent, les parois étant fixes, le nerf se trouve comprimé et on a alors ces signes de souffrance neurologique, avec des troubles de la sensibilité (des picotements) et des troubles moteurs (manque de force). Vous comprenez bien que, dans ce cas, des mouvements intempestifs ne feraient qu'irriter le nerf. Il faut éviter de rester les bras pendants, de se coucher sur le bras, ce qui « l'endort » encore plus.

Si vous êtes réveillée la nuit, mettez vos bras au-dessus de la tête et faites des mouvements très doux. Couchez-vous dans la posture du fœtus (bras remontés comme pour un plongeon au niveau des oreilles, tête entre les bras).

Si vous êtes très gênée pour dormir, levez-vous et reprenez les postures penchées en avant., pour décomprimer le canal thoracique.

Ces problèmes disparaissent avec l'accouchement.

> ▣ **Au cinéma, j'ai les jambes comme énervées, je n'arrête pas de bouger.**
> **Je suis mal, je me demande si ça vient aussi de la circulation.**

Les impatiences

Le mot est très explicite. C'est une sensation d'énervement qui vous oblige à bouger sans arrêt les jambes. En général on ne peut pas s'endormir, on ne supporte pas les stations assises prolongées. Les vitamines B6, le magnésium sont là très indiqués. Vous pouvez aussi masser au gant de crin doux, circulairement dans le creux de la hanche, au niveau de la « culotte de cheval ». Faites cela dans votre lit, couchée sur le côté, avant de dormir. Vous pouvez aussi masser sous les aisselles. Ce sont des zones réflexes qui entraînent la décompression, la décongestion.

Les chutes de tension lors des stations debout ou hypotension orthostatique

Les chutes de tension se produisent particulièrement chez les femmes qui n'ont pas de ligne brune marquée sur le ventre du pubis vers le sternum (voir « Les hormones et le système nerveux »). Vous avez peut-être déjà eu ce genre de malaise : sensation de chaleur, surtout au visage, impression de ne plus tenir sur les jambes, vague nausée, vertige, après une station debout prolongée, ou lors d'un relèvement trop rapide. Cela peut aller jusqu'à la perte de connaissance. C'est simplement que le cœur n'arrive plus à ramener assez de sang pour irriguer correctement le cerveau, parce que trop de sang reste dans les membres inférieurs. Si on prend la tension au bras à ce moment, elle est très basse, quelle que soit votre tension habituelle. Il se produit alors une réaction de défense qui consiste à vous allonger, malgré vous, pour rétablir un flux sanguin jusqu'au cerveau et réamorcer la pompe. Génial ! Le meilleur moyen d'éviter un malaise est de s'allonger et de surélever les jambes, puis de se relever lentement, par étapes : assise, puis debout.

▓ **Mais, ça peut arriver n'importe où, n'importe quand ?**

Pas si vous prenez soin de faire travailler vos voûtes plantaires, vos jambes, quand vous êtes debout et si vous évitez absolument la statique relâchée, l'immobilité dans la pesanteur subie.

Si vous devez rester debout immobile, imaginez que vous montez sur la pointe des pieds. Faites l'exercice mentalement.

Passez d'un pied sur l'autre, repoussez le sol de vos pieds, respirez bien.

Les phlébites

Il s'agit d'un problème médical grave. Le point de départ est la stagnation du sang dans les veines. Celui-ci a alors tendance à former des caillots. Le risque c'est que ce caillot, ou une partie, se détache et remonte jusqu'aux poumons où il provoque une embolie pulmonaire. Les facteurs de risque sont, à part certains médicaments, les opérations du bassin, des membres inférieurs, les accouchements, les avortements et l'alitement prolongé. C'est pourquoi on vous demande de vous lever rapidement après l'accouchement. Il y a aussi une question de terrain…

Les signes sont assez clairs habituellement : douleur marquée, jambe gonflée, rouge, le mollet ne ballotte plus quand on le tapote (geste que fera systématiquement le médecin et qui vous paraîtra bien rapide, mais il est très fiable). Il y a généralement de la fièvre.

Si vous devez être alitée, vous pouvez agir en prévention (avant tout signe de phlébite) : il faut faire circuler le sang dans vos jambes, en faisant bouger vos pieds, vos chevilles régulièrement, en faisant les mouvements « jambes en l'air », une jambe après l'autre, en soutenant bien sous le genou pour ne pas contracter le ventre.

Au contraire, si la phlébite est installée, il faut éviter de marcher, de mobiliser, afin de ne pas favoriser la migration du caillot. À ce stade, il faut effectuer un traitement intraveineux pour dissoudre le caillot. Ceci nécessite une surveillance étroite et donc le plus souvent une hospitalisation.

Les malaises dus à la veine cave

Certaines femmes enceintes, à partir du sixième mois peuvent avoir un malaise lorsqu'elles sont allongées sur le dos. Elles se sentent étouffer et ont l'impression de s'évanouir.

Cela est dû à la compression par le bébé de la veine cave inférieure qui est le « gros tuyau collecteur » qui ramène le sang de tout le bas du corps au cœur. Les parois de cette veine étant peu rigides, elle se trouve écrasée et le cœur pompe alors un peu à vide. Il suffit de se tourner sur le côté gauche (ou même droit) pour libérer la veine cave, placée légèrement à droite de l'aorte. En position assise tassée, cela peut aussi arriver. Il suffit de se pencher en avant… Ces malaises se produisent plus souvent lorsque le bébé est en position droite postérieure, c'est-à-dire son dos sur la droite et contre la colonne vertébrale de la mère.

Des astuces au quotidien

Il est important d'aménager votre vie car rien n'est fait généralement pour nous épargner les ennuis circulatoires.

Être bien assise

Les chaises sont souvent trop hautes, nous l'avons vu au début de ce livre. Cette position conduit à accumuler du sang dans le bas des jambes, alors que rien ne vient aider au retour (le diaphragme est bloqué, les muscles passifs).

Il est impératif de pouvoir poser vos pieds sur un petit banc ou, à défaut, sur une petite valise. Si vous travaillez chez vous ou dans un bureau fixe, n'hésitez pas à acheter un support, à conserver une boîte à biscuits en métal, une boîte à chaussures…

Si vos genoux sont assez remontés, le maximum de sang se trouve dans le bassin, là où il est nécessaire, et la respiration est libre.

De même lorsque vous êtes assise par terre, en tailleur, vous pourrez remarquer que vos jambes ne gonflent pas! Merveilleuse position du scribe, avec son pupitre à même le sol!

Si vous prenez le train ou l'avion (assez pénible également!), gardez un sac de voyage, posez-le au sol et installez vos pieds dessus.

Les chaussures

Un vaste problème! Prenez l'habitude d'être pieds nus dès que vous le pouvez. Des semelles compensées, des petits talons (2-3 centimètres) sont moins fatigants en général que le plat intégral à semelle rigide qui ne permet pas le déroulement du pied. À noter que les Anglo-Saxons ont des gammes de chaussures avec différentes largeurs. Ce qui évite d'acheter du 41 quand on chausse du 38 mais qu'on souffre d'œdèmes.

Comme chaussures d'intérieur ou de plage, les nu-pieds à semelle souple garnis de picots de caoutchouc réalisent un très bon massage. Il faut s'habituer à ces «chaussures de fakir», en mettant éventuellement des chaussettes au début. Préférez de toute façon les semelles souples, le bois ne permettant pas le travail du pied et transmettant un choc à la colonne vertébrale à chaque pas.

Le lit

Surélevez les pieds du lit en glissant des bottins soit sous le sommier, soit sous le matelas.

La relaxation avec la chaise (voir p. 24)

La position couchée sur le sol, les jambes posées sur le siège, fesses ramenées au-dessous le plus possible, est toujours intéressante, sauf si vous avez un problème de veine cave qui vous empêche de rester sur le dos.

On peut aussi utiliser le coussin Corpomed® plié en deux sous les genoux.

▤ Et les fameux bas à varices?

C'est une bonne prévention, à condition de commencer tôt (dès le début de la grossesse si vous avez un terrain à risques) et de respecter les contraintes. Le bas est fait pour comprimer, afin d'empêcher un afflux de sang trop important qui dilate les veines. Il est donc impératif de les enfiler couchée et non après la toilette. Prenez votre douche le soir! Recouchez-vous jambes en l'air dix minutes après la miction du réveil! Malheureusement ces bas sont épais et tiennent chaud. Il est difficile de les supporter en été et dès que les pièces sont chauffées en hiver! Depuis quelque temps, l'esthétique a fait des progrès…

▤ Les collants ordinaires et les chaussettes sont désagréables aussi. Il y a toujours quelque chose qui serre!

Si vous avez les cuisses menues, les bas qui tiennent seuls peuvent être une bonne solution. Les collants spéciaux de grossesse coûtent cher. Essayez les «spéciaux grandes tailles» (on les trouve aussi par correspondance dans les magasins populaires, style Tati ou sur les marchés).

L'hygiène de vie

Évitez les stations debout prolongées, le portage de poids. Prévenez la constipation, évitez la chaleur (bains de soleil, bains trop chauds, chauffage au sol). Méfiez-vous des sièges inadaptés, marchez pieds nus, si possible au bord de la mer. En fin de compte le hamac sous les arbres (cocotier ou autres) est la meilleure prescription qu'on puisse faire à une femme enceinte! Ajoutez le pédalo pour entretenir vos muscles et la natation tranquille pour vous soustraire à la pesanteur et tout ira bien!

En attendant les vacances, vous pouvez pratiquer la piscine, surtout les piscines proposant des séances de natation ou de gym aquatique pour les futures mamans. Elles sont plus sûres car la désinfection se fait sans produit agressif.

Les bains de pieds froids

Vous pouvez aussi prendre des bains de pieds frais, à l'eau salée (gros sel de mer) très efficaces quand il fait très chaud. Il faut renouveler régulièrement le bain qui se réchauffe vite en cas de canicule.

Si vous êtes obligée de continuer une vie ordinaire, c'est-à-dire tout à fait «anormale» pour une femme enceinte, buvez assez d'eau, du thé, drainez avec des légumes diurétiques: betteraves rouges, poireaux, fenouil et faites attention au sel et au sucre.

Pour les mains, ayez dans votre poche une balle mousse que vous malaxerez à volonté.

Les massages

Si vous étiez hospitalisée, on vous masserait régulièrement les mollets pour éviter les phlébites. Pourquoi ne pas le faire régulièrement dans la journée, ou vous faire masser par le papa, le soir au coucher?

Le gant de crin

Frictionnez à sec les jambes, les cuisses, les fesses, puis prenez une douche froide sur ces zones. Cela fait bien circuler le sang. L'eau froide est beaucoup plus facile à supporter quand on est ainsi bien échauffée et ça stimule un drainage profond.

En cas d'œdèmes, demandez une prescription de drainage lymphatique.

Et bébé pendant ce temps ?

Il continue de grandir sans trop de problèmes… Ce genre d'ennui n'a pas de répercussion sur lui… sauf dans un cas, celui d'une toxémie.

Évidemment si vous avez brutalement des œdèmes des chevilles et des mains, si vous prenez trois kilos dans la journée, il vous faut consulter, car il peut s'agir d'une poussée d'hypertension avec albumine. Cela représenterait un risque pour lui autant que pour vous. C'est pour cela qu'on surveille tous ces paramètres à chaque consultation prénatale.

Sa position va aussi intervenir dans ces troubles. Nous avons vu déjà que s'il lui arrive de se mettre à droite et surtout très postérieur (son dos à droite de votre ventre et contre votre colonne) il y a plus de problèmes veineux et lymphatiques, puisqu'il comprimerait plus fortement les circuits de retour. Dans ce cas, vous aurez du mal à rester couchée sur le dos : sensation d'étouffement, bouffées de chaleur, vertiges… Ne vous affolez pas, roulez sur le côté pour décomprimer la veine cave. Si vous devez rester sur le dos (pour une échographie par exemple), prenez des oreillers pour remonter la tête et le haut du dos. Si vous avez des malaises en position assise, penchez-vous en avant pour mettre le ventre dans le vide et ainsi décomprimer la veine cave. Essayez de « persuader » bébé de se déplacer, en vous couchant plus latéro-ventral, en l'appelant par vos caresses, en lui expliquant qu'il serait préférable qu'il se place en avant ! Ce qui serait d'ailleurs plus simple pour lui lors de la naissance. S'il ne grossit pas assez, on vous mettra au repos, ce qui augmente les échanges et l'apport de sang au placenta. Car la simple verticalité, mal gérée, diminue l'apport au bébé, en stockant le sang dans les jambes et en entraînant une respiration thoracique. C'est pourquoi tous les conseils pour une meilleure circulation sont aussi importants pour lui que pour vous.

Vous avez pu remarquer, en faisant « l'équilibre des yeux clos », combien est pénible le manque de repères. Lorsque bébé va arriver, il va être mis dans un berceau où lui n'aura plus aucun repère : ni les mouvements, ni les bruits, ni les odeurs, ni le contact, dans une lumière inhabituelle. Il a de quoi être insécurisé ; ne vous étonnez pas qu'il essaie de rester au creux de vos bras, près des battements de votre cœur, de votre peau. Tous les petits mammifères d'ailleurs se lovent au creux du ventre de leur mère, ou, à défaut, se serrent les uns contre les autres. L'enfant, qui est le petit mammifère le moins autonome, le plus vulnérable en a au moins autant besoin. Cette séparation précoce est tout à fait artificielle ; elle répond à une organisation sociale, qui n'est pas une vérité immuable et universelle. Alors, si vous en avez envie, bercez-le !

Contractions... quelques nuages dans un ciel limpide

Tout semblait aller si bien, c'était la période la plus agréable de la grossesse... Vous étiez bien installée dans cet état, pas encore trop lourde, moins fatiguée que les premiers mois, débordante d'énergie nouvelle et sûre de vous et de votre bébé...

Et voilà qu'à la consultation du sixième ou septième mois, le médecin trouve un col modifié et vous demande le repos strict, vous « menace » d'hospitalisation, vous prescrit un traitement et une surveillance rapprochée.

Bien entendu, vous ne comprenez pas ce qui vous arrive, comment cela a-t-il pu se produire sans que vous vous doutiez de rien ?

▓ **Comment savoir si on a des contractions ? Le médecin m'a demandé combien j'avais de contractions par jour. Je n'avais pas conscience d'en avoir, je n'ai jamais eu de douleurs.**

Les contractions de grossesse sont le plus souvent tout à fait indolores. Pour un premier bébé, elles sont rarement perçues et il faut apprendre à les reconnaître.

Le ventre devient dur dans son ensemble (à ne pas confondre avec une « bosse » due à un étirement du bébé) ; le ventre se met en boule en avant et au milieu. Un peu comme votre biceps si vous pliez le coude en ramenant l'avant-bras sur le bras. Un muscle contracté est dur et plus volumineux, sans que cela soit douloureux. Vous éprouvez une sensation de gêne, de blocage respiratoire, vous êtes arrêtée dans votre marche ; puis le ventre se détend après un délai qui va vous paraître très long mais qui représente en fait une ou deux minutes ; quand le ventre est redevenu souple votre bébé bouge généralement de façon plus énergique.

C'est donc surtout avec vos mains que vous reconnaîtrez la contraction.

▓ **Arrive-t-il que ce soit douloureux ?**

Vous pouvez ressentir des tiraillements douloureux dans le bas du ventre, obliques, donnant une impression de tension dans les ovaires ; parfois des sortes de coliques. À partir du deuxième bébé, on peut avoir des séries de contractions aussi sensibles qu'au début du travail, surtout le dernier mois.

▓ **Mais j'ai souvent des douleurs dans le ventre, aiguës, comme des coups de poignard, qui durent parfois assez longtemps ?**

Ce ne sont pas des contractions si le ventre n'est pas dur uniformément et si ça dure. Ce sont des douleurs ligamentaires, ou musculaires (voir « Douleurs de l'aine et du pubis... »).

▓ **À partir de combien de contractions faut-il s'inquiéter ?**

Il n'y a pas de chiffre précis. Tout dépend d'abord du terme.

En principe, il est normal d'avoir des contractions après six mois et de les voir augmenter au cours du dernier trimestre, où on en compte facilement dix à quinze par jour, selon l'activité.

Mais le nombre n'est pas la chose la plus importante (sauf si vous en déclenchez au moindre mouvement), il y a des contractions «efficaces», qui modifient le col et des contractions qui restent sans effet. Malheureusement, rien ne vous permet de les distinguer et c'est l'examen du col qui peut seul l'apprécier.

C'est pourquoi, si vous avez remarqué que votre ventre se durcit à la moindre occasion, il ne faut pas hésiter à consulter pour savoir si le col s'est modifié.

LE VERDICT DU TOUCHER VAGINAL

Un col est normalement long d'environ 3 centimètres et fermé à l'orifice interne et externe pendant la première grossesse (chez la femme ayant déjà eu des enfants, il est perméable à la pulpe de l'index).

À l'examen, la femme étant en position gynécologique, il est perçu au fond du vagin dans une direction postérieure. Un col perméable laisse pénétrer le doigt dans l'orifice externe. À plus d'un centimètre, il y a danger.

Le col doit être ferme (dur) au-delà de l'orifice externe. Le ramollissement, surtout s'il atteint l'orifice interne, est un clignotant d'alarme.

Un col «centré», c'est-à-dire dans l'axe du vagin est également suspect avant le 9e mois. Sachez que vous n'êtes pas obligée d'attendre la date de votre prochain rendez-vous pour consulter. À tout moment vous pouvez vous rendre à la maternité pour voir la sage-femme de garde, sans rendez-vous et vous faire examiner. Mieux vaut un déplacement pour être rassurée qu'un risque détecté trop tard.

Il existe des utérus «contractiles», un peu comme il existe des gens à crampes, sans qu'on explique vraiment pourquoi... Mes statistiques personnelles m'amènent à constater que ce sont plutôt les jeunes femmes toniques, peu enrobées, aux tissus «secs», dont le ventre a peu grossi, qui ont ce type de contractions. Elles se déclenchent en général lors des mouvements qui sollicitent les abdominaux (se relever, se retourner...) mais ne se présentent pas en séries enchaînées. L'examen confirme que le col n'est pas modifié. Il n'est pas rare qu'elles dépassent le terme!

Mais des contractions qui s'enchaînent (trois, quatre à la suite), un nombre quotidien élevé et en augmentation, des contractions douloureuses surtout accompagnées de pertes de sang, de fréquentes contractions avant six mois pour un premier bébé sont des signaux d'alarme qui doivent vous amener à consulter.

▨ Quel est le mécanisme des contractions?

Il y a deux mécanismes.

L'un est musculaire, mécanique. L'autre est hormonal.

1. Le mécanisme musculaire

L'utérus est un muscle creux dont les fibres vont s'étirer progressivement pour laisser la place au bébé. Lorsque ce muscle est soumis à une pression extérieure trop brutale (éternuement, effort abdominal, par exemple s'allonger sur la table d'examen) ou à un étirement inté-rieur quand le bébé se fait de la place en allongeant brusquement la paroi utérine, il y a une réponse à l'étirement, tout comme les muscles de vos jambes vont se contracter si vous vou-lez faire le grand écart sans progression!

▤ **Cela pourrait expliquer les contractions qui arrivent la nuit, en dehors de tout effort, au moment où le ventre est juste-ment très détendu?**

Et que le bébé profite de ce relâchement pour s'étirer dans tous les sens! Bien sûr! Il vaut mieux le savoir car il est angoissant d'avoir des contractions alors que l'on est au repos et que c'est normalement la meilleure prévention! Vous remarquerez alors que ce ne sont que des réponses aux mouvements amples du bébé et qu'elles ne s'enchaînent pas… Ne vous inquiétez pas et continuez à vous reposer. Prenez contact avec le bébé, parlez-lui, caressez-le, respirez profondé-ment «dans le ventre» pour vous détendre.

2. Le mécanisme hormonal

Il faut revenir au cycle menstruel de base: tous les mois sont partagés par deux influences hormonales dominantes: les œstrogènes durant les quatorze premiers jours, puis la progesté-rone après l'ovulation. La progestérone est chargée de permettre à l'ovule fécondé de «nider» et de se développer. En fait, la progestérone empêche l'utérus de se contracter, ce qu'il ne demande qu'à faire, comme tout muscle creux dont la destinée est de se vider de son contenu (vessie, cœur, estomac). S'il y a un déficit en «corps jaune» (c'est-à-dire en progestérone), l'in-hibition n'est pas suffisante et l'influence œstrogénique prend le dessus: l'œuf est expulsé par des contractions. Au cours de la grossesse, ce corps jaune reste très élevé et rend l'utérus «tolérant» à son hôte… jusqu'au moment de l'accouchement.

Il est donc important pour vous de savoir quelle est la cause principale de vos contractions et quel type de médicaments on vous donne.

Si la cause est surtout mécanique, on vous prescrira le repos en position horizontale car la pesanteur va jouer un grand rôle: si vous êtes debout, il y a une pression importante sur le col, ne serait-ce que par le liquide qui «descend toujours».

▤ **Y a-t-il une participation psychologique aux contractions?**

C'est très possible! C'est pourquoi il y a sou-vent un cercle vicieux: plus vous redoutez les contractions, plus vous les guettez, les comp-tez, plus vous les favorisez. Tout votre corps est tendu, vous vous angoissez et c'est la spi-rale. Cela est accentué par le fait de la soli-tude dans laquelle se trouve alors la future mère: en arrêt de travail (ce qui ne convient pas à toutes), seule à la maison puisque le père est au travail, les journées sont consa-crées à l'attente des contractions!

C'est pourquoi beaucoup de médecins sont favorables à la participation à des cours de relaxation, yoga adapté, séances de discus-sion, préparation à l'allaitement, afin de dis-traire, détendre, redonner le moral à celles qui ont des menaces peu sévères. Il faut évi-demment que les trajets soient limités, qu'il n'y ait qu'une activité dans la journée.

Nous allons voir quelques exercices à faire chez vous et quelques «trucs» pour rester détendue et garder le moral. Nous reverrons l'importance de la statique, de la conduite des mouvements, de la respiration, dans la prévention et la stabilisation.

▤ Y a-t-il des choses qui exposent plus à ces risques de contraction?

Bien sûr. Les stations debout prolongées. Certains métiers sont redoutables: infirmières, coiffeuses, vendeuses…

Les efforts de soulèvement, par exemple lors de l'inévitable déménagement qui agrémente presque toutes les grossesses et surtout la première!

Les transports, surtout en voiture, sont très néfastes car les vibrations relâchent le col (et les muscles du dos, c'est bien connu).

Les escaliers, si vous avez plus de deux étages, entraînent une grande participation des abdominaux et génèrent souvent des contractions, si l'on n'y prend garde. La fatigue en général reste l'ennemi numéro un de la grossesse.

Les autres enfants sont souvent source de contractions: portage, mauvais mouvements pour ramasser des jouets, sortir l'enfant du lit ou de la baignoire, nuits coupées par «les cauchemars de trois ans», enfants remuants, parfois même allaitement. D'une manière générale, dans notre organisation, il est impossible à une mère d'enfants en bas âge de se reposer quand ils sont là. Dans des pays de culture plus traditionnelle, la vie des femmes et des enfants est beaucoup plus communautaire et les petits sont pris en charge par d'autres mères. Chez nous, le grand risque est l'obligation de séparation, soit en envoyant les aînés chez les grands-parents, soit par l'hospitalisation de la mère.

▤ Y a-t-il un risque à avoir des rapports sexuels?

Tout dépend de la sévérité de la menace. Un col court, perméable à l'orifice interne, mérite d'être ménagé. L'orgasme provoque des contractions utérines et, si la situation est trop limite, représente un danger de déclenchement. Les rapports sexuels sont d'ailleurs un moyen naturel de déclenchement des contractions quand le terme est dépassé, (déclenchement dit à l'italienne), cela pour deux raisons. Comme nous l'avons dit, l'orgasme provoque des contractions utérines. Par ailleurs, le sperme contient des prostaglandines, hormones qui ramollissent le col et qu'on emploie, sous forme de gel, pour «maturer» un col lors des déclenchements artificiels.

En revanche, quand le col est mi-long et que les seules consignes ont été le repos, le plaisir est un élément important pour le moral et peut être très positif! Posez la question en consultation, il n'y a de réponse qu'au cas par cas.

Les réponses médicales

▤ Y a-t-il des moyens d'éviter l'hospitalisation dans les menaces graves?

Les hôpitaux développent de plus en plus l'hospitalisation à domicile, c'est-à-dire la surveillance régulière par une sage-femme qui passe chez vous, avec éventuellement le prêt d'un matériel adapté (lit spécial, etc.). Dans certains cas, il est possible d'avoir une aide ménagère ou familiale pour s'occuper de la maison et des enfants. Renseignez-vous aussi sur de nouveaux services comme la commande par téléphone avec livraison possible par les supermarchés alimentaires, prévoyez des surgelés pour avoir des plats complets sans cuisine. Certes, la tentation de participer à la vie familiale est très forte, surtout s'il y a des petits, mais préserver le moral est sûrement meilleur! La fermeture des petites maternités devrait entraîner le développement des soins à domicile, mais il n'y a pas encore assez de structures et de moyens de prise en charge.

Un col raccourci peut-il se rallonger ou est-ce définitif?

Avec un repos efficace, des mesures pour faire remonter le bébé, une concentration positive, il est tout à fait possible de voir un col se rallonger et une grossesse reprendre un cours normal. C'est pourquoi, avec un peu d'habitude et d'observation, il est possible de s'arrêter à temps... Pour reprendre éventuellement plus tard un effort important auquel on ne peut renoncer.

Y a-t-il d'autres causes de menace d'accouchement prématuré que les contractions?

Oui, en particulier en début de grossesse, ce que l'on appelle les «béances isthmiques». Ce sont des cols qui ne sont pas fermés à l'orifice interne à cause d'une dilatation de l'isthme. Cela peut être congénital, associé souvent à des malformations utérines, ou dû à des avortements, des curetages, des «conisations», etc.

Les grossesses multiples, par l'étirement de l'utérus et la pression sur le col, certaines maladies de la mère, le tabac, l'alcool, des infections urinaires en particulier, la fièvre, les virus déclenchent parfois le travail.

Le traitement et le repos, doivent-ils supprimer les contractions?

Là encore, la mode, il y a quelques années, était d'obtenir un utérus, sans aucune contraction. Mais on s'est rendu compte qu'elles étaient nécessaires au bébé, dans certaines limites, bien sûr. Ainsi, les grands prématurés doivent être bougés et retournés régulièrement afin qu'ils se trouvent dans des conditions proches des conditions physiologiques puisque, en fin de grossesse, l'utérus se contracte plusieurs fois par jour. Si elles ne provoquent pas l'accouchement, les contractions peuvent être positives pour le bébé (voir «La mise au monde»). On va donc chercher à réduire le nombre de contractions sans aller jusqu'à l'arrêt complet.

Le médecin me met au repos au lit, cela veut-il dire que je ne pourrai pas bénéficier d'une préparation à l'accouchement?

Vous n'êtes considérée comme présentant une «menace d'accouchement prématuré» (MAP) que jusqu'à la fin de la 36e semaine. Si vous avez tenu jusque-là, il est fort probable que vous avez encore un peu de temps devant vous et, après ce terme, vous pouvez tout faire. Il n'est pas impossible que vous soyez, à 40 semaines, en train de courir les magasins dans l'espoir d'accélérer les choses! Mais, durant la période de repos, il est certain qu'il faut être prudente. Cependant, on peut travailler la respiration, le périnée et bien se familiariser avec tout ce qui est présenté dans «La mise au monde». Les sages-femmes qui viennent à domicile feront la préparation adaptée. Vous pouvez aussi être aidée par le DVD (voir p. 382) sur les positions d'accouchement à regarder avec le papa.

Par ailleurs, l'alitement prolongé présente quelques inconvénients. Dès le troisième jour de repos strict, il y a fonte musculaire et votre dos en souffrira. Vous serez certainement plus faible après la naissance si cela dure quelques semaines. Des risques de phlébite, une ten-dance à la constipation, souvent des douleurs sous les côtes, des problèmes digestifs sont aussi occasionnés par l'alitement prolongé.

Pour toutes ces raisons, il est important de pratiquer des exercices adaptés ne générant aucune tension dans le ventre et donc aucune contraction et de vous installer le mieux possible. Nous allons distinguer plusieurs cas, selon le degré de « menace ».

Menace légère

Le médecin vous conseille de diminuer vos activités, vous met en arrêt de travail, mais sans vous prescrire le repos strict au lit. Il faut prendre au sérieux cette alerte, c'est l'avertissement qui va permettre d'éviter les problèmes si vous êtes raisonnable. Dramatiser : ne ferait qu'aggraver les choses. Au contraire, il faut chercher la détente. Les principes sont simples, ce sont ceux de la prévention :
    – limiter les effets de la pesanteur, c'est-à-dire limiter les stations verticales, les efforts, le portage, la constipation ;
    – contrer les effets de la pesanteur quand on ne peut l'éviter (souvenez-vous du « tube de dentifrice »), par une bonne statique, par la conduite des efforts (voir « Sentir la bascule du bassin ») ;
    – compenser les temps de verticalisation par des postures inversées, qui remontent le bébé et libèrent le col de son appui ;
    – détendre le ventre par la respiration ;
    – mettre la ceinture type Physiomat® en position debout si vous supportez le contact dans le bas du ventre. Il faut la tester car elle peut soit limiter beaucoup les contractions soit au contraire stimuler.

Les autres mammifères, surtout ceux qui sont strictement à quatre pattes, n'ont pas ce problème. Le col de leur matrice est très peu fermé, puisqu'il ne doit pas supporter le poids des petits. Ce qui rend plus facile la mise bas. Il n'y a pas tout ce travail d'ouverture qui nous vaut les « douleurs » de l'accouchement.

Les postures inversées

Ce sont les postures de choix.
    Il y a d'abord les postures inversées actives, qui sont d'excellents étirements, toniques.

LE CHAT (voir p. 143)
LE DEMI-PONT (voir p. 148)
Le demi-pont avec une chaise ou les pieds au mur sont encore plus puissants (voir « Étirez-vous… »).

Les postures passives

Ce sont les plus détendues. Pour les postures respiratoires, la relaxation, surélevez les pieds du lit avec des bottins, installez toujours un petit coussin ou une serviette de toilette pliée sous la pointe des fesses quand vous êtes couchée sur le dos, pour vous reposer ou pour toutes les postures couchées que nous allons voir. Le coussin microbilles, la galette permettent de se détendre et de se mobiliser en remontant le bassin.

Postures couchée ou à quatre pattes

Vous les connaissez : étirement avec la sangle, travail du haut du dos, des épaules, de la nuque, étirement latéral travail du bassin, travail pour la circulation. Les postures d'écart, d'étirement des adducteurs, « grenouille » et autres, surtout à l'aide du ballon et des sangles, sont très détendantes.

Une petite astuce : si vous supportez mal la position couchée sur le dos, vous pouvez rester sur le côté. Le pied de la jambe de dessus peut être posé sur le mur, par exemple.

Tous les étirements à quatre pattes sont intéressants car ils font lâcher le ventre. Se pencher en avant est souvent un moyen de faire céder une contraction plus rapidement. Mais certaines mamans préfèrent poser leur ventre sur le coussin.

▮ Y a-t-il des postures à éviter ?

Les torsions, les postures trop fatigantes, trop pénibles et qui vous contractent. Il faudra toujours veiller à ne pas faire travailler les grands droits, ne pas cambrer, et bien sûr respirer correctement. Et bien gérer vos changements de position (voir « Ménager son dos ») car ils déclenchent des contractions s'ils sont mal faits, mais pas s'ils sont bien conduits.

Repos strict au lit ou hospitalisation

La pesanteur est vraiment votre ennemie. Si c'est très précoce, si vous avez rompu ou fissuré la poche des eaux, on vous interdira peut-être même de vous lever pour votre toilette et vous serez obligée d'utiliser le bassin. Les pieds de votre lit seront certainement surélevés.

Pour préserver votre dos, étirez-vous. Demandez à votre compagnon de repositionner votre bassin (voir « Le bassin : quand tout tourne autour ») plusieurs fois par jour. Utilisez des coussins.

Exercices pour le métabolisme et la circulation

Mouvements des mains

Bras tendus vers le plafond, fermez les doigts en serrant les poings, puis ouvrez-les en tirant sur vos doigts, le plus rapidement possible et de la façon la plus détendue possible.

▣ **Détendue ! Je suis crispée de partout, j'ai mal dans les avant-bras, ça brûle, ça remonte les épaules. Au bout de très peu de temps, je ne peux plus bouger.**

> Voilà qui est intéressant par rapport à l'accouchement. Si vous êtes crispée de partout, la douleur de l'utérus envahira tout votre corps et les contractions ne pourront pas «passer» et être efficaces.
>
> *Reprenez l'exercice : restez détendue dans les épaules, les coudes, les poignets. Seuls vos doigts bougent, légers. Quand vous les ouvrez, vous jetez dehors la tension. Contrôlez épaules, coudes…, en permanence. Il faut limiter aux extrémités… comme à l'utérus le jour de la naissance.*

▦ **Ça marche ! La différence est étonnante… J'ai l'impression de pouvoir tenir très long-temps, très souplement… Ça sert à quoi ?**
À faire circuler le sang jusqu'aux extrémités, à empêcher ce sang de stagner et de former des caillots. C'est aussi un moyen d'activer le métabolisme, c'est-à-dire les échanges et de brûler un peu de calories.

▦ **Je croyais que les problèmes circulatoires se localisaient dans les jambes ?**
Quand on est debout. Mais couchée, vous pouvez avoir les doigts gonflés, les pau-pières, etc., surtout si les pieds du lit sont relevés ! Mais on va aussi drainer les jambes. Vous savez le faire, sur le dos ou sur le côté, sans faire d'effort abdominal pour ramener votre jambe sur la poitrine

▦ **Ce qui est horrible, quand on reste cou-chée, c'est qu'on mange sans faim… On grossit, on perd des muscles et on se rem-plit de cellulite. Que peut-on faire ?**
Vous grossissez, mais votre bébé aussi. C'est en partie pour cela que vous êtes couchée… Choisissez bien vos aliments, légers, facilitant le travail du foie et les reins (poireaux, betteraves, fenouil, artichauts potages ou salades, yaourts) en dehors des protéines et du calcium indis-pensables. Rien de constipant car l'alitement est déjà néfaste à ce sujet. Faites plusieurs petits repas, couchez-vous souvent sur le côté… C'est meilleur pour le bébé, les échanges se font mieux et ça aide vos reins à éliminer.
N'oubliez pas les frictions au gant de crin sec sur les jambes, les cuisses, les hanches, les fesses. Vous pouvez les faire couchée, sur le côté, par exemple. N'hésitez pas à en faire au moins deux fois par jour, toujours pour bien faire circuler le sang et brûler les toxines et souvenez-vous qu'il faut de l'oxygène pour brûler. Respirez largement !

Travail des jambes, du bassin, du périnée

Jambes presque allongées (genoux en légère flexion), croisez les chevilles et contractez forte-ment périnée et fessiers. Changez le croisement. Faites des séries de 15, 20 contractions, en respirant en essayant de décroiser les pieds qui s'y opposent.

L'AMORCE DU DEMI-PONT

Jambes fléchies, pieds à plat, soulevez à peine le bassin (de 10 centimètres environ). Restez dans cette position, contractez le périnée une vingtaine de fois. Relâchez. Il est préférable que le lit ne soit pas trop mou.

Ce geste permet de maintenir la musculature des jambes, des fessiers, du périnée. Il n'y a aucune poussée vers le bas, mais, au contraire, une remontée du bébé par la posture légèrement déclive. C'est aussi très bon pour la circulation.

L'ÉQUILIBRE DU BASSIN

Même position de départ, pieds écartés, genoux en contact. En expirant, serrez le périnée et poussez fortement un genou contre l'autre, qui, lui, résiste. Il n'y a donc pas de mouvement visible, mais cela fait travailler les adducteurs, le périnée et rétablit des équilibres dans le bassin. Puis croisez les jambes au niveau des genoux et serrez-vous fort les cuisses l'une contre l'autre en expirant, cela calmera vos douleurs dans le bas du dos.

Glissez une serviette pliée en quatre sous la pointe des fesses, puis placez bien les épaules et tout le dos, la taille bien plaquée au lit. Pieds posés à plat, genoux écartés, demandez au papa de mettre ses mains à l'extérieur des genoux et de chercher à les resserrer, pendant que vous vous y opposez, en expirant, sans forcer. Le mouvement doit être continu et sans essoufflement. Puis vous essayez d'écarter les genoux, tandis que le partenaire résiste.
Il faut toujours expirer à partir du périnée et ne plus bouger le bassin.
On peut faire la même chose avec un petit ballon entre les genoux.

Avec la ceinture élastique, maintenez vos genoux. C'est très détendant et vous pouvez faire le geste d'écarter les genoux contre la résistance de l'élastique pour travailler vos muscles.

Cet exercice fait du bien à l'articulation de la hanche, souvent douloureuse quand on reste allongée. Un afflux massif de sang au niveau de la «culotte de cheval» aide à l'élimination.

Sur le côté
Le Corpomed® est parfait pour détendre nuque et reins.

LE PLONGEON

En chien de fusil, allongez les deux bras parallèles en position de «plongeon», en éloignant bien les épaules de la poitrine; étirez-vous vers le haut, la tête entre les bras, menton rentré. Si vous avez une tête de lit poussez fort dessus avec vos deux mains, ou accrochez -vous pour vous étirer, tout en basculant fort le bassin par la contraction du périnée.

Sur le dos
Tous les mouvements pour le haut du dos, couchée, peuvent être pratiqués.

Les postures respiratoires

N'oubliez pas de vous décambrer souvent, restez quelque temps un pied posé au sol, genou fléchi et l'autre pied posé sur le genou, en alternant, mains croisées sur la tête. Expirez en allongeant les bras. Ramenez vos mains, inspirez. Pour les tensions entre les omoplates, placez deux mains l'une dans l'autre et l'occiput dans le creux de la main, coudes posés. Puis tendez les bras vers le plafond mains dos à dos pour alterner par un dos rond.

Le Corpomed® permet de dégager l'estomac en soutenant les aisselles. Idéal pour lire.

Quand vous êtes autorisée à vous asseoir, pour les repas par exemple, profitez-en pour faire des respirations «dos creux», voire reprendre «Le parapluie» (p. 175) pour les problèmes de brûlures d'estomac. Puis faites «L'aigle endormi en contre-posture» (p. 175) et les mouvements pour la nuque.

Si vous avez un minimum de mobilité, étirez-vous, ventre «dans le vide», assise sur votre lit, en prenant appui avec vos avant-bras pliés sur la tablette repas, ou en vous accrochant au papa, ou en utilisant le coussin de billes.

C'est ce qui détend le plus le dos, en dehors des massages.

Une respiration spécifique au moment des contractions

Il faut vous entraîner pendant la grossesse, quand vous avez des contractions, qu'il y ait ou non une menace sévère. Cela vous préparera à atténuer la douleur et la durée des contractions pour l'accouchement et c'est un bon moyen de faire lâcher rapidement une contraction de grossesse et de vous détendre.

Il s'agit de dilater les narines pour inspirer.

▣ Comme un petit lapin? Mais je n'y arrive pas.

Essayons d'abord avec une narine. Bouchez l'autre avec la pulpe du pouce, ne vous tordez pas le nez! Bouchez simplement en dessous. Expirez d'abord, puis inspirez bouche fermée en écartant le plus possible la narine de la cloison nasale pour laisser le passage maximum à l'air. Faites quelques respirations, puis changez de côté.

▣ C'est mieux d'un côté et quel est le but?

De faire descendre le diaphragme et donc de détendre le ventre sans pousser dessus.

Comparez à ce qu'il se passe quand vous serrez les narines, comme lorsque vous reniflez pour éviter de vous moucher.

🔲 **Ça remonte la poitrine, ça respire tout en haut et pas dans le ventre. Si j'écarte les narines c'est l'inverse, en effet !**

Essayez maintenant directement après l'expiration, bouche fermée, ouvrez les deux narines à la fois. Continuez à dilater le plus longtemps possible sans soulever la poitrine. Quand l'utérus se durcit, il n'est pas toujours facile ni spontané d'aller respirer abdominal ; Vous verrez que par cette pratique, cela devient aisé et agréable.

UNE RESPIRATION POUR S'ENDORMIR, FAIRE LE VIDE (la respiration carrée)

Comptez : expir, puis 4 temps inspir, 4 temps arrêt, 4 temps expir, 4 temps arrêt. Même chose avec 5 temps puis 6 puis 5 et retour à 4.

🔲 **C'est très planant. Un peu difficile le vide à 6.**

Il faut surtout reprendre lentement de l'air, en ouvrant les narines pour guider le diaphragme. Bien sûr vous pouvez changer, faire des respirations comptées avec une expiration double de l'inspiration et un bref temps d'arrêt, par exemple 4, 4,8, 4, puis augmenter 5, 4, 10, 4.

Vous pouvez aussi faire des respirations avec visualisation, en amenant au bébé tout ce qui est bon, paisible, lumineux, joyeux, positif, énergie, oxygène et en expirant pour rejeter tout ce qui est négatif, stress, fatigue, tension.

Les massages

C'est une nécessité si vous restez allongée, et une très bonne détente dans tous les cas.

Vous pouvez vous placer sur le côté pour le massage du dos, ou à quatre pattes, éventuellement appuyée sur un coussin (voir « Les "fausses sciatiques" de la grossesse… ») ou sur le ventre avec le coussin microbilles.

Les massages des **épaules** et de la **nuque** sont particulièrement bien venus.

Les massages des **jambes**, les vibrations sont fondamentaux pour la circulation et la constipation.

Le massage du **visage**, le shiatsu en particulier, est un véritable apaisement, souvent efficace si vous avez mal à la tête Si votre compagnon le connaît, n'hésitez pas à le pratiquer.

Le massage du **ventre** : il s'agit, après avoir bien positionné la future mère sur le dos, de décoller doucement la peau de la paroi abdominale et de faire une sorte de petit rouleau que l'on fait progresser du flanc au nombril. En général il y a plus d'adhérence au niveau du nombril, mais en recommençant à parcourir tout le ventre on finira par trouver de la place même au point le plus tendu et la peau se laissera modeler sous les doigts. Le sang va circuler, la peau va rosir. C'est la meilleure protection contre les vergetures.

▦ **Le bébé a l'air d'apprécier, il ondule sous la peau. Ça ne risque pas de déclencher des contractions ?**
Pas du tout si c'est correctement réalisé et que vous êtes bien positionnée.

On ne stimule pas l'utérus, on reste très superficiel, vous respirez tranquillement et vous verrez tout se détendre.
Si ce n'est pas le cas, n'insistez pas.

Le chant

C'est un merveilleux moyen de se mettre dans un état euphorique, de se vider la tête, d'être complètement bien. Pensez à avoir des cassettes près du lit ou du fauteuil. Le chant Indien est particulièrement simple et efficace, mais cela dépend de vos goûts.

Et surtout gardez le moral.

Ce temps de repos n'est pas du temps perdu. Arrêter un peu le tourbillon permet souvent de faire le point, de comprendre où est l'essentiel. Dans une vie, quelques semaines c'est si peu et l'enjeu est le plus important que vous puissiez rencontrer.

La prévention dans les gestes quotidiens

Évitez les stations verticales prolongées. Essayez de faire assise tout ce qui ne nécessite pas impérativement d'être debout (repassage, préparation des repas) et couchée tout ce qui le permet, comme par exemple regarder la télé, recevoir des amis, lire, téléphoner.

Prenez l'habitude de vous asseoir pour vous laver les dents, vous maquiller. Certaines personnes se font des lumbagos en se lavant les dents et lever les bras pour se coiffer entraîne une cambrure s'il y a la moindre inattention. Il suffit de laisser un tabouret devant le lavabo pour prendre cette bonne habitude qui servira à toute la famille.

Gérez bien vos mouvements : vous remarquerez qu'en vous relevant d'une chaise, en vous baissant pour ramasser un objet, en mettant vos chaussures, en vous retournant dans le lit, en sortant de la baignoire, vous poussez sur le ventre et il y a des risques de contracter. Si vous dirigez vos efforts comme vous l'avez appris, tout se passera bien et vous augmenterez vos chances d'acquérir ces automatismes essentiels pour le reste de votre vie.

Même si vous restez allongée au maximum, il y aura peut-être des moments où vous vous lèverez, pour faire votre toilette, aller en consultation, etc. Dans ces moments-là, il est plus important que jamais de maîtriser parfaitement la posture debout, c'est-à-dire la bascule du bassin et tous les exercices que nous avons vus dans la première partie, qui remettent le bébé dans l'axe du bassin. Vous sentirez particulièrement la différence : si vous êtes cambrée, le bébé appuie beaucoup plus sur votre col ; si vous vous placez bien, il est maintenu comme par une ceinture de grossesse. Ne négligez pas la contraction du périnée afin de lutter contre cette pression vers le bas.

Vous pouvez nouer une écharpe sous le ventre ou utiliser la ceinture de soutien du bassin, bien placée en « taille charleston » sans même attendre les premiers signes d'alarme.

Évitez la constipation, qui guette d'autant plus que vous ne bougez pas. Par la diététique, par la respiration abdominale et les étirements latéraux. N'hésitez pas à prendre un peu de gelée à la paraffine, ou à utiliser des suppositoires de glycérine, des Microlax® ou Eductyl®. Un vieux remède, à base de plantes, stimulant le foie, est efficace et très doux : l'Oddibil®.

Pour aller à la selle, surtout ne poussez pas. Vous sentiriez d'ailleurs la pression sur le périnée, comme si le bébé voulait sortir.

▤ Comment faire ? On ne peut pas rester sans rien faire si ça dure.

Les conseils ci-dessus devraient déjà vous aider. Pensez à aménager votre position, qui doit être la plus naturelle, la plus universelle : accroupie !

▤ Mais je n'ai pas de toilettes à la turque et d'ailleurs je ne tiens pas accroupie !

C'est pourquoi il faut mettre des bottins ou des structures adaptées de chaque côté de la cuvette, afin de poser les pieds dessus, pour avoir les genoux très remontés. Penchez-vous bien en avant. Que se passe-t-il quand vous faites l'effort de pousser ?

▤ Tout l'inverse de ce que je faisais ! Ça serre le ventre, ça remonte l'utérus comme une ceinture de grossesse, j'ai envie d'expirer et non de bloquer.

Vous avez tout compris ! Regardez le chien, plus il est constipé, plus il s'arc-boute sur ses pattes avant pour faire le dos rond, avaler son ventre, le serrer très fort. Mais il lève la queue. Il ne pousse jamais comme nous le faisons sur nos cuvettes, parce qu'il est dans une bonne position. Ce sera très important lors des suites de couches.

Au travail, en cas de contractions, essayez de lâcher le ventre. Si vous êtes assise, seule dans un bureau, reculez la chaise, accoudez-vous à la table et étirez votre dos, le ventre dans le vide. Respirez en ouvrant les narines. Dans une salle d'attente, dans le bus, penchez-vous en avant et posez vos coudes sur vos genoux.

Si vous êtes debout et que vous pouvez vous accrocher à une cheminée, un plan quelconque qui vous permette de vous pencher en avant et de vous étirer, faites-le. Sinon, essayez de vous appuyer contre un mur, la taille bien plaquée, les pieds à 50 centimètres en avant environ. Laissez bien tout votre poids sur le dos, balancez légèrement et respirez.

Et si vous devez rester couchée

Faites tout ce que vous avez toujours eu envie de faire et que vous n'avez jamais eu le temps de réaliser ! Entre le rangement des photos, des papiers toujours « à classer », le courrier aux amis, faites votre choix ! Détendez-vous en musique par la lecture et pourquoi pas, apprenez enfin l'anglais, l'italien ou le chinois, une langue étrangère (avec un livre et des cassettes, c'est tout à fait possible). Tenez votre journal intime et organisez des tournois de Scrabble, d'échecs, de dames... Faites l'arbre généalogique de la famille...

Internet vous permet même de jouer aux échecs ou autres jeux, de faire des tas de recherches.

Et, si vous aimez ça, tricotez la layette du bébé, des pulls pour le papa et de jolies vestes pour vous.

Comme il est doux de ne rien faire quand tout s'agite autour de vous et de votre bébé !

Vous verrez, quand tout sera fini, vous regretterez le temps béni où vous n'aviez qu'à vous occuper de vous.

Composez les CD de musique que vous emporterez au jour J. Cela vous permettra de longues plages de détente, utilisables pour l'accouchement, agréables aussi pour le séjour en maternité ou pour les premières semaines avec bébé. Nourrir et bercer son enfant avec des musiques douces est tellement plus reposant pour tout le monde que d'allumer la télé ! Il existe des musiques destinées à la relaxation que vous pouvez utiliser. Renseignez-vous !

Mannick a écrit une très belle chanson « Reste au creux de moi » (*Paroles de femmes*, Édition AZ 5883), qui raconte cette histoire.

L'AUTOCONTRÔLE DU COL

Ceci n'est pas à faire si vous avez une menace sévère, si vous saignez, si vous avez une fissure ou rupture de la poche des eaux, évidemment.

C'est plutôt un repère lors des moments plus pénibles : voyages, portage, journée de shopping.

Il est possible, en particulier en position accroupie, dans votre baignoire par exemple, ou assise sur votre bidet ou vos toilettes, de repérer, du bout des doigts, au fond du vagin, le col ou du moins l'appui du bébé (tête ou fesses, selon sa position).

S'il n'est pas facile d'apprécier réellement l'état du col, il est tout à fait possible, par comparaison d'un jour sur l'autre, d'apprécier si le bébé est plus ou moins bas. Après une journée de « déménagement » par exemple, vous le sentirez beaucoup plus proche. En revanche, si vous vous reposez bien, si vous surélevez votre bassin quand vous vous allongez, vous aurez rapidement la sensation qu'il est remonté. C'est en fait l'utérus qui est plus ou moins bas.

Ce n'est pas un diagnostic médical, mais cela peut vous servir de clignotant d'alarme pour vous inciter au repos.

Les douleurs dans le bas-ventre qui ne sont pas des contractions

À diverses périodes de la grossesse vous pouvez ressentir des douleurs dans le ventre, sortes de crampes ou de «points de côté» parfois de «coups de poignard».

Dans le même temps, le ventre est tendu et vous n'arrivez pas à relâcher cette tension. Vous allez donc penser que vous avez des contractions et vous angoisser énormément.

Rappelez-vous : une contraction ne dure pas plus d'une minute et demie. Puis il y a détente, respiration, agitation du bébé… De plus les contractions de la grossesse ne font pas mal.

▤ Mais d'où vient alors cette douleur si ce n'est pas de l'utérus ?

Des ligaments qui suspendent l'utérus et parfois des muscles abdominaux profonds. Vous remarquerez qu'il y a des périodes plus pénibles : autour de quatre mois, six mois, huit mois… Ce sont des moments où l'utérus grossit beaucoup, brutalement. Il va donc tirer sur les ligaments et étirer les muscles voisins… qui résistent !

▤ Que peut-on faire pour limiter ces tensions ?

Comme toujours il y a des réponses «mécaniques» que nous allons voir. Votre médecin ou sage-femme pourra vous prescrire aussi des vitamines, B6 en particulier (souvent associées à du magnésium ou à d'autres oligo-éléments). C'est en général assez efficace contre ces douleurs, les crampes, etc.

Il faut aider à l'étirement, en douceur, pour ne pas provoquer la réaction musculaire en particulier.

Le travail à quatre pattes est très indiqué. Vous sentirez tout de suite le ventre se relâcher après quelques respirations ; tous les étirements dans cette position sont intéressants, par exemple «Le chat qui fait ses griffes» (p. 115), etc.

Les respirations en «demi-lune», sur un côté (voir «Respirez pour vous… et pour lui») assise tailleur, un bras levé, «La petite sirène» (p. 125) étirent le flanc et entraînent le relâchement du ventre. On fait de la place au bébé et ça va mieux après…

Toutes les postures pour les problèmes digestifs, qui étirent les grands droits et «ouvrent» le thorax sont aussi intéressantes. «Le cobra» (voir p. 94) est évidemment la plus puissante.

Tous les étirements latéraux et le massage du ventre vont dans le même sens.

Au quotidien : penser à respirer en dilatant les narines. Ne jamais se plier, se tasser sur la douleur mais au contraire étirer, penser à se pencher en avant pour «mettre le ventre dans le vide».

Il se peut que le retournement dans le lit entraîne la douleur, surtout quand vous allez vers le côté «vide». N'hésitez pas à soutenir votre ventre de vos mains et à placer un coussin en dessous. Mobilisez-vous lentement, en expirant. Essayer la ceinture élastique sur le bassin.

Et bébé pendant ce temps : la prématurité aujourd'hui

La pédiatrie a fait d'énormes progrès et l'on sait traiter des bébés de plus en plus jeunes et de petits poids.

Le seuil de sécurité est la 36ᵉ semaine, au-delà de laquelle le bébé ne fait que perfectionner sa résistance et soigner sa présentation (prise de poids : 30 grammes par jour le dernier mois).

Mais tous les organes sont en place et capables de fonctionner. Il est capable de respirer seul... Ce qui est fondamental et qui demeure le principal problème dans les semaines précédentes.

Il n'aura peut-être pas la force de téter très longtemps, car il est très fatigable, mais le réflexe de succion est le plus souvent présent à ce terme et la déglutition se fait sans trop de problèmes.

Toutefois, si c'est une maladie maternelle qui entraîne la prématurité (infection, diabète, hypertension), les pédiatres préfèrent aujourd'hui faire naître des enfants plus tôt et les soigner directement, voire les opérer si une malformation se présentait.

▦ Le poids a-t-il une importance ?

Au-delà de 2 500 grammes ce n'est plus vraiment inquiétant. En général, on laissera le bébé quitter l'hôpital s'il ne présente aucun autre problème. Plus l'enfant est petit, plus il est vulnérable à l'hypoglycémie (manque de sucre dans le sang) et à l'hypothermie (température inférieure à 36°)... On est obligé de les maintenir au chaud en couveuse et souvent, de les alimenter par sonde directement dans l'estomac.

▦ Pourrais-je rester près de mon bébé ?

Tout dépend des services et du degré de prématurité. S'il est simplement en couveuse, il restera certainement dans la maternité où il est né, dans le même service que vous.

S'il existe des problèmes respiratoires, cardiaques, des problèmes particuliers, il sera dans un service spécialisé avec surveillance permanente (électro-cardiogramme avec alarme, alimentation par sonde, oxygène, perfusions d'antibiotiques par exemple). De plus en plus d'hôpitaux ouvrent des unités Kangourou où la mère reste avec l'enfant. On s'est aperçu que la meilleure couveuse

était le portage « corps à corps ». Les enfants se développent plus vite, sont plus résistants, s'ils ont ce rapport de contact permanent.

De toute façon, vous serez invitée, ainsi que le papa, à aller voir votre bébé régulièrement et à le prendre dans vos bras dès que possible.

Cela peut vous angoisser un peu mais il est très important pour lui de vous sentir, de vous entendre, d'être touché, même dans sa couveuse.

Bien sûr, si vous pouvez tirer votre lait et le lui donner, c'est une très bonne chose pour lui et pour vous.

Mais on a parfois du mal à avoir du lait quand l'angoisse domine et que la stimulation du bébé au sein n'est pas là... Demandez un soutien auprès des associations d'aide à l'allaitement et ne vous découragez pas... Quelques gouttes le premier jour feront 10 ml le lendemain et rapidement une ration normale.

▦ Un bébé né prématurément reste-t-il fragile ?

Pas du tout ! (sauf très grande prématurité ou maladies particulières). Ce sont en général des bébés qui « se rattrapent » et grossissent très rapidement. Il ne faut pas les surprotéger et angoisser à leur sujet. Dès qu'ils sont sortis de l'hôpital et qu'ils amorcent une bonne courbe de croissance, ils sont aussi robustes que les autres.

On dit que ce sont souvent des enfants plus éveillés voire plus intelligents que la moyenne... Cela s'appuie sur le fait que le petit de l'homme est « inachevé » quand il naît, contrairement au petit mammifère qui est beaucoup plus indépendant, qui marche tout de suite, etc.

L'enfant se termine à l'extérieur, dans le monde. Son cerveau reçoit des stimulations qui développent les réseaux de neurones et cela pendant plusieurs années... Plus vite il sera baigné dans un univers qui stimulera ses sens, plus il développera ses facultés...

En résumé seuls les premiers jours sont critiques par les problèmes respiratoires, les hypothermies, hypoglycémies et les ictères (jaunisses) plus fréquents.

Passé le cap dangereux, tout va s'effacer très vite. Le plus dur sera d'oublier tout cela car c'est une chose terrible pour les parents et surtout pour la mère très vulnérable à cette période. Le vide intérieur accentue le vide du berceau et décuple l'angoisse. N'hésitez pas à vous faire aider psychologiquement.

Ils m'ont dit de partir
Bannie
Dépossédée
Et prisonnière
Partir
Vide
Évidée
Et la vie à donner
Et j'ai envie de mort
Envie d'amour
Envie d'enfant
Envie
De me combler de toi
Jusqu'au mirage
De mon ventre
Envie de te raccompagner
Là d'où tu viens
Mon inspérance
Et de recommencer
La chair à vif
Ma plaie d'oubli.

Poème pour Thomas
(Séparation-hospitalisation)
B.G.

Mieux-être au quotidien

L orsque nous sommes enceintes, c'est vingt-quatre heures sur vingt-quatre. Quelques exercices sont donc utiles mais ce sont aussi tous les gestes quotidiens qui sont sources de découverte, d'adaptation à votre état et d'apprentissage pour toute la vie. En voici encore quelques-uns, où la «manière d'être» fera la différence.

Les positions assises

Sur une chaise

Toutes les chaises sont trop hautes et tous les dossiers sont inclinés vers l'arrière.

Assise sur une chaise ordinaire, si vous n'êtes pas très grande, vous avez à peine les pieds par terre et, en tout cas, vos genoux sont au-dessous de vos hanches, votre «angle» est supérieur à 90°. Comme vous êtes dans la pesanteur, vous avez tendance à glisser comme dans un toboggan, ce qui tasse les vertèbres lombaires. Ce n'est bon pour personne mais, pour une femme enceinte, il s'y ajoute une compression de l'estomac très désagréable. Vous avez alors tendance à vous redresser pour dégager l'estomac, mais vous vous retrouvez cambrée.

Et vous ne respirez toujours pas bien.

En dehors de la grossesse, si vous observez

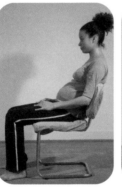

les femmes dans les réunions, au restaurant, etc., vous verrez qu'elles croisent les jambes, ce qui permet de remonter un genou et d'avoir, au moins d'un côté, un angle inférieur à 90°. Ce n'est pas bon pour la circulation, pas bon pour les hanches car c'est toujours du même côté, et enceinte, particulièrement inadapté, mais c'est moins dur pour le dos

La solution est de placer des annuaires ou un petit banc sous les pieds pour retrouver le bon angle, **et surtout de ne plus s'appuyer sur le dossier.**

Au bureau, il faudrait vous équiper d'un petit repose-pieds, si possible incliné pour poser vos pieds chevilles fléchies.

Si vous êtes très souvent en déplacement, ayez un porte-documents rigide ou une sorte de valisette que vous pourrez mettre sous les pieds même dans le train. De même dans l'avion s'il n'y a pas de repose-pieds réglable.

Regardez les sièges à l'égyptienne, le dossier est totalement droit, les angles sont respectés. Quand le sujet est petit il y a un support sous les pieds.

Si vous voulez vous appuyer en arrière, il faudrait un coussin, non pas dans le bas du dos mais au contraire au niveau des omoplates, pour vous ramener en avant. Le coussin microbilles est idéal pour ça.

Autre solution : assise sur un ballon, c'est idéal pour travailler à l'or-dinateur! Plus de tensions dans le haut du dos, soutien souple du péri-née, mobilité et stabilisation permanente, vous êtes obligée d'être en avant, ce qui libère la respiration.

Si vous êtes très grande, la petite galette posée sur la chaise rem-placera le ballon, à condition de ne jamais vous appuyer en arrière!

Autre solution : utilisez un siège bas, un petit escabeau par exemple, du type de ceux qu'on utilise pour que les enfants puissent se laver les dents. Vous en aurez besoin bientôt, autant l'acheter dès la grossesse!

Avec un coussin dessus ou la galette, c'est la hauteur idéale pour avoir le dos droit sans tension.

Sur un canapé

Le canapé est particulièrement mal conçu. Plus il est profond, plus il sera difficile d'être bien instal-lée dedans, sauf à rajouter cinq coussins dans le dos pour vous ramener en avant, ou vous asseoir

en tailleur dessus! Préférez asseoir le papa au bord du canapé, pen-ché en avant, et vous en tailleur par terre, et poser vos bras sur ses genoux. C'est une bonne position pour les deux. Ça libérera votre estomac et sera idéal pour regarder la télévision après dîner sans avoir de problème digestif! Il peut même vous masser les épaules et les trapèzes (muscles très tendus de chaque côté du cou).

Si le papa n'est pas là, rajoutez des coussins sur le canapé pour pouvoir poser vos bras à la bonne hauteur!

Avec le ballon, c'est idéal pour les deux, le papa vous berce et se berce en même temps.

La position aux toilettes

Les toilettes normales sont beaucoup trop hautes. On ne retrouve pas du tout la position physiologique des toilettes à la turque qui reproduit la position spontanée… dans les champs !

Il faudra donc adapter et prévoir un petit banc pour rehausser les pieds et pouvoir se pencher en avant. Encore une raison d'investir tout de suite dans le petit banc !

Le jour de l'accouchement

Évitez d'être avachie sur la table d'accouchement parce que vous vous appuyez sur le dossier relevé (qui n'est jamais à 90° du siège). Vous allez glisser, bloquer la respiration, bloquer le sacrum. La circulation retour se fera moins bien et vous risquez d'avoir des œdèmes dans le périnée et les jambes.

Il faudra basculer la table en arrière au maximum, redresser le dossier au maximum pour reproduire une sorte de fauteuil africain. Mais l'angle reste encore supérieur à 90° et vous glissez.

Plusieurs solutions : ajouter le coussin sous les cuisses, dans le dos, utiliser les cale-pieds, l'arceau, ou venir en avant…

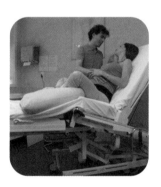

S'asseoir et se relever

Ce sont en général des gestes qui déclenchent des douleurs dans le bas du dos, dans l'aine parfois, qui peuvent déclencher des contractions, et faire mal si on a une césarienne ou des points de suture dans le périnée.

L'erreur habituelle est de se jeter en avant sur un coup de reins, ce qui entraîne une cambrure.

Il suffit de s'avancer au bord de la chaise ou du canapé, de basculer en avant jusqu'à ce

que le poids du corps vienne sur les pieds, puis de se redresser d'un bloc, en tournant autour de la hanche, sans plier le corps en deux :

Pour s'asseoir, plier les genoux, se pencher en avant, aller chercher le siège avec les mains en arrière et poser les fesses.

Bien entendu, tous les efforts se font sur une expiration, en serrant le périnée.

Se pencher, se relever

Toute la journée (et particulièrement avec un bébé), nous sommes amenées à nous pencher et à nous relever, par exemple pour ramasser des objets, pour ranger, pour remplir ou vider la machine à laver. En général, nous nous plions en deux au niveau de la taille et la répétition de ces gestes très communs peut entraîner des hernies discales en dehors de tout effort violent.

Ceci explique que des femmes qui souffrent de lombalgies (mal aux reins) d'habitude et redoutent la grossesse en pensant qu'elles auront plus mal en raison de la cambrure ont la bonne surprise de souffrir moins pendant le dernier trimestre car elles ne peuvent plus se plier en deux et sont obligées de se pencher d'un bloc, à cause du ventre !

SE PENCHER

Mauvais   Bon

Mais le problème réapparaît et empire après la naissance quand il faut aller chercher bébé dans le berceau, dans le siège auto, etc.

Se relever

Mauvais

En fait, il faut arrêter, encore une fois, de plier la colonne vertébrale sur une charnière.

Même une barre de fer, à force de la plier et de la déplier, finit par se casser. Il y a des disques entre les vertèbres et ces mouvements les compriment sans arrêt.

Il faut se pencher d'un bloc, en pliant au niveau des hanches, dos droit et surtout pas rond, bien tirer les fesses en arrière, quitte à prendre appui sur le genou.

Bon

Et, pour vous relever, éviter de projeter le ventre en avant et de se cambrer: tendez simplement les genoux en contractant le périnée et en faisant une bascule correcte du bassin.

Si l'objet est lourd, mieux vaut vous accroupir, si vous le pouvez, talons au sol, pieds parallèles, ou poser un genou à terre et vous relever dos droit, sans vous arrondir, en travaillant les jambes (c'est fatigant de travailler les jambes, c'est pour ça que le plus souvent nous faisons l'effort avec les reins).

Plus tard, pour aller chercher un bébé assis par terre, pour lui donner un jouet, il faudra veiller à se protéger de la même manière.

Mauvais

Bon

Bon

Aller chercher quelque chose en hauteur

Les vieux dictons interdisaient aux femmes enceintes de lever les bras, d'étendre le linge. Ces gestes étaient réputés provoquer des fausses couches.

Il faut bien comprendre que dans le temps les femmes qui faisaient la lessive soulevaient des draps de lin mouillés très lourds, portaient les lessiveuses pleines d'eau… de tels efforts mal conduits, en poussant le ventre en avant, avec le levier des bras tendus, étaient redoutables.

Si vous levez les bras à partir des reins, la poussée est violente et fait basculer l'utérus vers l'avant, augmente la cambrure et la position en suspension dans le vide de l'utérus. Vous risquez des contractions, des douleurs dans les reins et le bas du dos.

Il faut bien placer votre bassin, bien fixer vos fémurs et ressentir votre ceinture basse (charleston) tenir vos sacro-iliaques et soutenir l'utérus par en dessous. Puis, en expirant, levez le bras en prenant votre force au niveau

Mauvais　　　　　Bon

de l'épaule (omoplate) et non à bout de bras. En fait l'effort vient du centre, de la base, de la ceinture… comme dans les arts martiaux. C'est l'épaule qui travaille et non les reins. Le ventre ne bouge pas, il ne part pas en avant.

Le portage des charges

Il faut éviter de porter à bout de bras, les épaules en avant, ce qui bloque la respiration et pousse tout vers le bas. Vous sentirez vite la pesanteur dans le bas du ventre et les tensions dans la nuque.

Essayez autant que possible de faire rouler les charges : caddies, valises à roulettes, faites-vous livrer, commandez par internet…, ne jouez pas les superwomen surtout en cas de déménagement… Placez bien votre bassin, poids du corps légèrement en avant sur les pieds, épaules basses, nuque bien étirée, comme si vous portiez sur la tête.

Le meilleur portage est celui des sherpas : un bandeau frontal permet de tirer plus que porter les charges qui sont donc en arrière, ce qui oblige à mettre le poids du corps très en avant. La nuque doit être très étirée, très gainée comme par une minerve, il s'agit d'un autograndissement, de véritables postures d'unité où tout le dos est rigide, solide, monobloc sans aucun niveau de faiblesse.

En fait ce sont des « pompes » debout, ce qui muscle le dos, mais aussi les abdominaux profonds, ceux qui tiennent le dos et plaquent l'utérus contre la colonne, en le soutenant en dessous.

Les Indiennes d'Amérique ont été étudiées parle Dr Pacciornick, obstétricien brésilien qui a pu montrer que grâce à leur mode de vie, sans confort moderne, sans canapé ni toilette surélevés, grâce aux positions accroupies très quotidiennes et accroupies suspendues pour l'accouchement, et aussi par ce type de portage, elles avaient des périnées dix fois plus élastiques que les Brésiliennes des villes, ne connaissaient ni incontinence ni descente d'organe, même pas dans le troisième âge. Et elles ont pourtant beaucoup d'enfants, une vie très dure et pas de rééducation périnéale !

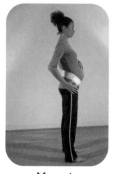

Mauvais

Bon

À défaut de porter sur la tête ou avec un bandeau frontal, le sac à dos est un bon portage, à condition qu'il soit muni comme les vrais sacs à dos de montagne d'une sangle sur les hanches et au niveau des épaules, et soit rigide pour mettre le dos dans une sorte de « corset ». On est donc obligé de mettre le poids du corps en avant et de rester monobloc.

N'hésitez pas à utiliser la petite ceinture de soutien du bassin, dans la grossesse comme après, dès que vous devez faire des efforts debout. Elle doit se placer horizontalement, sur le haut des cuisses, juste au niveau de l'articulation entre la cuisse et le bassin (articulation coxo-fémorale) et surtout pas au niveau des reins.

Marcher

On recommande souvent la marche aux femmes enceintes. Mais beaucoup ont des contractions, des douleurs dans le bas du dos, dans la symphyse pubienne, des sensations de pesanteur.

Si vous ne corrigez pas votre statique en basculant correctement le bassin, poids du corps en avant, vous risquez de ne pas pouvoir beaucoup avancer.

La meilleure marche est la marche nordique avec des bâtons, ce qui entraîne une statique en avant. Ce n'est pas très adapté aux trottoirs de nos cités et pas pratique pour les courses !

Il faut imaginer les bâtons, ou le sac à dos, et porter éventuellement la ceinture si vous devez marcher longtemps, et surtout piétiner, ce qui est pire.

Les escaliers

Monter est fatigant mais beaucoup moins mauvais pour le dos, le ventre, le périnée que la descente.

Si vous avez eu l'occasion de marcher en montagne, vous avez dû constater que descendre fait mal aux genoux, appuie fortement sur la vessie et réveille les douleurs sacro-iliaques.

En ce qui concerne les escaliers, il y a souvent des chutes sur le coccyx à la descente, particulièrement dans la grossesse, car la peur de tomber fait souvent faire un mouvement de retenue en arrière.

Il faudrait essayer, à la montée comme à la descente, de garder le dos bien vertical, comme si on portait sur la tête ou dans le dos. Il faudrait faire travailler davantage les jambes et moins les reins…

Pour monter, fléchissez une hanche en expirant, montez le genou vers la poitrine sans arrondir le dos, posez le pied sur la marche de dessus puis poussez sur ce pied pour tendre le genou et vous hisser jusqu'à pouvoir libérer

Mauvais   Bon

l'autre pied, fléchir l'autre hanche et recommencer de l'autre côté.

Il faut pousser sur le pied et non se tirer avec les reins.

Cela va dérouler la voûte plantaire et vous amener sur la pointe du pied (ce qui est très différent de monter les escaliers sur la pointe des pieds).

Pour la descente, évitez de partir le buste en arrière · Restez bien d'aplomb

Si vous pratiquez de cette manière, c'est un très bon travail pour la circulation sanguine. Vous pourrez d'ailleurs jouer aux escaliers imaginaires pour activer la circulation retour.

Si vous restez crispée sur la pointe des pieds, vous aurez des crampes et vous ne protégerez pas votre dos.

La respiration dans les escaliers

Si vous partez trop vite, vous allez être rapidement « asphyxiée », votre cœur et votre rythme respiratoire emballés avec un souffle très superficiel qui n'oxygène pas.

Il faut commencer par expirer dès la première marche, sans chercher à prendre de l'air préalablement. Il faut ensuite s'efforcer d'expirer très régulièrement et en allongeant l'expiration. Laissez l'inspiration se faire toute seule, en ouvrant simplement la bouche.

Toutes les deux marches par exemple, expirez volontairement, activement.

Vous verrez que vous arriverez en haut beaucoup plus facilement, le cœur beaucoup moins accéléré, et que vous retrouverez le calme plus vite.

Si vous vous êtes laissé piéger, que vous avez oublié d'expirer, il faut vous arrêter, vider plusieurs fois le plus longuement possible, sans vous occuper de reprendre de l'air… vous allez constater que le diaphragme se charge de vous faire inspirer ! Ce qui ne se fait pas tout seul, c'est d'expirer, de vider. Et plus vous videz, plus vous pouvez remplir. Après quelques expirations assez rapprochées, essayez de ralentir le rythme, de vider lentement et d'ouvrir les narines pour diriger un peu votre diaphragme au lieu de le laisser diriger les opérations… faites-le descendre lentement, de plus en plus lentement, jusqu'au retour au calme.

C'est une situation assez habituelle qui vous permettra de bien maîtriser la respiration dans l'effort, ce qui est très utile pour l'accouchement.

Les positions couchée

Beaucoup de femmes enceintes ont des douleurs dans le bas du dos en position couchée.

Nous avons déjà vu comment replacer le bassin et utiliser des coussins, ou la galette pour maintenir le bassin dans la bonne position. Nous avons vu le rôle de l'angle entre les cuisses et la colonne vertébrale avec la chaise ou avec la tablette qui sert pour les repas, et sur la table d'accouchement l'utilisation du ballon, de l'arceau, toujours pour éviter que la cambrure réapparaisse et réveille la « fausse sciatique ».

Mais il n'est pas toujours possible de conserver les bonnes positions toute la nuit et c'est souvent quand on bouge dans son sommeil qu'on est réveillé par cette douleur aiguë qui bloque le mouvement.

Ces douleurs sont inquiétantes, d'autant plus qu'elles sont nocturnes, quand on est détendue, hors de tout effort. On se demande si on va rester bloquée, handicapée, comme une « vieille ». C'est très désagréable.

En fait, les muscles étant très détendus, les articulations bougent plus et, si vous êtes déjà très « laxe », avec des ligaments très souples, les sacro-iliaques ne sont pas du tout tenues et le nerf est comprimé dans la mobilisation.

Il suffit de pouvoir terminer le mouvement par exemple de retournement ou de relèvement, pour que la douleur disparaisse. C'est un peu comme quand on se pince le doigt dans la porte : il suffit d'ouvrir la porte.

Bien entendu, on ne vous donnera aucun traitement médical, car les anti-inflammatoires utilisés en rhumatologie pour les douleurs articulaires sont déconseillés pendant la grossesse.

Mais, en réalité, il ne s'agit pas d'inflammation mais de compression mécanique passagère : pas de sciatique, mais une hypermobilité des sacro-iliaques.

La cause est donc hormonale et il est impossible de jouer sur la cause… C'est une bonne cause ! C'est ce qui permettra à votre bassin de s'adapter aux différents temps de l'accouchement, de s'agrandir devant le bébé au cours de sa descente.

Mais avant et après l'accouchement il faut simplement apprendre à vous mobiliser sans pincer les petits filets nerveux sur leur passage dans les articulations.

Nous en avons déjà parlé à propos de se pencher, se relever, s'asseoir, soulever…

Le geste qui déclenche de façon très typique la douleur est celui de se retourner dans le lit.

Se retourner dans le lit

Si vous ramenez les jambes d'un côté alors que les épaules ne suivent pas, vous allez créer une sorte de torsion qui déclenchera une douleur aiguë de pincement.

De même, si vous ramenez les épaules alors que les hanches ne suivent pas.

Si vous remontez les deux cuisses vers le ventre, vous allez utiliser vos abdominaux et déclencher la douleur (et peut-être en prime une contraction).

Il faut donc ramener un genou vers la poitrine en pliant au niveau de l'aine, en expirant et surtout sans bouger le bassin, sans écraser les reins au sol. Il suffit d'imaginer un fil sous le genou, plier selon le pointillé que représente l'aine, en expirant. Vous pouvez poser le pied sur le genou opposé (ou contre le genou).

Puis placez la main du même côté contre le genou remonté, à l'extérieur du genou, la paume de main vers l'extérieur pour que le coude soit «verrouillé», qu'il ne plie plus. Vous devez avoir une sorte de levier rigide.

Tournez la tête, **menton rentré**, du côté opposé à la jambe remontée, et poussez sur le genou pour que les épaules et les hanches tournent en même temps, sur une expiration, le corps bien monobloc.

Vous serez étonnée de la facilité du retournement. Sans effort, sans contraction des abdominaux, vous roulez d'un bloc et vous retrouvez bien placée sur le côté, le genou remonté. Il n'y a plus qu'à placer le coussin microbilles. Il ne doit y avoir aucune douleur, c'est quasi «magique».

Peut-être allez-vous oublier toutes ces précautions de temps en temps... surtout au milieu de la nuit. Vous déclencherez la douleur et vous vous direz que vous avez mal géré le geste, mais vous ne serez plus inquiète puisque vous saurez d'où vient le problème et comment le résoudre, la prochaine fois.

Se relever du lit

À partir de la position sur le côté

Il faut d'abord s'asseoir.

L'erreur habituelle est, après avoir pris appui sur les bras, de déplier l'aine et de laisser la jambe supérieure s'écarter du corps. L'angle fémur-colonne devient alors supérieur à 90° et il y a une poussée dans le ventre et un pincement dans les sacro-iliaques.

La bonne gestuelle consiste à remonter le genou inférieur au niveau du genou supérieur.

Les deux genoux sont maintenant à moins de 90° de la colonne. Prenez appui sur la main supérieure, en éloignant l'autre main le plus possible du bassin.

Puis poussez sur les bras et allongez la jambe supérieure, remontez le genou inférieur vers le ventre, ce qui fait une sorte de balancier.

Rapprochez la main inférieure des hanches et poussez encore sur les bras jusqu'à vous asseoir.

Une fois au bord du lit laissez glisser les jambes vers le sol, rapprochez-vous du bord du lit en poussant sur vos bras, penchez-vous en avant jusqu'à ce que les fesses se soulèvent, dos droit, puis dépliez les genoux et les hanches comme vous l'avez fait pour vous relever de la chaise.

Mauvaise cambrure

À la maternité, vous aurez peut-être des lits électriques qui vous permettent d'être très bas, ce qui est plus facile.

En partant de la position sur le dos

Si vous vous asseyez brutalement, vous allez contracter vos abdominaux et peut-être déclencher des contractions.

Partez le dos et la tête relevés par les coussins.

Pliez vos genoux, prenez appui sur vos coudes et avant-bras en les reculant le plus loin possible en arrière, à la limite du supportable pour les épaules.

Puis tendez les coudes comme un cric pour remonter le dos d'un bloc, en expirant, épaules très en arrière.

C'est la même technique que vous utiliserez pour vous redresser dans la baignoire, sans pousser sur vos abdominaux, et dans les premières semaines après une césarienne si vous avez à vous redresser rapidement sans passer par le côté.

L'aspirateur

C'est un engin diabolique très déconseillé pour le bas du dos. Si vous vous penchez dos rond, ça ne pardonne pas!

N'oubliez pas de tirer les fesses en arrière pour vous débloquer avant de remonter le buste si vous avez mal commencé.

Si vous voulez faire du sport en même temps que votre ménage et ne pas vous faire mal, il faut travailler dans la posture de l'escrimeur, en fente avant. Imaginez l'aspirateur au bout des bras de notre modèle…

POUR RÉSUMER

Retenez qu'il faut toujours expirer, à partir du périnée, toujours maintenir l'étirement de la colonne vertébrale, quel que soit l'effort. Qu'il faut plier au niveau de l'aine et jamais au niveau des reins, et ne jamais raccourcir les abdominaux grands droits.

Séance type prénatale :
pour un bien-être général

Si vous avez envie d'entretenir votre bien-être, de préparer votre corps, de vous accorder quelques instants de détente, voici un schéma de séance standard. Vous pourrez, en fonction de petits malaises qui apparaîtraient, aller chercher des postures plus spécifiques dans les chapitres correspondants.

Pour cette séance type, vingt minutes suffisent. Il faut trouver un espace calme, où vous avez la place de vous allonger au sol. Aérez la pièce, évitez les lumières violentes.

Si vous pouviez trouver un rythme régulier, le matin ou le soir, ce serait mieux, car cela établira des repères dans le temps au moment où « tout bouge » en vous.

Assise en tailleur
− respiration abdominale
− travail du périnée
− dos creux
− l'aigle endormi

À quatre pattes
− le chat
− dos rond
− étirement latéral

Sur le dos
− placement du bassin
− postures respiratoires, ouverture des côtes
− demi-pont
− étirements de base avec la sangle

Ou / et sur le côté
− relaxation sur le côté avec coussin
− travail avec ballon, petite sirène

À la verticale
− se dresser sur les genoux
− passer / être debout
− se pencher, se relever
− accroupi suspendu avec le papa

Relaxation
− relaxation sur le côté
− ou relaxation avec la chaise

La mise au monde

Le grand jour est arrivé… Impossible de reculer ! Dans votre corps, tout est prêt, tout est prévu, merveilleusement prévu par la nature pour l'accouchement « normal » c'est-à-dire physiologique. Mais dans votre tête, ce n'est peut-être pas tout à fait simple. Passons ensemble le film… Il s'agit de suivre, dans l'ordre chronologique les différentes séquences d'un accouchement « normal » du point de vue de la mère et de situer les événements pour le père et l'enfant. Comment les choses se passent-elles « en général » ? Quel est le programme physiologique, quelles sont nos possibilités d'action, nos atouts, nos limites, comment agissent les interventions médicales éventuelles et comment y réagir dans un sens positif. C'est ce que nous allons aborder.

Au niveau des sensations, plusieurs phases vont se présenter.

D'abord le « travail ». Le nom est bien choisi : l'utérus doit rester fermé pendant neuf mois (encore notre condition de bipèdes !) puis s'ouvrir en quelques heures. Pour cela le muscle utérin va travailler intensément. Il va développer une énergie extraordinaire, qui peut être épuisante pour la mère si quelques précautions ne sont pas prises.

La nature a des mystères… Pourquoi ce travail est-il douloureux, alors que notre cœur travaille pour nous sans relâche de façon indolore ? Pourquoi la croissance est-elle en général indolore alors que la pousse des dents fait souvent très mal à de pauvres victimes innocentes ? Toujours est-il que l'accouchement est « physiologiquement » douloureux, plus ou moins, évidemment. Les contractions ouvrent le col et font en même temps descendre le bébé. Un travail totalement indolore est rarissime.

La deuxième phase, peu différente au niveau des sensations, mais plus délicate en terme de mécanique, est le temps entre l'ouverture du col et la sortie du bébé. C'est la phase où le bébé entre dans le bassin, descend dans le vagin jusqu'au seuil, le périnée.

La troisième phase est l'« envie de pousser », sensation très puissante, nouvelle, impérieuse : il s'agit d'un réflexe, comme l'éternuement, le vomissement. C'est grâce à lui sans doute qu'Ève a pu donner naissance sans cours de préparation et sans aide médicale !

Il arrive que ce réflexe arrive trop tôt et qu'on vous demande de ne pas pousser, il arrive qu'il fasse défaut. Nous en reparlerons.

Cette étape conduit à la naissance proprement dite, dénommée tendrement (!) « expulsion ».

La dernière permet la sortie du placenta, qualifiée de « délivrance ».

Embarquement immédiat !

Le vécu de l'accouchement

Certains accouchements sont des marathons, d'autres des sprints, mais c'est toujours une épreuve sportive.

Grâce aux analgésies, il peut y avoir aujourd'hui accouchement presque sans douleur, mais non accouchement sans travail (hormis la césarienne programmée).

Or nous avons un peu tendance, de nos jours, à penser que l'accouchement est beaucoup plus court que du temps de nos mères, ce qui n'est qu'en partie vrai ; et nous négligeons l'aspect énergétique de l'épreuve parce que notre conditionnement, conscient ou non, est polarisé sur la douleur.

En réalité, l'accouchement est un des efforts les plus importants que puisse fournir l'organisme. Nous perdons environ 6 kilos en l'espace de quelques heures, dont une partie seulement correspond à l'enfant, au placenta, au liquide perdu. Or cet effort est fait sans manger, sans boire et sans dormir.

Les moyens médicaux d'accélération ne sont pas utilisés avant 3 centimètres de dilatation environ (sauf déclenchement, ce qui est un cas particulier). En effet, il faut être sûr que l'accouchement est bien commencé, que le processus hormonal est lancé. Sinon, si ce n'est pas mûr, le col résistera et l'épreuve sera inutilement infligée au bébé ; on ne tente cela que s'il faut obligatoirement sortir l'enfant rapidement, quitte à faire une césarienne si ça ne marche pas par déclenchement. Or les trois premiers centimètres sont, relativement, les plus longs à parcourir !

Pourquoi ne peut-on s'alimenter pendant les contractions ?

Les choses évoluent. De plus en plus de maternités acceptent que les mamans boivent des boissons énergétiques ou mangent léger quand le travail est très long, ce qui était impensable il y a quelques années.

Néanmoins, on peut dire que la faim est rarement la sensation majeure de ce moment (alors que le repas qui suit l'accouchement restera peut-être la plus intense satisfaction alimentaire de votre vie, tant on a besoin de récupérer !). Il faut savoir aussi que vous allez être assez « chahutée » et que le déjeuner risque de « monter et descendre », ce qui est très pénible. La raison médicale est qu'il peut toujours y avoir une anesthésie générale imprévue et qu'un estomac plein peut être source de vomissements qui peuvent eux-mêmes être inhalés, c'est-à-dire parvenir dans les poumons.

Où trouver l'énergie nécessaire ?

On peut apporter du glucose en perfusion pour soutenir la mère. Cela entraîne quelques contraintes de mouvements.

Quelles sont nos ressources propres ?

La respiration, source d'oxygène pour le muscle utérin, pour la mère et l'enfant, et les «économies d'énergie» que nous pouvons faire en relâchant tout ce qui ne travaille pas dans le corps. Si vous vous laissez épuiser par le travail, vous risquez de manquer de forces pour le moment de la naissance et d'être frustrée, comme privée du meilleur de l'événement, ce moment magique après l'effort maximum. C'est dommage! Même si on a les moyens de vous aider et de faire que le bébé naisse sans problème, c'est toujours moins satisfaisant pour la maman.

▧ La péridurale change-t-elle les choses?

Nous verrons en détail en quoi elle peut accélérer les choses et donc diminuer ce temps. Bien évidemment le fait d'être détendue limite aussi la dépense énergétique; c'est un des points positifs de la péridurale. Mais elle peut aussi limiter les sensations et donc la recherche de positions qui favorisent l'efficacité du travail. En terme de durée les études montrent qu'il est statistiquement équivalent d'avoir un travail spontané sans péridurale et un travail avec péridurale qui nécessite en général des perfusions d'hormones pour «accélérer». À la finale donc il faut quand même toujours beaucoup de travail!

▧ Mais certaines femmes ont un travail très rapide?

Ou trop rapide… ce sont les sprinteuses de l'accouchement. Mais quelle intensité alors! Et souvent elles n'en ont pas un merveilleux souvenir car elles n'ont pas eu le temps de récupérer, pas le temps de «devenir mère» et la violence a été la sensation dominante. Comme toujours, trop long ou trop court n'est pas le meilleur timing.

L'ANGOISSE D'ÉCARTÈLEMENT

Certaines femmes ont une angoisse incontrôlable à l'idée que l'enfant va devoir passer par le vagin et la vulve. Elles ont des fantasmes d'écartèlement et préfèrent envisager une césarienne. On peut les aider en leur proposant de faire l'expérience de l'élasticité vaginale. Elle peut (ou son compagnon) introduire progressivement deux doigts, puis trois, puis la main entière dans le vagin. Puis fermer le poing. Il faut aller doucement, ne pas provoquer de douleur, attendre la détente à chaque étape.

Ensuite retirer la main, poing fermé pour simuler le passage de la tête du bébé. Observer comment mieux ouvrir (essayez de pousser en bloquant le souffle, de faire une fausse inspiration thoracique…) Et peu de temps après constater que tout a repris forme et tonus, c'est très rassurant!

Le déroulement théorique standard

Le processus physiologique classique est le suivant:

– des premières contractions à 3 centimètres: progression très lente, généralement à un rythme et avec une intensité très supportables. S'il y a eu rupture préalable de la poche des eaux, le démarrage est souvent beaucoup plus violent, avec moins de temps de repos;

– de 3 à 5 centimètres : régime de croisière. Ça commence à avancer régulièrement et ça devient plus douloureux mais plus efficace ;

– de 5 à 8 centimètres : l'accélération se confirme, la violence s'accroît, la douleur devient plus difficile à supporter, mais on ressent tellement la progression efficace du travail que le moral est au beau !

– après 8 centimètres : tout va très vite, la dilatation se termine en quelques contractions.

Il se peut donc que les trois premiers centimètres nécessitent plusieurs heures. Prenons un cas pessimiste : cinq heures ! L'erreur classique est de faire un calcul direct et de se dire que, bien sûr, on ne tiendra jamais jusqu'aux 10 centimètres ! En réalité, tout peut être fini deux heures après. Donc, surtout, pas d'anticipation, pas de calcul, pas d'angoisse inutile en se disant que ce n'est pas normal, qu'on ne va jamais accoucher…

Il y a cinq heures et cinq heures ! Selon votre fébrilité ou votre calme, vous vous épuiserez ou vous ne les verrez pas passer.

On peut noter par expérience que beaucoup de femmes « toniques »,
musclées, aux tissus « secs », ont souvent un début de travail plus long,
un col qui résiste plus que les tempéraments plus lymphatiques aux tissus
plus lâches. Petit handicap pour cette phase, qui a bien des compensations
par ailleurs ! Alors, ne vous désespérez pas trop vite si vous êtes dans ce cas !

Quand partir à la maternité ?

C'est la grande question !

Au premier bébé, le risque de « faux travail » est fréquent ; pour les suivants, il y a des risques de « fausse alerte » !

Une grande règle est d'attendre la régularité des contractions. Tant que c'est anarchique, qu'il y en a trois, puis une demi-heure sans rien, il y a peu de chances que ces contractions soient très efficaces. Vous aurez peut-être eu des prescriptions d'antispasmodiques (les pratiques évoluent très vite… faites le point avec ceux qui vous suivent). Si c'est ce qu'on appelle « un faux travail », ça s'arrêtera pour recommencer quelques heures après, ou le lendemain et vous ne vous épuiserez pas inutilement. Vous pouvez aussi prendre un bain chaud, vous relaxer, chanter peut-être et voir si ça se calme.

N'y a-t-il pas de risques de perturber le processus ?

N'ayez crainte, quand le travail est commencé, il est impossible de l'arrêter par une intervention extérieure ; c'est bien le problème des accouchements qui surviennent vraiment prématurément ! Quand c'est vraiment parti, on ne peut plus rien faire.

Et si ça devient régulier, quels sont les critères ?

La réponse n'est pas standard. Si vous avez beaucoup de route à faire, en hiver, si c'est un soir de départ en vacances, il faudra prévoir large. À vous d'évaluer la situation.

Si vous avez une demi-heure de trajet, attendez que les contractions soient régulières, que la fréquence augmente pour arriver au rythme d'une contraction toutes les cinq minutes pendant au moins une heure pour un premier enfant.

Cela bien entendu si rien d'anormal n'apparaît. Si vous perdez les eaux, si vous saignez, si vous avez de la fièvre, partez sans tarder.

On ne peut pas savoir où on en est ?

Impossible d'évaluer précisément la dilatation ; avec de l'expérience, on peut savoir si ce travail est vraiment efficace ; impossible à décrire, c'est une sensation.

S'autoexaminer n'est pas très agréable, et peu fiable car il faut avoir des repères.

Difficile de demander au père même médecin car l'estimation est très perturbée lorsqu'il s'agit de son enfant ! On rêve toutes d'avoir une sage-femme à domicile qui nous dise quand il faudrait partir !

L'idéal est d'arriver à quel moment à la maternité ?

Environ 3 centimètres (ou plus). Car une grande liberté de mouvement est le meilleur moyen de faire démarrer les choses. Et si ça avance bien et que ce n'est pas trop douloureux, vous pourrez ainsi tenir sans péridurale, si c'est votre choix, car il ne sera pas utile d'accélérer par des hormones. Or c'est à partir du moment où on accélère, que ça devient plus dur !

Si c'est trop douloureux d'emblée et que vous voulez une péridurale, on pourra la réaliser en toute quiétude à cette dilatation.

A-t-on quand même quelques repères ?

En dehors des signes d'urgence décrits plus haut, si vous ressentez des envies répétées d'aller à la selle, une sensation d'appui sur l'anus, c'est que le bébé est bas, et que l'accouchement pourrait aller assez vite.

Que se passe-t-il à l'arrivée à la maternité ?

On vous examine, on s'assure que vous n'avez pas de fièvre, on place un monitoring pour enregistrer les contractions et surtout le rythme cardiaque du bébé. Il peut y avoir des examens complémentaires, pour vérifier le groupe sanguin par exemple. Selon les maternités, vous êtes tout de suite perfusée, surtout pour « avoir une veine », au cas où il faudrait intervenir en urgence pour injecter des médicaments ou simplement passer dans la perfusion des hormones pour accélérer. Selon les établissements les habitudes sont très différentes. Et vous serez soit dans votre chambre, soit dans une pièce de pre-partum (pré-accouchement), soit tout de suite en salle d'accouchement, en particulier pour faire une péridurale.

De plus en plus de maternités proposent des salles plus « nature », plus neutres, avec baignoire éventuellement, pour le début du travail, et vous proposent de déambuler.

Comment vivre ces trois premiers centimètres ?

En général au premier enfant, on « investit » trop les premières contractions, on les guette, on les chronomètre et au bout d'une heure, on ne tient plus, on part pour la maternité !

Essayez de ne pas trop vous concentrer sur les contractions, prenez un bain, faites-vous masser… Bref « stockez » des endorphines ! Ce temps qui nous paraît inutilement long est peut-être prévu pour cela.

Au cours d'une séance de préparation, des pères s'exprimaient et l'un d'eux témoignait. Pour lui cette première période avait été très riche car sa compagne ne souffrait pas trop et ils avaient dansé, chanté, il l'avait massée, ils avaient joué aux cartes. Pour le deuxième bébé, tout était allé très vite, il avait juste eu à faire les papiers d'admission avant d'être au cœur de la naissance. Bien entendu, il avait préféré son rôle au premier accouchement !

Les moyens d'accélérer

Médicalement, il y a trois moyens d'accélérer : la perfusion d'ocytocine, la rupture de la poche des eaux, la péridurale.

Nous allons maintenant envisager le mode d'action de chacune de ces interventions et leurs effets sur nos sensations.

La perfusion d'ocytocine

Il s'agit de perfuser des hormones, les mêmes que celles qui induisent normalement les contractions, afin d'augmenter leur concentration dans le sang.

Toutes les femmes ne réagissent pas de la même manière et toutes les perfusions ne sont pas dosées avec la même progressivité. C'est pourquoi beaucoup de femmes en gardent un cruel souvenir : douleur très amplifiée et surtout sans période de repos, impression de ne plus avoir le temps de respirer, de récupérer. Celles qui ont apprécié la perfusion d'ocytocine sont celles dont l'accouchement traînait depuis des heures sans avancer, qui avaient la sensation que leur douleur ne servait à rien et qui commençaient à la fois à fatiguer dans la durée et à perdre l'espoir d'arriver au bout.

Les accouchements « cauchemars », pour les mères comme pour les enfants, sont les extrêmes : ceux qui n'en finissent pas, et ceux qui vont trop vite.

Plusieurs de mes amies m'ont dit que c'était supportable jusque-là mais qu'à partir du moment où on avait mis des ocytocines, c'était devenu impossible sans péridurale.
C'est souvent comme ça en effet. Surtout à cause du rythme… On a du mal à trouver le temps de se relaxer et la péridurale semble être la seule solution.
Nous verrons en détail ce qu'il en est du bébé, mais bien évidemment c'est beaucoup plus dur pour lui aussi… Ce qui fait que ça ne peut pas durer très longtemps et qu'on entre dans un cercle vicieux…

La perfusion est-elle vraiment inévitable ?
Éviter la perfusion est le souhait de la plupart des femmes ; d'abord parce que c'est un acte un peu agressif, que ça limite beaucoup les mouvements, et aussi parce qu'on a un désir légitime que notre corps soit capable, seul, de mener à bien la dilatation… Il y a une certaine fierté à accoucher sans intervention !

Il se peut que vous ne puissiez éviter la perfusion « garde-veine », mais vous pouvez peut-être échapper au syntocinon, c'est-à-dire aux hormones. Si c'est pour vous très important, choisissez une maternité non « systématique » et discutez à l'avance, ou même, dès le début de l'accouchement, de ce « détail » qui a pour vous beaucoup d'importance.

Vous aurez plus de chances d'aboutir si vous êtes calme et prête à tenir une heure ou deux de plus à votre rythme, si le bébé va bien, bien sûr. Expliquez au personnel que vous voulez profiter de votre accouchement et que vous vous en remettez à leur appréciation en cas de risque pour l'enfant. Il n'est pas judicieux d'affronter l'équipe comme des ennemis, et de donner l'impression qu'on ne fait pas confiance. C'est désagréable pour les responsables concernés! Si vous arrivez à installer une complicité, à demander qu'on vous laisse une chance d'y arriver seule, ça peut être tout à fait bien compris. En fait beaucoup de professionnels regrettent la passivité de certaines patientes.

Bien entendu si l'accouchement traîne trop, leur attitude sera plus directive. C'est en général pour le bébé qu'on accélère.

▦ Y a-t-il des moyens plus naturels d'accélérer?

Pour déclencher l'accouchement, vous savez que les rapports sexuels peuvent être un bon moyen. Ils provoquent des contractions et le sperme contient des prostaglandines, substances utilisées pour accélérer l'accouchement quand le syntocinon n'est pas employé. Quand le travail est commencé, il est peu probable que vous supportiez un rapport. Le plus efficace est alors de bouger; les danses du ventre étaient à l'origine des danses d'accouchement! Sans aller jusque-là, la déambulation est un moyen de faire descendre le bébé, de débloquer une situation. Il n'est pas rare que la dilatation stagne dès qu'on arrive à la maternité, pour des raisons psychologiques (inhibition, stress) mais aussi par l'immobilisation sur la table. Toutes les sages-femmes vous raconteraient avoir vu des engagements et des dilatations «express» cinq minutes après la mise en place de la péridurale, alors que l'injection n'avait pu encore faire effet, simplement parce que la femme avait bougé, s'était penchée en avant, le dos rond, pour la piqûre!

De même certaines mamans ont échappé de justesse à la césarienne, parce que le passage du lit au brancard, puis du brancard à la table d'opération, a entraîné une mobilisation salutaire.

Pour éviter un accouchement prématuré, on prescrit le repos au lit. Il paraît illogique de coucher la femme qu'on veut faire accoucher au plus vite!

Il a de plus été prouvé que lorsque le travail est accéléré par la mobilisation, c'est par la qualité des contractions et leur efficacité sur la progression du bébé, et non par l'augmentation de la fréquence des contractions. Au contraire, la perfusion hormonale agit surtout sur la fréquence et l'intensité, ce qui est plus dur à supporter pour la mère, mais aussi pour le bébé. On peut donc avoir un col ouvert alors que le bébé n'est pas descendu, on a alors gagné du temps sur la dilatation, mais pas sur la naissance elle-même! Ceci conduit à des poussées violentes et parfois à des interventions plus traumatiques.

▦ Mais peut-on encore bouger avec une péridurale? Je pensais que les jambes étaient «paralysées».

Cela dépend des protocoles, des produits et des techniques analgésiques. De plus en plus d'anesthésistes préfèrent des doses minimales, afin que les patientes puissent bouger, ce qui est très important car l'analgésie en elle-même ne renforce pas les contractions, au contraire. On était donc obligé de mettre une perfusion d'ocytociques en même temps. L'avenir et l'optimisation de la péridurale passent par la maîtrise de nouveaux protocoles, afin d'éliminer suffisamment la douleur tout en limitant les effets secondaires. Certaines équipes utilisent des dosages tels que la femme peut marcher.

Si ces pratiques ne sont pas encore rodées là où vous accouchez, vous pouvez toujours vous mobiliser sur la table, en vous asseyant, penchée en avant, en vous tournant sur un côté puis l'autre, assise, ou allongée, en bougeant votre bassin, en vous balançant d'arrière en avant, par exemple, le quatre-pattes est aussi praticable. Nous reverrons toutes ces possibilités à propos des positions.

Et si j'ai une perfusion pour accélérer, que puis-je faire pour la supporter, en dehors de la péridurale ?

Ne vous dites pas : « Je n'y arriverai pas », « Je n'ai pas le temps de reprendre mon souffle… », mais au contraire : « Il faut que j'y arrive, que je récupère vite, très vite, pour retrouver une plage de repos » (voir plus loin, « Comment être moins atteinte par la douleur »).

Ne pas se dire : « Si c'est comme ça à 3 centimètres, qu'est-ce que ce sera à la fin, je ne tiendrai pas… » En fait, vous êtes déjà à un rythme proche de l'aboutissement et, sitôt que la progression de dilatation sera nette, vous reprendrez courage ; il y a un moment d'adaptation difficile à passer, il est important de le savoir !

La péridurale

Je ne rentrerai pas ici dans le détail technique de la péridurale. Il faut seulement savoir quelques petites choses. Il s'agit d'une analgésie et non d'une anesthésie, c'est-à-dire qu'il y a disparition de la douleur et de la sensibilité plus ou moins totale, mais non perte de conscience : vous n'êtes pas endormie et les produits ne passent pas directement dans la circulation sanguine de la mère. C'est fondamental pour le bébé.

N'y a-t-il vraiment aucun danger pour la maman ?

L'injection est faite à un niveau du rachis où il n'y a plus de moelle épinière, les dangers d'atteinte irréversible (paralysie) n'existent donc pas. Le seul danger est l'échec, l'échec partiel (ça ne marche que d'un côté), parfois des migraines qui disparaissent en quelques jours. Si on vous parle d'accidents, (parce que l'on ne retient que les accidents !), ils sont ou anciens ou liés à des contre-indications non respectées. C'est pour cela qu'on exige une consultation avec l'anesthésiste, une prise de sang peu de temps avant l'accouchement, et qu'il peut toujours y avoir un problème à la dernière minute, par exemple si vous avez de la fièvre. C'est à savoir, car rien n'est pire que de compter sur la péridurale, de ne pas envisager une minute de s'en passer, et d'être démunie au dernier moment. Surtout si, en raison de cette fièvre par exemple, on est obligé de déclencher…

Il faut donc toujours se préparer à affronter la douleur, au cas où ?

Il faut apprendre à ne pas se laisser déborder…

Comment agit la péridurale ?

Contrairement aux ocytocines, elle ne modifie pas les contractions, elle n'accélère pas leur rythme, ne renforce pas leur puissance, leur durée. Pourtant, on voit souvent un travail qui traînait, même avec ocytocines, se terminer très rapidement sous péridurale. Pour comprendre, il faut revenir au rôle de la contraction : elle est là pour faire un travail, un bout de ce chemin d'ouverture. Si elle arrive dans un muscle hypercontracté, à la limite de la crampe permanente, elle ne pourra tirer de ce muscle que douleur inefficace ; parfois c'est le corps de la mère tout entier qui est contracté sous l'effet d'une trop grande douleur, d'une précipitation, d'une violence non maîtrisée. Alors, l'énergie ne passe pas, la contraction est perdue, elle ne fait pas son travail ; elle fait seulement mal. La péridurale, en supprimant la douleur, permet la détente musculaire. Alors ces mêmes contractions ouvrent le col… C'est donc bien la détente, bien plus que la puissance ou la violence, qui est la clef de l'efficacité.

Certaines femmes, épuisées par la tension et la douleur, vont s'endormir après la pose de la péridurale (et la plupart des papas, s'ils en ont la possibilité, car ils sont eux aussi épuisés par l'intensité de la situation). Elles reprennent des forces, le travail progresse et le col s'ouvre.

Mais, parfois, il ne suffit pas de ne plus souffrir pour être détendue…

Je me souviens d'une naissance où la mère, sous péridurale, tremblait de tout son corps, restait tendue de façon extrême. Nous avons,

avec le père, essayé de la distraire, de la faire rire, respirer, chanter. Rien n'y faisait et malgré des calmants, antispasmodiques, la césarienne semblait inévitable après plusieurs heures.

Quand tout à coup… Elle nous annonce qu'elle a envie de pleurer ! Elle s'effondre en larmes et sanglote un moment, sans savoir pourquoi et sans doute ne le saura-t-elle jamais ! Et tout se relâche, se dénoue, une demi-heure après le bébé était sur son ventre. On assimile souvent détente avec sourire. Mais ça passe parfois par une grosse colère, des larmes parfois, des cris… Le tout est que ça lâche, qu'il y ait le moins de résistance possible au travail.

Préparez le papa. Il peut se faire insulter, traiter de tortionnaire responsable de tous les maux de la mère !

L'utilisation du liquide amniotique

La rupture de la membrane, ou poche des eaux, peut être spontanée et précéder les contractions de plusieurs heures. Dans ce cas, il faut savoir que ces dernières peuvent être violentes dès le début, au lieu de suivre la progression classique. Encore une fois, ne dites pas : « Si c'est comme ça à 2 centimètres, qu'est-ce que ce sera à la fin ! » Il y a une sorte de réaction de défense de l'organisme…

La poche des eaux ouverte signifie danger d'infection… Il faut que l'enfant naisse rapidement et le corps fait ce qu'il faut pour accélérer (de même lors des accouchements prématurés dus à une infection maternelle). La rupture peut aussi se produire au cours de l'accouchement, sous la poussée de l'enfant. Mais il se peut que l'accoucheur rompe artificiellement la membrane, avec de petits ciseaux (c'est indolore).

La dilatation elle-même comprend deux temps : le raccourcissement et l'effacement du col (qui peut se faire dans les dernières semaines de grossesse, surtout à partir du deuxième enfant), l'ouverture proprement dite. Cette dernière dépend non seulement de l'effet de « tirage » produit par le raccourcissement des fibres musculaires utérines sur le col, mais aussi de la pression exercée sur lui…

On peut se représenter cela sous la forme d'une poire en caoutchouc, remplie et fermée par un bouchon à vis, par exemple un « citron » contenant de l'extrait de citron ; il faut d'abord dévisser le bouchon (effacement), puis serrer concentriquement la poire pour faire sauter le bouchon et jaillir le contenu.

Ainsi, pour que la dilatation avance, il faut que l'enfant descende. Ou du moins qu'il y ait une pression suffisante. Or le liquide, dans tout volume, est toujours en bas. Si vous êtes verticale, le liquide amniotique, sous l'effet de la contraction, viendront solliciter le col. Si vous êtes couchée, le liquide s'étalera horizontalement et l'effet de pression sera minime. C'est pourquoi, spontanément, les femmes qui ont un enfant «haut», se promènent dans les couloirs! C'est pourquoi aussi, quand la rupture a lieu au début du travail et qu'il faut rester allongée, la dilatation peut être longue. Mais il arrive que le liquide retienne l'enfant comme un matelas d'eau… L'enfant voudrait bien descendre, mais il est arrêté par le liquide. On voit alors la poche des eaux bomber à chaque contraction ; quand on rompt la membrane, le liquide s'écoule et l'enfant descend brutalement… le rythme des contractions s'accélère alors fortement.

C'est donc au praticien qui fait l'accouchement d'estimer le moment favorable s'il y a besoin de rompre.

La progression de l'enfant étant, comme on l'a vu, un élément essentiel à la dilatation, on peut se trouver dans un cas où le travail se bloque, malgré une éventuelle péridurale, des perfusions, une poche des eaux rompue : l'enfant en fait ne descend pas. Pourquoi ? Quelquefois, ça reste un mystère.

Le plus souvent il y a une cause mécanique : enfant mal placé, mauvaise flexion de la tête, bassin maternel de forme particulière. De nos jours, la taille du bébé est mieux appréciée par l'échographie, ainsi que les dimensions ou les déformations du bassin qui sont détectées avant la naissance et beaucoup moins fréquentes que dans le lointain passé.

▤ Que tenter si le bébé ne descend pas ?

Se bouger, se verticaliser, se concentrer, lui parler, agir par l'haptonomie si vous y êtes familiarisée. Et surtout ne pas se culpabiliser. Dans le cas extrême, le plus frustrant pour la mère, il faudra une naissance par césarienne.

Ne dramatisez pas, vous verrez que les contractions n'ont pas été totalement inutiles à votre bébé (voir plus loin) et même à vous, en particulier pour la récupération utérine et celle de vos abdominaux.

En résumé, il faut essayer de rendre les contractions efficaces afin que le travail ne soit pas trop long et épuisant. La mobilisation et la détente sont les clefs de cette phase ; cela voudrait dire, sans analgésie, que plus ça fait mal, plus il faut se détendre, ce qui est évidemment difficile. L'aspect positif, c'est que la douleur fait rechercher des positions antalgiques, qui, nous le verrons, sont le plus souvent tout à fait favorables à la progression du bébé. Inversement, la péridurale, bénéfique par la détente quelle entraîne, peut inciter à une passivité, une immobilité qui est un frein à la dynamique de l'accouchement.

▤ *Attention à la psychologie mal digérée qui n'est jamais loin… La future mère se demande toujours pourquoi elle ne veut pas laisser naître son enfant, en quoi elle est coupable de ce dysfonctionnement. Et bien entendu cela ne fait que rajouter de la tension et donc que compliquer les choses. C'est oublier que le bébé a aussi son histoire à vivre. Dans cette aventure, nous ne sommes pas maîtres absolus, on ne peut jamais tout prévoir, il faut l'accepter !*

CAS PARTICULIER : VOUS AVEZ PERDU LES EAUX

Dans ce cas il faut aller directement à la maternité, sans même attendre d'avoir des contractions.

En effet, pendant toute la grossesse, l'utérus se présente un peu comme un œuf : il y a une « coquille » extérieure, musculaire, résistante, et une fine membrane qui tapisse l'intérieur de la coquille. Ainsi l'enfant est-il, avec le liquide, enveloppé de membranes qui assurent un isolement vis-à-vis de l'extérieur.

Lorsque les membranes se rompent sous l'effet de la pression, la porte est ouverte et les microbes extérieurs peuvent arriver jusqu'au bébé. Mais surtout, entraîné par la pesanteur et l'écoulement du liquide, le cordon ombilical peut descendre en premier et se trouver comprimé lors de la descente de l'enfant. Bien que rare, c'est un risque à éviter car il entraîne une césarienne. Il est donc recommandé de ne plus se soumettre à la pesanteur et de rester à l'horizontale. Ceci implique d'aller à la maternité, afin de surveiller la progression du bébé et d'y aller si possible allongée, (banquette arrière de la voiture) si le trajet est long. On vous imposera, dans la plupart des services, une position couchée, jusqu'à ce que l'enfant soit engagé. Mais là aussi les pratiques évoluent vers une plus grande liberté posturale.

Partir rapidement ne veut pas dire appeler les pompiers, mais ne pas faire vos courses et votre ménage pendant des heures !

PERTE DES EAUX SANS CONTRACTIONS

Il se peut tout à fait que vous perdiez les eaux alors qu'il n'y a aucune contraction ; les mêmes conseils s'appliquent. En général, on provoquera l'accouchement si le travail ne démarre pas, dans un délai variable d'un lieu à l'autre et selon le contexte. Mais vous accoucherez dans les deux jours maximum, en raison des risques infectieux qui augmentent dans le temps.

Dans ce genre d'accouchement les contractions sont souvent d'emblée plus rapprochées, plus violentes, la progressivité est moins respectée, ce qui rend les débuts du travail plus difficiles.

La douleur

Elle n'est pas signe de dysfonctionnement mais de travail, ce qui la rend «positive». La douleur est un message transmis par le système nerveux. Entre la stimulation douloureuse et la perception, des éléments peuvent intervenir.

La douleur dans l'accouchement

L'accouchement « standard »

Il se caractérise par la localisation des douleurs dans le ventre, dans l'utérus. Les fibres musculaires de l'utérus se raccourcissent, il devient dur, se met en boule, il se «cabre». Cela évoque parfois la crampe, le spasme, des douleurs de coliques, de règles douloureuses. Bien entendu, une telle masse dure ne peut que comprimer tout ce qui se trouve autour et d'autres sensations peuvent s'y rajouter (sensation de tirage dans la région des ovaires, ou en ceinture, irradiant dans le dos ou les cuisses). Néanmoins, s'agissant d'une douleur musculaire, il est possible d'agir, de «négocier», de détendre. Il y a deux cas particulièrement douloureux : l'accouchement trop long où on ne supporte plus de souffrir pour rien et l'accouchement trop rapide, qui nous déborde, où on ne peut presque plus respirer.

Si le rythme reste tolérable, et que ça avance bien, c'est le plus souvent supportable si on sait se détendre et respirer (voir plus bas).

L'accouchement « par les reins »

Il se caractérise par une très violente douleur dans le bas du dos, en «barre», au niveau des fossettes sacro-iliaques ou d'un seul côté.

Si on élimine la douleur dans le dos, les femmes découvrent alors qu'elles ont aussi des douleurs utérines normales, qu'elles n'avaient pas ressenties et qui semblent alors bien supportables! Dans le cas de l'accouchement «par les reins», il faut comprendre qu'il s'agit ici de douleurs névralgiques, c'est-à-dire dues à la compression d'un filet nerveux dans l'articulation sacro-iliaque, chaque fois que l'utérus se cabre et appuie dessus. C'est un peu comme une sciatique aiguë et il faut reconnaître que la relaxation ne sera pas plus efficace que pour une rage de dents! Comme les femmes ne sont pas prévenues de cette éventualité, elles ne comprennent pas comment d'autres mères ont pu supporter leur accouchement… Elles maudissent les marchands d'accouchement sans douleur qui pensent, quant à eux, qu'elles sont particulièrement douillettes! Un accoucheur comparait un jour la mise au monde à un marathon qui pourrait, malgré la souffrance, procurer une certaine jouissance; tout à fait d'accord, à condition qu'il n'y ait pas un clou dans la chaussure! Et c'est un peu ça dans ce type de naissance.

Nous en reparlerons en détail à propos des cas particuliers.

Le sens de la douleur

Cette douleur « physiologique » interpelle.

Pourquoi existe-t-elle dans ce moment fondamental de la vie ?

On peut penser qu'elle a un caractère initiatique. Devenir mère est un passage tellement important, même pour l'avenir de l'espèce, de l'humanité, il y a tellement d'enjeux qu'il est normal de faire preuve de maturité, de courage. L'épreuve physique est souvent associée aux rites de passage, la première étant justement la naissance.

Mais présenter les choses ainsi est très culpabilisant pour celles qui ne sont pas prêtes ou simplement pas motivées par une douleur qui peut être évitée… elles ne seront pas forcément des mères moins courageuses ! Les temps ont changé et le mauvais chasseur pourra trouver sa place dans la société et acheter le gibier qu'il n'a pas tué. S'il refuse d'affronter et de tuer le sanglier, il ne sera pas dévalorisé pour autant. Il y a d'autres moyens de faire ses preuves.

Quand les chasseurs allaient affronter les fauves, quand il fallait risquer sa vie pour assurer la survie, les femmes risquaient leur vie à chaque accouchement pour assurer la survie de l'espèce. S'il y avait des « monuments aux mortes en couches », il y aurait plus de monuments que de places publiques !

Pour la femme d'aujourd'hui, dans les pays riches, affronter la douleur des contractions n'a plus le même caractère inévitable et la valorisation peut être réalisée ailleurs.

Mais celle qui ressent le besoin de dépasser cette peur et cette douleur a droit aussi au respect et à l'admiration, autant que le sportif qui veut reculer les limites de l'exploit, gratuitement, uniquement pour se réaliser.

Chacun son chemin, son évolution. Pourquoi se mêler de ce qui est du plus intime de chaque histoire ? Parce que la société elle aussi a peur, puisqu'il s'agit de vie et de mort et de quelque chose qui échappe encore au pouvoir de l'homme sur l'avenir.

Un autre élément à considérer est la notion de séparation. Après neuf mois de symbiose, il va falloir se séparer et les séparations sont toujours source de souffrance, d'angoisse, de perte.

Pour que la peur de l'« après » soit dépassée, il faut parfois que le présent devienne lui-même insupportable.

Il faut que la grossesse se termine un jour, et certaines femmes sont tellement bien dans cet état qu'il faut vraiment un inconfort pour qu'elles en souhaitent la fin. La douleur dans l'accouchement accélère peut-être le désir de la naissance de l'enfant comme la recherche d'une « délivrance », qui va permettre à l'enfant d'exister hors de sa mère.

Bien souvent ce n'est que très longtemps plus tard que nous comprenons le sens des épreuves, le sens de ce qui s'est passé, et qui n'est jamais l'effet du hasard…

Si vous avez vécu un accouchement très dur physiquement ou psychiquement, ou si vous n'avez pas pu aller au bout de votre projet, ne vous bloquez pas sur le négatif de la chose. Le positif apparaîtra sûrement un jour, même si c'est inimaginable souvent au départ.

La douleur des contractions

Les antidouleur naturels

Le Dr Michel Odent a présenté, lors des « Rencontres sur la petite enfance dès 1985 », des travaux confirmant ce que beaucoup de cultures savaient intuitivement. Il existerait un système de régulation de la douleur, par l'intermédiaire des **endorphines** (morphines naturelles) sécrétées en réponse à la douleur. Ce sont à la fois des antidouleur et des euphorisants.

On a trouvé beaucoup d'endorphines dans le placenta, ce qui veut dire que l'accouchement met en jeu ce système et que la mère, comme l'enfant, en bénéficient.

Mais il y a le stress. Il provoque la libération d'adrénaline qui elle, inhibe les possibilités d'action des endorphines en se fixant sur les mêmes récepteurs et en les saturant. Or le stress est partie intégrante de l'accouchement.

Qui donc va dominer du stress ou de l'euphorie ? Voilà tout le problème et une bonne partie de la différence entre deux accouchements.

▚ **Pouvons-nous agir sur ce processus ?**

En théorie oui, en diminuant le stress et en stimulant la production d'endorphines. Ce n'est pas toujours facile, mais la compréhension de ces mécanismes peut faciliter l'action.

▟▟ *Cette douleur n'est pas de la même nature que la douleur habituelle, signe de dysfonctionnement. L'acupuncture agit sur les douleurs « dans les reins » lors de l'accouchement, elle peut réguler le rythme, mais n'agit pas sur la contraction utérine… qui est physiologiquement sensible.*

Diminuer le stress

En fait, l'origine peut être multiple et les possibilités de réponse plus ou moins faciles.

Le stress dû à l'environnement

Cette cause de stress n'est pas à négliger dans l'accouchement, surtout en maternité : bruits, appareillages impressionnants, personnel plus ou moins « disponible », etc. Il ne faut pas oublier que nous sommes alors particulièrement vulnérables. Une simple question du genre « voulez-vous garder vos lunettes ? » et c'est le drame ! tout peut être interprété comme agressif…

Ici, le rôle du père (ou, dans les cultures traditionnelles, de la grand-mère ou de la sœur) est important : il doit servir d'écran, protéger le cocon où la mère rejoint son enfant, lui permettre de se laisser aller. C'est pourquoi, se battre avec l'environnement n'est pas facile à ce moment et risque de faire basculer vers l'overdose d'adrénaline ! Si tout le monde en prenait plus conscience, peut-être saurait-on créer des conditions plus favorables.

On comprend aussi à quel point est important le choix du lieu de naissance ; se sentir en sécurité est la base de la sérénité. Certaines ne seront rassurées que par une technologie de pointe. D'autres tiennent absolument à la présence d'un accoucheur, ou à l'accompagnement du père, d'une amie proche, de leur propre mère… D'autres veulent être seules, presque cachées. Certaines ont besoin d'entendre parler leur langue maternelle. Il suffit qu'un des éléments prévus soit en défaut et tout va mal !

La difficulté est que le bien-être maternel, essentiel comme on l'a vu, s'oppose parfois à un besoin urgent d'intervention médicale pour le bébé. Il faut donc se donner tous les atouts mais accepter d'avance qu'il peut y avoir des interventions non prévues, non désirées, mais vitales.

Le stress intrinsèque

Le moment de la naissance est un moment limite, où l'inconnu est à son point culminant. Comment sera l'enfant, serai-je à la hauteur, serai-je une bonne mère, serai-je capable d'être mère en restant moi-même ? Toutes ces interrogations, plus ou moins conscientes, remplissent un espace où plane encore l'image de la mort. La concentration, sur l'enfant, sur la respiration… est une aide efficace et c'est pourquoi il faut éviter de laisser le mental s'évader négativement entre les contractions.

On peut aussi agir, lorsque le stress est installé, sur les lieux d'expression du stress : diaphragme, gorge, zone lombaire. Vous connaissez cela : quand on pleure, les premiers sanglots sont dans la gorge, la poitrine. La gorge est nouée, puis ça descend dans le ventre et il y a un apaisement. Vous connaissez aussi les bons réflexes populaires… Quand on subit une grande peur, il faut uriner pour détendre, boire quelque chose pour débloquer la gorge.

Ainsi, on recherchera un retour à la respiration ample, basse, abdominale, pour libérer le diaphragme ; on pourra utiliser les sons pour relâcher la gorge, masser les reins, positionner le bassin en étirant la région lombaire.

Le stress « ancien »

Il semble qu'il puisse y avoir réactivation d'une mémoire des stress, dans les moments d'émotion intense (grandes joies, grandes peurs). Un psychiatre a étudié des femmes enceintes lors de catastrophes naturelles, tremblements de terre, etc. Au moment de la naissance, le taux de dystocies, c'est-à-dire d'anomalies dans le déroulement de l'accouchement était statistiquement très supérieur à la moyenne. Il en a déduit que le stress ancien était réactivé… Vous savez d'ailleurs qu'une grande peur, une grande surprise, même très heureuse peut déclencher une crise de larmes qui n'a rien à voir avec la situation du moment.

On sait aussi que peuvent remonter à la surface des chocs très anciens. Pour beaucoup de psychiatres, des problèmes datant de notre propre naissance, ou peut-être même antérieurs pourraient ressurgir. Face à cela, nous sommes un peu démunies. Et peut-être vaut-il mieux laisser émerger et exprimer tout cela que de le refouler à tout prix.

Si cela nous dépasse, une aide extérieure sera nécessaire. La présence sécurisante de ceux qui nous soutiennent et nous aident est fondamentale. Il suffit parfois d'un mot bienveillant pour que tout s'apaise. Pour certaines, la péridurale sera une bonne solution, leur permettant de reprendre le dessus. Vous comprenez donc qu'il faut être très humble… En fait, nous ne savons jamais à l'avance ce que sera l'accouchement. Nous le préparons au mieux, mais il faut aussi, fondamentalement, accepter l'idée que tout n'est pas maîtrisable et accepter d'avance ses limites, mais aussi croire en des possibilités ignorées qui vont se révéler dans la situation… Accepter la vie !

Profiter de l'état de total bien-être

Il n'y a pas que la douleur à vivre… il y a un cadeau merveilleux si on a la chance de pouvoir le découvrir.

Il est caché derrière la peur, il est peu « révélé » aux femmes, comme toute initiation.

Que penser du conditionnement qui nous conduit à voir dans l'accouchement seulement « un mauvais moment à passer » ? Plus vite c'est, mieux c'est, nous dit-on. De sorte qu'on est obnubilée par la douleur à fuir, à combattre et qu'on recherche plus un accouchement sans risques, sans crainte, sans douleur, presque sans rien, qu'un moment avec émotion. En réalité, c'est un des plus grands moments de notre vie, un temps unique à tous points de vue et c'est sans aucun masochisme qu'il m'arrive d'envier celles qui partent, au petit matin, pour la grande aventure…

Personnellement, pour mon troisième enfant en particulier, estimant que c'était sans doute la dernière fois que je vivrais cela, j'ai décidé d'en profiter pleinement, de ne pas « en perdre une minute ».

Je savais par l'expérience des deux précédents que si rien ne venait perturber la naissance, que si c'était comparable en intensité, la douleur était supportable, que je pouvais la contenir. Mais je savais surtout qu'il y a entre les contractions, un temps de bien-être rare, extraordinaire tout à fait « euphorisant » et exceptionnel.

En effet, il y a un tel passage d'énergie, une telle intensité durant la contraction, que le retour au calme est un moment d'abandon incomparable… Quand cela devient plus douloureux, mais aussi plus profond, plus fort, que tout notre être est pris dans cette tempête, on est quelque part où on n'est jamais allée ; on touche des limites extrêmes. C'est tellement grand, ça nous dépasse tellement… Cette ouverture qui rompt des barrières, des écorces, nous révèle à nous-même. Elle atteint le sacré, l'être, l'âme…

Combien cherchent (à travers la drogue, l'alcool, la création, les techniques « transcendantales », la méditation ou tout simplement l'exploit physique ou l'amour) à parvenir à cet état de dépassement…

Alors, quel dommage de ne pas le saisir quand il est là, à un niveau si intense.

Si j'avais à souhaiter quelque chose aux futures mères, plus encore que de ne pas souffrir du tout, je leur souhaiterais de pouvoir vivre cela. Tout dépend évidemment du prix à payer et il faut que la douleur reste supportable, devenir finalement secondaire.

Stimuler la production d'endorphines

Nous savons que le rire, l'orgasme, la course ou la danse produisent des endorphines.

Comme les peuples qui pratiquent la transe pour se mettre « en condition », en état « planant », avant de passer aux épreuves physiques, certaines femmes déclenchent l'accouchement par un rapport sexuel ou par la danse.

Le chant également aide à combattre la peur et dynamise.

Les femmes que j'ai vues utiliser le chant pendant l'accouchement étaient effectivement dans un état second. Bien que très présentes, extrêmement sensibles même aux sensations les plus fines, elles semblaient moins atteintes par la douleur, et les sons qui semblaient sortir d'elles sans aucune volonté de leur part, comme une langue inconnue, modulaient et rythmaient le travail. Ils étaient souvent rauques, graves au début, de plus en plus forts, dans une expiration de plus en plus longue, de plus en plus puissante. Non pas de cris de douleur mais d'énergie, comme ceux des joueurs de tennis qui libèrent la pression en frappant la balle (les hurlements des voyageurs de la chenille dans le parc à jeux ne sont pas des cris de douleur, mais de libération du stress).

Si vous ne vous servez pas des sons, concentrez-vous au moins sur la respiration abdominale.

Il n'y a pas que la douleur à vivre

Il y a un bien-être exceptionnel, rare, dont il faut pouvoir profiter.

Cela veut dire allonger le temps de détente entre les contractions, ne pas en perdre une miette. Mais aussi se mettre en situation avant que les choses ne deviennent trop dures, faire le plein d'endorphines au début.

Les recherches les plus récentes dans les centres antidouleur insistent sur l'éducation des malades. On leur apprend à reconnaître les prémices de la crise, afin d'agir précocement. Des doses minimes de calmants sont alors efficaces, tandis que si on laisse la douleur s'installer, il faudra beaucoup plus de drogue.

C'est pourquoi la longueur relative du début de travail, avec un temps suffisant de détente entre les contractions, peut être très utile : prenez un bain, écoutez de la musique, faites-vous masser, recherchez tout ce qui est agréable, pour arriver très sereine, un peu planante même, au moment où les choses vont devenir plus violentes.

▧ **Faut-il qu'il y ait douleur pour qu'il y ait, en quelque sorte, cette « récompense » ?**

Lorsque l'alpiniste atteint le sommet, après avoir enduré l'effort de l'escalade, sa satisfaction, ce qu'il ressent dans son corps, n'est sans doute pas comparable à ce que ressent l'automobiliste qui atteint le même sommet et regarde le même paysage…

Mais chacun s'investit dans ce qu'il aime et d'autres vont trouver idiot de se fatiguer autant, de prendre tant de risques, alors qu'il suffit de monter par la route.

Et on retrouvera peut-être ces derniers en train de « s'éclater » dans des exploits stupides aux yeux des alpinistes !

Pour ce qui est de l'accouchement, si l'on a à vivre l'effort et la douleur, profitons au moins pleinement de ce qu'ils peuvent générer de positif !

Beaucoup de femmes, quand la péridurale n'existait pas, exprimaient ce moment d'extase qui suivait la naissance, qui faisait oublier en une seconde toutes ces dures heures. Et celles qui hurlaient « jamais plus » quelques minutes avant, se déclaraient prêtes à recommencer ! On concluait alors à un comportement hystérique alors que les sensations douloureuses étaient réellement oubliées.

Dans cet état d'extase, il y a plus que le soulagement, que le contraste douleur/nondouleur ou même que la joie d'avoir un bébé merveilleux et «normal».

Il y a une réalité physique de bien-être, une amnésie, liées à la décharge d'endorphines. Et la maman césarisée qui se penche sur un bébé tout aussi merveilleux est heureuse dans son cœur, dans sa tête. Mais dans son corps, c'est différent.

Et c'est un peu pareil avec la péridurale : le corps est plus «déconnecté», il a moins donné. En l'absence de stimulation douloureuse, les endorphines manquent au rendez-vous.

▌ Il faut faire un choix bien difficile !

On ne peut pas le faire *a priori*.

Gardez tous les atouts et prenez les choses comme elles viennent.

Je voudrais seulement vous donner quelques clefs.

Si vous êtes calme et attentive, si vous savez profiter du présent, vous verrez que cet état «second» existe, moins énorme, bien sûr, mais très sensible malgré tout, entre chaque contraction.

Encore faut-il qu'il y ait un temps suffisant de répit et que vous soyez réceptive.

▌ On ne peut pas agir sur le rythme, et j'imagine qu'il faut une grande maîtrise pour vivre les choses ainsi…

Pas vraiment de maîtrise, plutôt de lâcher prise, d'accompagnement de ce qui est là. C'est plutôt être en sécurité, être en phase avec soi-même.

Comment être moins atteinte par la douleur

Bien vivre les contractions, c'est d'abord bien vivre le temps de repos entre chaque contraction.

Utilisez le contraste contraction-relâchement.

C'est en effet une grande chance que l'accouchement soit un processus cyclique : contractions et relâchement alternent sans cesse. Il serait insupportable d'avoir une contraction continue (une tétanie). Or la nature humaine est telle que nous sommes plus doués pour ressentir ce qui fait mal, ce qui ne va pas, plutôt que ce qui est bon, positif, dans notre vie ! Et nous ne saurions même pas que nous n'avons plus mal, s'il n'y avait le contraste !

Pour jouir du bien-être, il faut le vouloir, être vigilante. C'est d'abord dans la tête.

Ne profitez pas des moments de calme pour anticiper des problèmes, culpabiliser, ne voir que les aspects négatifs : ce n'est pas cette sage-femme que vous vouliez, vous êtes sûre que le médecin ne viendra pas, ce n'est pas comme dans le film, vous n'allez pas y arriver…

Essayez de rester au présent : maintenant ça va, on verra bien assez tôt s'il y a des problèmes.

Règle d'or : profiter de tout le temps de repos entre les contractions : cela veut dire, en fait, allonger ce temps au maximum. Être au calme au plus vite et attendre le plus tard possible pour entrer dans la contraction suivante.

En fait, si vous êtes détendue, l'utérus va travailler comme un muscle normal que vous entraînez progressivement.

Si vous voulez faire le grand écart, vous allez assez vite rencontrer une résistance à l'étirement dans vos jambes. En détendant bien, vous gagnez du terrain. Le «lendemain», le retour

« au stade précédent », à l'acquis, sera indolore et vous irez un peu plus loin, ainsi de suite, jusqu'au bout…

Les fibres utérines aussi, à chaque contraction, vont plus loin dans leur raccourcissement. Normalement, seule la fin de la contraction devrait être sensible, au moment où elle apporte son « plus », sa contribution au travail.

Ainsi j'ai pu compter pour mon dernier accouchement, qu'en une heure, avec des contractions toutes les 5 minutes, j'avais environ sept à huit pointes pénibles, de 20 à 30 secondes chacune. Le reste était soit de la détente totale, soit un temps très supportable.

Comment s'y prendre ?

Essayons de ne pas anticiper la douleur, mais la détente.

Le monitoring est parfois source de tension ; en effet si on regarde la courbe sur l'écran, on va voir arriver la contraction, avant même de la ressentir et on risque de se dire « ça y est, ça recommence », de rentrer dans une douleur qui n'est pas encore physiquement là.

En revanche, quand on est dans la phase douloureuse, on ne pense plus à le regarder pour anticiper le relâchement. Il faut donc, là encore, renverser nos modes de pensées et se répéter que lorsque ça fait mal, c'est bientôt fini, c'est le sommet de la courbe.

Ce qu'il faut guetter, attendre, ce n'est pas la contraction, c'est ce qu'il y a derrière, après, ce merveilleux moment de détente. Ce n'est pas toujours facile et le père ou la sage-femme qui sont extérieurs sont mieux placés pour vous signaler le sommet, ou son approche, et répéter « ça va finir, c'est fini ». Cette notion est très importante, car au plus fort de la douleur nous avons l'impression que jamais ça ne s'arrêtera, que nous ne tiendrons pas, que peut-être nous allons mourir… Et nous sommes loin de l'espoir de l'extase !

Si vous avez un jour eu des points de suture ou simplement un pansement douloureux à enlever, vous savez bien que lorsqu'on annonce que c'est le dernier point, le dernier centimètre, on supporte mieux. Et pourtant, c'est la même douleur…

Sortir au plus vite de la contraction : aussitôt qu'elle atteint son maximum, même un peu avant. Elle a fini de tirer, inutile d'attendre que le ventre redevienne souple, vous perdez des secondes précieuses, plongez tout de suite dans le repos. Vous pouvez vous entraîner pendant la grossesse à raccourcir vos contractions (voir « Respirez pour vous… et pour lui »). C'est facile avec le contrôle monitoring.

Sinon, il suffit de suivre ses sensations ou, pour le père, d'estimer la durée et, peu importe si ce n'est pas très précis. On peut même tricher un peu pour « décapiter » les contractions les plus fortes, dire c'est fini un peu avant la fin.

▌ Comment avoir un retour au calme très rapide ?

Il faut, en effet, savoir être en détente immédiate pour allonger le temps de repos.

C'est d'abord la respiration : tant que votre respiration n'est pas calme, lente, vous ne pouvez pas être détendue. Souvenez-vous des exercices, par exemple la montée des escaliers. La contraction utérine est un effort musculaire, elle va accélérer le cœur. Il faut donc souffler, ralentir la respiration. Ne vous occupez pas d'inspirer, mais de faire le vide.

C'est aussi le relâchement des tensions induites par la douleur : maintenant, vous n'avez plus mal, vous pouvez desserrer la main et ne plus vous cramponner !

Faites rapidement le tour des tensions, relâchez le visage. Là encore, ceux qui sont près de vous doivent vous aider… Si leur visage sait exprimer l'accalmie, un sourire peut en entraîner un autre ! Ensuite, profitez de ce temps. Certaines seront très agitées, auront besoin de bouger, de parler. D'autres seront dans un état de lassitude très agréable, comme lorsqu'on est resté trop longtemps au soleil et qu'ouvrir les yeux est un effort énorme ; d'autres iront jusqu'au sommeil et ne pourront guère communiquer, même si elles apprécient une présence, voire des paroles. À vous de trouver, à deux… La seule chose à éviter, c'est d'attendre anxieusement la contraction suivante. Bien souvent les femmes les plus nerveuses, les plus angoissées, se révèlent d'un calme extraordinaire une fois qu'elles sont en situation.

Nous reviendrons, à propos de l'enfant, sur l'importance de ce temps de récupération.

▌ Quand la douleur est là, au plus fort de la contraction quels sont les moyens d'action ?

Il ne s'agit pas vraiment de lutter contre la contraction, car il faut qu'elle fasse son travail, il faut la laisser passer sans s'opposer. Mais on peut limiter la douleur, dans la durée, nous venons de le voir, et dans l'intensité.

Il y a trois volets : les positions, la respiration, le travail de concentration.

Les positions

Il faut arriver à une détente générale. Si vous avez mal au dos, aux jambes, si votre nuque est tendue, la contraction va faire encore plus mal.

N'hésitez pas à demander à votre compagnon de replacer votre dos, utilisez les étriers, des coussins, tous les accessoires. Si vous pouvez bouger, suivez vos sensations, prenez des appuis pour vous accroupir, vous étirer, vous ouvrir, pendant la contraction. Si le bébé est haut, vous aurez envie d'être verticale ; s'il est bas, vous serez mieux allongée ; s'il est en présentation postérieure, la position est encore plus fondamentale.

Et surtout, souvenez-vous qu'il est impossible de bien respirer si la position est mauvaise (voir « Respirez pour vous… et pour lui »).

Si vous respirez mal, vous ne pouvez pas vous détendre, pas bien vous oxygéner… au moment où vous, votre enfant et le muscle en travail en ont le plus besoin.

Je reprendrai largement ce thème des positions, à partir de l'analyse des aspects mécaniques de l'accouchement, des forces en présence, de la trajectoire du bébé. Cela dépend aussi des différentes phases de l'accouchement, de la position du bébé, des accessoires disponibles, des degrés de liberté que vous aurez dans votre lieu de naissance. Ce ne sont donc ici que des principes généraux.

Quelle que soit la position, elle doit être juste, étirée et permettre la respiration abdominale.

La respiration pendant les contractions

L'expiration est le temps où on jette à l'extérieur les tensions, la douleur, le gaz carbonique. C'est aussi le temps où l'oxygène est amené aux cellules. Il faut donc l'allonger. C'est toujours la même respiration, de bas en haut, en remontant le bébé et surtout pas en s'effondrant (si vous êtes mal assise, tassée sur vous-même, par exemple lors du trajet en voiture, vous verrez à quel point la position compte !). Beaucoup de mamans placent leurs mains au niveau du pubis, comme pour soutenir le ventre. Si vous pouvez vous étirer, en vous accrochant au cou ou aux épaules du papa, à une barre (certaines tables d'accouchements en sont équipées), vous sentirez le soulagement d'une respiration vraiment abdominale.

▤ Doit-on encore serrer le périnée avant d'expirer ?

D'un point de vue musculaire, ça ne peut être que bénéfique. Il sera échauffé, bien vascularisé et donc plus souple. Certaines sages-femmes qui pratiquent «l'accompagnement global» restent auprès des femmes qu'elles ont préparées pendant tout le travail. Elles peuvent alors les guider. D'après leur témoignage, lorsque la femme travaille son périnée pendant la dilatation, il n'y a que très peu d'épisiotomies.

Mais le plus souvent vous serez «ailleurs» et vous oublierez le périnée, ou vous n'aurez plus du tout envie d'être dans un quelconque «serrage».

Pour expirer tranquillement, un des meilleurs moyens est de laisser sortir un son, un murmure, voire muet, qui va vous porter, vous bercer. Au lieu de chasser l'air par une tension, vous le laisserez couler. La contraction vous aidera à vider très longtemps, si vous vous laissez expirer. Vous pouvez aussi penser que vous expirez un filet d'air chaud. Mais surtout ne bloquez pas.

Un enfant qui a mal crie et pleure, un adulte dit «aïe», jure… Il est important de ne pas serrer les dents, les poings, sinon l'énergie est bloquée, on s'épuise et ça fait de plus en plus mal. Laissez sortir !

Si la douleur est très violente, le rythme emballé, le cri viendra sans doute spontané-

ment. Il se peut que l'entourage le supporte mal, mais souvent les femmes qui crient en retirent un réel soulagement. Encore faut-il que ce soit un cri qui libère et non un stress. De fait, un papa peut guider un peu dans ce sens ; le mieux est encore de souffler ensemble, de chantonner ensemble…

L'inspiration est le temps de la recharge énergétique. Elle doit être la plus profonde, la plus ample possible, calme et sans tension. Vous avez beaucoup travaillé cela dans les séances, et en particulier, vous savez dilater les narines quand le ventre est dur, pour que ça respire très loin dans le ventre, très près du bébé. Vous savez aussi qu'il ne faut jamais commencer par inspirer, mais au contraire par vider ; l'inspir se fait alors tout seul, par relâchement.

La chose importante est de ne pas chercher l'air, respirer en haut, en tirant la poitrine, le diaphragme vers le haut. Ça, c'est le stress. Tout est bloqué, le ventre est toujours tendu et bien sûr le sang circule mal.

▤ J'ai lu qu'il était impossible de faire descendre le diaphragme pendant les contractions, que c'était douloureux.

En fait, il s'agit alors d'une mauvaise réalisation de la respiration abdominale : on pousse sur le ventre pour le gonfler, au lieu de le laisser se détendre. Je ne parle pas du tout de cela ici, mais d'une expiration active et d'une inspiration par relâchement du ventre. D'ailleurs vous avez déjà pu vous exercer pendant la grossesse; lors de la dilatation, l'utérus est contracté, mais pas les abdominaux. Il est donc tout à fait possible de respirer abdominal et c'est le meilleur moyen de faire un retour au calme rapidement entre les contractions et d'avoir moins mal.

Ce n'est pas toujours évident à faire spontanément: là encore, il faut le vouloir. Je me souviens d'une femme qui était arrivée à la maternité en respirant très profondément. Lorsqu'elle a su qu'elle était à 8 centimètres de dilatation, tout à coup elle ne pouvait plus «aller» dans son ventre! Je l'ai simplement incitée à essayer, en respirant moi-même très bas, en guidant de ma main son ventre, sans le toucher; et elle a découvert qu'elle pouvait continuer jusqu'au bout cette respiration et qu'elle était beaucoup plus soulagée, détendue.

▨ On ne fait pas le «petit chien»?

La respiration superficielle et haletante a été proposée aux femmes par le docteur Lamaze qui a importé la méthode de Russie. Il s'agissait surtout de créer un réflexe conditionné (comme le chien de Pavlov); dès que la contraction arrivait, on se concentrait sur cette respiration tout à fait artificielle qui mobilisait tout le mental. Ainsi, on ne pensait pas à la douleur. C'est donc essentiellement un moyen psychologique. Mais qui crée deux problèmes: la respiration est accélérée, à un moment de travail musculaire, qui accélère déjà le cœur... Imaginez un coureur qui respirerait plus vite encore que le rythme spontané! (En fait, il essaye de ralentir ce rythme, de souffler deux fois pour une inspiration, sinon il s'asphyxie!) Deuxième problème, il s'agit d'une respiration très superficielle qui ne brasse que la colonne d'air de la trachée; il n'y a pas d'échanges au niveau pulmonaire et donc les gaz du sang vont rapidement être modifiés (il fallait souvent le masque à oxygène, quand cette respiration était utilisée!).

Sans aller jusque-là, on peut sentir que c'est rapidement épuisant et que c'est tout le contraire d'une détente. Tout est crispé, on fait un effort supplémentaire. C'est étonnant qu'on ait proposé cela au moment de l'accouchement.

D'autant plus étonnant que pour toute autre douleur, pour une simple piqûre, on demande toujours de souffler. Sans oxygène, il y a beaucoup plus de toxines et de tétanie, donc de douleur. Sans compter qu'il faut très vite retrouver un rythme cardiaque paisible pour le bébé, ce qui n'est pas facile quand on a emballé le cœur pendant une minute et demie et qu'on a une minute pour récupérer!

Souvenez-vous des escaliers...

Le moment difficile est celui où les contractions s'accélèrent d'un coup (perfusion d'ocytocine) ou rupture des membranes. On a tout à coup beaucoup plus de mal à retrouver le calme, à reprendre souffle, comme lorsqu'on a couru sans adapter sa respiration. Il faut alors s'efforcer d'expirer, de souffler, même assez rapidement, sans chercher à inspirer, comme pour courir, comme pour se calmer quand on est très essoufflée (voir «Respirez pour vous... et pour lui»).

▨ Alors, il faut se concentrer sur une respiration abdominale et lente?

Il faut garder une respiration abdominale, la plus lente possible, insister sur l'expiration, ouvrir les narines pour inspirer si c'est possible, pour ralentir aussi l'inspiration. Comme vous le faites dans les exercices, dans les postures. Inutile de sophistiquer plus.

La concentration

Quant à la concentration, il y a plusieurs attitudes mentales.

On peut schématiser : être ailleurs, fuir la douleur en se concentrant sur quelque chose, ou bien être complètement dedans, active dans la contraction, ou encore être dans un état étrange, sorte de dédoublement...

Ces attitudes n'ont pas à être comparées ni jugées. On ne peut savoir à l'avance ce qui nous conviendra et cela peut changer d'un accouchement à l'autre, pour une même mère ! Ça s'impose à nous en fait, mais il faut juste vouloir se concentrer.

– **Être ailleurs,** fuir la douleur dans la concentration : c'est ce que proposait l'«accouchement sans douleur». On s'efforce de faire une respiration très artificielle, ce qui mobilise notre mental, le met sur des rails... C'est purement psychologique ; on pourrait effectivement choisir une respiration physiologiquement plus satisfaisante, par exemple une respiration comptée (voir «Respirez pour vous... et pour lui») ou simplement répéter : un, deux, trois, quatre... ou autre !

On peut se concentrer sur des éléments divers, personnels : l'une fixera une tache au plafond, l'autre écoutera de la musique, visualisera une fleur qui s'ouvre, une autre répétera des sons, des mélopées (souvent des femmes africaines), d'autres méditeront ou prieront.

On peut, très efficacement, s'occuper de tout le reste du corps, de tout ce qui ne fait pas mal : passer en revue les mains, les pieds, le visage et vérifier que tout est bien détendu, que toute l'énergie est disponible pour l'utérus.

Mais, étrangement, il y a un sujet de concentration qui se présente rarement, c'est l'enfant. C'est souvent la faute du conditionnement inconscient : on est si obnubilée par l'angoisse de ne pas maîtriser, de ne pas être à la hauteur, on est tellement en train d'accoucher, qu'on oublie qu'un enfant est en train de naître ! En fait, cela aide beaucoup la plupart des mères que de rester avec l'enfant ; penser que tout ce qui est bon pour elles, qui les détend, qui les économise, est bon pour lui ; que lui aussi vit quelque chose d'intense, peut-être de violent et qu'ensemble «attelés» à une même tâche, c'est mieux que chacun de son côté, seul dans la tempête... Alors en lui parlant, en le rassurant, en respirant pour lui, la mère s'aide, se rassure.

Le père ou la sage-femme peuvent rappeler que l'enfant est là : il suffit de parler de lui, de toucher le ventre, de demander s'il bouge, s'il descend.

Mais parfois, ce n'est pas le bon moment ! Une mère épuisée par un travail inefficace, une mère débordée par la violence et la fréquence des contractions ne pourra que vous répondre : «qu'on le sorte, qu'on m'endorme, qu'on fasse n'importe quoi, mais que ça finisse». Elle pourra refuser d'entendre parler de son enfant, dire qu'elle ne veut plus de lui ! Pas d'affolement, c'est plutôt bon signe, c'est le moment paroxystique qui annonce la fin du travail ! Les sages-femmes connaissent ces signes et quand celle qui refusait la péridurale la réclame «tout de suite», elles n'appellent pas l'anesthésiste avant d'avoir vérifié qu'il est peut-être plus urgent de «mettre les gants» pour accueillir l'enfant.

– **Être dedans,** active dans la douleur : cette attitude est plus fréquente à partir du deuxième bébé... Il s'agit de se dire que si la contraction est là, qu'elle fait mal, que ce soit au moins pour quelque chose, qu'elle «fasse du boulot». On essaye alors de l'accompagner, loin, le plus loin possible, pour qu'elle développe tout son potentiel. On est là où ça fait mal, en plein dedans. Ouf ! celle-là a fait du chemin... Il faut que la suivante aille plus loin.

C'est une attitude très active, alors qu'on prétend que la dilatation est seulement subie par la mère.

– Ou encore **être dans un état étrange**, dans une sorte de dédoublement : c'est un peu ce que propose la sophrologie (regarder son utérus travailler), mais cela peut arriver spontanément. N'avez-vous jamais eu une grande peur, subi un événement rapide où vous avez complètement vu, ressenti ce qui se passait comme si ce n'était pas vous, sans réagir ? Ainsi, certaines femmes, qui expriment leur douleur, sont complètement « déconnectées ». Elles se laissent comme traverser par la douleur, sans réaction, comme si ce n'était pas elles… Cela peut inquiéter, c'est pourquoi il faut savoir que ça peut se produire spontanément pendant l'accouchement et qu'il ne faut pas avoir peur. La seule attitude « à éviter » est de s'opposer à la contraction.

▤ **Cela veut dire, pour résumer, que plus on a mal, plus il faut se détendre, d'une manière ou d'une autre ?**
Si vous voulez, mais c'est par la détente que vous aurez moins mal. Vous aurez vite compris d'ailleurs. Il suffit qu'on vous parle, qu'on vous déconcentre, qu'on vous demande quelque chose au moment où arrive une contraction pour qu'elle soit beaucoup plus dure que les précédentes.

Les cas particuliers

L'accouchement par les reins

Les douleurs sont presque uniquement au niveau du bas du dos, la douleur dans le ventre n'est même plus ressentie tant la douleur domine à l'arrière. Il n'y a presque pas de répit car ce n'est pas une douleur musculaire, mais une névralgie. La détente et la respiration sont beaucoup moins efficaces que sur la douleur musculaire.

▤ **Peut-on prévoir ce type d'accouchement ? Connaît-on les causes ?**
Il n'y a pas toujours d'explications. On en connaît essentiellement deux :
– le bébé a son dos contre le dos de la mère au lieu d'être en avant (on appelle cela une présentation « postérieure »). C'est plus fréquent quand le bébé est à droite ;
– une mère au sacrum très bombé, bloqué, qui a déjà très mal pendant la grossesse, en particulier quand elle est couchée sur le dos. Si l'accouchement commence sur ce mode, il faut essayer de faire tourner le bébé et trouver des positions qui permettent d'éviter l'appui sur le sacrum.

La péridurale est efficace sur la douleur, mais ne règle pas les problèmes mécaniques et l'accouchement risque d'être long et laborieux puisque le problème est masqué

▤ **Y a-t-il des attitudes efficaces, avec ou sans péridurale ?**
Les positions sont essentielles.
Car si vous êtes couchée sur le dos, lorsque l'utérus se contracte, il y a un maximum de compression de l'articulation sacro-iliaque, la douleur sera difficilement tolérable.
Si vous êtes cambrée l'utérus va tirer sur les ligaments qui l'accrochent au bassin et augmenter la cambrure, ce qui rend difficile la

progression du bébé. C'est un cercle vicieux. De plus, il faut essayer de faire tourner le bébé le dos vers le milieu du ventre, afin qu'il ne s'engage pas dans la position postérieure. Cela rendrait l'accouchement plus difficile, car les axes sont moins favorables et il se présenterait le nez vers le pubis au lieu du nez vers l'anus qui est la meilleure trajectoire pour un accouchement en position gynécologique (voir « Détendre le périnée lors de la poussée »). On imagine aisément que si la mère reste couchée sur le dos, l'utérus a un travail de titan à réaliser pour faire tourner l'enfant, contre la gravité, dans un utérus contracté qui laisse peu d'espace de mobilisation.

En revanche si la femme est à quatre pattes, la pesanteur entraîne le dos du bébé vers l'avant et aide l'utérus. La première règle est donc de mettre en quelque sorte le ventre dans le vide, dans la pesanteur.

Cela se réalise en se mettant à quatre pattes, en s'accrochant à un meuble, dos plat, fesses tirées en arrière ; ou en s'asseyant sur le bord d'une chaise, ou sur un ballon, penchée en avant, les bras autour de la taille du père par exemple ou sur le lit, parfois à califourchon, à l'envers sur la chaise, les bras posés sur le dossier, s'il est assez haut.

Ce sont des positions antalgiques que les femmes trouvent spontanément. Beaucoup de nos mères ont passé leur travail assise sur la cuvette des W.-C., penchées en avant, ou sur leur bidet par exemple.

Vous pouvez vous accrocher au père dans une suspension, au montant du lit, au radiateur, au dossier d'une chaise sur laquelle le papa est assis ; ou utiliser les moyens providentiels comme une barre, un rebord de fenêtre, une écharpe autour des épaules du papa (voir « Étirez-vous… » et « Les douleurs sacro-iliaques »).

Mais certaines n'aiment pas l'accroupi. Ça coince le ventre, elles ont une gêne au niveau de l'aine, elles respirent mal.

Si vous souhaitez marcher et que cela est possible, évitez la démarche « en canard », basculez le bassin, pieds parallèles, comme vous l'avez pratiqué dans les séances, en faisant tourner vos fémurs vers l'extérieur. Au moment des contractions, prenez un appui, par exemple sur une table, une cheminée et tirez les fesses en arrière pour passer comme « à quatre pattes ».

Certaines mamans auront au contraire envie de se jeter en arrière, les poings au niveau des fossettes sacro-iliaques, complètement arc-boutées. Cette posture étrange et impressionnante n'est pas une cambrure mais une hyperextension. Elle est tout à fait juste, mécaniquement, même si elle surprend par sa tonicité. On peut l'aménager sur le ballon.

Le bain chaud est évidemment très antalgique, surtout si vous prenez des postures dans la baignoire (voir « La mobilité et les positions au cours de l'accouchement »).

S'il n'y a qu'une douche, en mettant le ballon dans la douche, vous pouvez prendre une position penchée en avant, le ventre posé sur le ballon. Dirigez le jet d'eau sur le bas du dos ou demandez au papa de vous l'asperger.

Vous pourrez rester ainsi plus longtemps que debout et avec des meilleurs effets antalgiques. (attention à ne pas faire déborder la douche!) S'il n'y a pas de ballon, un tabouret peut vous permettre de vous asseoir, les coudes sur les genoux, pour le même massage au jet.

Une fois sur la table, vous pouvez encore aménager du quatre-pattes. Il faut simplement faire attention à la compression des mollets, utilisez le coussin microbilles, le ballon éventuellement, le dossier de la chaise.

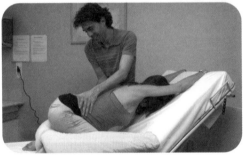

On peut même prendre ces postures avec une péridurale

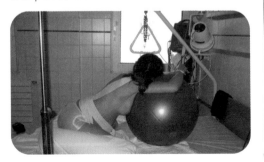

Le papa peut masser les reins, ou étirer plus.

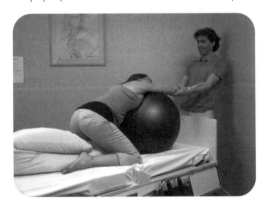

Si vous êtes couchée, plusieurs possibilités:
– soit vous êtes bien sûr le côté (c'est vous qui choisissez le côté, en fonction de votre bien-être et de votre respiration);
– soit vous préférez être sur le ventre (avec aménagements bien sûr): c'est proche du quatre-pattes, ça aide le bébé à tourner et le sacrum n'est pas comprimé par l'utérus lors des contractions.

Quelle que soit la position, il faut éviter la cambrure et respecter les étirements.
Ce sont en fait les mêmes postures que celles qui vous convenaient pendant la grossesse et que nous avons étudiées dans « Étirez-vous… ».

Voici les adaptations sur la table d'accouchement:

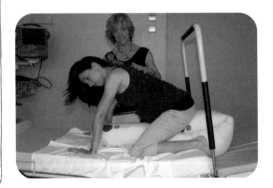

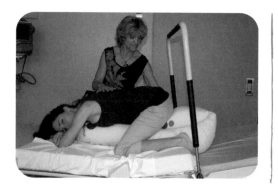

Retenez simplement que la péridurale ne change rien pour le bébé et risque, en masquant la douleur, de ne pas vous donner envie de vous posturer… ce qui sera moins favorable à la progression et donc risque de fatiguer plus le bébé. Il faut donc continuer à chercher les meilleures positions en se fiant à la respiration et à l'enregistrement du cœur du bébé et ne pas rester passive. C'est encore plus important dans ce type d'accouchement.

Les massages des sacro-iliaques

Ils sont simples, particuliers et assez efficaces.

Il faut d'abord trouver une position qui dégage le dos ; par exemple assise sur les talons, les bras et la tête sur une chaise ou sur le ballon, ventre dans le vide. Ou sur le côté, ou accroupie, ou à quatre pattes. Le masseur doit repérer les fossettes sacro-iliaques (de toute manière, la mère saura lui dire exactement où ça se passe).

Il doit alors appuyer très fortement avec la base de la paume des mains (éminence thénar) dans un mouvement tournant, comme pour écraser toute la zone douloureuse. La mère aidera beaucoup à l'efficacité du massage si elle pousse fort en même temps, avec son dos, contre la main. Il faut synchroniser vos respirations et mettre une pression maximale au moment de l'expiration. Cela entraînera par la même occasion une vraie bascule du bassin, très bénéfique.

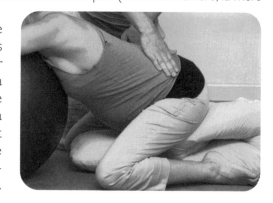

 L'efficacité de ce type de massage est assez étonnante. Pour illustrer, on peut repenser au soulagement immédiat que provoque la main de l'esthéticienne qui se pose sur la peau après l'épilation à la cire.

Il y a d'autres techniques performantes mais pas toujours pratiquées dans les maternités. Il s'agit de l'acupuncture et de la réflexothérapie (injection d'eau distillée ou de produits d'anesthésie locale au niveau des zones douloureuses).

Bébés en siège

Le « siège » reste une perspective qui inquiète les futures mères. Il s'agit d'idées héritées d'un temps où les moyens d'exploration étaient très limités puisqu'il arrivait même que l'on découvre seulement au moment de l'accouchement que ce n'était pas une présentation « du sommet », c'est-à-dire ordinaire. Bien entendu, on ignorait la taille du bébé, sa position exacte, les dimensions du bassin, parfois très anormaux. Il y avait parfois des drames, si la tête ne passait pas, le corps étant sorti. Pas étonnant donc que l'ombre planante soit très sombre.

Aujourd'hui la tendance médicale est à la césarienne, surtout au premier enfant puisque le bassin « n'a pas fait ses preuves ».

Si vous êtes dans une équipe qui accepte l'accouchement par voie basse, il y aura quand même beaucoup de précautions et une plus grande médicalisation : il faudra faire une mesure radiographique (de plus en plus scanner, ou IRM) pour mesurer le bassin, il faudra connaître la taille du bébé, en particulier sa tête.

Il se peut, si le bébé est gros, qu'on vous fasse accoucher plus tôt, dès que c'est possible.

Et bien sûr, au moindre problème, la césarienne permettra toujours la naissance dans de bonnes conditions pour le bébé et pour vous.

QUELQUES PRÉCISIONS

Il y a deux sortes de sièges : celui où le bébé reste assis, les jambes plaquées sur la poitrine. Il se présente alors par les fesses, comme un œuf. C'est le « siège décomplété ». Celui où il est assis en tailleur et il déplie ses jambes en premier, se présentant par un pied. C'est le « siège complet ». Dans les deux cas, on évite de toucher le bébé, pour ne pas provoquer de stimulation et de réflexe respiratoire avant que la tête ne soit dégagée.

Par ailleurs, les contractions vont créer une telle pression sur l'abdomen du bébé, qu'il y aura souvent élimination du méconium sans que cela signifie souffrance. Donc pas de panique si le liquide est foncé !

▤ On m'a parlé de techniques pour les retourner…

En effet, certains services sont partisans des « versions ».

Avant le terme, (mais pas trop tôt non plus pour éviter que le bébé, obstiné, ne revienne dans sa position initiale trop facilement), on tente, sous surveillance échographique, de le retourner, en le poussant des deux mains, pour lui faire faire une cabriole, à travers le ventre de la maman.

▤ Est-ce douloureux ?

On ne peut parler de douleur : c'est en principe une manœuvre douce. Il faut être très détendue. On vous donnera souvent des médicaments pour éviter les contrac-tions et vous relaxer un peu. On fait en général ces manœuvres sous échographie. Après la manœuvre, on surveille par un monitoring que le bébé va bien.

Il existe des postures et des respirations qui facilitent la version : les postures inversées et la fausse inspiration thoracique.

▤ Et l'acupuncture ?

Il existe une très vieille tradition en Chine, de l'utilisation des « moxas », c'est-à-dire de chaleur appliquée au niveau des orteils.

Certains hôpitaux qui pratiquent l'acupuncture peuvent le proposer, mais cette technique reste peu diffusée en France. Faute de comprendre le mode d'action, on estime alors qu'un certain nombre d'enfants se retournent spontanément et qu'il est donc impossible d'évaluer l'efficacité de cette méthode !

Une autre ressource non-violente est d'essayer le contact avec le bébé, en lui demandant de se placer, en l'incitant de vos mains (si vous pratiquez l'haptonomie, votre guide vous conseillera).

Jusqu'à quel moment peut-il se retourner ?

En théorie jusqu'à la naissance et il arrive en effet que la nuit précédant l'accouchement, il fasse la culbute.

Mais cela dépend s'il a de la place, si le ventre est détendu, s'il y a beaucoup de liquide… Ce qui est plus rare pour le premier.

Est-ce qu'on s'en rend compte ?

En général, il s'agit d'une nuit très agitée, avec cauchemars, sensation d'être « barbouillée », contractions. Mais le retournement lui-même n'est pas vraiment ressenti.

Pour des femmes qui ont eu plusieurs enfants il arrive qu'il tourne plusieurs fois, sans qu'elles s'en rendent compte. Le bébé a de la place, il n'est pas contenu.

S'il n'a pas beaucoup de place (utérus hypertonique), même si on secoue la mère dans tous les sens, il ne peut pas bouger !

Et si finalement on accouche en siège, l'accouchement est-il différent ?

La dilatation est comparable. Le côté positif est qu'il ne faut pas intervenir dans la phase d'expulsion : il faut attendre que le réflexe soit bien là et que la poussée soit très efficace. L'accoucheur ne va donc pas vous faire pousser trop tôt et vous n'aurez ni à réfléchir, ni à faire des efforts ; tout se fera naturellement !

Par ailleurs, pour avoir eu un siège au deuxième accouchement (et les mamans qui ont pu comparer ont le même témoignage), le passage des fesses, ou des jambes en premier est beaucoup plus doux, plus moelleux que la tête ! Lorsque celle-ci arrive, elle suit le chemin qui a été fait et on ne ressent pas cet appui des os du crâne qui est quelquefois ressenti dans les accouchements du sommet. En résumé, au moment de la naissance, c'est plus agréable pour la mère ! (Et les traditions disent que c'est un enfant qui garde la tête haute toute sa vie !)

Les jumeaux

L'accouchement de jumeaux, contrairement à la grossesse, n'a pas de raison d'être plus pénible pour la maman, d'autant que les enfants sont, en général, plus petits. Là aussi on aura une médicalisation plus importante, surtout s'ils sont prématurés.

Il n'est pas rare que le deuxième, s'il était en siège, se retourne avant de naître, dès qu'il a la place !

Physiologiquement l'utérus doit se rétracter après la première naissance afin de se replaquer sur le deuxième enfant pour le pousser efficacement ; il y a donc une période d'attente avant la deuxième naissance, tout à fait normale, mais où on a tendance à accélérer les contractions car il y a du stress pour savoir comment le deuxième jumeau va se positionner, vu la place qu'il a tout à coup.

Quand l'accouchement précédent a été une césarienne

La décision de vous laisser tenter l'accouchement par voie basse sera prise après avoir analysé les causes de la première césarienne, la taille du bassin et les mesures du bébé.

De plus en plus d'équipes permettent de tenter l'accouchement par voie basse.

On vous surveillera bien sûr attentivement. Il ne faut pas que les contractions soient trop violentes, à cause de la plus grande fragilité de l'utérus. On aura donc le plus souvent un travail spontané et non déclenché et toute anomalie dans la progression de la dilatation et de la descente du bébé peut remettre en cause la décision d'accouchement par voie basse. C'est ce que l'on appelle l'«épreuve du travail».

Les autres présentations : face, front

Elles sont très rares.

Elles peuvent parfois permettre la naissance naturelle, il s'agit surtout d'essayer de faire fléchir la nuque de l'enfant au cours du travail. Il y a en effet des risques pour le bébé.

Ces situations sont plus le problème de l'obstétricien que celui des patientes !

En cas de naissance par voie basse, ces présentations demeurent néanmoins plus difficiles et plus médicalisées.

Pour vous, il n'y a pas de grande différence dans la conduite de vos efforts. Suivez vos intuitions plus que jamais en matière de position.

Et bébé pendant ce temps ?

Certes, c'est la tourmente. Mais il faut savoir que les contractions n'ont pas seulement un effet négatif.

Certains assimilent les contractions à la pression de l'être aimé sur son cœur... et tous les bébés aiment être portés bien collés, bien entourés dans les bras ou dans l'écharpe de portage. Ce serait en souvenir du temps où ils étaient lovés dans l'utérus et «embrassés» par les contractions.

On sait que les femelles mammifères quadrupèdes ont le col de la matrice très peu fermé. Il y a donc peu de contractions pour la dilatation. À la naissance, la mère lèche les petits de façon précise, vigoureuse, dans un ordre donné[1]. Si on les soustrait au léchage, ils peuvent mourir car ils n'ont pas les réflexes de miction, de défécation.

Chez l'homme, ce sont les contractions qui assurent un massage puissant, capable de stimuler les réflexes respiratoires et autres mécanismes végétatifs. Par ailleurs, le passage dans le vagin assure un «essorage», qui libère les poumons, vide les bronches afin que l'air puisse rentrer au moment où la cage thoracique est libérée et que les poumons se déploient. C'est pourquoi, les bébés nés par césarienne respirent moins «bien» à la naissance. On est obligé

---

1. À lire avec profit : Ashley Montagu, *La Peau et le Toucher*, Paris, Le Seuil, 1979.

d'aspirer les mucosités avec une petite sonde, sinon ils gardent trop de liquide dans les bronches. Il faut parfois les stimuler, les oxygéner, puisque les processus mécaniques habituels n'ont pu jouer.

Les contractions sont donc nécessaires à l'enfant, mais dans une certaine limite !

▤ Le moment de l'accouchement semble être un moment à risque pour l'enfant et c'est pourquoi il y a une surveillance quasi permanente. Où est le danger et comment peut-on agir ?

Tant qu'il est dans l'utérus, l'enfant ne reçoit de l'oxygène que par son cordon. Les artères maternelles qui arrivent au placenta doivent traverser ce muscle très épais ; au moment des contractions, les trois couches musculaires utérines (longitudinales, concentriques et plexiformes) se rétractent et les vaisseaux sont écrasés. Le sang maternel n'arrive plus au placenta, il n'y a plus d'échanges. La nature a prévu cette situation dans le cadre de l'accouchement normal : il y a trois minutes de réserves dans le placenta et aucune contraction ne dure trois minutes. Mais encore faut-il reconstituer ces réserves, ce qui suppose un temps de repos assez long et une mère en état d'oxygéner correctement. C'est pourquoi des contractions trop fréquentes, une respiration superficielle et accélérée posent souvent problème pour le bébé.

Tant qu'il y a 40 secondes de contraction pour 5 minutes de détente, tout va bien. Mais on peut arriver, à la fin ou avec des perfusions d'ocytocines, à 1 minute 30 de tension pour 1 minute de repos. C'est alors qu'il ne faut pas perdre une seconde et savoir retourner au calme très vite. En effet, tant que le cœur de la mère est « emballé », il ne peut y avoir d'oxygénation correcte.

C'est de l'accumulation du manque d'oxygène, d'une contraction à l'autre, sans possibilité de reconstitution suffisante des réserves que naît la souffrance fœtale pendant le travail.

Il peut y avoir d'autres processus pathologiques, le plus souvent liés au cordon : s'il y a un nœud par exemple et que la descente du bébé serre le nœud, si le cordon est comprimé, etc. Dans ce cas le sang arrive bien au placenta, mais ne passe pas bien du placenta au bébé. (La première chose à faire est de changer de position pour essayer de décomprimer le cordon.)

▤ Comment savoir ce qu'il se passe pour le bébé ?

C'est le monitoring qui permet d'apprécier que bébé va bien et qui donne des indications sur les problèmes quand il y en a.

Le rythme cardiaque qui est normalement à 120, 140, peut être très modifié. S'il y a des décélérations importantes et qu'il n'y a pas une bonne récupération entre les contractions, on va peut-être arrêter le syntocinon, ou prendre des mesures d'urgence qui sont fonction de l'analyse globale de la situation.

▤✚ Faire respirer de l'oxygène au masque à la mère est de plus en plus contesté, car peu efficace au masque. Les dispositifs de type « lunettes » qu'utilisent les grands insuffisants respiratoires ont de beaucoup plus de résultats… grace à l'ouverture des narines qu'elles entraînent puisque les tuyaux sont dans les narines.

LE MONITORING :
SURVEILLANCE DU BÉBÉ ET GUIDE POUR VOUS AUSSI

Il n'est pas difficile au père de surveiller grosso modo la situation sur le cadran ou sur l'enregistrement papier. Il faut d'abord s'assurer que l'enregistrement est de bonne qualité c'est-à-dire que le tracé est continu. Les capteurs (électrodes) qui sont posées sur votre ventre enregistrent l'un les contractions, l'autre le cœur du bébé. Si le capteur du rythme cardiaque n'est plus dans l'axe optimal pour capter les vibrations (selon le degré de performance des appareils), le tracé sera interrompu par moments. Vous verrez des signaux lumineux sur l'appareil, vert, orange, rouge. Il faut rester dans le vert ou orange. Si ça passe au rouge, vous n'avez plus d'enregistrement. Ce n'est pas que le bébé va mal, c'est qu'on ne le capte plus : un peu comme le problème des téléphones portables dans les tunnels Peut-être lui ou vous avez bougé. Mais il n'est pas allé bien loin ! Bougez l'électrode en cercle concentrique autour du point de départ, jusqu'à retrouver un bon signal. Si vous n'y arrivez pas, appelez la sage-femme, afin que la surveillance soit toujours assurée. En position assise, sur le côté ou quatre pattes il se peut qu'il faille maintenir une légère pression sur l'électrode, avec votre main ou en ramenant votre genou contre le ventre ou avec un coussin : à vous de trouver la solution.

C'est à cette condition d'autosurveillance que vous pourrez bouger sans danger et donc avec l'accord de l'équipe médicale.

On peut alors repérer la bande d'oscillations normales et voir s'il y a des modifications importantes et surtout si elles se prolongent. En effet, il est normal que le cœur du bébé ralentisse un peu au moment des contractions, mais il doit reprendre une oscillation normale pendant le repos. S'il y a des anomalies, prévenez la sage-femme et demandez-lui éventuellement des précisions pour guider vos appréciations. Il est évident que le personnel médical ne peut être présent en permanence, surtout dans les grands centres où il y a une importante activité. Il y a parfois une centralisation dans le poste de surveillance, avec tous les écrans des différentes salles d'accouchement. Une collaboration intelligente avec vous ne peut être que bienvenue.

Essayez toujours de changer de position quand se pose un problème. Il se peut que le cordon soit un peu comprimé, si par exemple vous êtes couchée sur le côté et que le bébé appuie sur son cordon ; de même, si vous êtes couchée sur le dos, la circulation dans le placenta est moins bonne. Passez alors sur le côté, ou mieux, penchez-vous en avant, le ventre dans le vide. Mais bien sûr, si tout ne rentre pas dans l'ordre, ne tardez pas à prévenir la sage-femme.

On a combien de temps pour réagir ?

Rassurez-vous, les premiers signes de souffrance détectés, on a tout de même le temps de réagir, car la nature apporte d'elle-même de nombreuses sécurités et le bébé est équipé de systèmes très performants !

Quand l'oxygène devient insuffisant, il va y avoir une contraction des vaisseaux aux extrémités, car les pieds et les mains peuvent rester assez longtemps sans oxygène ; tout le sang sera donc concentré dans les organes vitaux : le cœur, le cerveau… C'est pourquoi le bébé sera cyanosé à la naissance, c'est-à-dire que sa peau ne sera pas rose, mais bleue et qu'elle mettra plus de temps à se recolorer (il y a une légère cyanose normale au moment du passage dans le vagin, mais le bébé doit être rose très vite après sa naissance).

Si les choses s'aggravent encore, il y aura aussi une contraction puissante des vaisseaux et muscles de l'intestin et le méconium (produit de la digestion intra-utérine, très foncé) sera rejeté dans le liquide amniotique, ce qui lui donnera son aspect teinté. (Mais un liquide teinté n'est pas en soi signe de souffrance… les équipes ont des tas de repères que je ne peux détailler ici.)

En dehors de ces réactions mécaniques, il existe au moment de l'accouchement des capacités biochimiques particulières, qui permettent une résistance tout à fait exceptionnelle. On a donc à la fois les éléments de surveillance pour juger de l'urgence à aider le bébé et le temps d'adapter la conduite à tenir.

▤ Et si on décide une césarienne ?

L'équipe va s'activer, très vite. Si vous êtes sous péridurale, on vous proposera sans doute une césarienne par ce mode d'analgésie. Sachez seulement que, sous péridurale, vous ne voyez pas l'opération car il y a des linges stériles qui vous cachent le ventre. Vous ne ressentez aucune douleur bien sûr. C'est très rapide, mais vous pouvez participer. On peut même vous demander de pousser. Les pères, dans certains hôpitaux, peuvent assister à l'opération. Rien n'empêche, en tout cas, d'accueillir l'enfant en douceur, de le masser, de le mettre au sein, que son père le prenne dans ses bras si tout va bien. Ainsi, vous restez avec votre bébé, présente, éveillée. Je pense que c'est assez merveilleux comme progrès par rapport à l'anesthésie générale.

Si, au contraire vous n'avez pas de péridurale et qu'il y a une grande urgence (c'est de plus en plus exceptionnel), on vous endort complètement, souvenez-vous que tant qu'il n'est pas né, seule la mère peut quelque chose pour son bébé.

Ce n'est donc pas le moment de paniquer, de bloquer le souffle. Votre bébé a besoin de vous ! Il faut respirer, respirer et encore : respirer.

Tous les préparatifs sont faits alors que vous êtes réveillée pour éviter un passage du produit d'anesthésie dans le placenta et donc à l'enfant. Lorsque vous vous endormirez, il sera sorti dans un délai très court. Il va donc immédiatement prendre le relais et respirer lui-même.

Vous pouvez donc être présente jusqu'au dernier moment et vous endormir en pensant à lui. Cela sera très important pour faciliter votre réveil et vous reconnaître l'un l'autre.

Il est bon que le père puisse accueillir tout de suite l'enfant et assurer ce relais. S'endormir enceinte et se réveiller avec un bébé dans un berceau n'est pas évident. Il va falloir en quelque sorte l'« adopter ».

La mobilité et les positions
au cours de l'accouchement

L'accouchement est une performance physique impressionnante, une mécanique de haute précision, une dynamique qui met en jeu une énergie extraordinaire.

L'enfant va devoir quitter le nid utérin où il a séjourné neuf mois pour arriver en quelques heures au monde extérieur, à la lumière.

Ce chemin est en fait assez sinueux, dangereux, la progression est lente. Il y a des forces motrices pour faire avancer le bébé, des résistances, des adaptations du corps de la mère, du bébé lui-même dans sa trajectoire, quelque fois jusque dans la forme de son crâne qui est modulable puisque les os ne sont pas soudés (fontanelles). La nature a merveilleusement fait les choses et a tout prévu pour l'accouchement normal. Bien entendu, lorsque surviennent des complications, des éléments anormaux, les techniques obstétricales et chirurgicales sont aujourd'hui à notre disposition pour résoudre des problèmes de plus en plus complexes, comme la très grande prématurité.

Concentrons-nous sur le processus naturel, pour tenter de mieux comprendre et éviter ce qui pourrait le contrarier.

Nous allons voir que la gestuelle spontanée de la mère est toujours significative et représente en général l'adaptation optimale entre elle et son bébé.

Il y a différents temps, que nous avons déjà abordés à propos du vécu de l'accouchement, de la douleur, mais que nous allons reprendre ici d'un point de vue mécanique :
- la dilatation du col ;
- la sortie du bébé hors de l'utérus et sa progression dans le bassin ;
- le passage du périnée et la naissance proprement dite.

Ces temps s'articulent de façon différente selon qu'il s'agit d'un premier bébé ou des suivants, mais il y a beaucoup de paramètres et la règle n'est pas absolue.

La dilatation

Ce sont les contractions utérines qui sont la force motrice de cette phase. Mais nous avons vu que le bébé (ou le liquide amniotique) doivent aussi appuyer sur le col pour que celui-ci s'ouvre plus vite. L'utilisation de positions, en rapport avec la pesanteur, est donc un moyen de renforcer l'efficacité des contractions.

▤ Il faudrait plutôt être debout alors?

Si la poche des eaux n'est pas rompue, la déambulation est une bonne manière d'optimiser les contractions sans augmenter la fréquence, ce qui est primordial, à la fois pour que la douleur reste supportable, et pour que l'enfant ne fatigue pas, comme nous l'avons vu. Mais pour certaines ce n'est pas du tout confortable, et même au début du travail elles ne supportent pas de déambuler. Si les contractions sont d'emblée très violentes et rapprochées, (ce qui correspond plus à un démarrage par la rupture des membranes) inutile de dynamiser... cette maman a tendance à se coucher, sur le dos, le côté ou sur le ventre pour s'économiser. Elle cherche la position la plus antalgique et la moins fatigante où elle peut tout détendre (jambes, dos) et récupérer dans le court temps entre deux contractions. Son attitude est donc adaptée.

En fait plus l'enfant est haut, plus les mères ressentent spontanément le besoin de marcher entre les contractions. En général, au moment douloureux, elles ont tendance à s'étirer, en appui par exemple sur un meuble, penchées en avant ou suspendues au cou du compagnon, à sa taille, ou en appui le dos contre le mur, avec ou sans ballon.

Pédaler, sauter sur un ballon...

Monter et descendre les escaliers, enjamber la baignoire, pédaler sur place sont des attitudes spontanées qui signalent que le bébé a du mal à entrer dans le bassin, qu'il n'est pas bien dans l'axe et sollicite mal le col. Si l'utérus le propulse alors qu'il n'est pas juste dans le rail, et que la mère ne bouge pas, c'est au bébé de tout faire et on conçoit que c'est problématique!

Pédaler sur la galette

Il faut évidemment favoriser ces mouvements.

Certaines mamans vont se servir du ballon pour se «secouer» énergiquement, à la surprise de ceux qui les entourent. C'est parfois le moyen de faire remonter le bébé (et l'utérus) au-dessus du détroit supérieur pour se placer dans un meilleur axe.

Si on a mal abordé le créneau, il vaut mieux reculer et recommencer avec une meilleure approche...

Sauter sur un ballon

▤ N'y a-t-il pas trop de fatigue pour bouger ou rester verticale?

C'est évidemment très variable. Tout dépend aussi de la durée de la dilatation. Si vous avez eu un faux travail qui vous a empêchée de dormir et que les premiers centimètres sont très laborieux, vous aurez moins d'énergie!

Si vous êtes trop fatiguée pour marcher, vous pouvez rester assise, à condition d'être étirée pour pouvoir respirer. De toute façon, il est très désagréable d'être tassée pendant les contractions; vous risquez d'en faire l'expérience lors du trajet pour la maternité!

❝❞ *Beaucoup de mamans ont passé le trajet accrochées au porte-manteau dans la voiture... chance qu'en France on conduise à droite ! C'est souvent du côté droit qu'on a besoin de s'étirer et le côté droit est le côté du passager.*

▌ Et si le bébé est bas ?

Ce n'est pas toujours le bébé qui est bas mais parfois l'utérus (plus fréquent à partir du deuxième enfant, ou lié à votre laxité ou à la position du bébé – siège décomplété par exemple)...

En général, la maman sent trop d'appui sur le périnée, la vessie, le bas du ventre et, en station debout, c'est beaucoup trop violent au moment des contractions. Il y a alors aussi une tendance à un œdème ou à des varices des grandes lèvres et la future maman se sent mieux à l'horizontale, par exemple penchée en avant, quatre pattes, allongée ou même en posture inversée.

Elle soutient son ventre avec ses mains et cherche à alléger en bas. C'est tout à fait adapté car la pesanteur va s'exercer autant sur l'utérus que sur le bébé qui ne descendra pas plus vite dans l'utérus... au contraire décharger le périnée et détendre va permettre une meilleure dynamique.

Ces mamans seront alors très bien dans l'eau car la contre-pression de l'eau va soutenir l'utérus.

Le ballon sera aussi le bienvenu, pour réaliser une contre-pression souple sur le périnée, et la maman aura tendance à poser son ventre dessus à chaque contraction, comme dans un quatre-pattes.

Mais dans ce cas de figure elle n'a aucune envie de sauter sur le ballon !

REMONTER LE VENTRE

On peut constater que les dilatations longues et difficiles concernent soit les gros bébés, à l'étroit dans un utérus très peu distendu (premier bébé surtout), soit les petits bébés qui ont trop de place et ne se « compactent pas » (surtout chez les grandes multipares, c'est-à-dire les mamans ayant eu beaucoup d'enfants). Ces bébés ne sollicitent pas bien le col. Les premiers parce qu'ils ne peuvent plus bouger dans l'utérus. S'ils ne sont pas parfaitement fléchis, ils auront du mal à refaire le créneau ! Les seconds parce que rien ne les contient et qu'ils ne prennent pas la position de schuss !

C'est pourquoi les sages-femmes massent toujours le ventre en remontant, recentrent et replacent l'utérus et parfois mettent des bandages pour maintenir le tout. Et ça ne fait pas mal, au contraire. Les mamans qui ont besoin de soutenir, de remonter leur ventre, de le poser, sont soulagées, alors que tout ce qui pousse sur le fond utérin vers le bas est très douloureux.

▤ **Mais on cherche finalement toujours à remonter ?**

On cherche à mettre l'utérus dans le bon axe par rapport au bassin, à le verticaliser, le plaquer contre une colonne elle-même alignée et non coudée, pour qu'il travaille avec un maximum d'efficacité et que le bébé aborde le détroit supérieur dans la position optimale. Tant que le bébé est dans l'utérus, le seul moyen d'orienter le bébé, c'est d'orienter l'utérus. La gravité ne peut être utile qu'une fois que l'orientation est correcte. Ce n'est pas la gravité qui corrige l'orientation, elle amplifie seulement le mouvement…

Si vous faites du ski, vous pouvez constater que tout va bien si vous êtes bien placée, bien compactée et que vous laissez la gravité augmenter la vitesse. Plus vous êtes compacte, le poids du corps en avant, les skis parallèles, plus ça va descendre vite… d'autant plus vite que vous êtes lourde⇔ Mais si vous placez mal le poids du corps, si vos skis divergent ou se croisent la gravité va être très néfaste !

Remonter, recentrer, contenir l'utérus : suivre son instinct

Parfois vous aurez envie de vous jeter en arrière, sur le ballon par exemple, de vous suspendre de façon asymétrique. Tout cela s'explique et correspond à une adaptation souvent optimale entre votre bébé et vous. En général, si on contrôle le cœur du bébé, c'est dans la posture la plus confortable pour vous qu'il va le mieux.

Les suspensions

Vous pouvez mieux comprendre maintenant l'intérêt des suspensions même au début de l'accouchement.

Vous avez vu comment on peut s'accroupir en utilisant une écharpe et le papa – même dans la baignoire –, une chaise, un espalier, une barre en travers de la porte sur laquelle on passe une écharpe…

Une fois à la maternité, vous pouvez reproduire une partie de ces étirements, en particulier avec le papa.

Mais si l'équipe n'y voit pas d'inconvénients, il est possible de fabriquer une suspension avec la table d'accouchement et un drap de lit accroché à l'arceau. Vous pouvez alors faire la danse du ventre sur le ballon ou vous suspendre complètement au moment des contractions.

Certaines maternités (rares en France) sont équipées de système de suspension.

Avec le lit d'accouchement

L'idéal est de disposer de crochets au plafond auxquels on accroche des grandes écharpes ou draps. Il peut ainsi y avoir un crochet au-dessus de la baignoire, un au milieu de la pièce pour travailler avec le ballon, un au-dessus de la table d'accouchement pour continuer jusqu'à la naissance.

C'est la maternité cinq étoiles côté confort.

Mais les crochets ; c'est une technologie beaucoup trop complexe pour notre niveau de développement !

Sur la table d'accouchement (ou le lit d'accouchement)

Une fois que vous êtes sur la table d'accouchement, il y a encore beaucoup d'adaptations possibles.

Les positions verticales

Accroupie

Un peu acrobatique s'il n'y a pas de système de suspension.

Si vous avez la taille juste adaptée au dossier de la table, vous pouvez vous y accrocher.

Mais il ne faut pas lâcher…

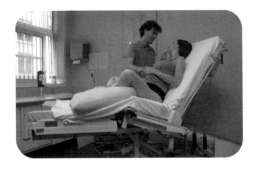

Assise, en appui en arrière

Pour ne pas glisser sur la table et vous retrouver coincée sur votre ventre, il faut que la table soit basculée en arrière au maximum (voir dans le DVD les commandes électriques pour manœuvrer la table, p. 382).

Bien entendu le dossier est relevé au maximum aussi, et vous rajoutez les coussins sous les genoux pour les remonter encore, jusqu'à obtenir un angle cuisse-dos inférieur à 90°.

En général, au moment des contractions les mamans s'étirent encore plus en s'accrochant en arrière sur le dossier ou en repoussant leurs genoux, bras tendus, pour faire de la place sous les côtes.

C'est une position très reposante, très bien acceptée des équipes car on capte bien les bruits du cœur du bébé, l'oxygénation du bébé est bonne, il n'y a pas d'œdèmes car la respiration est libre, le dos étiré et calé. Vous êtes sur un trône !

Assise, en appui en avant

Pour certaines mamans, ou à certains moments, ou tout simplement pour alterner et trouver une mobilité autour de la position assise, l'appui en avant est aussi très agréable.

Il faut laisser la table inclinée en arrière, le dossier relevé mais venir s'asseoir en avant, poser les pieds sur la partie escamotable de la table ou sur une chaise si les hauteurs ne correspondent pas bien. (on peut monter et descendre la table pour s'adapter à la chaise !)

Il faut que vous puissiez vous étirer et vous détendre. L'arceau, s'il est bien réglé pour vous le permet ; parfois c'est l'étrier éventuellement rehaussé par le coussin microbilles (ça permet un étirement asymétrique) ; le papa peut aussi vous soutenir et vous bercer…

La galette sous les fesses permettra la mobilité du bassin, même avec une péridurale.

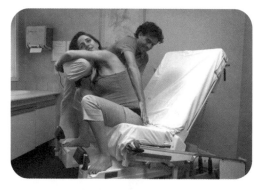

Si vous pouvez alterner, aller vous reposer un peu en arrière, revenir en avant en étirement… c'est souvent plus efficace.

▌ Je crois que j'aimerais bien… en ce moment quand mon compagnon m'étire comme ça et me masse le dos, je me détends immédiatement, c'est magique pour le haut du dos, la nuque, l'estomac.

Les positions couchées

Certains accouchements se déroulent en position horizontale.

Pour les femmes qui ont déjà plusieurs enfants, il n'est pas rare que le gros de la dilatation se fasse pendant la nuit, souvent dans le sommeil.

Si vous préférez vous allonger, le lit ou la table d'accouchement sont alors bien adaptés.

Sur le côté

La position la plus simple à aménager sur la table, très reposante, est la position couchée sur le côté, le genou de la jambe supérieure remonté vers la poitrine, afin de ne pas cambrer.

On peut utiliser des coussins, ou demander à ce qu'on installe l'étrier de manière à poser le mollet dans la jambière (mais attention à ne pas rester trop longtemps sur cet appui, surtout avec une péridurale, vous pourriez vous retrouver avec la jambe «endormie» pendant quelques jours).

Avec le coussin

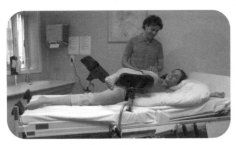

Avec l'étrier

▤ **De quel côté, à gauche ?**
Pas forcément… pas tout le monde à gauche… C'est vous qui saurez, et c'est vous qui aurez raison… le monitoring le confirmera si besoin.

▤ **Même avec la péridurale je saurai ?**
Bien sûr… vous sentirez si vous respirez bien, si vous êtes gênée par la cuisse remontée. Commencez par vous coucher du côté où vous dormez le mieux, s'il y en a un.

Sur le dos

▤ **En fait, pour le moment je dors sur le dos.**
Ça peut changer en fin de grossesse, mais ce n'est pas systématique.

Certaines ne sont pas bien du tout sur le côté, par exemple beaucoup de mamans de jumeaux, car il y a trop de poids, trop de basculement sur un seul côté.

Pas de problème si vous respirez bien.

Il faudra éviter de coincer la nuque avec un gros oreiller, préférer le coussin microbilles pour vous dégager sous les côtes, et éviter la cambrure et les tensions dans les jambes…

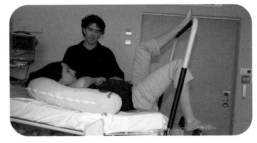

Demandez au papa de repositionner le bassin et calez-vous pour pouvoir détendre complètement le dos, les jambes. Par exemple avec l'arceau, ce qui est très agréable pour la circulation dans les jambes et qui autorise des mouvements asymétriques.

Le ballon peut permettre un bon positionnement et une mobilité un peu en suspension, à condition d'éviter la cambrure.

La galette est particulièrement intéressante pour ces postures.

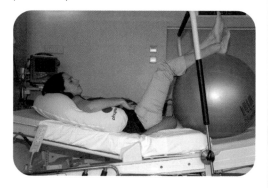

▌ **Ça fait un peu rêver… et pourtant c'est sur une table d'accouchement! Dans ces conditions ça pourrait durer longtemps… j'imagine que s'il n'y a pas de douleur on pourrait se croire dans un hamac et s'endormir… On peut faire ça partout?**

Il suffit qu'il y ait les accessoires, ou que vous apportiez les vôtres, en particulier le coussin. Ce n'est pas un gros investissement pour un hôpital, comparé aux équipements médicaux. On pourrait faire un guide des maternités «confortables» en notant un coussin, deux coussins au lieu des étoiles!

Ces aménagements de la position sur le dos ont l'avantage d'être très adaptés aux contraintes de surveillance du bébé (on capte très bien le cœur en général) et à la péridurale. Et en effet ça peut durer quelque temps…

Il faut que le papa vous aide à replacer le bassin aussi souvent que nécessaire.

▌ **On m'a dit qu'on ne pouvait rien amener en salle d'accouchement à cause des microbes.**

La salle d'accouchement n'est pas un bloc stérile. Et vous pourrez de toute façon utiliser vos coussins dans votre chambre, avant et après l'accouchement. On en a un grand besoin! On peut aussi les envelopper dans des alèzes propres… De même qu'on proposera peut-être au papa une blouse par-dessus ses vêtements… On va de plus en plus vers des housses jetables à usage unique. Il existe des housses plastifiées pour le coussin en salle d'accouchement, qui peuvent se désinfecter. Si vous voulez utiliser votre coussin pour la naissance, il risque d'être inondé de liquide amniotique, tâché de sang.

Emballez-le dans des sacs-poubelle, en dessous de la housse coton, pour le protéger.

Sur le ventre

Si pendant la grossesse vous étiez bien sur le ventre, avec les aménagements que nous avons vus, vous pouvez reprendre cette posture sur la table.

C'est un moyen de contenir l'utérus et le bébé qui correspond là encore à des conditions mécaniques particulières, mais ne convient qu'à certaines, parfois pour une grossesse et plus du tout pour la suivante!

À quatre pattes

Nous en avons déjà parlé comme position antalgique.

Là encore certaines mamans vont préférer le ventre totalement dans le vide, d'autres voudront poser à peine le bas du ventre, d'autres tout le ventre… ce n'est jamais par hasard.

Le coussin suffit pour pouvoir aménager ces postures sur la table, même avec la péridurale. Le ballon permettra de rendre la posture plus mobile.

Même sur la table : Bougez ! Il y a des chances que la position ne soit pas définitive pour tout le travail. En fonction de l'évolution, vous aurez peut-être spontanément envie de changer ou on vous y incitera, si ça n'avance pas, ou si le monitoring montre une anomalie. Le balancement est souvent très calmant, même en l'absence de douleur, d'où l'intérêt du ballon, de la galette.

Et avec la péridurale, les mouvements sont plus limités, on ne peut pas marcher ?
C'était une des limites des premières générations de péridurales, les jambes étant insensibles et sans tonus, il était impossible de se lever. Ceci est en train de changer, puisque certains protocoles permettent la déambulation. Bien évidemment l'analgésie est un peu moins forte, c'est-à-dire qu'il reste des perceptions qui n'atteignent pas le seuil de la douleur, mais il n'y a plus absence totale de sensations. Il y a des chances que ces pratiques se développent et se perfectionnent. Elles concilient en effet les avantages d'un accouchement peu algique et une attitude moins passive de la mère, aidée éventuellement par le père, ce qui favorise une dilatation plus naturelle, nécessitant moins d'ocytocine, et permettant plus d'adaptations posturales. En attendant la généralisation de ce progrès, les péridurales « ordinaires » permettent de bouger sur la table et l'utilisation des ballons et galettes permet une mobilisation à partir d'une posture.

Après la dilatation

C'est la phase qui correspond à la progression du bébé dans le vagin jusqu'à la sortie à travers le périnée.

Elle comprend trois étapes : l'engagement dans le bassin, la descente, le dégagement.

Au cours de ce trajet, l'enfant ne peut pas garder la même trajectoire. En effet le bassin « normal » laisse passer un bébé « normal » pratiquement au millimètre ; la marge est vraiment très faible…

Or, le bassin présente trois « détroits », ce qui veut bien dire que la manœuvre est difficile :

– le détroit supérieur est la circonférence limitée par le haut de la symphyse pubienne et des os pubiens à l'avant, la ligne interne aux os iliaques sur les côtés et le promontoire en arrière. Le diamètre le plus petit est le diamètre pubis-promontoire.

– le deuxième détroit est le détroit moyen dont le diamètre le plus petit est au niveau des épines sciatiques. Ce qui veut dire que les deux diamètres critiques sont décalés de 90° l'un par rapport à l'autre ;

– puis le détroit inférieur, avec le coccyx en arrière et le bord inférieur du pubis en avant. Il se trouve dans un autre plan encore.

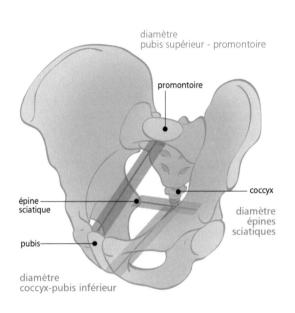

diamètre
pubis supérieur - promontoire

promontoire

coccyx

épine
sciatique

diamètre
épines
sciatiques

pubis

diamètre
coccyx-pubis inférieur

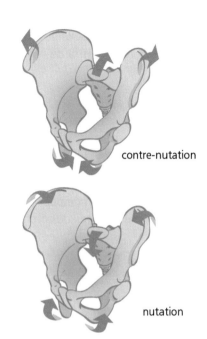

contre-nutation

nutation

Les trois détroits du bassin

Les adaptations du bassin maternel et du bébé

Le bassin est prévu pour s'adapter au cours de l'accouchement : quand le bébé est engagé, que le détroit supérieur est franchi, il n'est plus nécessaire d'agrandir cette circonférence. Au contraire, il faut que l'espace soit maximum au-dessous. Il y a alors un mouvement de l'ensemble du sacrum et du coccyx que l'on appelle la nutation. Le promontoire se rapproche de la symphyse, les ailes iliaques se rapprochent, le détroit supérieur se ferme. Le coccyx s'éloigne de la symphyse, les épines sciatiques s'écartent, les détroits moyen et inférieur s'agrandissent.

Enfin, pour le dégagement, le coccyx, dont les vertèbres sont mobiles, se déploie vers l'arrière pour augmenter la distance coccyx-pubis. Lorsque l'enfant est né, tout doit se remettre comme avant, c'est la contre-nutation… Prête pour le prochain bébé !

Mais ces adaptations ne peuvent se réaliser que si le bassin n'est pas bloqué !

En particulier il faut que les articulations sacro-iliaques soient libres, ce qui est impossible si on est assise avachie, ou en position gynécologique genoux écartés.

Ces positions ont fait dire aux accoucheurs que le bassin ne bougeait pas…

La tête du bébé n'est pas une sphère, elle a aussi des diamètres différents. Le niveau le plus étroit est la largeur du front, c'est-à-dire l'espace entre les tempes. Il faudra donc qu'il oriente sa tête pour présenter cette largeur dans le diamètre le plus petit de chaque plan ; cela veut dire s'engager en oblique dans le détroit supérieur, descendre vers le plan moyen, dans une trajectoire « ombilico-coccygienne », c'est-à-dire vers l'arrière, pour appuyer sur le sacrum et le mobiliser.

Mais il ne peut continuer dans cette direction oblique puisqu'il rencontre les épines scia-tiques et la partie profonde des muscles du périnée.

Il doit donc tourner et venir présenter le diamètre bi-pariétal aux épines sciatiques (2).

Il continue la descente vers le coccyx puis son occiput se fixe sous la symphyse de la mère et il défléchit sa tête pour sortir dans un mouvement remontant (3-4).

Une fois la tête libérée on la voit tourner à nouveau pour se remettre dans l'axe d'entrée dans le bassin, puisque finalement la rotation lui a été imposée (5).

Les épaules sortent alors dans ce même axe oblique, une après l'autre, en général l'épaule supérieure d'abord (6).

Pour le reste du corps il n'y a aucune difficulté, tout glisse facilement.

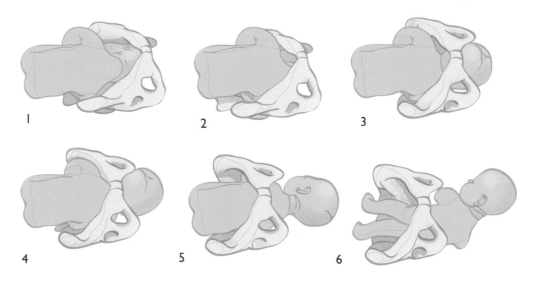

1

2

3

4

5

6

La descente du bébé (ici bébé à droite)

▤ Comment bébé peut-il improviser tout cela, c'est inouï ? Et comment la mère peut-elle savoir ce qu'il faut faire ? Je ne pourrais jamais suivre tout cela…

Si vous analysez tout ce qui est en jeu dans la marche, on se demande comment on a réussi à apprendre à marcher !

En fait, ça se fait naturellement par une dyna-mique du corps tout entier. Mais les premiers pas sont les plus imprécis et les plus diffi-ciles… L'accouchement est aussi un proces-sus dynamique.

L'utérus est le principal moteur.

Il a trois couches de muscles d'orientation dif-férente et la résultante de leurs contractions décrit une sorte d'ellipse, un peu comme l'eau qui tourne en s'écoulant de votre lavabo, comme la feuille morte qui tourne en tombant, à cause de l'attraction terrestre. Vous comprenez donc facilement que si le bébé fléchit mal sa tête au départ ou ne se présente pas bien en oblique pour l'engage-ment, l'accouchement va stagner. En fait, pour aider le bébé, il faudrait que la mère elle aussi se mobilise afin d'orienter le bassin, de replacer l'utérus, de permettre que la résultante des forces aille dans la bonne direction.

Pour simplifier le guide des positions, nous allons suivre un raisonnement logique, un peu schématique bien sur.

Pour l'engagement

Les principes : l'essentiel est de se décambrer, afin que l'enfant ne se dirige pas dans le vide, hors du bassin, mais puisse être perpendiculaire au détroit supérieur, parce que l'utérus est bien orienté, bien plaqué contre une colonne vertébrale sans d'angulation. Cela est simple à réaliser : il suffit que l'angle fémur-rachis soit inférieur à 90°, au moins d'un côté pour que la cambrure soit impossible (voir « Un bon repère : la règle de l'équerre »). On retrouve cela dans les positions assises, couchée sur le côté, sur le ventre, à quatre pattes, accroupie, telles que nous les avons précisées.

Si les hanches ne sont pas fléchies, par exemple en position debout, il faudra s'appuyer le dos au mur ou se suspendre au cou du papa, mais décambrer toujours.

Sur le dos, il faudra repositionner le bassin et soutenir les genoux.

La position sur le côté, avec l'aménagement signalé, a été appelée « position d'engagement » et lorsque le problème se limite à un ajustement des axes du bassin et de la tête fœtale, ça peut être très spectaculaire et immédiat.

On a parfois des femmes à dilatation complète depuis longtemps, et dont le bébé ne s'engage pas malgré les ocytocines et un utérus très énergique, malgré la péridurale et la détente maternelle. Si elles sont couchées sur le côté sans positionnement, cambrées, il suffit de remonter le genou supérieur grâce au coussin ou à l'étrier pour voir le bébé s'engager dans les 10 minutes ! De même un engagement difficile peut se débloquer lors de la pose de la péridurale, par le simple fait d'installer la femme assise, penchée en avant sur des coussins, ou en chien de fusil sur le côté.

On peut aller plus loin dans l'adéquation des axes ; en effet, le bébé a une direction oblique au moment de l'engagement. Si la cuisse remontée est celle opposée au dos du bébé, le bassin va s'incliner et les axes obliques vont mieux s'ajuster.

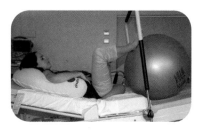

Il faudra donc privilégier les positions asymétriques et les « pédalages » qui font « godiller » le bassin.

Si tout ça ne marche pas, c'est peut-être que la tête n'est pas assez fléchie.

Tentez de trouver la position qui vous vient le plus spontanément, peut être en extension en arrière, accroupie, si vous n'êtes pas sur la table. Peut-être penchée en avant, ou finalement essayez le quatre pattes sur la table, ou la position sur le ventre.

La position quatre-pattes est souvent proposée par les sages-femmes pour ce problème de flexion. C'est un peu la dernière chance avant la césarienne, car un bébé qui ne fléchit pas sa tête ne peut pas entrer dans le bassin.

▤ **Il faut donc toujours penser à cette posture si ça bloque à dilatation complète ?**

C'est pourquoi j'insiste pour que vous la connaissiez et que vous sachiez l'aménager même avec péridurale. Il faudra la tenter, sauf si vous n'y êtes pas bien. Si ça marche, ça marche dans la demi-heure qui suit… inutile de rester deux heures dans une posture qui ne marche pas et que vous ne choisissez pas spontanément.

▤ **Et si ça ne marche pas ?**

Peut-être aurez-vous envie de vomir. C'est désagréable certes, mais c'est souvent un très bon signe et il n'est pas rare que le bébé bien remonté et « secoué » par la contraction des abdominaux fléchisse alors sa nuque. Les vieilles sages femmes disaient : « Femme qui vomit, femme qui accouche. »

De plus le vomissement exige une posture très précise de la nuque, des épaules…

▤ **Quelle perspective peu poétique !**

Mais peut-être moins désagréable finalement qu'une césarienne pour si peu de chose.

Si en fin de compte il y a césarienne, c'est sans doute pour une « bonne raison ». Peut-être pour protéger un bébé qui n'aurait pas pu passer sans dégâts, peut-être pour protéger la mère d'une épreuve trop lourde pour sa morphologie.

Accoucher par voie basse et avoir de tels étirements des ligaments qu'il y a une descente d'organes, des gros problèmes d'incontinence et finalement une opération pour « réparer » n'est pas une meilleure expérience. Il peut aussi y avoir des raisons plus inconscientes qui ne seront peut-être jamais conscientisées.

Pour la descente

Les principes : il faut que l'enfant aille vers l'anus, plonge vers l'arrière, tête baissée !

Dans la verticale, il ne faut surtout pas vous asseoir dos rond, adossée contre le dossier de la table, position assez répandue, surtout avec la péridurale.

Le sacrum est bloqué et le bébé est renvoyé vers l'avant. Or le bassin ne « s'ouvre » pas en avant.

Cette phase ne peut pas durer trop longtemps car le bébé est très comprimé, on a du mal à capter son cœur, on ne sait pas toujours comment il va, la circulation n'est pas forcément très bonne et le périnée est aussi comprimé, étiré, quand le bébé s'éternise dans le vagin.

Si ça traîne un peu, on aura tendance à faire pousser trop tôt.

Sur le dos, le sacrum est aussi très peu mobile et en position gynécologique classique, il est totalement bloqué.

Il faut chercher à faire descendre le bébé le plus rapidement et le plus naturellement possible, sans pousser, car c'est beaucoup trop tôt pour une poussée active.

Pour cela il faut d'abord enlever les obstacles.

Les meilleures postures pour cette étape : toutes celles qui vous conviennent sauf assise avachie, sur le dos et en position gynécologique !

Le sacrum est libre si vous êtes sur le côté, sur le ventre, à quatre pattes, accroupie, assise penchée en avant… vous avez le choix. C'est vous qui savez… : cherchez, bougez, faites la danse du ventre !

LE RÔLE DES POSITIONS DANS LES DIMENSIONS DU BASSIN : DÉCOUVERTE DU RÔLE DE LA ROTATION DES FÉMURS

La mécanique obstétricale, tout en décrivant des adaptations théoriques du bassin ne retenait que le rôle de la flexion des hanches pour agir sur l'accouchement. C'est un peu par hasard, en faisant des postures de yoga que j'ai découvert l'importance de la rotation des fémurs.

J'étais sur le dos, cuisses ramenées sur le ventre et j'ai eu l'idée étrange de placer mes doigts sur les ischions (les os pointus des fesses). J'ai écarté les cuisses en posture de grenouille, puis j'ai rapproché mes genoux l'un de l'autre (chasse-neige).

À ma grande surprise, les ischions n'étaient pas du tout au même endroit. Ils s'écartaient en chasse-neige et se rapprochaient en grenouille. L'écart était important.

Sur le côté, c'est encore plus flagrant. La fermeture à l'arrière est totale quand on ouvre les genoux.

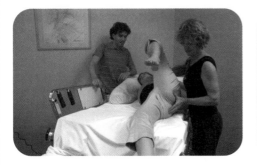 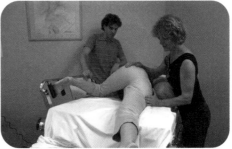

Si les os s'écartent ainsi, de façon aussi visible de l'extérieur, les épines sciatiques, devraient aussi s'écarter ou se resserrer dans les mêmes mouvements, ce qui pourrait beaucoup modifier le passage des épines, temps très critique et déterminant pour le réflexe expulsif. Je voulais en avoir le cœur net. Je suis donc allée faire des radios du bassin en demandant diverses positions pour mesurer ce diamètre bi-épineux, entre les épines sciatiques. Mais on m'a expliqué qu'il n'était pas possible de faire plusieurs positions. Le protocole radiologique impose une position pour être interprétable et la comparaison n'est pas possible. J'ai donc demandé qu'elle était la position de référence. Il s'agit d'une position assise. J'ai donc fait la radio en position assise, en écartant les genoux, puis en les resserrant.

J'avais alors un centimètre de différence sur un diamètre de 11 centimètres. Pourtant je n'avais pas la laxité d'une femme en train d'accoucher… j'étais proche de la ménopause ! Au vu de ces résultats, les commentaires ont été : la radio n'est pas très fiable, maintenant on fait des scanners !

Or les publications montrent qu'au scanner le-bi épineux est plus étroit statistiquement qu'à la radio… Mais personne ne peut s'asseoir dans un scanner !

J'ai donc fait un scanner et testé trois positions : sur le dos, sur le côté, une jambe remontée, couchée sur le ventre entre mes cuisses… il y a peu de place dans le scanner et je n'ai pas pu tester le quatre-pattes, ni écarter beaucoup les genoux.

Le résultat est que la position où le bi-épineux est le plus étroit est la troisième, soit la position gynécologique ! Si les genoux s'écartent plus, c'est encore plus net. C'est sur le côté qu'il y a le plus d'espace.

J'ai pu alors guider une étudiante sage-femme qui a réalisé son mémoire sur ces propositions avec scanner et IRM (résonance magnétique), sur des étudiantes qui n'étaient pas enceintes, puis sur des femmes enceintes et des accouchées qui devaient avoir des mesures du bassin.

Chez les plus souples on peut gagner 2 centimètres (sur 11), ce qui est énorme !

Vous pouvez tester sur vous les écarts des ischions en fonction de la rotation des fémurs, en prenant les postures décrites, couchée sur le dos les pieds sur le mur ou sur la chaise, ou sur le côté. Mais la rotation des fémurs va avec l'anté et la rétro-version du bassin.

Assise, par exemple par terre, sur une chaise, sur le ballon…, placez vos doigts sur la pointe des os sur lequel vous êtes assise, les ischions. Observez leur position, lorsque vous êtes assise dos rond.

Au contraire, penchez-vous en avant, en antéversion du bassin. Sentez alors comment les ischions s'écartent, laissent libre l'espace de descente, à l'arrière.

Revenez dos rond, bassin rétroversé, assise en appui sur le sacrum.

▓ Je dois venir toucher les ischions par l'avant maintenant, ils se rapprochent. C'est étonnant ! Je n'aurais jamais imaginé que cela ait une telle amplitude…

Il faut donc bien rechercher cette antéversion (attention ce n'est pas une cambrure) si on veut ouvrir l'arrière et permettre que le bébé repousse le sacrum et écarte les épines.

Le dégagement

Attendez surtout que la descente soit totalement terminée, que le bébé appuie sur le périnée (et donc que l'envie de pousser soit là) pour changer une dernière fois de position, très vite, instinctivement.

Presque toutes les mamans, même à minima, même sous péridurale, s'agitent ainsi à la toute fin, au moment où le bébé franchit les épines et jaillit.

Si elles sont sur le dos elles lèvent les fesses et serrent les genoux, les mains sur le bas du ventre et l'avant du périnée.

Aucune ne met les mains au niveau des fesses…

Si elles sont debout, elles se penchent en avant ou passent accroupies, penchées en avant.

Si elles sont à quatre pattes, elles passent souvent fesses en l'air. Sur le côté, elles roulent vers le ventre, ramènent le genou supérieur en dedans, sortent les fesses… Sur le ventre, elles pointent les fesses et écartent ainsi les ischions.

C'est un mouvement très rapide, presque brutal qui va avec le réflexe expulsif.
Nous reprendrons en détail ces postures avec la poussée.

▤ Et les positions suspendues? Quel est leur intérêt?

Dans l'accroupi suspendu, penchée en avant le bassin est bien sûr très libre, il est mobile. De plus l'étirement des abdominaux grands droits accentue le serrage des abdominaux de ceinture. L'utérus et la vessie sont suspendus et ne viennent plus peser sur le périnée, qui peut donc se détendre. Les organes sont alors protégés d'une poussée vers le bas, qui risquerait de léser les ligaments de suspension. Au lieu de passer en force, on fait glisser le bébé qui n'est plus tassé mais bien moulé par l'étirement (voir « Les abdominaux »). C'est plus la mère qui se retire de l'enfant qu'une poussée du bébé. Il y a, à la fois une puissance étonnante qui entraîne une sortie rapide du bébé et beaucoup moins de violence en particulier sur le périnée.

Le bébé se dirige bien vers l'arrière et bénéficie de la gravité, contrairement à la position gynécologique, la trajectoire est directe sans angulation.

▤ Pourquoi n'y a-t-il pas de moyens de suspension prévus sur les tables d'accouchement?

Mystère de la civilisation! Pourquoi les chaises sont-elles mal conçues, pourquoi la SNCF s'acharne-t-elle à nous placer la tête 10 centimètres en avant du corps par des appuie-tête qui sont de véritables casse-nuque? Tout en croyant bien faire!

Il a été dit que le confort de l'espèce humaine, supérieure, ne saurait ressembler à celui des animaux. Or aucun animal ne s'allonge sur le dos pour faire ses petits. Chez les grands singes, qui sont intermédiaires entre les quadrupèdes et les bipèdes, les femelles se suspendent à une branche au moment de la mise bas.

Les représentations ethnologiques et historiques confirment que quels que soient la culture, les pays, on retrouve des constantes: mobilité, postures d'antéversion du bassin à certains moments, suspension et serrage maximum du ventre en ceinture, parfois même avec une ceinture!

On peut constater aussi que l'imagination était très riche et qu'il ne faut pas forcément des moyens financiers énormes pour arriver à des aménagements

▤ Il y a aussi le confort de l'accoucheur.

Bien sûr: la position gynécologique a été inventée pour le praticien, pour faire des forceps. Mais on pourrait concevoir un dispositif qui ne gêne en rien l'accoucheur, il suffit simplement d'adapter le matériel pour qu'il soit au service des différents utilisateurs, et il est possible de concilier les différents besoins.

Les positions d'accouchement présentées ici montrent qu'on peut être sur la table, à hauteur du praticien, avec tout l'équipement nécessaire à la surveillance du bébé et à la sécurité de la naissance.

Il doit être possible de revenir rapidement à une position gynécologique de base s'il y a urgence à faire un geste technique appris et maîtrisé dans cette position.

Ces principes étaient universellement connus et utilisés

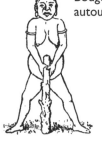

Bouger, tourner
autour du piquet, s'accroupir

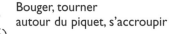

Un simple billot de bois pour se pencher en avant.

Scène d'accouchement
au XVIIIe siècle

Se pencher en avant,
faire « chauffer » le périnée
pour le détendre

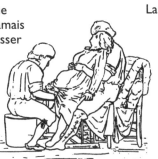

Toujours soutenue
et tirée en arrière, jamais
en train de se redresser
en tirant sur
les étriers

La règle de l'équerre

Serrage du ventre, suspension, l'ethnographie atteste de ces savoirs

▌▌ *Chez les Inuits (Esquimaux), les femmes sont seules dans l'igloo chauffé*
pour la naissance. Il faut que la future mère reste active physiquement
pendant toute sa grossesse, en évitant toutefois les travaux pénibles,
sinon le bébé risque d'être trop gros. Au moment du travail, elle trouve
spontanément différentes positions. Le dispositif le plus utilisé est un ballot
de fourrure, retenu par deux piquets auxquels elle s'accroche à quatre pattes.
Si le travail est trop long, c'est que la position ne convient pas à l'enfant…
Il faut donc en chercher d'autres ! Intéressante vision qui remet toujours
l'enfant et la mère ensemble dans un processus dynamique !

L'expulsion ou éjection du bébé

Le programme physiologique prévoit qu'à un moment donné le bébé et l'utérus se séparent…
le bébé sort et l'utérus reste !

Il n'est pas prévu de sortir l'utérus avec le bébé.

Il y a pour réaliser ce programme un réflexe très puissant, le réflexe expulsif qui se
déclenche au moment où le bébé franchit les épines sciatiques. Alors le bébé ne peut plus
remonter et pourra être « démoulé », en remontant l'utérus, et non en poussant sur l'utérus.

C'est un peu comme pour sortir l'oreiller de sa housse. Il faut d'abord ouvrir les boutons
de la housse (dilatation) ; puis faire descendre l'oreiller vers la sortie et à la fin retirer la housse.

Ce réflexe est si performant qu'il permet l'accouchement même dans le coma, même sous
anesthésie générale, même chez des femmes paralysées (para ou tétraplégiques).

Nous ne devrions normalement pas avoir d'effort à faire pour ce moment…

Le ressenti

Alors que les contractions atteignent le maximum d'intensité, de violence, une sensation nouvelle
apparaît, extraordinaire, l'envie de pousser ! Une force irrésistible et puissante prévue par la nature.

Vous ne pourrez pas vous y tromper et celles qui disent ne pas être sûres n'ont pas eu cette
envie.

Envie : quel étrange mot ! On le retrouve, au niveau corporel, chaque fois qu'il existe un
besoin incoercible. Ainsi dit-on : j'ai envie d'aller aux toilettes, d'éternuer, de vomir, de dormir…

De même, dans l'accouchement, s'agit-il d'une force incontrôlable, proche dans sa puissance
de l'envie de vomir. Comment ne pas s'en apercevoir ? Même épuisée, vous trouvez une force,
une énergie que vous n'avez jamais connue.

Il s'agit d'un réflexe, c'est-à-dire d'une poussée non volontaire. Comme pour les autres
réflexes évoqués, le moteur est le serrage très puissant des abdominaux du bas du ventre, en
dessous de l'utérus (observez l'éternuement).

Il s'agit du réflexe d'« expulsion » et c'est bien de cela dont il est question, mécaniquement
parlant. D'une manière générale, des éléments (l'air, la nourriture) pénètrent et sortent régulièrement de notre corps (l'urine, les selles…). Cela est régulé sans réaction violente. Mais si vous

avalez de «travers», si vous inhalez un corps étranger, des poussières, vous allez tousser, éternuer et tout cela est très puissant. Le vomissement est le cas le plus éloquent.

Or voici que, sous l'influence hormonale, le bébé devient à ce moment un «corps étranger» que l'utérus doit chasser (les Belges emploient le terme «chasse utérine»).

Il va donc y avoir une force à la mesure de l'événement, comparable au serrage abdominal du vomissement, mais beaucoup plus long, puisqu'il dure toute la contraction.

Vous avez envie d'aller à la selle lorsque les matières fécales sont dans le rectum et pas avant. Si vous êtes constipée, il ne sert à rien de pousser sans envie, mais un suppositoire, un lavement, le simple thermomètre chez les bébés va stimuler des contractions péristaltiques et entraîner la défécation. Lors de l'accouchement, l'envie de pousser est déclenchée par l'appui de l'enfant sur le périnée.

Il faudrait donc attendre que le bébé soit descendu pour que la poussée se fasse naturellement et non pousser avant.

Mais il y a attendre et attendre… si vous restez avachie, tassée contre le dossier de la table, cela peut durer longtemps!

Il faut permettre que le bébé descende «tout droit» pour franchir les épines sciatiques le plus rapidement possible, ce qui conditionne la survenue du réflexe.

Les postures sont importantes là encore. Il faut éviter de bloquer, de fermer à l'arrière., il faut souvent changer de posture, faire un peu de «godille», d'asymétrie.

Des idées fausses sur la gravité

Contrairement à ce qu'on imagine souvent, même si la femme était sur la tête, l'utérus pousserait du fond vers la sortie et la gravité s'exerce autant sur le bébé que sur l'utérus… elle ne fait pas descendre le bébé dans l'utérus, mais parfois l'utérus dans le bassin. La plupart des femmes qui ressentent leur bébé très bas quand elles sont debout parlent en fait de l'utérus qui pèse, qui tire sur les ligaments. L'examen gynécologique, en position couchée, retrouve un col fermé et un bébé qui n'appuie pas dessus!

En revanche, quand le bébé est sur le périnée, elles lèvent les fesses où se mettent à l'envers pour enlever une sensation de pression violente et détendre le périnée au moment où le bébé passe à travers.

Comment se passe cette poussée réflexe?

Pour mieux comprendre, il faut analyser les forces en présence.

Ainsi que nous l'avons vu, pendant la dilatation, seul l'utérus est contracté, les abdominaux ne sont pas concernés. Ici, la grande différence vient du fait que les abdominaux profonds (transverse et obliques) vont développer une contraction réflexe d'une force extraordinaire, synchrone de la contraction utérine. De ce serrage va résulter une force concentrique dont les résultantes seront en direction du périnée et de la gorge (souvenez-vous du tube de dentifrice serré au milieu).

L'utérus est beaucoup plus épais au niveau du fond utérin, c'est-à-dire en haut, qu'au niveau du segment inférieur où se trouve normalement la tête du bébé. La poussée sera donc plus forte au fond lors de la contraction et le bébé n'aura pas le choix, il faudra qu'il avance vers la sortie!

Quand le bébé progresse dans le bassin l'utérus qui est à moitié vide est devenu «trop grand». Il y a alors un temps de repos, une «panne» de contraction normale, pendant laquelle l'utérus se rétracte pour venir mouler le bébé et le pousser avec une force maximale. En même temps, les abdominaux rajoutent un serrage en ceinture et le transverse inférieur, dans le bas du ventre, remonte l'utérus, la vessie, les intestins. Ce jeu des abdominaux correspond à une expiration très puissante, donc une remontée du diaphragme qui suspend les organes et détend le périnée.

▤ C'est donc une expiration?

Oui, mais très freinée, avec un bruit de gorge… on sait au bruit que la femme accouche!

Si l'expiration était libre, une partie des forces serait perdue, puisqu'elle se libérerait vers le haut, comme si j'ouvrais largement le bouchon du tube de dentifrice.

Si l'expiration est freinée, la résultante des pressions abdominales sera dirigée principalement vers le bas.

Par exemple, si le dentifrice s'est collé dans le bouchon et que je coupe aux ciseaux le fond du tube, le dentifrice sortira plutôt par le fond. Mais il s'agit de résultantes, les forces, elles, s'appliquent concentriquement, aucune n'est dirigée du haut vers le bas.

▤ Il faut s'entraîner?

Vous n'aurez besoin d'aucun discours pour vous laisser aller à cette énergie et la suivre dans votre corps, tout comme vous n'avez jamais appris à tousser, éternuer, vomir…

Cette sensation domine tellement tout que vous n'aurez probablement plus de sensation douloureuse. Lorsqu'on a envie de pousser et qu'on peut le faire, on pousse pour satisfaire ce besoin intense, c'est tellement soulageant que ça frôle le plaisir. Ce ne serait pas nécessaire, mais ça fait tellement de bien!

Une grande difficulté : ne pas pousser

▤ On m'a dit que parfois il ne faut pas pousser?

Ce n'est pas le plus courant, mais ça peut arriver (beaucoup moins si vous êtes sous péridurale).

Vous imaginez la difficulté: se retenir de tousser ou de vomir!

▤ Pourquoi cette anomalie de programme?

Il y a deux moments possibles:
– le col n'est pas tout à fait ouvert;
– la tête est à la vulve et il ne faut pas que ça aille trop vite.

Si le col n'est pas tout à fait ouvert, laisser se déchaîner une pareille force peut conduire à des déchirures du col, à un œdème, un spasme… Il vaut donc mieux éviter de pousser. Mais on ne sait jamais où on en est et, si le col est souple, pousser va finir de l'ouvrir. Il faut donc demander à l'équipe, ne pas s'épuiser à attendre et à se retenir. Dès que vous éprouvez ce besoin violent, signalez-le à la sage-femme, qui vous dira si vous devez ou non vous retenir.

Dans le deuxième cas, la tête est à la vulve et le périnée est en péril, parce que, par exemple, ça va trop vite, parce qu'il faut faire une manœuvre, qu'il y a un cordon à libérer très vite, il faut peut-être faire une épisiotomie. Bref, il faut freiner…

Pourquoi a-t-on envie de pousser avant dilatation complète ?

En fait, c'est beaucoup plus fréquent quand le bébé a son dos contre le dos de la maman au lieu de se présenter le dos en avant (variété dite « postérieure »), car il appuie sur le sacrum beaucoup plus tôt que le bébé « antérieur », ce qui fait ouvrir le bassin dans sa partie basse plus tôt. Les mamans ont alors très envie d'aller à la selle, elles vident d'ailleurs leur rectum puisque ça pousse en arrière, sur l'anus et que ça ouvre l'anus.

On peut aussi émettre l'hypothèse que les périnées très tendus, très toniques ou une certaine forme de sacrum favorisent cette réaction.

Comment se retenir ?

C'est difficile, très pénible et surtout épuisant. Heureusement ça dure peu de temps, quelques contractions seulement.

Inutile de vous retenir pour attendre un médecin, dans une clinique par exemple. La sage-femme est accoucheur et il est parfois préférable de ne pas se trouver tout à coup en face d'un inconnu (pensez à demander qui est de garde ce jour-là, pour savoir si vous (le ou la) connaissez et sachez que les sages-femmes sont très heureuses d'accompagner une mère jusqu'au bout).

Comme pour le travail, nous allons retrouver trois composantes : position, respiration, concentration.

La position

Elle est la plus détendue possible, pour ne pas rajouter à la pression. La position gynécologique aménagée ou mieux l'accroupi-couché (cuisses remontées sur la poitrine) sont alors de bonnes positions, puisqu'elles sont très passives. S'il était possible de surélever le bassin, avec un coussin, ou en basculant la table en position déclive (certaines tables ont une partie du siège qui peut se relever pour remonter le bassin), ce serait un moyen de limiter la sensation de pression sur le périnée, et de faire remonter les viscères, et le bébé avec tant qu'il n'est pas « fixé », c'est-à-dire que sa tête n'a pas franchi le détroit supérieur.

On pourrait aller jusqu'à la position inversée, par exemple quatre-pattes fesses en l'air, posture du chat, ou les pieds sur l'arceau en suspension par les pieds…

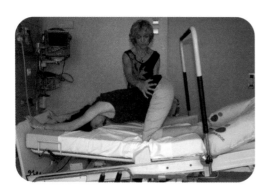 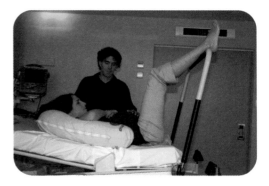

Pour limiter l'étirement latéral du périnée on peut serrer les fesses, rapprocher les ischions, comme on le ferait pour retenir une forte envie d'aller à la selle, qui est là en fait.

Quoi qu'il en soit, il ne faut pas que le bébé appuie, il faut le remonter le plus possible, remonter l'utérus pour que l'appui sur le sacrum change de niveau.

Les positions verticales sont bien entendu déconseillées, du moins pendant la contraction.

La respiration

Pour libérer cette fantastique énergie, il faut la sortir ; mais sans force, sans pression, c'est-à-dire la bouche très ouverte, un peu comme lorsqu'on a dans la bouche un aliment brûlant, ou en faisant le geste de bâiller, la bouche grande ouverte. Soufflez lentement par petites touches.

Mais vous avez en fait plus envie de respirer freiné… il faut se « faire violence ».

On faisait faire dans le temps le petit chien, la langue dehors ; c'est inesthétique, mais physiologiquement efficace. Si vous n'arrivez plus à contrôler, faites-le.

La concentration

Une femme seule serait à mon avis incapable de retenir la poussée.

Ici, la responsabilité de l'équipe est évidente ; vous ne serez pas seule à ce moment et on vous guidera. Bien souvent, l'accoucheur est obligé d'élever la voix, de donner un « ordre » fermement… Parce que vous n'entendez plus grand-chose ! Il faut vous tirer vers l'extérieur, vous distraire de ces sensations trop fortes.

Premier cas, le col n'est pas complètement ouvert : si la sage-femme peut vous faire sentir sous ses doigts la « languette » de col restant, entre deux contractions, il vous sera plus facile de vous concentrer sur cette zone.

On peut utiliser les sons « ééééé », « iiiii », qui étirent la bouche latéralement et accompagnent cette visualisation. Deuxième cas, la tête est à la vulve et il ne faut pas pousser. Imaginez l'étirement extraordinaire subi par toute la zone de passage.

Et surtout, c'est la petite folie dans la tête, le moment où l'on est partie dans une autre planète, où on ne sent plus rien que cette force inouïe, où on n'entend plus rien…

Bien que la comparaison soit très pauvre, j'appelle cela le passage du pull-over ; il vous est arrivé d'enfiler un vêtement, sans avoir déboutonné tous les boutons. Les manches passées, la tête engagée, on n'a qu'une envie : tirer ! Tant pis si ça craque. Il faut se raisonner pour tout enlever. À ce moment de l'accouchement, on ne peut plus raisonner, on a beau savoir qu'on peut se déchirer, ça n'a plus de sens.

Que faire alors ? Là encore, c'est à l'équipe de diriger. Il faut « réveiller » la femme. On peut lui proposer de regarder la naissance dans un miroir, si elle le souhaite : elle est alors fascinée par l'image et donc un peu à l'« extérieur » d'elle-même. Mais beaucoup regardent sans voir ! Un manuel américain, parlant de l'accouchement à domicile, précisait aux pères qu'ils devaient capter le regard de la mère et ne plus le lâcher.

L'accoucheur peut faire ressentir les limites, en mettant ses doigts autour de la tête du bébé et demander alors précisément : « desserrez autour de mes doigts, autour du bébé ». Cela est beaucoup plus compréhensible que « relâchez le périnée », à ce moment-là.

Là encore, il ne faut pas crisper les mâchoires mais ouvrir largement la bouche.

Et quand on peut pousser ?

Si vous avez envie et que c'est le moment, vous suivez simplement votre corps. Inutile de faire quoi que ce soit, bloquer le souffle est inutile ; ça pousse bien assez comme ça. Cherchez plutôt à ouvrir, à détendre, à laisser glisser votre enfant hors de vous. En général, dans ce cas, il sortira en très peu de poussées, parfois une seule, très longue, si on a attendu qu'il soit bien descendu et ce sera très doux, très progressif. Certaines femmes crient, d'un cri très long, très puissant, qui vient « des tripes », non pas un cri de douleur mais d'énergie, qui sort d'elles d'une manière incontrôlable. Cette poussée est très efficace.

De toute manière, vous ne pousserez que pour le plaisir d'accompagner vos sensations, il n'est pas question vraiment de technique, si ce n'est un positionnement correct, pour relâcher au maximum le périnée.

Quand utilise-t-on : « inspirer, bloquer, pousser » ?

Si vous avez un bon réflexe expulsif, la poussée sera tellement puissante qu'on vous dira plutôt : « Ne poussez plus, ne poussez plus ! » Le problème est qu'on vous installe souvent trop tôt pour pousser, sans attendre que l'enfant soit forcément descendu.

Dans un accouchement naturel, sans hormones pour accélérer, avec une mère qui bouge, qui déambule, la dilatation complète correspond en général avec un enfant bien descendu.

Avec la péridurale, la position allongée, la perfusion d'ocytocine, on peut avoir un col ouvert, alors que l'enfant n'appuie pas sur le périnée. De plus, sous péridurale, l'enfant descend beaucoup plus lentement et il peut s'écouler, une, deux, voire trois heures, avant qu'il ne soit prêt à sortir !

Et généralement on n'attend pas si longtemps. Tout le monde est impatient, l'obstétricien, la mère, le père.

Alors on fait pousser avant que le réflexe ne se manifeste et il ne se manifestera plus !

C'est un peu comme lorsque vous avez envie d'aller à la selle, mais que vous n'avez pas le temps. Vous pensez : j'irai tout à l'heure, mais il se peut que ce soit demain ! Et si, parce que vous devez prendre le train, vous essayez d'anticiper, ça ne marche pas non plus et il faudra sûrement attendre plusieurs heures avant que revienne le besoin.

Le plus souvent, donc, en poussant trop tôt, on se prive de cette force extraordinaire, qui n'a rien de comparable avec l'effort volontaire, d'autant que les abdominaux sont moins puissants en fin de grossesse, qu'il y a la douleur ou la péridurale qui empêche de serrer le ventre. En voulant gagner du temps, on en perd…

Ne peut-on rien faire pour provoquer ce réflexe ?

Il faut essayer de faire descendre le bébé. C'est-à-dire se mobiliser, se verticaliser, respirer en s'étirant. Certaines positions vont aussi favoriser la sollicitation du périnée (voir les positions d'expulsion, p. 303). Vous verrez que la position gynécologique est la plus défavorable.

Il y a généralement un changement brutal de position au moment où le bébé arrive sur le périnée, et alors souvent il sort d'un coup.

Plus le bébé arrive brutalement sur le périnée, plus il passe vite les épines sciatiques, plus le réflexe est puissant.

Une descente trop lente n'étire pas assez brusquement les muscles pour déclencher la réponse réflexe.

En quoi la poussée réflexe et la poussée volontaire sont-elles différentes, en dehors de la puissance ?

Eh bien, c'est une réalité générale : les attitudes volontaires sont presque toujours à l'opposé des réflexes physiologiques ! Si vous n'êtes pas constipée, vous ne poussez pas pour aller à la selle, vous accompagnez simplement et il y aura un léger rentré du ventre, si vous placez votre main sous le nombril, vous pourrez le repérer. Si vous êtes constipée et que vous poussez, vous ne serrez pas le ventre comme dans le réflexe, vous poussez de haut en bas, en bloquant le souffle, en poussant sur le ventre au lieu de le rentrer. Et vous vous « défoncez » !

Vous faites sortir des hémorroïdes, vous poussez sur votre utérus, votre vessie (le chien constipé, lui, « avale » son ventre un peu plus fort, arc-bouté sur ses pattes avant, repoussant son dos vers le ciel, il ne pousse jamais de haut en bas).

Si on vous demande d'uriner dans un bocal, le premier geste est de pousser au lieu de relâcher ; si on vous demande de respirer profondément c'est généralement à l'envers…

Et donc, la position et les consignes aidant, la poussée volontaire est complètement à l'envers de la poussée réflexe !

Alors que cette dernière serre très puissamment les abdominaux du tour de taille, en ceinture et refoule le diaphragme vers le haut, on vous demande de « gonfler le ventre, faire sauter la ceinture, bloquer le souffle, descendre le diaphragme et pousser de haut en bas ».

> *Expirez en partant bien du bas, serrez bien la ceinture abdominale.*
> *Puis, sans lâcher le ventre, essayez d'inspirer, de bloquer et de descendre le diaphragme.*
> *Que se passe-t-il ?*

C'est impossible ! Ça bloque complètement, ça pousse dans la gorge et je deviens toute rouge, mais le diaphragme ne descend pas.

C'est normal ! Les abdominaux sont antagonistes du diaphragme et pour pouvoir le descendre, il faut que le ventre se détende. Imaginez l'utérus contracté et les abdominaux par-dessus, serrés par un réflexe aussi puissant que l'éternuement. On aura beau vous dire de bloquer et de pousser vers le bas, le diaphragme ne pourra pas descendre et donc la poussée restera en ceinture et non de haut en bas. Cette contraction des abdominaux empêche la vessie et l'utérus d'être entraînés vers le bas, il y a une protection mécanique. Les organes restent à leur place et les ligaments ne sont pas trop étirés. Nous verrons que, dans le même processus, le périnée se détend et la direction de l'enfant est correcte.

> *Installez-vous en suspension, penchée en avant, et restez quelque temps ainsi. Essayez maintenant de descendre le diaphragme, d'inspirer, bloquer, pousser vers le bas…*

C'est totalement impossible, le diaphragme ne descend plu, les abdominaux se serrent de plus en plus, j'ai l'impression que mon utérus remonte, se plaque contre le dos…

Au contraire, dans la poussée volontaire bloquée, il y a une pression très importante qui projette l'utérus et la vessie vers le bas et a donc tendance à étirer les ligaments et à pousser les organes vers le bas en même temps que le bébé. De plus, cet effort violent est assez inutile, l'enfant est «tassé» sur lui-même, il avance dans l'effort et remonte dès qu'on relâche, il ne glisse pas, il passe en force, avec un maximum de frottements, en particulier contre la symphyse pubienne où l'urètre est écrasé. Bien entendu le périnée n'est pas relâché. Avez-vous jamais éprouvé de la détente avec le souffle bloqué?

Comment relâcher une quelconque partie du corps en serrant la gorge, en bloquant le diaphragme, en tirant sur les bras et en relevant la tête? L'enfant arrive sur le périnée en l'étirant au maximum, comme un poids énorme sur le fond d'un sac, alors, il faut couper pour éviter la déchirure. Il faut que ça aille vite car on a créé l'urgence pour le bébé.

▌ **Mais si le bébé tarde à descendre ou s'il y a urgence, comment puis-je faire pour ne pas pousser «à l'envers»?**

Il va falloir imiter le réflexe, sachant que nous n'aurons pas la même efficacité, que ce ne sera pas simplement suivre une force, mais diriger, maîtriser, même si ce n'est pas aisé à ce moment – car vous êtes dans un état second et vous n'êtes plus dans la maîtrise d'un geste physique.

Mon conseil est donc le suivant: si on vous demande de pousser et que vous n'en ressentez pas l'impérieuse envie, dites-le et demandez si votre bébé est réellement en danger, s'il y a urgence.

Vous pouvez d'ailleurs regarder vous-même le monitoring et vous sentirez bien, par ailleurs, si l'équipe est inquiète…

S'il n'y a pas vraiment urgence, demandez à vous asseoir penchée en avant, bien étirée et expirez en serrant bien le ventre. Si vraiment il faut agir et pousser, nous allons apprendre à le faire dans le bon sens.

La poussée volontaire : pousser dans le bon sens

Le mécanisme de la sortie du bébé (en position gynécologique ou équivalente) représente une remontée et non une descente. Il est fondamental de le comprendre.

Un peu d'anatomie est nécessaire. Si nous prenons une coupe du bassin, ou que nous regardons en nous-même, nous voyons que le col utérin débouche dans le vagin (au bout de nos doigts si nous avons l'habitude de le contrôler au cours des toilettes intimes).

Le vagin n'est pas un conduit vertical, ouvert vers le bas quand vous êtes debout. Il forme une courbe et, lorsque vous êtes à plat dos, il remonte s'ouvrir vers le haut.

Lorsque la dilatation est complète, l'enfant peut sortir de l'utérus! En fait, l'enfant, après être descendu vers l'arrière va fixer son occiput sous le pubis et amorcer une remontée dans le canal vaginal, vers le ciel, si vous êtes sur le dos.

Pousser vers le bas à ce moment est donc particulièrement aberrant. Il faudrait reproduire le réflexe.

▌ **Pour pousser sans «envie», il faut donc imiter le réflexe et serrer le ventre, en ceinture?**

C'est tout à fait cela, mais il faut vraiment serrer et ce n'est pas spontané! On a plutôt envie de souffler en relâchant tout. De plus, si c'est trop tôt, si le bébé est encore solidaire de l'utérus, on remonte l'utérus et le bébé en expirant… donc ça n'avance pas!

Afin de faciliter la bonne compréhension, nous allons essayer de gonfler un ballon.
Si vous supportez la position, allongez-vous sur le dos, genoux pliés, pieds à plat, détendue.
Prenez le ballon et tentez de souffler dedans, uniquement avec votre bouche, sans contrac-
ter volontairement le ventre, les jambes, le périnée, jetez juste l'air d'un coup ; bien sûr, vous
ne gonflerez pas le ballon ! Observez. Quelle est la direction des forces, dans quel sens sont
entraînés le ventre, le diaphragme, les reins ?

☺ **Mes joues se gonflent comme un enfant qui veut essayer de siffler, le ventre gonfle, «sort», pointe vers le haut et subit une poussée vers le pubis. C'est comme si l'utérus se cabrait et dirigeait le col vers l'arrière.**

Le diaphragme est bloqué en bas et le périnée subit une pression.
Vous êtes, en fait, dans le cas de figure «Inspirez, bloquez, poussez». Il est évidemment impossible de gonfler le ballon si vous poussez l'air vers le bas ! Il faut trouver le moyen de renvoyer l'air vers le haut, avec une pression suffisante pour vaincre la résistance que constitue le ballon, surtout s'il est un peu dur. Pour y parvenir, vous êtes obligée de serrer le ventre très fort, de basculer le bassin (en rétroversion), de bien diriger l'air vers le haut. Appuyez bien sur la tête, c'est fondamental. Vous constaterez que c'est plus facile en position assise, à condition de bien renvoyer l'air de bas en haut.

☺ **Allongée sur le dos, j'ai tendance à relever la tête et à pointer le ventre. En fait, il faut vraiment s'enfoncer dans le sol du bas de la colonne au bout de la nuque. C'est mieux si je soutiens légèrement ma tête ou si quelqu'un la soutient et que je repousse cet appui. C'est vrai que les abdominaux se serrent très fort, je sens une sorte de barre au-dessus du pubis.**

C'est à cause de la résistance du ballon.
Si vous soufflez dans le vide, sans résistance, vos abdominaux ne feront rien. Mais là, pour vaincre cette résistance et gonfler le ballon, le diaphragme seul ne peut pas y parvenir, il va falloir aller chercher l'aide des abdominaux, en dessous, pour le refouler. Lorsque le ballon est moins dur, il devient possible de le gonfler couchée, les jambes repliées sur la poitrine.

Placez un coussin sous le sacrum pour rehausser un peu le bassin. Essayez alors d'analyser les sensations au niveau du vagin (si vous ne faites rien de particulier, de volontaire). Avez-vous l'impression d'un serrage, d'une fermeture, d'une poussée, d'une remontée ? En fait ce sont des perceptions assez difficiles à décrire, ainsi que nous l'avons vu au cours des séances sur le périnée.

À noter que les positions sur le siège d'accouchement, ressemblent le plus souvent à la position gynécologique. La femme est en général assise, en appui en arrière, les cuisses écartées, le coccyx et le sacrum bloqués, avec un bébé qui sort aussi en « remontant » vers l'avant. C'est la même posture… par terre !

Je ne sens plus de poussée dessus, je ne sens pas le périnée se contracter non plus et, d'ailleurs, je peux vérifier en serrant volontairement qu'il ne l'était pas. Mais j'ai l'impression que tout remonte, le diaphragme, le bébé, le périnée qui s'ouvre…

C'est tout à fait ça. Le périnée s'ouvre comme une écluse, vers le haut, et l'enfant passe au milieu, dans l'axe de ce passage ouvert, au lieu de défoncer tout le plancher (voir « Le périnée »).

Alors il faudrait gonfler des ballons pour accoucher correctement ?

Pourquoi pas ! Certaines l'ont fait et ça marche très bien.

D'autres moyens permettent d'arriver au même résultat.

Il suffit de serrer fortement le ventre durant tout le temps de la contraction. Pour cela, il ne faut pas se contenter de souffler, il faut une expiration freinée.

Un autre moyen est de fermer le poing devant la bouche et d'empêcher presque totalement l'air de sortir.

Vous verrez que l'expiration est très longue et que votre ventre se serre progressivement de plus en plus.

Vous pouvez aussi, si vous maîtrisez bien, bloquer le menton sur le cou pour freiner la sortie de l'air dans la glotte ; cela fait un bruit particulier, un léger grognement.

Un des problèmes est de faire durer cet expir et de ne pas relâcher le ventre à l'inspiration, faute de quoi vous perdrez une partie de la contraction et le bébé fera du yo-yo. Si le réflexe était présent, il durerait toute la contraction et il serait impossible d'inspirer dans le ventre.

Exercez-vous avec le ballon, essayez de le gonfler en plusieurs fois, sans vous servir des mains. Bloquez les abdominaux, réinspirez par les narines dans la poitrine, soufflez encore et ainsi de suite. Si vous ravalez l'air du ballon, c'est que le ventre s'est relâché !

On peut aussi mettre sa main sur le fond utérin, non pas pour faire de l'« expression » c'est-à-dire pousser vers le bas, mais pour donner un point d'appui. Il faut alors essayer de repousser la main vers le haut, par le serrage des abdominaux, qui ira avec l'expiration. C'est un moyen simple qui peut être utilisé pendant l'accouchement, même parfois en repoussant la main ou le bras de la sage-femme qui essaie de faire de l'« expression » ! En fait, elle ne s'en plaindra sûrement pas, car vous additionnez les forces (sa pression et le serrage de vos abdominaux) et votre poussée sera efficace.

Ce qu'il ne faut pas, c'est prendre de l'air puis le lâcher d'un coup en soufflant. Dans ce cas, il n'y a plus aucune force, ni réflexe ni volontaire, il n'y a plus qu'un relâchement et on va vous faire reprendre le blocage du souffle.

En cas de péridurale, l'expiration est le seul moyen d'obtenir le serrage abdominal, puisque la contraction volontaire est impossible. L'inspiration va alors relâcher le ventre, et l'efficacité sera moins bonne. On a alors des chances que ce soit assez laborieux, puisqu'il n'y a pas de poussée réflexe et que la poussée volontaire est très brève. Il faudrait éviter au maximum les doses massives et arrêter ou diminuer beaucoup la péridurale à la fin de la dilatation.

La péridurale et l'expulsion

Il serait souhaitable que l'effet de la péridurale s'arrête pour cette phase. En effet le réflexe expulsif n'est pas bon si le dosage est trop fort à la fin. Aux débuts de la péridurale, il y avait beaucoup de forceps, pour cette raison. On sait de mieux en mieux doser le débit et les seringues électriques permettent une délivrance continue du produit. On peut donc arrêter quand on le souhaite, alors que les doses injectées en une fois sont moins modulables.

L'enjeu est important, tant pour l'enfant, car l'expulsion sera moins longue, moins violente et sans acidose, que pour la mère, qui s'expose à moins de séquelles périnéales et de risques sphinctériens. Psychologiquement, c'est aussi très différent. Suivre son corps, se laisser aller à cette force n'a rien à voir avec des efforts violents, antinaturels, épuisants.

Néanmoins, alors que la poussée était décrite comme le moment le moins douloureux et le plus agréable par une majorité de femmes avant la péridurale, il faut bien admettre que si vous n'avez rien senti jusque-là et qu'on arrête l'analgésie à la fin, le contraste sera très dur.

Beaucoup de femmes, mal informées, demandent une nouvelle injection. Pourtant même si les dernières contractions sont intenses, elles durent peu de temps et vous allez bientôt pousser, ce qui va tout changer. C'est à vous d'assumer ce choix important, à partir du moment où vous avez toutes les données.

En général, ça doit surprendre les obstétriciens si c'est complètement à l'envers du schéma habituel. Comment réagissent-ils ?

Il y a de plus en plus de sages-femmes formées à cette poussée. D'une manière générale, si vous êtes efficace, ils vous laisseront faire. Si ça traîne et qu'ils manquent de patience, ils vont vous guider dans la technique de blocage.

Ne vous inquiétez pas, il n'y a pas besoin d'entraînement, c'est immédiat ! Donc, inutile d'apprendre deux méthodes, vous allez vous embrouiller. Heureusement, si vous avez commencé en expirant, le périnée va rester détendu, même si vous bloquez après.

Et si rien n'y fait, c'est qu'il y a une petite difficulté, peut-être un problème de présentation, de flexion de la tête du bébé et vous n'êtes pas en cause. Il faudra peut-être décoincer la situation par l'utilisation d'une ventouse ou d'un autre instrument et vous pourrez reprendre la poussée sur l'expiration pour terminer la naissance.

« L'EXPRESSION » UTÉRINE

Dans cette technique, la sage-femme ou une aide appuie fortement sur le fond utérin avec l'avant-bras. Pressant ainsi le ventre vers le bas, l'expression «pousse» le bébé mais également l'utérus et la vessie vers le bas. L'expression est interdite dans la plupart des maternités car elle est la première cause de descente d'organe et de lésion des sphincters. Cependant elle se pratique encore beaucoup, car la poussée précoce oblige souvent à choisir entre deux maux: forceps ou expression et il est toujours difficile de choisir le forceps.

On peut s'étonner que les plus convaincus des dégâts causés par l'expression fassent «pousser sur une respiration bloquée», ce qui va dans le même sens que l'expression et fait donc des dégâts comparables si la femme est très vigoureuse dans sa poussée.

Le Pr Malinas a pu chiffrer à 20 kilos la force qui s'exerce sur les ligaments utéro-sacrés lors de la poussée or ces ligaments sont très relâchés à ce moment-là.

La justification avancée pour de tels efforts est la nécessité de rapidité. Si l'urgence est avérée, on pratique sans hésiter épisiotomie, expression ou forceps, ou les deux. Si par contre il n'y a pas urgence absolue, on peut prendre le temps de faire descendre le bébé et «pousser» trois fois sur le réflexe; car c'est bien le blocage du souffle et la durée des efforts expulsifs qui sont nocifs pour l'enfant et qui risquent de créer l'urgence.

Et bébé pendant ce temps ?

Des pédiatres (Fuente, Garcia, Martinez) ont étudié le retentissement de la poussée sur le bébé. Ils ont mesuré le PH sanguin et la composition du sang du cordon selon le type de poussée. Ils ont donc comparé la poussée bloquée et la poussée naturelle, c'est-à-dire le réflexe, chez des femmes qui n'avaient pas suivi de préparation et qu'on laissait faire. Le résultat est éloquent: lors de la poussée bloquée l'enfant présente une acidose. Il est moins bien oxygéné et plus fragile à la naissance et cinq minutes après (score d'Apgar). L'expérience a été répétée, en attendant une heure entre la dilatation complète et la poussée réflexe, dans un accouchement sans péridurale. Et on a encore un bébé en meilleure forme. Ce qui veut dire qu'avec une péridurale active à la fin, il faut attendre parfois deux heures ou plus après dilatation complète sans faire pousser.

Il paraît évident que des efforts répétés, une naissance très longue avec blocage de la respiration de la mère doivent être plus pénibles qu'une poussée en trois contractions, avec une mère qui souffle et se détend très bien entre deux efforts.

S'il n'y a pas de souffrance pendant le travail, que l'enfant aborde en pleine forme la phase finale, il n'y a pas de raison d'accélérer.

Mais évidemment si on l'a soumis à un rythme d'enfer par des contractions très rapprochées, si on a laissé sa mère allongée sur le dos, respirant mal, s'il a mis très longtemps à descendre en raison de positions défavorables, il faudra le sortir au plus vite.

S'il y a en plus l'angoisse, la sensation d'échec, d'impuissance, le stress doit monter chez la mère et les endorphines ne peuvent plus agir.

Il est un fait que lors d'une naissance sereine, le bébé arrive les yeux ouverts, très calme ; il ne pleure pas forcément, il respire tranquillement dès la naissance et paraît moins épuisé. Il peut donc plus vite trouver le sein et commencer à téter. Il entre vraiment dans la vie.

Pourquoi bousculer le bébé, laissons-lui le temps de naître, c'est un moment important !

Détendre le périnée lors de la poussée

Il y a plusieurs éléments :
- neutraliser les muscles qui contractent le périnée malgré lui (fessiers, rotateurs externes de hanche) ;
- décharger le périnée ;
- ne pas fermer le périnée postérieur ;
- favoriser le réflexe expulsif.

Neutraliser les fessiers

Revenez à la position couchée, jambes fléchies, pieds au sol.
Pour gonfler le ballon, il faut basculer le bassin, repousser le dos et la nuque dans le sol.

Il est tentant de pousser sur les pieds pour basculer le bassin.
Dans ce cas, observez le périnée.

🔲 **J'ai l'impression de tout bloquer, de tout fermer.**
C'est tout à fait exact, vous contractez vos fessiers et vous barrez le passage !
On a vu qu'il suffisait de remonter les genoux sur la poitrine pour régler ce problème
(et mieux encore, de surélever le bassin).
On voit souvent en position gynécologique, les femmes prendre appui sur les étriers
et soulever leurs fesses de la table. Bonne idée, puisqu'elles allègent le périnée.
Mais en même temps elles le ferment, car les étriers ne sont pas bien placés,
ils sont trop loin et il y aura une contraction des fessiers.
Testez la différence :

Utilisez une chaise, que vous bloquez contre le mur.
Mettez les pieds sur le bord du siège, les genoux bien remontés vers la poitrine, en flexion maximale de hanche, le maximum supportable., pieds parallèles, genoux écartés en fonction du ventre.
Soulevez le bassin, sans écarter plus les genoux.
Que se passe-t-il au niveau du périnée ?

🔲 **J'ai l'impression qu'il s'ouvre vers l'intérieur, comme aspiré.**
J'ai du mal à le contracter.

Reculez-vous un peu, l'angle fémur-colonne vertébrale juste égal à 90° au départ. Soulevez encore le bassin. Que ressentez-vous ?

🔲 **Tout se ferme, surtout à l'arrière, sans que j'aie cherché à contracter.**
Vous voyez donc combien que l'angle fémur-colonne est important.

Décharger le périnée

▤ **Il vaudrait mieux tirer ses cuisses vers soi, en accrochant derrière les genoux par exemple.**
Vous allez alors être complètement tassée, le diaphragme bloqué, les abdominaux hors jeu… et beaucoup de pression sur le périnée. Vous allez forcément écarter les cuisses pour placer le ventre, et donc ce sera encore fermé à l'arrière… ça ne ressemble pas vraiment à la position de suspension accroupie (pieds parallèles) ou à la position du chat, qui, elles, libèrent le périnée, car elles le déchargent.

▤ **Comment faire alors dans la position gynécologique ?**
Il faut l'« aménager »…nous verrons des exemples de modification des appuis dans le chapitre suivant.

Vous pouvez vous y entraîner, sans disposer d'une table d'accouchement, en vous allongeant au sol, les jambes reposant sur le siège d'une chaise. Les mains attrapent les pieds de la chaise comme les montants des étriers.
Regardez ce qu'il se passe quand vous levez la tête, en tirant sur les bras pour vous relever…
Essayez l'inspir bloqué et regardez la direction des forces.
Essayez de serrer votre « ceinture ».

🔲 **C'est très concluant… Impossible de serrer mes abdominaux, je ne peux pas expirer et ça pousse fort vers le bas.**
Vous trouverez vous-même que le seul moyen d'y arriver est de prendre appui sur les étriers au lieu de tirer dessus (à condition qu'ils soient suffisamment proches pour ne pas avoir à se relever) !

Rapprochez-vous de la chaise pour que vos cuisses soient ramenées sur le ventre. Les fesses doivent être un peu en dessous de la chaise. À cette condition, vous pouvez poser vos mains sur vos genoux pour prendre appui dessus et remonter vos épaules dans une forme qui rappelle (désolée pour le manque de poésie) le vomissement. En effet on ne vomit pas en rejetant la tête en arrière, en se pliant en deux… les épaules remontent, le dos s'arrondit, la nuque vient dans le prolongement du dos

Montez bien les coudes, tirez les épaules vers les oreilles : il faut que le diaphragme remonte le plus possible et dès que vos coudes redescendent, le diaphragme est bloqué vers le bas.

▤ Je vais pouvoir faire cette posture sur la table d'accouchement ?

Oui, sans problème pour celle-là qui ressemble à la position gynécologique… mais avec des détails qui changent tout, sans déranger personne. Nous y reviendrons. Il y a d'autres possibles, de plus en plus familières aux équipes obstétricales : la position à quatre pattes, souvent tête en bas lors de la poussée, sur le côté, presque sur le ventre.

La seule qui pose vraiment problème est la position accroupie suspendue… par manque de suspensions sur les tables !

Détendre le périnée postérieur

Couchée sur le dos devant la chaise, les fesses au ras de la chaise.

Placez les deux pieds plante contre plante, en « grenouille » posés sur le mur. Contractez et relâchez le périnée. Observez.

▣ J'arrive à serrer et relâcher mais je n'ai pas les mêmes sensations qu'à l'ordinaire. Au niveau de l'anus, c'est très serré, mais je ne gagne pas beaucoup d'efficacité. En avant, au niveau du vagin, je sens que ça travaille mais je n'arrive pas à refermer aussi puissamment qu'assise par exemple.

Placez-vous maintenant en « chasse-neige », les genoux plus rapprochés que les pieds (ne serrez pas les genoux, votre ventre serait trop coincé).

▥ **C'est tout l'inverse. Maintenant je ne peux plus fermer en arrière**

Cette position accentue la prise de conscience du périnée antérieur et postérieur. On peut schématiser par un losange dont les sommets sont le pubis, les ischions et le coccyx.

Selon la position des fémurs, en rotation externe (genoux écartés, pieds serrés) ou interne, (genoux serrés, pieds écartés), l'un des triangles est ouvert, étiré, l'autre resserré. Cela concerne non seulement le périnée mais aussi le bassin lui-même qui ouvre un passage à l'avant ou à l'arrière, comme nous l'avons vu.

Retenir une envie urgente d'uriner ou d'aller à la selle

Votre bébé saura cela bientôt, quand il tentera de se retenir d'uriner, il se tortillera les genoux en contact, penché un peu en avant. Et quand vous avez mangé trop de pruneaux ? Vous faites l'inverse, vous serrez les fesses, les cuisses vers l'extérieur, c'est-à-dire en rotation externe.

En fait, on ne se trompe jamais de sens et on sait instinctivement que ce qui aide le périnée antérieur est l'opposé de ce qui aide le périnée postérieur !

Fermer devant   Fermer derrière

▥ **Il faudrait donc adapter sa position en fonction des moments de l'accouchement ?**

Évidemment. À la fois pour ouvrir les différents passages osseux et pour libérer le périnée étape par étape.

Par chance, tout marche très bien ensemble, la nature a tout prévu !

Pour l'engagement, on cherche simplement à ne pas être cambrée, on peut avoir les genoux écartés.

Pendant la descente, il faut une rotation interne des fémurs, c'est-à-dire une position d'antéversion du bassin, penchée en avant, à quatre pattes ou sur le côté. Le fémur supérieur remonté vers la poitrine et en rotation interne.

▥ **Mais alors la position gynécologique est un obstacle à la sortie du bébé ?**

Oui, puisqu'elle rapproche les ischions. En plus des autres problèmes que nous avons vus !

Si on laisse les femmes se «tortiller» sur la table, elles ont des mouvements de torsion, elles lèvent les fesses, serrent les genoux, mettent les mains sur le bas du ventre et sur l'avant du périnée, juste au moment où le bébé arrive à la vulve.

Favoriser le réflexe expulsif

On peut simplement ajouter que, dans une position de rotation interne des fémurs, c'est-à-dire dans les positions penchées en avant, à quatre pattes ou couchée sur le côté, le périnée transverse, c'est-à-dire celui qui va d'un ischion à l'autre, est étiré. Lorsque le bébé va descendre et appuyer, le périnée va être très fortement sollicité et il va donc y avoir un fort réflexe expulsif ; si les genoux sont écartés, les périnées postérieur et transverse sont raccourcis et ne sont pas sollicités. Le bébé a du mal à franchir rapidement les épines sciatiques qui sont rapprochées. Il n'y aura donc pas de réflexe de poussée, ou il sera très tardif. Encore un problème en position gynécologique non aménagée !

Les positions, la respiration pour la poussée

Pour cette phase de poussée il y a plusieurs positions possibles, même sur la table d'accouchement.

C'est théoriquement vous qui savez laquelle vous convient mais il y a parfois d'autres impératifs, et peut être simplement des praticiens moins à l'aise dans certaines positions.

Quelle que soit la posture il faut qu'elle permette l'étirement de la colonne vertébrale, l'expiration, la détente du périnée.

La position gynécologique classique

Le dossier est relevé, la femme glisse dans l'échancrure de la table, elle est « dans le trou », beaucoup de poids sur le périnée, le sacrum bloqué, les ischions rapprochés au maximum. Elle lève la tête, tire sur les barres avec ses bras, bloque le souffle et pousse vers le bas.

Nous avons déjà développé les inconvénients pour le périnée et les organes suspendus en particulier.

La position gynécologique aménagée « de Gasquet »

Elle répond à plusieurs critères. La table est basculée pour que la femme ne glisse pas, que son bassin soit en position inversée, et que les viscères soient remontés, ne pèsent pas sur le périnée.

Le sacrum et le coccyx sont « dans le vide », grâce à des poches remplies de liquide.

Les étriers sont le plus haut possible, elle est légèrement en suspension, les genoux sont plus rapprochés que les pieds (posture chasse-neige) pour écarter les ischions et les épines sciatiques.

L'angle « fémur-rachis » est inférieur à 90°, pour éviter la cambrure et pour que le sacrum soit aligné avec les reins.

Le dossier est peu relevé, la femme ne lève pas la tête, elle appuie sur sa tête dans le matelas ou le coussin, elle s'étire.

Trois variantes possibles :

– les mains contre les cuisses, épaules remontées, elle se repousse dans une forme qui évoque le vomissement. en expirant ;

– les bras tendus derrière la tête, elle pousse en expirant sur le papa qui lui donne appui ;

– en pseudo-suspension : le papa passe une écharpe derrière son dos et la maman s'accroche à l'écharpe. C'est le papa qui tire doucement en arrière, et surtout pas la maman qui tire sur l'écharpe. Elle doit se sentir comme suspendue… Très agréable pour le dos, très doux pour le périnée.

C'est vous qui sentirez si vous avez besoin de rajouter une poussée active (bras tendus), ou si tout va si fort que vous souhaitez simplement vous retirer de votre enfant dans la suspension.

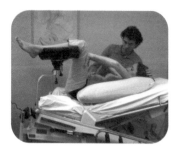  

La position sur le côté « de Gasquet »

Elle est aussi très précise.

Elle est plutôt latéro-ventrale. La femme est étirée (en général en diagonale en travers de la table), le genou supérieur est remonté vers la poitrine à moins de 90° et placé en rotation interne à l'aide de coussins, étrier, arceau…

Trois variantes de poussée:

– sur le papa avec sa main libre dans le prolongement du corps. Le pied de la jambe allongée est calé pour qu'elle puisse pousser dessus. Elle pousse en expirant, en s'étirant, sans rentrer les fesses, au contraire en les pointant vers le ciel. Elle est alors presque à quatre pattes. La poussée est très facile: elle pousse bras tendu sur le papa et sur le cale-pied à l'autre extrémité. Inutile de réfléchir à la respiration. L'expiration sera obligatoire après un temps de blocage diaphragme en haut;

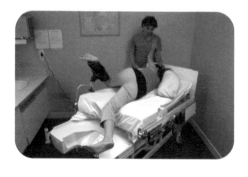

– accrochée au cou du papa (en étirement, elle ne tire pas, elle s'étire…). Elle pousse sur le pied de la jambe fléchie (sur la barrière, sur la poignée, sur l'arceau…).

– en appui sur sa cuisse, en sortant les fesses (voir p. 276);

L'avantage de cette position est qu'elle est reposante, pudique, asymétrique, ce qui est important pour le périnée et pour le bébé.

À quatre pattes

Au moment où le bébé franchit les épines sciatiques, la femme plonge tête en bas. Le bébé arrive à la vulve et tombe dans la gravité, alors que le périnée est totalement détendu, déchargé. Ou elle préfère se mettre à moitié à genoux, en suspension sur ses bras, fesses sorties (voir p. 277).

Ce sont les meilleures postures pour les bébés en présentation postérieure, dont la naissance en position gynécologique est très difficile.

En suspension

Accroupie, penchée en avant, pieds parallèles, cette posture est aussi intéressante pour celles qui ont très mal au dos (voir p. 273-274).
Elle permet la gravité pour le bébé mais pas pour les organes, une bonne expiration qui remonte.

Pas besoin encore d'apprendre à pousser!

LES *A PRIORI*

Il existe dans le domaine de l'obstétrique beaucoup d'*a priori*, tant chez les professionnels que chez les parents. Ayant la chance de préparer et de revoir des mamans, je peux entendre leurs «sons de cloche». Mais je fais aussi de la formation de sages-femmes et d'obstétriciens et les stages sont l'occasion pour eux d'exprimer leurs points de vue.

De cette double écoute, il ressort que chaque «camp» a des *a priori*, des idées préconçues sur l'autre.

Des femmes et des couples disent par exemple: «Ils ne m'ont pas informée; ils m'ont perfusée, ils sont intervenus sans m'expliquer, ils ne m'ont pas laissé de temps, pas de liberté, pas d'initiative […] De toute manière, ils sont pressés, la sage-femme avait envie d'en finir vite, l'accoucheur avait sans doute un golf ou un tennis qui l'attendait […] Ils ne nous écoutent pas, ce sont eux qui savent, ne répondent pas aux questions, ne nous font pas confiance, ils veulent garder le pouvoir. Et puis, il doit y avoir des intérêts financiers à faire des actes, des interventions, à faire accoucher les femmes à la chaîne.»

Parallèlement, certains obstétriciens et sages-femmes disent: «Les femmes, aujourd'hui, la seule chose qu'elles veulent, c'est ne pas souffrir, en finir vite. Pas question de leur demander de participer, dès qu'elles ressentent quelque chose, elles considèrent que c'est un échec de la péridurale. Elles ne veulent pas se prendre en charge, elles attendent tout de nous, la moindre douleur est insupportable, elles pensent que ne pas souffrir est un droit et c'est tout ce qui leur importe… Elles n'ont pas envie de sentir quoi que ce soit et elles sont loin de leur bébé. Il faut les pousser pour les bouger, elles sont passives, inertes. Elles réclament la télé en salle d'accouchement et attendent la livraison du bébé en nous traitant de manutentionnaires sans se rendre compte que c'est de la vie et de la mort qu'il s'agit et que nous sommes sans cesse dans le stress… pour gagner moins qu'un plombier et risquer le procès à chaque accouchement. Comme si on avait intérêt à casser les femmes et les bébés… comme si ça nous faisait plaisir d'avoir un bébé qui a souffert.»

Il est évident que tant que chacun restera sur des *a priori*, tout le monde perdra une énergie précieuse, une harmonie indispensable au bon déroulement de l'accouchement. Parlez-vous et vous découvrirez souvent que l'autre attend tout à fait autre chose que ce que vous pensiez!

Nouvelles perspectives de « mécanique » obstetricale

La conception classique

Toute la mécanique obstétricale a été décrite avec une mère en position gynécologique, dont le bassin ne bouge pas.

Dans cette position, surtout avec la poussée de haut en bas, le corps du bébé ne peut pas bouger non plus, il ne peut tourner, remonter pour «refaire son créneau». Si la tête n'est pas dans le bon axe, s'il est mal fléchi, la seule action connue est d'agir sur la tête fœtale, soit avec les doigts, soit avec une ventouse ou un forceps.

Même si tout va bien, nous avons vu que, si vous êtes sur le dos, le bébé doit tourner la tête dans le bassin, alors que le reste du corps est encore au-dessus du détroit supérieur. Il y a alors ce qu'on appelle «désolidarisation» de la tête et du tronc, comme lorsque vous tournez la tête pour regarder derrière vous au lieu de faire demi-tour avec tout le corps.

C'est pourquoi, lorsque la tête est sortie, elle va revenir dans sa position normale par rapport aux épaules (en langage obstétrical on parle de mouvement de restitution… ce qui indique qu'il y a aussi de l'énergie dépensée dans ces mouvements).

On peut comprendre que la poussée qui s'exerce du fond de l'utérus sur les fesses du bébé est bien transmise à la tête tant que le bébé est compact, comme un œuf, ce qui est la position fœtale normale.

L'utérus pousse avec une force de 40 kilos. Tant que le bébé avance, il n'y a pas de problème. Quand il rencontre un obstacle et butte sur un mur, sa nuque va amortir et il risque de mal fléchir sa tête, et même de défléchir de plus en plus.

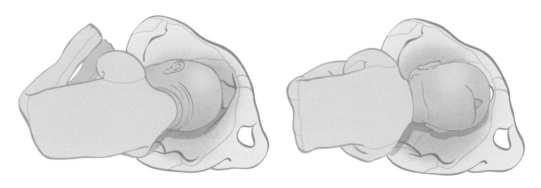

<table>
<tr><td>Bonne flexion
progression simple</td><td>Mauvaise flexion
et blocage</td></tr>
</table>

Vous comprenez pourquoi les sages femmes sont ravies de voir la femme vomir! Le muscle transverse inférieur va à la fois refouler le bébé vers le haut mais aussi exercer une poussée directement sur l'occiput, derrière la tête et non pas sur le front, ce qui va l'aider à fléchir.

Une fois la tête engagée, si vous êtes sur le dos, le bébé ne peut sortir dans la direction oblique où il s'est engagé, il faut qu'il tourne sa tête, nous l'avons vu. Il tourne parce qu'il rencontre un obstacle : les épines sciatiques et les muscles profonds du périnée, sur le côté opposé à son axe de descente. S'il arrive de la gauche de la mère (bébé dos à gauche), il va rencontrer d'abord l'épine sciatique droite et donc sa tête va tourner vers la gauche. Dès lors la poussée utérine n'est plus dans une direction unique, il y a un coude. Elle est donc moins efficace.

Lorsque le bébé vient fixer son occiput sous la symphyse et remonte vers la sortie, il défléchit sa nuque. Cela représente un « coude de plus ».

La tête progresse contre la pesanteur. Il faut donc une poussée très forte. À ce moment, la nuque est très défléchie, surtout si la mère est très relevée.

C'est une position qui comprime les vertèbres de la base du cou, comme lorsque vous restez ta tête en arrière. Il ne faut pas que ça dure trop longtemps car la circulation se fait mal. Si vous regardez passer l'avion trop longtemps, vous risquez un étourdissement !

Il y a aussi une autre conséquence à cette désolidarisation, à cette déflexion.

En position fœtale le bébé a ses bras ramenés sur la poitrine, les épaules en dedans, les cuisses sur le ventre. (Les bébés ont des bras et des jambes très courts par rapport au tronc, ils peuvent facilement sucer leurs doigts de pieds qui arrivent juste à hauteur de la bouche). Un bébé dans l'utérus, bien à l'étroit à la fin, c'est un œuf! C'est aussi un skieur de vitesse…

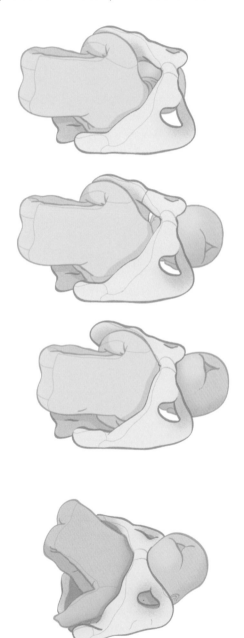

Quand la mère est relevée

On insiste bien auprès des parents : il faut éviter que la tête parte en arrière, on vous incitera à le prendre une main au niveau des épaules et une sous les fesses, pour le garder en position fœtale.

À la naissance lorsqu'on prend un bébé sous les aisselles et qu'il met sa tête en arrière, il écarte ses bras. C'est le réflexe de Moro.

Il suffit de ramener sa tête en avant pour qu'il ramène ses bras devant. Ainsi le fait que le bébé soit obligé de relever sa tête (c'est-à-dire de mettre sa tête en arrière) au moment de la sortie peut poser problème pour le passage des épaules.

Mais on nous explique que la femme est un mammifère différent des autres mammifères qui sont à quatre pattes.

En raison de la bipédie notre bassin a une forme particulière, le

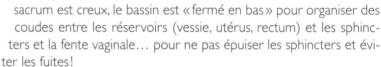

Le réflexe de Moro

sacrum est creux, le bassin est « fermé en bas » pour organiser des coudes entre les réservoirs (vessie, utérus, rectum) et les sphincters et la fente vaginale… pour ne pas épuiser les sphincters et éviter les fuites !

À quatre pattes, il n'y a pas besoin d'aider les sphincters par des coudes, puisque les « réservoirs » sont à l'horizontale. Les sacrums sont plats.

Notre bassin serait donc une sorte de tunnel rigide dans lequel le bébé doit avancer comme dans un tuyau coudé.

Mais le bassin peut bouger ! Grâce aux sacro-iliaques… S'il n'est pas bloqué par la posture.

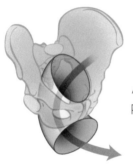

Le cylindre de Torr

Que se passe-t-il si on change la position de la mère ?

Position sur le côté

Reprenons le schéma avec une femme couchée sur le côté, en général du côté du dos du bébé.

Le genou opposé est bien remonté vers la poitrine pour enlever la cambrure. L'utérus étant posé il est bien contenu. L'étirement le plaque contre la colonne vertébrale, bien en face du détroit supérieur. L'asymétrie facilite aussi l'adaptation dans les axes obliques.

L'enfant s'engage oblique, comme dans la position gynécologique. Puis il continue oblique et quand il arrive aux épines la mère fait un mouvement de rotation interne du fémur supérieur qui écarte l'épine vers laquelle le bébé se dirige (on a vu qu'on peut gagner deux centimètres…). Ce mouvement détend le plan profond du périnée d'un côté, celui qui s'ouvre.

Le bébé n'est alors pas obligé de tourner, de « désolidariser » sa tête et ses épaules. Il passe dans l'axe oblique, et ses épaules restent très en avant, ce qui les rend très adaptables.

Si les bras sont devant, les épaules peuvent beaucoup se rapprocher, leur diamètre est très diminué et ne sera jamais aussi grand que celui de la tête qui est moins compressible.

Si les bras partent en arrière (Moro), le diamètre des épaules devient trop large.

Donc, idéalement, sur le côté, le bébé sort comme un œuf, bien groupé, parfois même les mains devant le visage, la tête et le corps d'un seul bloc, sans aucune «restitution», puisqu'il n'y a pas eu de rotation.

Dans ce cas le bébé pleure très peu, il a été essoré en douceur, il est moins fatigué.

Pour le périnée, c'est aussi très différent puisque le bébé reste dans un axe ombilico-coccygien, il va vers l'arrière sans remonter vers la symphyse.

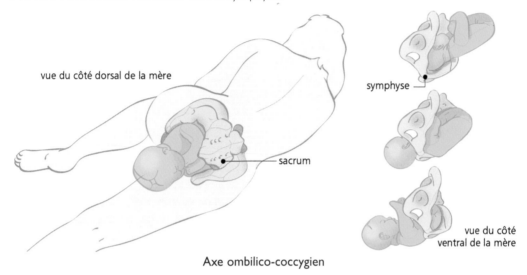

vue du côté dorsal de la mère

symphyse

sacrum

vue du côté ventral de la mère

Axe ombilico-coccygien

Le bassin s'ouvre en arrière et sur le côté, grâce au jeu des sacro-iliaques, ce qui est prévu dans la physiologie.

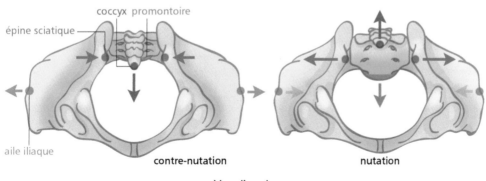

coccyx promontoire

épine sciatique

aile iliaque

contre-nutation　　　　　　　　**nutation**

Vue d'en dessous

Bassin fermé en bas　　　　　　**ouvert en bas**

Ce mouvement entraîne l'ouverture de l'anus vers le coccyx et latéralement, et beaucoup moins d'étirement entre l'anus et le vagin. Or entre l'anus et le vagin il n'y a que de la peau lorsque le périnée est étiré (amplié).

Je ne veux pas alourdir les explications mécaniques mais sachez que pour les bébés en présentation postérieure c'est encore plus intéressant.

■ **Ça paraît tellement plus logique. Pourquoi n'est-ce pas toujours proposé ?**

Comme toujours ça ne convient pas à toutes les femmes et à tous les bébés… Il suffit par exemple que le cordon soit comprimé entre le bébé et le placenta d'un côté pour que l'appui sur ce côté bloque la circulation… Il peut y avoir d'autres raisons, parfois pas évidentes. C'est vous qui sentez si vous êtes bien et certaines mamans ne supportent pas du tout ! Et puis ce n'est pas toujours aussi simple et idyllique que je vous l'ai présenté dans ce schéma un peu théorique. Certains bébés ont déjà réalisé une désolidarisation dans l'utérus, avant de s'engager. Certains sont mal fléchis *in utero*…

Mais si tous les bébés se présentent dans un axe oblique, il est logique de le favoriser jusqu'au bout. Si un meuble ne passe pas par la porte, j'essaie en biais avant de raboter la porte…

Enfin il y a un problème de formation des praticiens. L'obstétrique est apprise dans une seule position, tous les repères sont établis par rapport à cette position. Toutes les manœuvres sont décrites et intégrées dans les mains dans une position.

Si la femme change de posture, tous les repères changent et dans l'urgence c'est très perturbant.

Il faudrait écrire les manœuvres obstétricales dans tous les cas de figure, ce qui est impossible… une femme qui bouge et un bébé qui bouge dans la mère, ça veut dire l'improvisation à chaque fois !

Pas de problème quand tout se fait tout seul, mais s'il faut faire un forceps c'est impossible.

■ *Si vous avez appris à conduire à droite et que vous allez en Angleterre, en cas de précipitation vous risquez de ne pas avoir le bon réflexe !*

La position quatre-pattes

Elle peut choquer certain(es)s, dans une vision *a priori*. En réalité, au moment de l'accouchement, les sensations peuvent être si fortes que la question ne se pose plus et qu'on oublie ses réticences de principe.

C'est une très bonne position, surtout pour les bébés postérieurs.

La femme va souvent plonger tête en bas, comme dans « Le chat » (p. 143), au moment où le bébé arrive sur le périnée, pour le décharger.

Le sacrum peut bouger, le coccyx aussi, le bébé n'a qu'à pousser dessus ! Il y a beaucoup de place en arrière puisque le poids du bébé n'est pas contre le sacrum.

Le fait d'être en antéversion du bassin détend les fessiers et écarte les ischions. On a donc les mêmes résultats que sur le côté ou sur le ventre, avec parfois un balancement asymétrique.

Le bébé va tomber dans la gravité, bien fléchi si c'est un postérieur. Il va vers sa mère, entre ses jambes.

Elle peut aussi se redresser et se suspendre en se repoussant sur ces cuisses, bras tendus, en sortant les fesses. Elle pose son bébé délicatement… c'est souvent la variante adoptée pour des bébés antérieurs qui vont donc sortir vers l'arrière et non vers la mère, sans défléchir.

La position quatre-pattes

Variantes sur le ventre

C'est équivalent d'un quatre-pattes, puisque la mère relève le bassin lors de la poussée, mais asymétrique.

Les suspensions

Le bébé a toute la place en arrière, le sacrum est libre. Il est dans la pesanteur, n'a pas besoin de remonter pour sortir, il glisse dans la trajectoire oblique, tombe de sa mère... de quelques centimètres !

S'il est antérieur il va vers l'arrière et regarde le sol, s'il est postérieur il regarde sa mère.

Les adaptations en cas d'urgence

On peut donc concevoir que des équipes sensibilisées acceptent de vous laisser la liberté posturale tant que tout va bien.

Quand on en arrive à une instrumentation, c'est qu'on a tout essayé et que ça ne marche pas. Dans ce cas c'est le praticien qui fait la manœuvre qui décide de ce qui est optimal.

Certains obstétriciens sont maintenant habitués à faire des ventouses dans toutes les positions.

Il faut pouvoir revenir rapidement à une position sur le dos pour certaines manœuvres, c'est pourquoi la position sur le côté est intéressante car vous êtes sur la table et il est facile de se retourner rapidement sur le dos.

On peut malgré tout aménager la position gynécologique et certains accoucheurs placent systématiquement les jambes en position «chasse-neige» pour faire des spatules (sortes de cuillères) puisque les épines sciatiques sont plus écartées.

On peut donc résumer en disant que plus c'est complexe plus il faut bouger. Que c'est vous qui «savez», parce que votre corps ressent les adaptations les meilleures pourvu qu'on lui laisse la liberté, y compris psychique.

Qu'il faut quelques accessoires.

Qu'il faut pouvoir utiliser si nécessaire tous les moyens modernes très rapidement.

Qu'il faut être ouvert et prête à ressentir, à se faire confiance mais aussi être en confiance et en complicité avec l'équipe.

LE PROJET DE NAISSANCE

Ce devrait être le support d'une communication entre les parents et les établissements où ils vont mettre au monde leur enfant. Le but premier était de faire prendre conscience aux futurs parents qu'ils pouvaient s'investir dans une démarche active au lieu d'être passifs et d'accepter tout le «package» standard du lieu. C'est donc normalement un moyen de faire se questionner d'abord le couple sur ce qu'il considère comme le plus fondamental dans cet événement. Hiérarchiser les souhaits, les rêves même, et pouvoir les présenter à l'établissement pour établir un «contrat de confiance réciproque» où chacun s'engage à faire tout ce qui est en son pouvoir pour respecter ce contrat.

À l'occasion de cet échange, certains points apparaîtront peut être sans objet… certaines choses demandées par les parents sont parfois pratiquées depuis longtemps (par exemple pas d'épisiotomie systématique, pouvoir mettre bébé au sein dès la naissance s'il ne nécessite pas de soins urgents). Certains souhaits des parents sont aussi parfois utopiques. Certaines femmes imaginent leur accouchement en position accroupie, mais ne supportent pas la position déjà avant la grossesse et encore moins avec «la bedaine», comme disent les Québecois… inutile de se bloquer sur ce sujet !

Certains désirs ne sont pas compatibles avec les contraintes de l'établissement : accoucher dans l'eau s'il n'y a pas de baignoire est assez peu réalisable !…

Et bien sûr tout doit être au conditionnel pour prendre à tout moment en compte les urgences imposées par la situation, sinon il n'est pas cohérent de demander à accoucher en institution.

Lorsque cet esprit de dialogue est présent, les deux «parties contractantes» devraient progresser et on a vu ainsi des évolutions de pratique dans les maternités sous l'impulsion des usagers.

Mais ça ne peut pas être standardisé, par définition, et ça ne peut qu'être évolutif au fur et à mesure de la grossesse et durant l'accouchement même.

Puis c'est le moment magique ou le bébé vient contre le cœur de la maman…

La délivrance

C'est la sortie du placenta. Normalement, le placenta se décolle après la naissance et glisse tout seul dans la demi-heure qui suit l'accouchement. La sage-femme vérifie parfois qu'il est décollé et appuie sur le fond utérin pour le pousser. Cela fait très mal ! Si vous voulez éviter cette inutile agression, poussez sur sa main vers le haut, expirez. Il sortira tout seul sans douleur !

LA FAUSSE INSPIRATION THORACIQUE

Pour stimuler un utérus un peu fatigué, pour faire glisser un placenta décollé sans pousser sur le fond utérin, vous pouvez reprendre la fausse inspiration thoracique (voir p. 77).
Étirez bien votre nuque, bassin bien placé sans cambrure, expirez et pincez-vous le nez, fermez la bouche. L'air ne peut plus rentrer. Vous faites alors semblant d'inspirer dans la poitrine, en remontant le sternum, comme dans la respiration de la gymnastique.
Vous serez impressionnée par le creux au niveau du ventre…
C'est très efficace et ça ne fait pas mal.
Si vous avez des hémorroïdes extériorisées, elles vont être réintégrées. Il faut faire plusieurs fausses inspirations avant de mettre un pied par terre.
Ça remonte aussi l'utérus, et si vous avez beaucoup poussé, il est prudent de tout remettre en place avant de se verticaliser.

Si le placenta ne se décollait pas, on ferait ce qu'on appelle une « délivrance artificielle », c'est-à-dire que l'obstétricien passe sa main dans l'utérus pour décoller le placenta et le ramener. Si vous êtes sous péridurale, il n'y a pas de problème. Sinon, on fait une anesthésie très rapide.

Et bébé pendant ce temps ?

Comme dit la sagesse inuit, s'il n'arrive pas rapidement, c'est que quelque chose ne va pas, que les positions ne lui conviennent pas. Il se peut que sa position ne soit pas optimale et qu'il n'arrive pas à s'engager ou à tourner.

Plus l'accouchement va durer, plus il va fatiguer et subir les contractions. Il est donc important de l'aider par votre mobilisation, afin de « faire le chemin » devant lui, et d'aider l'utérus à le diriger.

Je conseille toujours aux sages-femmes que je forme de réaliser des photos dans leurs salles de naissance, avec leur matériel, afin de donner aux futures mamans des idées qu'a priori elles n'auraient peut-être pas, surtout dans l'émotion ou la douleur du moment. Cela permet de libérer l'imagination, de ne pas laisser comme seule représentation la position gynécologique.

L'instinct maternel...
Quelques histoires du monde animal

J'ai passé mon enfance dans une ferme très isolée. Nous n'étions pas paysans d'origine et nos rapports avec les animaux n'étaient pas ceux des agriculteurs. Nous avions toutes sortes de bêtes, toutes en liberté, sauf les lapins! Des vaches et un taureau, des moutons, jumeaux surnuméraires donnés par les voisins fermiers et élevés au biberon, ainsi qu'une truie, dix-septième d'une portée... Des poulains, une jument, un âne, une mule extraordinaire, des chèvres... Toutes sortes de volailles, oies, canards, pintades, des cochons d'Inde, des tourterelles apprivoisées et même un hérisson au coin du feu. Une véritable arche de Noé! Nous observions, émerveillés, ce monde animal avec ses règles, ses chefs, ses rites. Il nous a donné de fantastiques «leçons», en particulier à propos de la procréation.
Voici quelques-unes de ces histoires dont je garde un souvenir très précis.

La mule, une belle et grande bête blanche, allait pâturer avec les vaches, lesquelles disposaient d'un immense territoire ouvert... La vache «meneuse» choisissait tous les matins son pré et le soir ramenait le troupeau à l'étable, toujours ouverte. La mule fermait la marche et, comme un chien de berger, regroupait les traînardes. Un soir, la mule vient se planter devant la fenêtre de la cuisine, refuse une gâterie, repart pour cinquante mètres, revient frapper au carreau, recommence plusieurs fois son manège.

Nous avons été longs à comprendre, puis nous l'avons enfin suivie. Elle nous a emmenés à travers les ronces, au bout d'un sentier de montagne, au pied d'un rocher très pentu, pratiquement inaccessible. Là, nous avons découvert, tremblante, une jeune chevrette inexpérimentée venue sans doute se cacher pour mettre bas. Elle était là avec deux chevreaux nouveau-nés, incapables de redescendre par un tel chemin. La malheureuse n'osait les laisser.

Nous avons été très impressionnés par cette solidarité entre des espèces peu proches, et par l'intelligence de la mule pour nous amener à secourir la chevrette (qui n'a pas recommencé!).

Nous avions également une vache noire, très grosse, mais très belle, très racée, nommée Panthère. Lorsqu'elle est arrivée chez nous, elle avait déjà eu des veaux. Et sans doute cela s'était-il mal passé, car elle avait une peur panique de vêler. Elle aussi venait à la fenêtre de la cuisine, tremblante de toute sa masse et visiblement voulant être assistée! Elle a toujours eu cette attitude, à chaque veau.

Une autre en revanche, partait se cacher dans les bois, revenait dans la journée rejoindre le troupeau, sans son petit et avec la plus grande désinvolture... Nous avons été très inquiets, la première fois, pensant qu'elle avait perdu son veau. Nous l'avons suivie et elle nous a amenés là où elle avait vêlé... L'herbe couchée, écrasée, gardant des traces de sang... la vache semblait perdue, le pis plein de lait. Elle erra un moment avec nous sur ses traces : rien ! La nuit était tombée, nous battîmes la forêt en vain.

Le lendemain, elle revint avec les autres, le pis vide. Nous avons conclu qu'elle avait fait téter son veau. Une nouvelle filature nous amena à des traces d'herbe couchée, où elle avait dû dormir… mais pas de veau ! Le manège dura deux ou trois jours ; elle ne voulait vraiment pas qu'on trouve son petit. C'est un orage qui l'a finalement décidée à le ramener à l'étable.

Mais la plus incroyable de ces histoires est celle de deux vaches, toujours côte à côte, dont l'une était assez sauvage et violente, capable de coups de pied si on s'approchait trop et baptisée pour cela la Garce (la voisine étant par opposition la Douce) ! Elles attendaient des petits en même temps ; la Douce a eu le sien un jour avant l'autre, très calmement… La naissance de l'autre petit a été un vrai festival ! Visiblement, ce n'était pas un moment de plaisir car la Garce se donnait des coups de pieds dans le ventre, se jetait contre les murs, se roulait par terre… Quand le veau est né, elle a failli le tuer en le projetant à 10 mètres d'une ruade… Le malheureux, vacillant encore sur ses pattes a tenté de venir téter… Même accueil, au point que nous l'avons écarté un moment de sa mère, mais les choses ne se sont pas arrangées. La Douce a alors accueilli le veau et l'a nourri avec le sien. Mais la Garce avait du lait et a fini par avoir une mammite (une inflammation des mamelles). Il a fallu mobiliser tous les fermiers des environs, l'attacher, la coucher, la traire pour diminuer l'engorgement… Elle se débattait violemment et nous désespérions un peu.

Le lendemain, j'ai assisté à une scène extraordinaire ! Vous qui ne l'avez pas vue, me croirez-vous ? Il y a eu dans le pré un véritable dialogue entre les deux vaches… Elles se répondaient et on aurait vraiment juré que la Douce faisait une leçon à la Garce ! Finalement, la Garce est rentrée à l'étable et est allée nourrir son veau… et tout est rentré dans l'ordre.

Chaque fois que je suis confrontée à des situations complexes, ces histoires me reviennent en mémoire. Elles me rappellent que l'instinct est capable d'« inventer » des solutions, qu'il n'y a pas de « bon modèle » tout fait et que, même chez l'animal, l'instinct maternel n'est pas évident et revêt des formes différentes.

La chaîne de télévision Arte diffuse souvent des films animaliers. Il est très impressionnant de voir que, même quand tout est normal, même de grosses bêtes comme l'éléphante n'arrêtent pas de bouger, de danser, de se rouler par terre, de s'étirer, de faire des mouvements asymétriques. Et quand il y a un blocage, elles s'agitent très violemment… et parfois débloquent…

CHEZ LES PRIMATES

Un documentaire sur les primates montre une scène extraordinaire : la naissance d'un petit singe. La mère, après s'être suspendue à une branche pour mettre bas, prend le petit dans ses bras, le lèche, coupe le cordon de ses dents puis trouve un mur en ruine, s'allonge sur le dos, se positionne les pattes arrière en l'air, le bassin relevé, en appui sur le mur, et commence la tétée.

Étrange position pour un animal que de s'allonger ainsi sur le dos, en position quasi inversée ! Sans doute son instinct lui dicte-t-il de compenser ainsi la pesanteur, puisqu'elle est à moitié quadrupède et à moitié bipède.

La mise en route de l'allaitement

L a mise en route de la lactation se produit «automatiquement», sitôt l'enfant né (vous avez même pu avoir des écoulements avant). On a observé que les bébés qui n'avaient pas été trop épuisés par la naissance avaient un réflexe dit de «fouissement», comme un petit animal qui cherche dans la fourrure maternelle le téton. Le bébé rampe sur le ventre et cherche de sa bouche le sein. Quand il le trouve, il a immédiatement le réflexe de succion.
Il y a beaucoup d'ouvrages sur l'allaitement, des cours, des séances de groupe, des personnes ressources pour vous aider. Je ne vais donc donner ici que quelques idées assez générales pour que ce soit une source de plaisir pour maman, bébé et même papa.
Pour des questions ou difficultés particulières, n'hésitez pas à vous faire aider.

Donner le sein

Certains nourrissons seront avides, d'autres fatigués, d'autres malhabiles, certains goulus, d'autres endormis.

Mais pour tous, cette première tétée est une tétée psychologiquement fondamentale car elle est la continuité dedans-dehors, l'apprentissage pour le bébé du corps extérieur de sa mère, de son odeur, de sa chaleur (le réflexe sera beaucoup moins fort si ce contact a lieu quelques jours plus tard).

Le lait maternel est parfaitement adapté à l'enfant, c'est ce qui nous a permis de survivre à travers les âges et ce qui fait que si vous étiez sur une île déserte, vous arriveriez à nourrir votre bébé, comme toute femelle mammifère! Savez-vous que nous avons le meilleur rapport de production qui soit? Avec très peu de nourriture et de liquide, une femme même carencée, dans le tiers monde ou en temps de guerre, allaite son bébé et le moindre apport à la mère est multiplié de façon incroyable.

Le premier jour, il n'y a pas de grandes quantités dans les seins, mais quelque chose de fondamental, le colostrum. Il s'agit d'un liquide épais, jaune, qui est aussi une sorte de vaccin car il apporte beaucoup d'anticorps, c'est-à-dire de défenses que le bébé ne peut encore fabriquer lui-même. Il est donc fondamental qu'il en profite le plus tôt possible afin de se protéger des microbes et virus environnants. Ce liquide est tellement concentré que l'enfant est repu avec quelques gouttes. Un estomac tout neuf ne peut pas avaler des quantités! Si vous n'allaitez pas, vous serez d'ailleurs surprises de voir que les premiers biberons sont de quelques dizaines de grammes seulement.

En revanche, il risque de redemander assez vite. Par soif, parfois par faim, surtout par désir de se retrouver là au chaud, au creux des bras, contre la peau. Cette première tétée a le mérite de faire contracter l'utérus, de combattre les hémorragies et de faire «monter le lait» selon l'expression populaire, (c'est-à-dire stimuler la production). En effet c'est la succion du bébé qui déclenche la fabrication du lait, et il est évident que la stimulation doit être précoce et suffisante. Ce qui veut dire qu'il faut mettre et laisser suffisamment l'enfant au sein, même s'il n'y a pas de lait, car c'est le seul moyen qu'il y en ait.

▓ **Certaines de mes amies m'ont dit qu'elles n'avaient pas pu allaiter, qu'elles n'avaient pas de lait.**

Aucune mère mammifère ne laisse mourir de faim son petit par défaut de lactation (sauf s'il est en surnombre par rapport au nombre de tétons ce qui arrive parfois chez les truies par exemple).

Votre corps a été capable de tant de choses depuis votre naissance. Il y a eu la puberté, il y a eu tout ce miracle de la grossesse et la réalisation de ce bébé, pourquoi cela ne marcherait-il plus tout à coup ? Vos seins sont programmés pour faire du lait. Bien sûr, il y a des gens qui ont des yeux mais qui ne voient pas… À peu près autant que des femmes qui ont des seins et qui ne pourraient pas allaiter si elles étaient seules dans la nature et que le biberon n'existait pas. Les échecs sont dus à des idées reçues et à des obstacles extérieurs, c'est-à-dire aux autres. Et comme vous êtes très vulnérable à ce moment, tout ce qu'on va vous dire peut prendre une importance démesurée. Si votre mère est d'une génération qui n'a pas allaité, elle pourra rarement émettre un témoignage positif (même situation pour la belle-mère).

Les douleurs de l'allaitement

Un peu comme des chaussures neuves !

La première chose à savoir, c'est que les débuts de l'allaitement sont presque toujours sources de petits problèmes, de petites douleurs. Je compare cela à des chaussures neuves ; il est rare qu'elles ne gênent pas ici ou là, mais si on les jette les premiers jours on ne parviendra jamais au confort !

▓ **Il y a d'abord la «montée de lait» qui est douloureuse m'a-t-on dit…**

C'est un phénomène physiologique, mais qui peut vous surprendre, surtout si vous avez d'habitude des petits seins. Dans les cas impressionnants, vous vous retrouvez avec du cent vingt de soutien-gorge et des boules dures jusque sous les bras, une poitrine de pierre, sensible au contact, avec parfois de la fièvre au-dessus de 38° et les seins si tendus que le bébé a parfois du mal à attraper le mamelon ! En réalité il ne s'agit pas de lait stocké dans les seins : le bébé a besoin de produits très frais ! Et le lait se fabrique au fur et à mesure des besoins. Il s'agit là d'une congestion du sein due à des phénomènes hormonaux. Les vaisseaux sont très dilatés (vos veines sont très apparentes, bleues, à fleur de peau), la glande est œdémateuse. Mais tout est à la disposition des petites usines que sont les glandes composant le sein qui vont, à partir des éléments du sang fabriquer le lait au fur et à mesure de la tétée.

Il faut donc arriver à déclencher l'écoulement pour réduire la tension. Le meilleur moyen est de mettre le bébé au sein, tout naturellement. S'il n'arrivait pas à attraper le bout de sein, soit parce qu'il est un peu rentré, soit parce que vos seins sont trop tendus, vous pouvez d'abord détendre un peu en faisant couler le lait à l'aide de vos mains.

Peut-on apprendre à désengorger les seins ?

Pour désengorger vos seins, passez-les sous la douche chaude, ou appliquez un gant de toilette mouillé et essoré aussi chaud que vous pouvez le supporter. Puis placez vos deux doigts autour du bout de sein et poussez non pas avec les mains sur la poitrine, ce qui est douloureux et risque de tout bloquer, mais avec tout votre corps contre vos mains. Faites ces mouvements d'expansion en expirant plusieurs fois, jusqu'à ce que le lait commence à couler. Le lait jaillira par une poussée qui va de l'intérieur vers l'extérieur, très douce. Il est fréquent que l'autre sein se mette à couler spontanément.

C'est aussi le principe des coupelles de recueil du lait, petites coques en plastique dont le couvercle troué laisse passer le bout de sein. Le soutien-gorge maintien l'appui contre le sein. Si vous expirez en amenant la poitrine en avant, il va y avoir la même stimulation.

Attention, ne videz jamais complètement le sein. La production est fonction du vidage ! On a souvent plus de lait qu'il n'en faut et c'est le bébé qui va régler le débit en fonction de ses besoins. Si vos seins sont trop tendus pour la tétée, essayez manuellement de vider un peu pour assouplir le mamelon et l'aréole, mais arrêtez-vous dès que le sein s'assouplit, ce qui suffit souvent pour que le bébé prenne plus facilement…

Y a-t-il des règles de durée et de fréquence des tétées ?

Quand on aime… on ne compte pas !

D'abord, il faut mettre le bébé au sein le plus tôt possible, sur la table d'accouchement s'il n'est pas trop épuisé. Même s'il y a césarienne (sous péridurale).

Le bébé a toujours un côté préféré : s'il ne prend pas le sein, changez de côté. D'anciennes puéricultrices ont remarqué une relation entre la position *in utero* et le côté favori : un bébé qui a eu son dos à gauche prendrait mieux le sein gauche… Aussitôt qu'il sera un peu plus réveillé, donnez à chaque fois les deux seins, afin de faire produire le lait régulièrement. En effet, chaque tétée sautée entraîne la fermeture de canaux galactophores, comme une pompe qui se désamorce. Ne vous fiez pas aux conseils trop précis : cinq minutes à chaque sein, par exemple. En fait, pour cinq minutes de vraie tétée (avec déglutition), il faut souvent un bon quart d'heure, car le bébé se repose, rêve un peu… Vous n'avalez pas votre repas d'un trait sans reprendre souffle !

Alors, oubliez un peu la montre, sauf si vous avez des triplés. Quand on baigne dans le bonheur, dans l'amour, quand, en plus il n'y a pas autre chose d'urgent à faire, qui penserait à chronométrer ?

Chaque bébé a son rythme ; il y a les goulus qui vont tousser pour avoir avalé de travers tant ils tètent vite, les rêveurs, les fatigués, les gourmets qui veulent rester au sein après avoir mangé.

C'est vous seule qui jugez du temps que vous pouvez donner et que vous voulez donner et prendre, dans une mesure raisonnable.

Le nombre des tétées est aussi très variable. Certains enfants réclament peu souvent (et on vous poussera à les réveiller), d'autres dorment très peu. Or un bébé réveillé cherche le contact, il se manifeste pour avoir une réponse; et si vous le prenez dans les bras, il cherche le sein, même s'il n'a pas faim! Il faut essayer de le distraire autrement. En le promenant, en lui montrant des objets brillants, qui bougent, en le berçant, en lui parlant. Il faut savoir aussi qu'un enfant qui a mal quelque part (coliques par exemple) va toujours se jeter sur le sein, sans que cela signifie qu'il n'a pas assez mangé.

Beaucoup d'enfants aiment téter la nuit, car tout est calme, vous êtes disponible. Il faut peut-être commencer à négocier, mais surtout ne jamais conclure qu'il n'a pas sa ration. À savoir: les bébés nés avant terme dorment plus.

▓ Mais si le bébé reste trop longtemps au sein, n'y a-t-il pas plus de risques de crevasses?

Le risque des crevasses existe, comme en hiver les gerçures sur vos lèvres.

Bien entendu, il y a des sensibilités personnelles particulières.

Sachez que la douleur est limitée à l'instant ou l'enfant prend le sein, à la première « bouchée ». Et ça ne dure en général que quelques jours, un peu comme vos ampoules quand vos chaussures sont neuves!

Si vous avez ce genre de problème, demandez conseil à la maternité, il y a des produits (crèmes) des bouts de sein en silicone éventuellement. Il est bon d'être aidée personnel-

lement car il s'agit d'adaptations à trouver selon vos seins, votre bébé…

▓ Il y a quand même des précautions à prendre?

La position du bébé au sein est très importante. Il faut éviter la traction sur le bout de sein. Lorsque vous le maintenez dans le creux de votre bras, tournez toujours son ventre contre vous, au lieu de le coucher horizontalement, la tête tournée vers vous. D'abord parce qu'il se « tordrait » le cou pour téter, ce qui ne facilite pas la déglutition (essayez de boire la tête tournée vers une épaule!) et qu'aussi il tirerait trop sur le sein. Les crevasses étant entretenues par la répétition de l'agression, comme une ampoule, il est bon de changer l'angle de saisie du sein. On peut, par exemple, placer l'enfant verticalement, assis sur votre cuisse si vous allaitez assise, ou posé sur un coussin sur le côté, tantôt son corps contre votre ventre, tantôt vers l'extérieur, sous votre aisselle (position en ballon de rugby).

Si vous pouvez allaiter couchée, vous en profiterez pour vous reposer!

Voici quelques suggestions de positions d'allaitement où vous serez confortable, où vous pourrez détendre le dos, la nuque, les épaules. Il faut des accessoires, en particulier le coussin microbilles (souvent appelé coussin d'allaitement).

▤ Et les biberons de complément?

Là encore, il y a quelques précautions à prendre, quelques règles à respecter.

Ne donnez pas de biberon de lait maternisé dans les premières semaines de l'allaitement car plus vous donnez de «compléments» moins vous avez de lait. C'est un cercle vicieux puisque la production est fonction de la prise de l'enfant. Il faut donc qu'il tire beaucoup, même si le sein paraît vide... La fabrication est en effet instantanée. Tous les éléments sont là, dans le sang qui circule.

Si vous prenez tout de suite le biberon qu'on vous tend à la maternité, vous ne stimulez pas assez votre lactation et l'enfant prendra de plus en plus de biberons.

De retour chez vous, vous risquez de passer votre temps entre les tétées, les stérilisations et les préparations de biberons et vous n'aurez plus que les inconvénients des deux systèmes!

L'allaitement doit être un plaisir et devrait apporter un «plus» pratique: pas d'angoisse en cas d'embouteillages, de canicule, d'attente chez le pédiatre, tout est prêt, rien à transporter, on peut allaiter n'importe où, n'importe quand, autant que veut l'enfant. C'est un des avantages du lait maternel: le bébé n'est jamais dérangé, il n'a pas de diarrhée. S'il en prend trop, il recrache le surplus! Il peut très bien prendre deux fois plus à une tétée et peu à l'autre. C'est lui qui se régule. Les dosages et les courbes théoriques de poids sont adaptés au biberon, pas au sein. Si ces enfants ont des courbes moins régulières, il y a aussi beaucoup moins d'obèses parmi eux! Par ailleurs, il y a de plus en plus d'enfants allergiques, sans doute en raison de la pollution et de beaucoup de poisons alimentaires qui sont distillés au quotidien; or le lait d'origine animale entraîne assez fréquemment des allergies aux protéines du lait qui sont très gênantes pour la suite de l'alimentation. Si on peut éviter cette source allergénique, cela vaut la peine d'attendre quelques semaines avant d'introduire le complément. Il faut surtout éviter qu'il soit donné autre chose que le sein pour la première tétée, car c'est à cette occasion que la muqueuse digestive va être imprégnée et va garder en mémoire les allergènes.

Lorsque la lactation sera bien amorcée, si vous êtes très fatiguée et que vous avez envie d'une nuit plus calme, soit vous préparez un biberon de votre lait que quelqu'un pourra donner, soit à défaut un complément. Le lait maternel est très digeste, une heure à une heure et demie environ. En revanche, le lait de vache est beaucoup plus lourd, c'est pourquoi le bébé est assommé pendant trois heures! D'où la conclusion erronée: «Quand je donne le sein il a faim deux heures après, quand je donne un biberon il dort trois heures, donc mon lait n'est pas bon!»

▤ **Mais alors comment savoir s'il y a suffisamment de lait?**

Il suffit de voir si le bébé va bien, s'il est tonique, s'il ne maigrit pas, s'il ne ronge pas avidement ses poings juste après la tétée et de ne pas le peser tous les jours! Si les couches sont mouillées, c'est qu'il est nourri! Votre lait est parfaitement adapté aux besoins de l'enfant. En début de tétée il est léger, hydratant, puis au fur et à mesure il change de composition pour apporter tout ce qui est nécessaire, d'où l'importance d'une tétée assez longue. D'une tétée à l'autre, il est différent. Cela dépend aussi de ce que vous mangez: s'il fait très chaud et que vous ne mangez que des crudités, le lait ne sera pas le même qu'avec une nourriture d'hiver ou de pays froid. De plus, il a du goût et de l'odeur. Avec l'allaitement artificiel tous les repas sont identiques en apports et en goût.

✚ *La connaissance des éléments constitutifs du lait maternel n'est sans doute pas terminée. On a découvert par exemple qu'il contient un équivalent du Valium; de quoi apaiser les angoisses des petits anges! Par ailleurs l'assimilation des vitamines, du fer, du calcium est bien meilleure.*

Des études sont publiées tous les jours sur l'allaitement maternel… allez voir sur internet les dernières découvertes ou contactez les groupes d'aide à l'allaitement ou la conseillère en lactation de l'hôpital.

Les selles, un élément de surveillance important

Il y a souvent une selle par tétée. Les bébés au sein ont des selles assez liquides, jaune d'or, à l'odeur plus agréable que les selles lait maternisé ou sans odeur. Ne vous inquiétez pas de voir le jaune virer au vert si vous laissez la couche à l'air, en raison de l'oxydation.

Les fesses rouges et irritées sont beaucoup plus rares au sein.

Mais certains bébés allaités n'ont pas de selles parfois pendant plusieurs jours. Au moment où elles arrivent elles ne sont pas dures. Il ne s'agit pas de constipation.

Le lait maternel peut être un aliment sans résidu. Tout est digéré!

Il faudra alors surveiller que le bébé mouille bien ses couches et que les selles ne durcissent pas, et ne pas s'affoler.

Le rot n'est pas obligatoire, car il n'y a pas d'air dans les seins et le bébé peut s'endormir sur son plaisir! Mais s'il a tété trop vite, il se peut qu'il pleure un peu après s'être endormi. Si vous le relevez, il y aura alors un renvoi, voire une petite régurgitation qui le soulagera immédiatement.

▤ **L'allaitement semble une solution trop idéale.**

Il y a quand même quelques petites difficultés et des servitudes.

Sachant que votre lait est fonction de ce que vous ingérez, il vous est interdit de consommer de l'alcool, des drogues de toute nature, y compris certains médicaments, dont certaines pilules contraceptives.

Prévenez toujours le médecin ou le pharmacien que vous allaitez. Fumer est tout à fait nocif pour le bébé et tous les agents polluants et toxiques de notre alimentation seront concentrés dans le lait.

Vous restez hormonalement « à demi-enceinte » c'est-à-dire plus vulnérable, plus sensible, moins adaptée à des situations d'agressivité. La contrepartie en est une transition plus douce entre les états hormonaux, ce qui peut éviter une crise psychologique parfois aiguë. Sur le plan périnéal et musculaire en général, il n'y a pas la tonicité ordinaire et les sports violents sont donc déconseillés.

Nous avons vu aussi que la sexualité peut être modifiée, le vagin étant moins lubrifié et la libido un peu modifiée.

▌ Y a-t-il des risques graves liés à l'allaitement ?

Médicalement, le seul risque important relatif à l'allaitement est l'abcès du sein. Mais il n'arrive jamais d'emblée, il y a des signes préalables qui devraient permettre de réagir et de ne jamais en arriver là. Cet abcès survient sur un engorgement ou parfois sur un coup de froid, un courant d'air (il faut s'en méfier, ainsi que de l'eau froide). Il y a d'abord une zone rouge, douloureuse, dure. Vous risquez d'avoir beaucoup de fièvre (40°), des frissons. Vous pouvez utiliser une pommade décongestionnante, type Osmogel®, des emplâtres d'anti-phlogestine ou d'argile verte. Si les tentatives de désengorgement ont échoué, continuez les cataplasmes chauds et consultez votre médecin qui prescrira certainement des antibiotiques. Au stade de l'inflammation, donnez le lait de l'autre sein, tirez du côté malade et jetez-le jusqu'à la guérison. Il existe des antibiotiques utilisables en cas d'allaitement ; si vous êtes très « angoissée », vous pouvez tirer le lait une heure après la prise du médicament et le jeter, afin d'éliminer un maximum de substance concentrée.

De toute manière, tirez votre lait durant le temps nécessaire à la guérison puis ensuite, reprenez l'allaitement. Refusez le sevrage, c'est dur pour vos seins une fois que la montée de lait a eu lieu ; c'est dur aussi pour le bébé qui ne comprend pas pourquoi on lui refuse tout d'un coup ce qu'il sent tout près…

▌ Doit-on manger beaucoup plus ? Et quoi ?

Vous savez déjà qu'il faut surtout boire beaucoup pour produire le lait, pour ne pas vous déshydrater (attention à la peau), parce que vous transpirez beaucoup, et pour ne pas vous constiper. De toute façon vous aurez très soif !

Les boissons déconseillées

L'alcool, bien sûr est proscrit. Les protocoles évoluent… alcool zéro pour certains, un peu de rouge ou de champagne exceptionnels pour d'autres après la tétée. Mais de toute façon à dose homéopathique ! Même chose pour le thé et le café qui, en grande quantité, sont excitants pour le bébé. Trop de jus de fruits pourraient lui donner la diarrhée. Trop de boissons sucrées provoqueraient des coliques, vous feraient grossir et vous couperaient l'appétit. Dommage pour les apports protéiques indispensables !

Variez les goûts

Si l'eau plate vous lasse, vous pouvez parfumer avec du sirop. Alternez avec du lait, des infusions chaudes ou froides, des bouillons. Un minimum de 2 litres par jour sont nécessaires si vous voulez stimuler un allaitement qui ne « coule pas de source ».

Aliments importants

Quant aux aliments, prévoyez surtout un apport de calcium, de protéines, de sucres lents et sous forme de fruits secs, miel…

En hiver, si vous sortez peu, il peut être nécessaire de prendre de la vitamine D. Les toasts au foie de morue sont plus attractifs que l'huile de foie de morue de nos grands-mères, mais ce n'est pas suffisant en général! Il n'est pas nécessaire de manger de grosses quantités, mais ce n'est pas le moment de vous affamer: il ne faut pas descendre en dessous de deux mille calories par jour.

▤ Il y a des aliments qui donnent du goût au lait?

Bien sûr, c'est ce qui rend le régime du nourrisson beaucoup moins monotone que le biberon. Les choux, les asperges donnent un goût et une odeur très forte. Mais il se peut que le bébé aime ça!

Il y a des aliments qui donnent du lait: betteraves, fenouil, cumin, dattes, figues sèches, tous les fruits secs en général, prévoyez-en quelques-uns sur la table de chevet pour vous soutenir la nuit!

Également, pour vous soutenir, prenez à chaque tétée une boisson. Vous pouvez rajouter une mesure de Galactogyl®. Il s'agit de granulés vendus en pharmacie, sans ordonnance, qui contiennent du calcium, du phosphore et des plantes favorisant la production de lait.

Évitez de manger trop de sucre raffiné qui provoque des fermentations et des coliques chez votre bébé. Évitez les aliments à risque d'intoxication tels que les huîtres, les moules crues, les viandes crues, les champignons dont vous n'êtes pas sûre évidemment, les crèmes glacées vendues par des marchands ambulants. Plus que jamais, soyez exigeante sur la qualité de ce que vous mangez. Même si ça vous paraît alourdir un peu le budget, dites-vous que le lait en poudre et l'eau minérale coûtent sans doute bien plus cher et que votre vigilance alimentaire est un véritable capital santé pour votre enfant!

▤ On parle beaucoup de la fatigue de l'allaitement. Est-ce épuisant?

Les suites de couches et la présence d'un nouveau-né sont de toute façon fatigantes, surtout si on est isolée et peu aidée. L'allaitement au sein ajoute deux contraintes: les tétées sont souvent plus longues et irrégulières que les biberons. L'idéal serait de ne rien faire d'autre et qu'on s'occupe de vous. En général, c'est l'inverse; vous faites tout le reste, vous vous occupez des autres, et vous allaitez en plus! Il est donc facile d'incriminer l'allaitement au sein…

Vous pouvez jouer au moins sur deux éléments: éviter les carences alimentaires et veiller à des positions correctes qui ne créent pas de tensions dans le dos, la nuque, etc.

Les tétées reviennent souvent et durent au moins une demi-heure, plus le moment du change. Si vous êtes installée de travers, le dos tassé, les épaules dans les oreilles et la nuque coincée, vous ne tarderez pas à avoir des douleurs dans la nuque et le haut du dos, zones vulnérables en suites de couches. Aménagez un coin de l'appartement avec coussins, tabourets, pour trouver très rapidement votre position bien contrôlée. Il faut en effet profiter de toutes les occasions pour se reposer et pourquoi pas en position couchée dès que possible!

Si vous avez d'autres enfants, ils seront ravis de s'installer autour de vous sur le lit pour réciter leurs leçons, ou pour que vous leur racontiez une histoire.

Approchez (ou décrochez!) le téléphone pour ne pas avoir à bouger, une boisson à portée de la main. La tétée ne prendra pas plus de temps ainsi qu'assise sur le coin d'une fesse dans la cuisine, mais quelle différence de bien-être!

Les postures pour stimuler la production et faire s'écouler le lait

Ce sont les postures d'étirement du dos et d'ouverture : « Le chat qui fait ses griffes » (p. 115), les « torsions des épaules », les « quatre-pattes », la relaxation dans la chaise sont très efficaces.

> *Allongée sur le dos, portez les bras derrière la tête, coudes dans les mains ou joignez vos mains paume contre paume, au-dessus de la tête et faites descendre les coudes au sol. Ou encore mieux, placez les mains l'une dans l'autre, sous l'occiput sur et laissez descendre les coudes au sol.*

Les massages du dos et des épaules sont aussi très efficaces et très agréables. Pour finir cette suite d'étirements, reprenez « L'aigle endormi » (p. 145).

Les fausses inspirations thoraciques, dans diverses positions, stimulent aussi l'écoulement du lait et les contractions utérines.

Et bébé pendant ce temps ?

La béatitude du bébé

On a décrit un orgasme buccal au cours de la tétée. L'enfant, après avoir assouvi sa faim, ne lâche pas le sein mais fait durer ce qui commence à être du plaisir à l'état pur. Son menton vibre, il fait les yeux « blancs », sa langue vibre elle aussi. Il y a souvent relâchement sphinctérien et émission d'urine, puis le bébé ouvre un peu la bouche et sourit aux anges. C'est la béatitude suprême qui précède l'endormissement au sein, sommet du bonheur.

On a pu enregistrer les ondes émises par le cerveau durant ces moments et constater des modifications qui signalent qu'il se passe quelque chose de particulier : le bébé est en relaxation profonde, il plane, mais sans dormir encore.

Il est important de respecter ces rythmes, ces temps. Certes, cinq minutes suffisent peut-être pour remplir l'estomac, mais il n'y a pas que cela! Peut-être y a-t-il aussi des tétées réussies du point de vue de ce plaisir, de cette détente, ce qui donne des bébés tout à fait sereins, souriant dans leur sommeil, et d'autres tétées plus cahotiques qui vont les laisser agités ou grognons. Mais il semble difficile d'obtenir le même bonheur avec un biberon, essentiellement parce que cela va trop vite, il faut trouer la tétine au minimum, mais le bébé risque de se fatiguer s'il doit tirer trop longtemps.

On comprend aussi que certains enfants, gourmands de ce plaisir, de ce bien-être, ne supportent pas de lâcher le sein ; ils se réveillent à moitié et serrent très fort. Ne retirez pas le sein, cela vous ferait mal et ce doit être déplaisant pour le bébé aussi. Mieux vaut passer deux doigts, l'un au-dessus de sa bouche, l'autre au-dessous et les rapprocher devant son nez, il lâchera sans problème. Vous pouvez aussi avoir un petit « monstre » qui va se réveiller et hurler lorsque vous l'éloignerez de votre chaleur pour le poser dans un berceau « glacé ». Deux stratagèmes : mettre un lange ou un vêtement sur vous quand vous allaitez ou vous câlinez le bébé et déposer le tout dans le berceau, sans changer le contact. Ou alors couchez-le sur un matelas par terre, ou dans un grand lit, allongez-vous près de lui pour l'endormir et partez ensuite.

Sans développer ici, car ce n'est pas notre propos, les théories psychanalytiques, ce stade dit « oral » est tout à fait fondamental. Nourriture, boissons, cigarettes, manifestent, par la suite pour bon nombre d'adultes autant de compensations d'une étape mal vécue.

L'allaitement maternel est tout simplement physiologique. Néanmoins il dérange souvent. Tout le monde veut s'en mêler, donner des normes. On vous dira qu'il ne faut pas que l'allaitement dure trop longtemps. Bref le plaisir de l'enfant et celui de la maman sont difficilement supportables s'ils ne sont pas justifiés par une nécessité médicale ou économique !

▤ Mais le père participe moins ?

Il y a plusieurs manières de participer… Pendant la grossesse, c'est votre sang qui a nourri le bébé et lui a permis de grandir. Ce qui n'a pas empêché le père d'être présent et de partager, s'il l'a voulu, toutes les émotions de ce moment. Maintenant que bébé est là, il peut le bercer, le porter, le baigner, le promener, lui parler, lui chanter des chansons ou jouer de la musique. Il peut s'occuper de vous pour faciliter l'allaitement. Pourquoi focaliser sur cette fonction de l'allaitement qui n'est qu'une partie des soins ? Certes, il existe là une relation privilégiée mère-enfant dans le temps de la toute petite enfance. Mais elle est naturelle et il n'y a pas de quoi la dramatiser.

L'allaitement combien de temps ?

▤ Quand faut-il sevrer mon enfant ? Je reprends le travail normalement dans deux mois…

Vous comprenez bien que deux mois ne correspondent à aucune date physiologique, ni pour vous ni pour le bébé. C'est un moment administratif qui ne tient pas compte de la réalité physique, sans parler de psychologie.

En fait c'est le moment où l'allaitement commence à être bien rodé, où le bébé se règle mieux, où il n'y a plus les petits incidents du début.

Du côté du bébé, il n'est pas encore en mesure de produire des anticorps qui puissent le protéger des infections. Si vous le faites garder hors de chez vous et surtout en crèche où il va côtoyer d'autres enfants, il va être en contact avec beaucoup de germes et de virus, sans pouvoir s'en défendre forcément. Tant que vous allaitez, vous lui transmettez les défenses que vous fabriquez et si vous êtes en contact avec les mêmes antigènes, vous fabriquerez les anticorps correspondants.

Son organisme prendra le relais vers six mois. Jusqu'à cet âge, l'enfant peut être nourri exclusivement de lait maternel sans aucune carence. On peut noter que c'est aussi un âge où il commence à s'intéresser à beaucoup de choses, même quand il tète. Il se laisse distraire, regarde ailleurs en tirant sur le sein, trempe ses doigts dans votre assiette et goutte à tout. On peut donc penser que c'est un moment propice au sevrage. Néanmoins cela est très variable, pour la mère comme pour l'enfant. Certaines femmes ont besoin d'arrêter plus tôt, soit matériellement, pour des questions d'organisation, soit psychologiquement, parce qu'elles ont besoin de sortir de cette phase. D'autres ne voient aucune raison d'arrêter quelque chose d'agréable qui ne fait de tort à personne. Certains bébés restent très demandeurs du sein et refusent le sevrage, ce qui n'exclut pas qu'ils puissent manger de tout et soient très indépendants. Or quand un enfant de six mois ou plus est dans vos bras, qu'il sent le sein et le lait tout près et que vous ne voulez plus lui donner, ça peut être très dur! Il est assez grand pour vous déshabiller et refuser obstinément de manger autre chose.

▤ Comment prévoir tout cela? J'ai déjà du mal à savoir si je veux tenter l'aventure!

Il faut d'abord savoir un certain nombre de choses et organiser les changements éventuels.

Première notion importante: retravailler ne veut pas dire impérativement sevrer. On peut allaiter matin, soir et week-end et donner une autre alimentation entre-temps. Lorsque la lactation est bien lancée, il suffit que vous soyez sur le chemin du retour pour sentir les seins se tendre, alors qu'ils ne l'étaient pas pendant la journée…. Ça vous permet une vie normale, en conservant le contact privilégié, les aspects immunitaires et le merveilleux effet consolateur d'une tétée quand il y a un bobo, quand bébé ne s'endort pas.

Inutile bien sûr de sevrer pour le cas où vous n'auriez plus de lait en travaillant; si c'est le cas, le problème se réglera tout seul!

Il faut simplement habituer le bébé à prendre autre chose que le sein et ne plus stimuler la lactation toute la journée. De toute manière, si vous pouvez familiariser l'enfant au biberon, ce sera plus facile si vous avez un jour un empêchement, et par ailleurs pour faire participer le père, ou vous reposer de temps en temps.

Commencez assez tôt, en donnant régulièrement de l'eau (sans sucre), puis des jus de fruits, ou votre lait. Il n'est pas nécessaire d'attendre trois mois pour cela.

Si le bébé est vraiment récalcitrant et refuse, faites plutôt donner le biberon par quelqu'un d'autre, afin qu'il n'y ait pas l'odeur du sein en même temps.

Si c'est trop difficile, utilisez la tasse (des tasses spéciales avec une sorte de bec que le bébé tète) ou la cuillère. Certains enfants acceptent mieux cela que le biberon.

De toute manière, c'est le caractère de l'enfant qui sera déterminant. Certains sont très «souples», d'autres refusent malgré toutes les stratégies.

▤ C'est déjà la négociation!

Tout à fait et ce n'est pas facile parce que les discours ne marchent pas!

Quoi qu'il en soit, pour arriver à un sevrage complet ou partiel, il vaut mieux respecter une progression. Commencez par supprimer une tétée, par exemple à seize heures, que vous remplacez par un biberon ou un petit-suisse, des fruits écrasés, une bouillie, selon l'âge. En deux, trois jours, vous n'aurez plus les seins gonflés l'après-midi.

Passez alors au repas de midi et finalement ne gardez que les horaires qui vous conviennent.

Et en cas de sevrage brutal indispensable lors d'une maladie par exemple?

Cela ne devrait pas exister… Les maladies incompatibles avec l'allaitement sont très rares et surviennent plutôt préalablement à l'allaitement (tuberculose, sida, maladies nécessitant des traitements très contre-indiqués). Mais en cas de grippe par exemple, il vaut mieux continuer l'allaitement, puisque le bébé a été en contact avec le virus pendant l'incubation et que c'est votre lait qui lui apporte les anticorps.

Si vous devez brutalement sevrer votre bébé, cela risque d'être très dur pour lui, qui ne comprendra pas ce refus brutal, mais aussi pour vous, psychologiquement sans doute et physiquement de façon certaine. En effet, autant il est facile d'arrêter la lactation avant la première montée de lait, autant lorsqu'elle est installée, c'est beaucoup plus pénible et dommageable pour les seins qui subissent des modifications de volume très brusques.

En cas d'infection ou de problème passager, mieux vaut tirer votre lait pour éventuellement le jeter et reprendre l'allaitement au sein dès que possible.

Jusqu'à quand peut-on poursuivre l'allaitement?

Il n'y a pas de règles fixes. Dans certains pays, la norme est de deux ans! Il faut trouver un moment qui convienne à l'enfant et à la mère. Quelquefois, c'est une séparation pour des voyages qui va permettre le changement, à moins que ce ne soit la grossesse suivante.

C'est parfois l'enfant lui-même qui refuse du jour au lendemain.

L'enfant allaité longtemps ne devient-il pas trop dépendant?

On vous dira: «Il risque d'être boulimique ou anorexique…» On vous prédira tout et son contraire. Il y a autant d'exemples que de contre-exemples… L'allaitement n'est qu'un élément parmi tant d'autres de l'inné et de l'acquis de ce bébé, si différent de son frère nourri de la même manière. Se poser trop de questions n'est pas toujours le meilleur moyen d'être sereine et naturelle (cf. *Être mère, c'est galère*, op. cit.)… Laissez les choses aller à votre rythme à tous les deux (si possible, en accord avec le papa) et ne vous soumettez pas aux avis extérieurs… si influencés par les modes.

Et si je n'ai pas envie d'allaiter? J'ai l'impression aujourd'hui que c'est une obligation…

Tout dépend si c'est une idée en l'air, un doute, une incertitude… ou une véritable impossibilité.

Si vous ne pouvez pas allaiter psychologiquement, s'il y a un blocage, même inconscient, c'est qu'il y a une raison très profonde et il ne faut pas vous forcer.

Ce serait pire pour votre relation avec le bébé. Deux ou trois générations n'ont pas été allaitées et il a chez elles des gens bien-portants et équilibrés! Ce sont eux d'ailleurs qui donnent des leçons aujourd'hui pour imposer l'allaitement…

Essayez d'en parler, de faire le point sur ce que ça veut dire. Il est possible qu'au bébé suivant cela devienne possible.

En tout cas, se culpabiliser n'apporte jamais un mieux-être. Expliquez à votre bébé que vous l'aimez et que pour vous c'est impossible d'allaiter et que c'est par amour que vous ne le faites pas, pour le protéger.

Il a surtout besoin d'amour.

SÉANCE TYPE POSTNATALE :
POUR UN BIEN-ÊTRE GÉNÉRAL

Comme pour la grossesse, voici un «canevas» de séance qui reprend les éléments essentiels pour vous détendre et consolider les acquis. Vous pouvez y inclure des postures plus spécifiques en fonction de problèmes particuliers ou le moduler selon vos envies et objectifs en vous reportant aux séries de postures proposées.

Ne vous fatiguez cependant pas trop. Travaillez à l'horizontale ou à l'envers. Ces dernières postures facilitent une détente de tout le dos et sont les meilleures positions anti-pesanteur.

À quatre pattes
– le chat
– dos rond
– étirement latéral

Sur le dos
– placement du bassin
– postures respiratoires, ouverture des côtes
– demi-pont, demi-pont avec la chaise
– fausses inspirations en dos creux et dos rond
– les abdominaux imaginaires
– séries toniques «abdos»

Sur le côté
– relaxation ou allaitement sur le côté avec coussin
– torsion des épaules

Assise
– antisciatique
– sur le ballon
– l'aigle endormi

À la verticale
– le portage du bébé
– se masser avec un ballon

Relaxation
– relaxation sur le côté
– relaxation sur le ventre
– relaxation avec la chaise

Les suites de couches

Les suites immédiates de couches

Bébé est né… L'émotion, la fatigue, le bonheur font oublier le temps… On flotte dans un autre univers. Cependant, une autre vie commence, inconnue, si c'est votre premier bébé. Dans notre civilisation, c'est un temps peu valorisé et vous risquez de vous sentir un peu délaissée comme le paquet cadeau après la fête!

Pendant neuf mois, vous avez fabriqué l'enfant, le placenta. L'utérus s'est développé, les seins, les vaisseaux sanguins également. Les abdominaux grands droits se sont allongés de 15 centimètres… Maintenant, il faut détruire et éliminer tout ce qui reste quand bébé est né et que le placenta est sorti. C'est un gros travail, une dépense d'énergie qui parfois passe inaperçue pour les autres…

Les premières heures

▤ Que se passe-t-il tout de suite après l'accouchement : on retourne dans sa chambre ?
Pas tout de suite! On vous surveille pendant au moins deux heures, sur la table d'accouchement, pour vérifier que votre utérus se rétracte bien.

▤ Comment l'utérus se rétracte-t-il ?
Ça se produit par une série de contractions… On peut suivre des mains cette rétraction : le fond utérin descend en dessous du nombril pendant que votre bébé rampe sur votre ventre ou découvre le sein. Pour le premier bébé, vous ne vous apercevrez pas de ce travail de remise en place car ces contractions sont presque toujours indolores. À partir du deuxième bébé (et de plus en plus), elles deviennent aussi douloureuses que les contractions de l'accouchement. On les appelle des «tranchées», parce qu'on se sent labourée profondément! On n'explique pas pourquoi il existe une telle différence de sensibilité entre la première naissance et les autres.

Ces contractions permettent à l'utérus de comprimer et donc de fermer les vaisseaux qui arrivaient au placenta, faute de quoi le sang coulerait à flots dans un utérus ouvert et vide, avec un risque grave d'hémorragie très rapide! C'était la hantise des accoucheurs de campagne et cela reste une des redoutables complications maternelles de l'accouchement. Face à ce problème, il existe plusieurs réponses, dont les perfusions d'ocytocine pour stimuler les contractions. Mettre le bébé au sein provoque aussi des contractions.

On vérifie l'état du périnée et s'il y a des points de suture à faire, ils sont faits dans la foulée.

Si vous n'êtes pas sous péridurale, on fera une anesthésie locale.

La fausse inspiration thoracique (p. 77) est l'exercice de choix pour faire contracter l'utérus. Elle stimule les contractions en remontant les organes et fait rentrer les hémorroïdes.

▤ Il paraît qu'on se sent épuisée…

Il y a souvent une grande lassitude, l'impression que l'on a après être restée des heures au soleil, ou avoir fait un marathon. Il y a une détente totale, à la limite de l'engourdissement, souvent une irrésistible envie de dormir (surtout au premier bébé). Parfois, au contraire, un regain d'énergie, voire d'excitation qui empêche de dormir la première nuit. C'est un peu comme après un gros effort, un examen, on flotte entre deux mondes ! Comme un peu droguée… c'est un état extraordinaire. La plupart des mamans qui, sans péridurale, juraient qu'elles n'auraient jamais plus d'enfant quelques minutes avant oublient tout et se déclarent prêtes à recommencer ! C'est la magie des endorphines…

▤ Il paraît qu'on a très faim ?

Une faim criante qui fait du premier bol d'eau tiède teintée appelé café au lait un des meilleurs repas de sa vie !

▤ Quand peut-on manger ?

Pas tout de suite. Seulement quand tout risque d'anesthésie est écarté, environ trois heures après l'accouchement (on peut être amené à vous anesthésier si vous saignez beaucoup).

Se relever : attention à la pesanteur !

Dans certaines maternités, vous repartez à pied dans votre chambre mais c'est assez exceptionnel. En général, on vous ramène dans votre chambre en brancard ou en fauteuil avec le bébé contre vous ou dans son berceau. Il est sympathique de revenir à pied mais ce n'est cependant pas souhaitable pour votre périnée. L'utérus a grossi petit à petit pendant neuf mois, la peau a suivi, les muscles abdominaux se sont étirés, écartés. Maintenant, l'utérus s'est vidé d'un coup et s'est déjà partiellement rétracté, les muscles et la peau (ce qu'on appelle la paroi) sont devenus un contenant «trop grand». Entre les viscères et la peau, il y avait le bébé, il y a maintenant un vide. Si vous vous levez sans précautions, vous poussez tous les viscères dans ce vide et les «suspensions» (les ligaments) sont très sollicitées, alors que le périnée est très relâché ou suturé.

LE CONSTRICTEUR DE LA VULVE, MUSCLE DISCRET

Il existe un muscle très superficiel qui s'appelle le constricteur de la vulve. On considère qu'il est tellement étiré au cours de l'accouchement qu'il n'existe plus après le premier bébé… Une équipe belge a fait des travaux sur ce muscle et démontré qu'un travail immédiat permettait de le récupérer totalement, alors qu'un travail tardif ne le récupérait pas. Bien qu'il n'ait pas un rôle fondamental en tant que «plancher», il est intéressant de le sauvegarder. Il en est de même des autres muscles : moins on perd le contact, plus il y a de réponse. Cela suppose une préparation périnéale, afin que les femmes sachent contracter leur périnée sans pousser dessus.

▤ Et pendant combien de temps doit-on éviter la verticalité ?

Il suffit de respecter la physiologie et, encore une fois, la mécanique !

Les douze premières heures sont les plus critiques. D'après les vieux manuels japonais il ne faudrait pas poser un pied par terre avant trois, six ou neuf heures, selon les femmes… Dans toutes les civilisations (quelle que soit la religion), on retrouve un temps de six semaines de fragilité, pendant lequel la femme reste le plus possible au repos couché. En France, on appelait « les relevailles » le terme de six semaines et c'était l'occasion d'une fête. Vous comprendrez rapidement que le défilé de visites, surtout à la maison, peut être épuisant et très perturbant dans les rythmes, dans la relation avec le bébé. Neuf mois pour une grossesse, quarante-cinq jours pour en sortir, ce n'est pas trop !

En Inde, les mamans sont massées tous les jours pendant quarante-cinq jours par les femmes de l'entourage et toutes les charges domestiques, les autres enfants, sont assumés par la famille, les voisines, etc. De même en Afrique, où les massages sont très énergiques. L'objectif est de stimuler l'élimination, la circulation du sang et les défenses immunitaires. On retrouve dans les traditions du Vietnam, de la Chine, du Maghreb, chez les Inuits l'importance fondamentale du repos prolongé de l'accouchée. Elle ne s'occupe que de son bébé et on s'occupe d'elle par des soins divers, nourritures particulières, manipulations, bains, enveloppements, etc. Les Vietnamiens comparent cette période à une mue : c'est comme si on enlevait toutes les carapaces, toutes les protections pour faire peau neuve. C'est un moment de grande vulnérabilité, mais aussi un moment de renouveau, de changement qu'il faut accompagner.

Dans la mesure où notre civilisation de pays riche ne peut nous offrir ce repos, il faut essayer de limiter les dégâts en étant simplement un peu vigilante. Vous ne serez pas massée, il est important alors de vous lever quelques heures après la naissance afin d'éviter les risques de phlébite (caillots de sang qui bouchent les veines, le plus souvent des jambes). Mais ne restez pas trop debout ; faites plutôt plusieurs épisodes brefs qu'une longue promenade ou, pire, qu'une station debout immobile prolongée. Et, après être restée un peu verticale, allongez-vous, bassin légèrement surélevé afin de compenser (gardez les cales que vous aviez placées sous le sommier pendant la grossesse pour vos problèmes circulatoires et pour remonter le bébé). Ou prenez la posture avec la chaise.

Il faudrait que le temps « horizontal » soit très largement supérieur au temps « vertical » pendant les six premières semaines. Ceci suppose d'allaiter couchée le plus souvent possible et de faire systématiquement attention. Les auteurs anglo-saxons, pragmatiques, proposent une règle judicieuse : avant de faire une chose debout, demandez-vous si vous ne pourriez pas la faire assise et avant de faire une chose assise, demandez-vous si vous ne pourriez pas la faire couchée !

Il se peut que le premier lever, pour aller aux toilettes par exemple, entraîne un petit vertige. Ne vous inquiétez pas, tout se remet très vite. Commencez par des positions assises dans votre lit, afin de faire une transition douce, passez toujours lentement d'une position à une autre, comme pendant la grossesse.

Pour la position verticale, aidez votre périnée. Avant de vous verticaliser, pensez à le remonter et à basculer le bassin (par la rotation des fémurs, en ramenant le coccyx vers l'avant) Il se peut que vous ne sentiez pas la réponse périnéale. Ne vous découragez pas, pensez quand même au tube de dentifrice, partez du bas.

Il faut aider le périnée par la bascule du bassin et par la contraction du transverse abdominal bas, comme si vous mettiez une gaine. C'est exactement comme pendant la grossesse, quand vous souteniez le bébé *in utero*.

Vous ne sentirez plus alors la pesanteur sur le périnée. Cela est vrai aussi après une césarienne (voir plus loin ce cas particulier).

 La ceinture est à mettre systématiquement si vous devez rester debout.

LES BANDAGES D'ANTAN

Au Vietnam ou Japon, comme dans nos maternités il y a vingt ans, on pratique des bandages qui partent des hanches et remontent vers la taille. S'il ne faut pas serrer le ventre et empêcher la respiration abdominale, il est important d'assurer le maintien de cette base qu'est la ceinture pelvienne. Faute de quoi les viscères continuent d'étirer les ligaments et les fascias, cependant que dans la verticale, avec la cambrure, le diastasis (écartement) des grands droits s'accentue ; dans ces conditions la ceinture abdominale ne peut plus jouer son rôle. On favorise ainsi une dynamique de ptôse (descente d'organe) à plusieurs niveaux, aggravée par le lever précoce et la reprise des activités quotidiennes, Il faudra ensuite faire de la rééducation périnéale, abdominale, lombaire, voire des opérations…

En cas d'épisiotomie

▧ **Et si j'ai eu une épisiotomie ou une déchirure ? Puis-je contracter le périnée ? Ce doit être douloureux ?**

Non, ça peut faire peur, mais ça ne fait pas mal. Contracter est beaucoup moins douloureux que subir l'étirement. Si vous éternuez ou toussez, vous comprendrez que c'est la poussée qui fait mal. Si vous vous levez, vous retournez, sans contracter, il va y avoir une pression sur le périnée et une tension sur les fils. Alors que la contraction soutient la suture, un peu comme votre main sous le sac plastique qui contient des bouteilles empêche le sac de craquer ! Il faudra donc penser à soutenir votre périnée avant tout effort qui engendre une poussée vers le bas (s'asseoir, se relever, s'allonger, prendre le bébé dans le berceau, tousser…).

▧ **Combien de temps marche-t-on jambes écartées ? Mes amies me disent qu'elles ne pouvaient pas s'asseoir après l'épisiotomie.**

C'est très variable. Certaines femmes sentiront à peine la cicatrice. Question de chance, de tissus, de technique aussi. Certains points peuvent être un peu serrés.

Si vous contractez régulièrement votre périnée et que vous ne poussez pas dessus, il cicatrisera plus vite (meilleure vascularisation, assouplissement du muscle). Nous allons voir quelques soins particuliers pour activer les choses.

Écarter les jambes n'est pas très judicieux ; il vaudrait mieux les garder serrés pour « refermer » le périnée mais aussi le bassin.

▧ **Plusieurs amies m'ont dit avoir eu mal longtemps après.**

Si vous en souffrez encore, passés quinze jours, il faut réagir. Massez votre périnée, demandez à la sage femme les produits de massage que vous pouvez utiliser, ou faites des séances de massage du périnée, parfois même avec des courants électriques adaptés C'est très efficace.

Appliquez du froid, c'est antalgique.

Vous pouvez congeler une poche d'eau et l'appliquer à travers un gant de toilette.

Rester bloquée sur une douleur risquerait de perturber la reprise des rapports sexuels et de créer une fibrose de la cicatrice par manque de mobilisation. À terme, il y aurait une asymétrie qu'il vaut mieux éviter. Parlez-en rapidement à votre gynécologue ou à la sage-femme.

LES SUITES DE COUCHES DANS LE MONDE

Presque toutes les sociétés traditionnelles ont une véritable diététique des suites de couches. Il s'agit soit de nourrir et fortifier la mère par des bouillons de viande ou de volaille concentrés, soit de lui apporter des éléments purifiants, dépuratifs, à travers des tisanes ou certaines recettes réservées à cet effet. Au Maghreb, on donne des boissons très chaudes et des soupes très épicées pour faire transpirer les accouchées.

En Chine, on pense que l'avenir gynécologique se joue à ce moment et qu'il est important d'aider le corps à se remettre, faute de quoi les autres grossesses pourraient être difficiles et la ménopause compliquée. Il existe donc des tas de décoctions et surtout des séances de sudation provoquées à l'aide de chaufferettes pleines de braises. En Afrique, les massages des accouchées sont énergiques, réalisés à l'aide de plantes fraîches avec lesquelles on frictionne tout le corps… Le sang est obligé de circuler! Les bains turcs ont le même rôle de drainage.

Il existe aussi un peu partout des techniques de bandage du bassin pour remettre et maintenir en place.

Les jours suivants à la maternité

Les problèmes de transit

▤ Mes amies m'ont aussi parlé des problèmes de constipation.

La tendance, liée à la peur, est de retarder le moment d'aller à la selle. Ceci crée ou accentue la constipation, ce qui est la pire des choses car vous seriez alors amenée à pousser. Il faut absolument l'éviter, car pousser force sur les points, aggrave les hémorroïdes que l'accouchement a parfois extériorisées et, plus grave, entraîne la vessie et l'utérus vers le bas à un moment où les «suspensions» sont détendues. Les troubles du transit à ce moment, sont favorisés par un brusque changement de pression entre les organes (les intestins ne sont plus comprimés par l'utérus). Il faut que tout se replace, ça prend quelques jours. Il est assez normal de ne pas avoir de selles les deux premiers jours. Vous n'avez pas mangé pendant plusieurs heures, l'accouchement vous a vidée…

Si vous allaitez, vous serez étonnée de voir que, contrairement à la grossesse, vous n'urinez presque plus : tout le liquide est absorbé pour fabriquer du lait ! Or si vos selles sont dures, c'est qu'elles sont déshydratées, c'est pourquoi il faut boire beaucoup plus qu'à l'ordinaire (deux litres au moins par jour).

Veillez à votre alimentation : les menus proposés dans les maternités ne sont pas toujours adéquats.

Faites-vous apporter du pain complet ou au son, du miel pour sucrer votre café, des fruits (du citron en particulier dont vous pouvez mettre quelques gouttes sur vos plats), quelques pruneaux, des fibres.

Passés les deux premiers jours, surtout si vous sentez qu'il y a des selles dans le rectum, que vous avez eu envie mais que vous avez laissé passer le besoin, demandez des suppositoires de glycérine ou des suppositoires qui libèrent du gaz (Eductyl®), ou d'autres moyens locaux de stimulation (petits lavements) pour relancer le péristaltisme.

La position aux toilettes

À part la prévention par des massages abdominaux et des exercices respiratoires, sachez aussi vous installer correctement aux toilettes. Malheureusement, il n'y a plus de toilettes à la turque. Dans les vieux manuels d'obstétrique, on conseillait les « vases de nuit » aux accouchées. Les sièges actuels sont trop hauts et favorisent une mauvaise poussée, bloquée vers le bas et l'avant. Il faudrait aménager le siège à la maternité et si possible chez vous, en installant des bottins de chaque côté de la cuvette, de façon à remonter vos genoux au-dessus des hanches, pour être proche de l'accroupi, tout en reposant sur le siège : cela permettrait de serrer le ventre au lieu de pousser. Vous pouvez aussi soutenir le périnée en avant avec une garniture hygiénique, ce qui vous permettra de vous détendre avec moins d'appréhension.

Pour aller à la selle, penchez-vous en avant et ne poussez jamais en bloquant le souffle. Si la défécation n'est pas spontanée, serrez le ventre en expirant. Ne restez pas longtemps aux toilettes.

Pour uriner, penchez-vous aussi en avant pour éviter le ruissellement de l'urine sur les points de suture, étirez-vous, en appui sur vos bras pour verticaliser la vessie. Si vous poussez, l'utérus et la vessie basculent en avant, les tuyaux se « coudent » et les organes se vident moins.

N'oubliez pas que tout ce qui remonte ne fait pas mal mais au contraire soulage, même avec une césarienne…

Prévoyez un brumisateur d'eau dans les toilettes. Après la miction vaporisez de l'eau froide, à la fois pour nettoyer et pour les effets du froid. Il y a parfois des douchettes dans les toilettes, mais le jet est souvent trop violent.

Les exercices respiratoires

Les respirations abdominales sur le dos, sur le côté, à quatre pattes (ou équivalent) si vous pouvez vous y installer un moment (dans la salle de bain éventuellement) sont efficaces.

La fausse inspiration thoracique est toujours l'exercice de choix pour le « drainage », pour stimuler les fonctions d'élimination.

LA FAUSSE INSPIRATION

Sur le dos, bassin bien placé, sans tension (avec la chaise par exemple) placez bien votre nuque, menton rentré, cou bien reculé. Expirez à fond, puis fermez la bouche, pincez-vous le nez pour le fermer totalement et faites une inspiration très forte par le nez, sans laisser entrer d'air. Votre poitrine se soulève, le dia-phragme remonte, il y a un grand creux sous les côtes, le ventre est plat. Vous « ava-lez » votre ventre et vous sentez que tout est remonté, votre utérus, votre vessie... Et vous drainez le périnée !

Le massage du foie stimule le système porte qui draine le petit bassin et stimule la circulation retour, vidange les hémorroïdes, masse les intestins et les reins, stimule les

contractions utérines. Et vous renforcez vos abdominaux, ceux qui remontent qui gal-bent... ça ne pousse rien vers le bas, ça remonte tout, même les seins qui se vident mieux eux aussi !

Vous pouvez rajouter la fausse inspiration à diverses postures, avec des objectifs multiples, par exemple l'étirement du dos, en allaitant.

Les massages

Vous pouvez également pratiquer le massage externe du ventre.

Vous vous allongez sur le dos et vous appuyez en profondeur sur le ventre de l'index et du majeur droit, en commençant sous la poitrine, juste au milieu. Puis vous déplacez vos mains vers la gauche et appuyez sous les côtes à l'aplomb du bout du sein, puis un peu plus bas sous les côtes, puis au creux de la taille, puis au-dessus de l'aine (là où l'on ressent parfois des douleurs en disant que ce sont les ovaires), puis au-dessus du pubis, juste au milieu, puis vous remontez vers la droite, en marquant les mêmes points : « ovaires », taille, bas des côtes, sous le foie.

Ensuite, exercez des pressions autour du nombril, en suivant les points cardinaux... Puis recommencez le tout avec des vibrations de la main. Faites-le le soir avant de dormir ou le matin à jeun, c'est très efficace.

Les postures

Si vous êtes limitée dans vos gestes, penchez-vous simplement en avant, les mains sur le lavabo ou le montant du lit. En vous étirant, expirez à fond sans arrondir le dos et laissez inspirer dans le ventre. En plus de l'action sur la constipation, ce puissant massage a des effets stimulants sur la rétraction utérine, replace la vessie et l'utérus en les plaquant vers l'arrière. Par ailleurs, il est très agréable de sentir son ventre rentrer, s'effacer.

Ce sont les premiers abdominaux sans aucun risque de pression sur le périnée, de poussée vers le bas. Les grands droits se rapprochent, la « bonne » gaine se resserre. C'est aussi un excellent exercice pour étirer le dos, de la nuque au sacrum.

Terminez par une fausse inspiration thoracique de temps en temps. Elle est très puissante dans cette posture.

Reprenez cet exercice très intéressant : l'étirement latéral.
Le genou gauche légèrement avancé vers l'intérieur du corps, la main droite posée loin devant vers la gauche, comme si vous marchiez sur un cercle, regard tourné vers la fesse gauche. Respirez et sentez le massage du flanc, la pression sur le côlon droit (ascendant), le travail des abdominaux en « diagonale ». Changez de côté pour masser le côlon gauche (descendant).
Vous suivez ainsi le sens du transit intestinal (voir « Étirez-vous… »).

Comme vous êtes, dans cette période, plutôt « tordue », assise sur une fesse, le bébé toujours du même côté dans les bras, cet exercice sera aussi très agréable pour les muscles du dos, contractés de façon asymétrique.

Faites souvent, allongée, l'exercice respiratoire suivant :

Les doigts croisés au-dessus de la tête, expirez en tendant les bras dans le prolongement du corps.

À la fin de l'expiration, sans prendre d'air, ouvrez la poitrine et remontez le diaphragme, relâchez, ramenez les mains au contact des cheveux et laissez inspirer dans le ventre (voir «Respirez pour vous… et pour lui» et «Le périnée»).

Puis poussez en expirant les mains vers le plafond pour détendre le haut du dos.

Assise en tailleur, bras en arrière, mains au ras des fesses, coudes fléchis, épaules basses, en appui sur le bout des doigts, expirez en creusant le dos, en rapprochant les coudes l'un de l'autre.

À la fin de l'expir, «avalez votre ventre».

Relâchez et inspirez.

Puis, bras croisés devant la poitrine, mains sur la pointe des épaules, poussez les épaules vers l'avant et les coudes vers le haut, reculez le cou («L'aigle endormi», p. 145).

Mêmes consignes pour la respiration (voir «La nuque»).

La cicatrisation du périnée

Si vous avez un hématome ou un œdème au niveau du périnée, faites des «glaçages»; c'est très efficace, d'abord contre la douleur, car le froid anesthésie et pour résorber, par vasoconstriction. Prenez un gant en latex, mettez des glaçons dedans et appliquez-le sur le périnée couvert d'une compresse. Il y a des glaçons dans tous les services, certains ont même des poches spéciales.

Le périnée reste la partie faible et vulnérable après la naissance…
C'est la priorité des priorités !

▧ **On m'a dit d'apporter un séchoir à cheveux pour sécher les bouts de seins et la cicatrice périnéale…**

La chaleur dilate les vaisseaux, ce qui n'est donc pas recommandé. Vous pouvez l'utiliser à froid mais c'est moins efficace sur la douleur que les glaçons.

▧ **On m'a dit aussi qu'il fallait s'asseoir sur une bouée.**

L'idée est de ne pas appuyer sur la cicatrice, donc de la laisser dans le vide. Le problème est qu'il y a alors une tendance au «bombement» de tout le fondement et une pression vers le bas. Ça remplit les sacs hémorroïdaires Il vaut mieux éviter!

Il est préférable de retrouver une position de type «tailleur», bien placée, c'est-à-dire en flexion des hanches, très en avant.

Si la suture est très douloureuse, allongez la jambe du côté sensible, ou asseyez-vous dans l'attitude du «petit indien».

Sur une chaise, il faut s'asseoir au bord de la chaise, se pencher en avant, en appui sur le coussin replié sur les genoux, pour se poser «au balcon», ou les «coudes sur la table», pour que le coccyx soit dans le vide. En cas de douleurs du coccyx,  il faut s'asseoir de la même manière, et consulter au plus tôt un ostéopathe.

Surtout ne restez pas en torsion sur une fesse.

▧ *Le « pipi stop » a été un des premiers exercices de rééducation périnéale. On le préconisait à chaque miction, pour intensifier le travail. Cela n'est pas à conseiller, à la fois pour éviter les stases éventuelles et donc les risques d'infection urinaire, mais surtout pour ne pas dérégler la vessie qui pourrait se contracter sans prévenir si on contrarie trop son fonctionnement.*

▧ **On dit qu'il ne faut rien faire avant six semaines.**

On ne peut pas demander au périnée un training intensif, on va l'épuiser.

Mais puisqu'il est faible il faut le protéger. Il s'agit d'une protection active.

Les grands principes :

– éviter la constipation ;

– éviter les portages et les stations debout ;

– éviter les pressions abdominales au quotidien ;

– gérer les efforts.

Il se peut que vous ayez des incontinences, des envies brutales qui ne vous laissent pas le temps d'arriver aux toilettes ; ne vous affolez pas, c'est assez banal et se récupère très bien en général.

C'est votre vessie qui est un peu perturbée par le remplissage, par la péridurale peut-être, par les différences de pression, et non un problème de périnée.

Videz-la régulièrement même sans besoin toutes les 2 heures environ et observez la progression, qui est rapide (quelques jours).

PRÉVENIR EST TOUJOURS UTILE

Dans mon enquête auprès de deux cents femmes enceintes pour la 2e ou 3e fois, lors de ma thèse, j'ai retrouvé une incidence de 38 % de l'incontinence urinaire d'effort lors de la deuxième grossesse. Il s'agissait donc de femmes qui n'avaient présenté aucun trouble avant, pendant et après la première grossesse mais qui révélaient une incontinence à l'effort (éternuement, toux…) dès les premiers mois de la deuxième. Il ne faut donc jamais considérer que tout est gagné, même lorsque tout est bien après l'accouchement. La prévention doit être instituée à vie, étant donné les effets de la pesanteur qui ne vont cesser de s'exercer.

Les suites immédiates

Aider la récupération périnéale

Reprenez les positions assises et essayez le geste de vous retenir, comme vous l'avez fait en prénatal. Si « ça bouge », même si c'est plus faible, vous pourrez facilement reprendre le travail avec la respiration et faire tous vos efforts à partir du périnée et de l'expiration (« tube de dentifrice »).

Vous verrez que vous aurez plus de force pour soulever une charge, que vous aurez moins mal aussi, dans le périnée, dans les sacro-iliaques éventuellement, dans la symphyse, si vous « tenez » avec le périnée.

Si vous avez trop de mal à retrouver vos sensations, que vous n'obtenez pas de réponse en serrant le périnée, vous pouvez vous aider, au début, de la contraction des fessiers :

Amorcez un demi-pont, juste quelques centimètres, en contrôlant bien la bascule du bassin. Vous pouvez faire cela dans votre lit, et ajouter les respirations avec remontée du diaphragme.

En position debout, c'est la bascule du bassin qui va vous aider, et la ceinture indispensable les premières semaines (voir p. 32).

▧ **Pourquoi vaut-il mieux associer la respiration que de faire simplement des contractions ?**

C'est toujours dans l'idée de gérer les efforts sur l'expiration et celle-ci doit partir du périnée. Le diaphragme et le périnée doivent aller dans le même sens pour ne pas augmenter la pression. Il faut donc que le diaphragme remonte si le périnée remonte.

Enfin la contraction de départ du périnée ne va pas rester comme un verrouillage si on expire, elle va se détendre légèrement au niveau des sphincters et se renforcer en profondeur en même temps que le transverse abdominal qui remonte les organes. La détente sera plus ample aussi, puisqu'il sera plus remonté.

La vascularisation sera donc meilleure et on aura un bon travail sur l'élasticité du périnée.

Normalement, à la visite de sortie, on devrait déjà voir s'il y a de gros problèmes et au bout de six semaines, à la visite de contrôle, tester le tonus du périnée et vous accorder le feu vert pour les sports… pas trop violents si possible !

Si tout n'est pas parfait, on vous donnera des adresses de sages-femmes ou de kinésithérapeutes formés aux suites de couches. Attention, tous les praticiens n'ont pas cette spécialisation ! Il est important de se renseigner car il y a beaucoup d'erreurs commises lors de ce travail. Reprenez le chapitre concernant le périnée pour vous familiariser. Même si vous faites cette rééducation avec un praticien, le travail personnel est tout à fait fondamental et doit commencer dès que possible. Le travail global, tel que nous le voyons ici, avec bascule du bassin, respiration, étirement du dos et de la nuque, est toujours important.

Le temps de la prévention

▋ Il ne faut pas faire de sport avant six semaines ?

Il faut savoir qu'hormonalement, l'évolution est progressive. L'imprégnation de ces neuf mois va s'estomper en six semaines, date à laquelle le retour de couches peut avoir lieu, c'est-à-dire un nouveau cycle : vous êtes alors « prête » (hormonalement parlant !) pour un autre bébé.

Si vous allaitez, il y a maintien d'un état hormonal intermédiaire, comme si vous étiez « à demi enceinte » et en général il n'y a pas de retour de couches. C'est pourquoi on dit que l'allaitement est un moyen de contraception mais nous en reparlerons car il convient d'être méfiante.

En fait, il faut vous ménager pendant le premier mois, éviter les longues stations debout, le port de poids (attention aux aînés que l'on porte, aux paniers à bout de bras). Évitez de courir, de sauter, de pratiquer l'équitation bien sûr, les sports violents dans la pesanteur (squash, tennis, etc.). La natation par contre est un bon exercice sitôt que vous ne saignez plus et en prenant garde aux courants d'air sur les seins.

Lors des jeux Méditerranéens en 1993, une enquête auprès de jeunes athlètes femmes a révélé jusqu'à 60 % d'incontinence lors des efforts, avant même toute maternité. Le taux dépend du sport ; les courses de haies, les sauts, etc. créent des pressions beaucoup trop importantes pour l'urètre féminin, qui n'est pas prévu pour ça.

▋ Et la gym ? On ne peut pas commencer à perdre son ventre ?

Le ventre va se remettre en grande partie de lui-même, surtout si vous avez gardé une bonne statique et une respiration correcte pendant la grossesse. Mais ce n'est pas immédiat : beaucoup de mères sont déçues, au lendemain de l'accouchement, de conserver un profil assez proche de celui des jours précédents ! (surtout en cas de césarienne)

C'est que l'« enveloppe » n'est pas suffisamment élastique pour se rétracter aussi vite que l'utérus ; il faut le temps de détruire et d'éliminer tout ce qui a été fabriqué avec le bébé.

Les fibres utérines se sont étirées pour atteindre quarante fois leur taille, les abdominaux grands droits se sont allongés de 15 centimètres entre le cinquième et le septième mois, les vaisseaux se sont dilatés, les tissus ont stocké des réserves pour un éventuel allaitement (il y a constitution de réserves, en particulier de sucre, pour fabriquer du lait). Bref, la grossesse est un temps de fabrication (anabolisme) et les suites de couches un temps de destruction et d'élimination (catabolisme). Il ne sert donc à rien de travailler sur des muscles beaucoup trop longs et écartés, comme les grands droits : le risque est de les écarter encore plus et de ne plus pouvoir récupérer ensuite. Sans compter qu'il y en a en même temps une poussée sur le périnée, qui n'est pas toujours en mesure de résister solidement. En réalité, il y a beaucoup de choses à faire, mais pas des abdominaux habituels (voir « Les abdominaux »).

L'angoisse de ne pas retrouver sa silhouette est créée par le fait que notre civilisation ne reconnaît pas la maternité. On tolère 15 kilos pendant la grossesse, parce qu'il est impossible de faire autrement ; mais il faudrait, sitôt passé les neuf mois, redevenir immédiatement la femme sexy, active… Plus de ventre, plus de gros seins, plus de bébé : terminé, on remet le compteur à zéro. Il faudra pourtant vous donner du temps !

Le ventre plat est exigé par les normes de la beauté actuelle, mais ce n'est pas forcément le besoin prioritaire des femmes elles-mêmes. De quoi ont-elles envie, elles ? De massages, de détente, de repos, de sieste, de ne penser qu'à leur bébé, sans même se préoccuper de leur propre repas et des obligations sociales et du compagnon.

Tout devrait être fait pour les recharger en énergie (elles en ont tellement besoin pour assumer les nuits blanches, l'allaitement éventuel, la nouvelle transformation hormonale, sans compter les autres enfants et le reste du quotidien). Tout devrait être mis en œuvre pour soutenir un moral vacillant, pour stimuler les défenses immunitaires… Au lieu de cela, il y a parfois une solitude, un épuisement qui concourent à déprimer, culpabiliser, angoisser.

Renforcer votre base, votre « socle »

Il est fondamental de renforcer la ceinture abdominale la plus profonde, juste au-dessus du pubis, qui soutient comme une bonne gaine les viscères et contribue à maintenir le bassin en place. Il est tout à fait possible de commencer ces abdominaux-là dès la maternité, avant de retrouver les stations verticales prolongées.

Les premiers exercices se font dans le lit même, ou sur le sol. La position allongée évite la pesanteur, les problèmes de dos, la fatigue. C'est un principe général des suites de couches : travailler couchée, pour étirer et détendre le dos, ou à quatre pattes, ou à l'envers (« demi-ponts », « chats », etc.). Le moins possible à la verticale. Faire des abdominaux imaginaires. Je les appelle les « abdominaux magiques » car il n'y a pas de mouvement apparent. Ils sont presque imaginaires, mais ils sont très puissants, si vous réussissez à rentrer dans ce travail de mouvement simulé et non réel.

LES ABDOMINAUX MAGIQUES

Allongée, bassin bien en place, genoux fléchis, pieds à plat, placez une main au ras du pubis. En expirant à partir du périnée, imaginez que vous prolongez une cuisse au-delà du genou, comme si vous tiriez le fémur hors du bassin, sans soulever le pied du sol, sans contracter la jambe, ni la cuisse. C'est comme si on suivait l'expiration au-delà du genou. Changez de côté.

◻ **J'ai du mal à ne pas faire de mouvements, à ne rien contracter.** Il y a seulement l'expiration et vous devez sentir sous vos doigts le ventre se serrer beaucoup plus lorsque vous faites ce prolongement.

◻ **En effet je crois que je commence à y arriver, c'est tout à fait inhabituel… D'ordinaire les abdominaux sont travaillés très activement et là ils suivent l'expir. Il y a un côté qui marche mieux.** Le «patinage»: vous pouvez continuer et imaginer que vous patinez, d'un pied sur l'autre, mais sans mouvement bien sûr. Vous sentirez aussi vos cuisses travailler.

Si vous le sentez bien, écartez les pieds et rapprochez les genoux l'un de l'autre. Reprenez le même travail d'expiration et de prolongement. Ceci devrait conduire à imaginer une ligne diagonale qui part de la base de la cuisse en oblique dans l'espace. Faites l'autre cuisse et testez avec vos mains sur le ventre.

▤ **J'ai l'impression que ça contracte tout en bas, au ras du pubis, mais aussi un peu plus haut, sur le côté opposé au travail imaginaire, avec encore une dissymétrie de puissance.**

Oui, les petits obliques travaillent dans cet exercice, en plus du transverse.

▤ **On peut faire ces exercices sans risque?**

Au contraire! Ils remplacent les gaines et bandages, pour le ventre mais aussi pour le bassin et les organes suspendus. Ils sont discrets, vous pouvez les pratiquer souvent dans la journée, ça mobilisera également le périnée. Lorsque vous les maîtriserez bien, vous pourrez les faire en position assise (patinage par exemple).

Et même debout! Comme votre transverse travaille quand vous êtes debout, si vous vous placez bien, par la rotation des fémurs, vous n'aurez pas besoin d'abdominaux d'entretien, votre base sera très solide.

▤ **C'est génial et en plus on se repose!**

Il faut pouvoir travailler bébé au sein, bébé dans les bras, sinon on ne le fera pas! Et on ne laissera jamais son bébé pour aller faire une séance de gym les premières semaines; Il ne faut pas non plus que les exercices vous fatiguent trop…

Sur le côté, bébé au sein, remontez vos deux genoux (il faut caser le bébé, mais au tout début ça va). En expirant imaginez que vous ramenez encore plus vos cuisses vers vous et que vous les entraînez de l'autre côté, comme dans les torsions.

▤ **Ça travaille fort toute la ceinture, sur les côtés aussi**

Par ailleurs, toutes les postures à quatre pattes, tous les étirements en avant, par exemple appuyée sur le pied de lit, ou sur le lavabo, fesses tirées en arrière, vous permettent sur l'expiration de très bons abdominaux, qui rapprochent les grands droits.

Un des rêves des suites de couches est de pouvoir à nouveau s'allonger sur le ventre. Dans la réalité, si vous allaitez, ce sera désagréable à cause des seins, très sensibles et volumineux. Le coussin de billes Corpomed® permet de bien se placer, à la fois pour ne pas cambrer et pour ne pas se poser sur la poitrine.

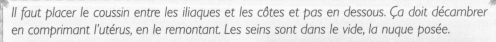

Il faut placer le coussin entre les iliaques et les côtes et pas en dessous. Ça doit décambrer en comprimant l'utérus, en le remontant. Les seins sont dans le vide, la nuque posée.

C'est très agréable pour la nuque et les épaules aussi

Avec bébé qui adore cette posture s'il a mal au ventre (posture fœtale)

La fatigue

▤ **Par quoi remplacer les massages et combattre une petite dépression?**

D'abord ne pas hésiter à signaler sa fatigue au médecin. Alors que les prescriptions de vitamines, oligo-éléments, fer éventuellement, calcium sont presque systématiques pendant la grossesse, les suites de couches sont négligées, surtout si vous n'allaitez pas. Prenez directement certains compléments alimentaires, comme l'huile de germe de blé, le miel, la gelée royale, les pâtes, riz et pain complets, la levure de bière, des complexes de vitamines, des aliments qui apportent du calcium, du phosphore…

N'hésitez pas à vous faire aider pendant cette période: parents, aides-ménagères. Essayez de dormir dans la journée quand le bébé dort, le ménage attendra un peu! Ou confiez-le au papa ou à la grand-mère. Partez en vacances si vous le pouvez après la naissance. Si vous vous entendez bien avec votre mère ou la mère de votre compagnon, allez passer quelque temps chez elle pour vous décharger du quotidien. L'idéal est que votre compagnon puisse être aussi auprès de vous.

Je suis partisan de l'instauration d'un nouveau rite: le cadeau de naissance sous forme de moyens d'aide à la maman; ça pourrait aller de quelques heures de ménage à une thalassothérapie, en passant par des baby-sittings pour vous permettre une sieste, des massages à domicile… On pourrait déposer une liste. C'est aussi important que d'offrir des chaussons (mais il est vrai que le plaisir d'offrir de la layette avec dentelles ou pompons est irremplaçable!).

Se reposer est en fait un bon moyen de retrouver sa ligne et son moral.

LE BABY-BLUES A PARFOIS BON DOS !

Les conséquences sur le moral, les douleurs, les pesanteurs périnéales voire le prolapsus et l'incontinence, le fait de ne pas arriver à reprendre sa forme, sa ligne et son tonus, ne sont jamais évalués dans les bilans économiques et généraux de la maternité. Il est fort probable qu'une analyse plus fine montrerait le gain incomparable d'un repos organisé et d'un accompagnement adéquat des suites de couches. Et sans doute encore les conséquences sur l'enfant à travers le rapport à sa mère, ne sont-elles pas négligeables… Nous voyons tous les jours des jeunes mères débordées, perdues, au bord de l'épuisement, auxquelles on se contente de dire que c'est le baby blues.

Au Québec quand une femme est enceinte, au niveau des communautés qu'elle fréquente, école des aînés, chorale, clubs divers, une liste est affichée. Chacun s'inscrit pour une tâche : assurer le trajet pour l'école, préparer les premiers repas, faire des courses, amener l'aîné au cirque… à charge de revanche ! La maman qui sort de la maternité (très tôt il est vrai), est disponible à son dernier-né, ce qui est un rêve pour beaucoup.

Tous les problèmes de la grossesse, les sciatiques, les maux de dos, les problèmes circulatoires disparaissent-ils vraiment après ces neuf mois ?

Certains disparaissent tout seuls : les problèmes digestifs par exemple, les œdèmes des mains et des pieds, les impatiences, les douleurs dans le bas du ventre (excepté d'éventuelles «tranchées», surtout à partir du deuxième bébé). Certains sont plus longs à régresser : les varices ou les petits vaisseaux éclatés s'estompent dans le mois qui suit l'accouchement. Certaines varices vont se vider mais rester visibles et prêtes à ressortir à la fatigue, à la chaleur ou lors d'une grossesse suivante.

Les problèmes de dos évoluent en général : des «maux de reins» peuvent suivre la naissance, si l'accouchement a été long ou si vous êtes restée dans la même position.

Après deux ou trois jours vous risquez plus de tensions dans la nuque et dans le haut du dos. En raison des portages, des positions d'allaitement, des seins qui sont lourds.

Des douleurs plus importantes peuvent persister, telles que des fausses sciatiques ; parfois des douleurs dans le coccyx qui peut s'être déplacé ou dans la symphyse pubienne.

Si les exercices suivants ne suffisent pas, consultez si possible un ostéopathe dès la sortie. À cette période, les ligaments sont encore très souples : tout peut facilement bouger et les quelques déplacements être corrigés.

Les principes de la remise en forme

La circulation

La circulation est à travailler dès les premières heures.

Dans votre lit, serrez et desserrez les poings et mobilisez les orteils souvent, tirez les pointes de pied vers vous, puis reprenez les exercices de circulation que vous avez pratiqués pendant la grossesse, ainsi que les exercices pour le métabolisme. Massez vos jambes, ou mieux faites-vous masser. N'oubliez pas le gant de crin !

Il faut maintenant réinvestir, réhabiter un corps nouveau, partiellement inconnu, car après la naissance vous ne serez jamais plus exactement comme avant.

Le demi-pont fait beaucoup travailler les jambes, les fesses. C'est excellent pour la circulation avec l'avantage de vous mettre en position inversée et non debout.
Il fait travailler les fesses, le périnée, étire la nuque et le haut du dos...

Encore plus puissant avec la chaise :

Et quel plaisir de regarder son bébé les yeux dans les yeux en se reposant !

Refermer le bassin

Votre corps a été amené, pendant ces neuf mois, à évoluer. Le bassin a changé grâce au relâchement hormonal qui a permis la mobilité des articulations, l'écartement des os du pubis au niveau de la symphyse et les mouvements du sacrum.

Pendant l'accouchement, votre bassin s'est agrandi, en haut d'abord (détroit supérieur) puis en bas (détroit inférieur). Souvenez-vous de tous ces mouvements, la nutation et la contre-nutation, le déroulement du coccyx... Depuis des mois, vous marchez un peu en canard, vous êtes toujours assise jambes écartées, vous ne croisez plus les jambes. Il va falloir maintenant refermer le bassin et rétablir les symétries (car vous avez vu que l'accouchement est asymétrique).

Le sacrum : le bandage du bassin

La remise en place du bassin est un savoir ancestral, oublié par l'obstétrique moderne. Il faudrait, avant de mettre un pied par terre, « refermer le bassin » après le passage du bébé.

> *Sur la table d'accouchement, avec le papa, il est possible de prendre une alèze, de la plier, jusqu'à une largeur de 8 à 10 centimètres, de la glisser sous le sacrum. Il faut bien repositionner le bassin, repérer l'articulation coxo-fémorale (en faisant écarter la cuisse du corps, jambe tendue). Puis après avoir « remonté l'utérus » par une fausse inspiration thoracique (p. 184), on entoure le bassin de l'alèze, dans le creux de l'articulation, **et surtout pas au-dessus**, on croise les pans et on resserre le plus possible.*
> *On fait un tour ou deux et on berce quelques minutes la maman.*
> *Si le papa est tout seul il peut le faire quand même mais il doit fixer son coude d'un côté pour avoir un bon appui.*

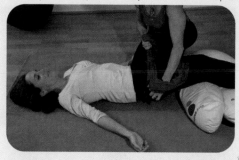

C'est une sensation extraordinaire. Se sentir entourée, enveloppée, recentrée, refermée. Ressentir les limites corporelles, le dehors, le dedans, sentir le vagin refermé, est psychologiquement très important dans cette période de vide, de perte de repères.

Le bercement détend, la sacro-iliaque est décomprimée, et le sacrum ne demande qu'à « contre-nuter ». Les épines sciatiques se resserrent, le périnée reprend des dimensions normales pour la bipédie.

Au Maghreb, ainsi que le montre Nicole Ferry dans son film *Pour que ses jours fleurissent*[1], les matrones ont des gestes tout à fait remarquables, dignes d'ostéopathes, immédiatement après l'accouchement.

Après des manœuvres de contre-nutation, de rééquilibration droite-gauche (l'accouchement est asymétrique), elles placent un foulard autour des hanches, au niveau décrit ci-dessus, et le fixent. Ce geste sera répété tous les jours après la toilette. La femme reste avec ce bandage pendant au moins vingt et un jour, et éventuellement jusqu'à quarante, si elle en ressent le besoin.

Nous pouvons réaliser cette manœuvre en salle d'accouchement, la renouveler dans la chambre. Si la maman est hyperlaxe, elle va apprécier beaucoup d'être maintenue, ce qui va éviter les douleurs sacro-iliaques et de symphyse et permettre aux ligaments de retrouver leur longueur normale.

---

1. Nicole Ferry, 1983.

La ceinture : pour toutes, en suites de couches

Nous avons vu la ceinture en prénatal, pour les problèmes de sacro-iliaques et de symphyse, de «bébé bas». Mais elle n'était pas supportée par toutes les femmes.

En suites de couches, le changement est très brutal : 10 kilos perdus en quelques jours, des abdominaux trop «grands», des ligaments trop longs, un utérus encore lourd.

Si la maman est debout, son bébé dans les bras, elle ne peut pas maintenir une statique parfaite. Elle va cambrer et tout va tirer vers l'avant et le bas, avec appui sur la partie antérieure du vagin, là où il n'y a pas de muscle…

On aggrave beaucoup les éventuels glissements d'organes et certaines femmes décrivent une boule dans le vagin quelques semaines après l'accouchement, après un effort de soulèvement. Comme il est indispensable de mettre un soutien-gorge en suites de couches, il me paraît prudent de porter une petite ceinture quand on est debout, pendant au moins trois semaines.

La ceinture Physiomat®

Elle doit être mise très horizontale, en taille « charleston », très basse. Au même niveau que le bandage. C'est la même qu'en prénatal. Ici, c'est le modèle Tonic, plus étroit. Le choix entre Tonic et Confort dépend du bassin de la femme.

Les jambes croisées, couchée sur le dos, genoux fléchis, un pied dans le prolongement de la colonne, croisez l'autre jambe par-dessus. Serrez le périnée, expirez et serrez très fort les cuisses l'une contre l'autre. Faites la même chose de l'autre côté. Vous sentirez la fermeture du bassin en avant et l'étirement au niveau du dos, des sacro-iliaques.

Même chose couchée sur le côté, une jambe remontée. Poussez le genou du dessus vers le sol et le genou qui est posé au sol, vers le plafond.

🔲 **C'est vraiment une sensation de détente dans le bas du dos, comme si on décoinçait, comme si ça faisait de la place dans les fossettes… Ça travaille fort les abdominaux transverses.**

D'autres exercices referment le bassin : les torsions, ces merveilleuses postures qui remettent en place le dos (il n'est pas rare que ça produise un craquement), font un massage intestinal et travaillent les abdominaux obliques !

Ça travaille très fort le bas du ventre.

Allongez-vous sur le côté droit, genoux remon-
tés vers la poitrine, la tête entre les bras ten-
dus vers le haut, comme pour un plongeon

Respirez en tirant bien sur le périnée
comme pour ramener le coccyx vers l'avant.
Ça travaille l'étirement du dos et les abdo-

minaux, en remontant tout et en rapprochant
les grands droits. Puis glissez votre bras droit
vers l'avant, et faites un grand cercle avec le
bras gauche pour arriver bras en croix.
Replacez encore un peu l'épaule droite en la
glissant plus à droite.
Restez un bon moment pour sentir la détente
s'installer peu à peu dans la respiration

🔲 **Ça tire partout dans le dos. J'ai l'impression d'être rigide**
au niveau des épaules…

La grossesse oblige à une certaine contracture des muscles du dos pour «faire contre-
poids» au ventre. Le portage des bébés dans les bras, l'allaitement contractent aussi
beaucoup. Cette posture est un véritable bienfait… Il faut «laisser infuser» un moment.

On peut y rajouter le mouvement imaginaire de ramener les jambes vers soi pour les faire
passer de l'autre côté… très bons abdominaux!
N'oubliez pas l'autre côté. Il se peut que vous soyez beau-
coup plus raide d'un côté.

🔲 **Au bout d'un moment, ça détend énormément.**

L'ANTISCIATIQUE

Voir «Ménager son dos». C'est une posture de choix des
suites de couches, à faire tous les jours!
Vous pouvez même la prendre en allaitant, si vous êtes
assez à l'aise dedans (poser votre coude sur le genou).

La remise en place de la symphyse

Vous pouvez vous reposer, couchée jambes croisées et amorcer un demi-pont dans cette attitude. Si le geste de resserrer les genoux est douloureux dans la symphyse pubienne plus que pendant la grossesse, c'est que le passage du bébé – ou simplement la position gynécologique si vous l'avez gardée longtemps – a beaucoup étiré la symphyse et les ligaments qui s'y trouvent.

Nous allons apprendre un geste à pratiquer également dans les premières heures qui suivent la naissance (apprenez-le au papa).

Allongée sur le dos, genoux fléchis, pieds au sol, les mains du partenaire se placent à l'extérieur des genoux. Dans un premier temps, vous cherchez à écarter les jambes et il cherche à vous en empêcher. Puis il place son avant-bras entre vos genoux (poing fermé) et vous essayez de resserrer les genoux très énergiquement.

Vous pouvez travailler seule avec un petit ballon entre les genoux.
Placez-vous sur le côté, remontez bien les genoux vers vous pour ne pas cambrer, expirez à partir du périnée en comprimant le petit ballon

Il n'est pas rare que cela craque, là encore! Même avec un déplacement minime, l'équilibre du bassin peut être en jeu et on peut parfois expliquer des déprimes du post-partum par un déplacement de la symphyse. Souvenez-vous aussi qu'il vaut toujours mieux serrer les genoux en partant du périnée, en resserrant d'abord la racine des cuisses l'une contre l'autre, puis peu à peu aller vers les genoux; vous aurez moins mal et vous renforcerez le périnée.

Passez sur le côté. Si les retournements sont douloureux, reprenez les précautions exposées à «Douleurs de l'aine…», p. 167. Ramenez toujours un genou vers la poitrine avant de vous retourner d'un bloc. Évitez les «cisaillements», contractez le périnée en expirant quand vous prenez appui sur une seule jambe, par exemple pour monter ou descendre les escaliers.

Pour le sacrum, la symphyse et le coccyx

Vous pouvez ici reprendre «Le cobra» qui va remobiliser l'ensemble sacrum-coccyx et se révèle souvent efficace pour les repositionner (voir p. 177).

Le demi-pont avec la chaise pour monter très haut, et surtout, le grand bonheur pour le haut du dos, l'étirement en arrière avec le ballon, suivie d'un accroupi. Attention à la nuque, toujours étirée.

Tous les étirements latéraux, le petit train sont intéressants pour les sacro-iliaques.

Mieux vaut oublier pour quelque temps les postures d'ouverture, même si vous étiez contente de vos progrès dans le grand écart frontal !

Allongée sur le dos, genoux fléchis et en contact et pieds à plat écartés, imaginez que l'une des deux jambes est un point fixe et que vous voulez la repousser avec l'autre genou. Une jambe pousse et l'autre résiste ; il n'y a donc pas de mouvement apparent. Vous allez sentir les muscles de l'intérieur des cuisses travailler, c'est rare et nécessaire, car il y a souvent un relâchement à ce niveau avec l'âge et la sédentarité ! En même temps cela étire au niveau sciatique et mobilise le coccyx. Si vous serrez bien le périnée à chaque poussée du genou, vous renforcez votre geste et effectuez un travail intéressant sur votre plancher pelvien.

Changez de côté et observez les effets sur le périnée. Vous constaterez que la contraction est plus puissante du côté qui pousse. Les muscles les plus puissants du périnée forment latéralement deux bandeaux et il est possible de les faire travailler de façon asymétrique, rééduquant à loisir le côté le plus faible.

On peut utiliser un petit ballon et travailler couchée sur le côté.

Coccyx bloqué

Si vous aviez des doutes quant à la relation diaphragme-périnée, vous n'en aurez plus ! Si vous éternuez, si vous riez, la remontée du diaphragme tirant sur le coccyx déclenche une sensation douloureuse. Celle-ci vous empêche aussi de contracter le périnée, à cause de la douleur au départ et ensuite par le raidissement de l'articulation sacrum-coccyx. Souvenez-vous que la contraction périnéale ramène le coccyx en avant ; si le coccyx est bloqué, le périnée ne pourra pas fonctionner correctement.

Il faut vite faire remettre le coccyx en position normale par un ostéopathe.

Les autres points faibles : la nuque et le haut du dos

La grossesse est souvent jalonnée de douleurs lombaires et sacro-iliaques ; vous entrez maintenant dans une longue période, tant que vous porterez des enfants, même de façon ponctuelle (parce qu'ils sont fatigués, parce qu'il y a des escaliers, bref, au moins trois ans, si vous n'avez pas enchaîné avec le suivant) où vous allez tirer beaucoup sur la nuque, les épaules, le haut du dos.

Comme vous portez tout le reste en plus du « petit » (le sac, les couches, les jouets, les provisions), il vous faudrait une condition d'athlète et un entraînement de championne !

Il faut donc apprendre à vous économiser et en faire une véritable discipline. Évitez de porter à bout de bras, faites-vous livrer ou utilisez un caddie.

Aménagez vos sièges (remontez les pieds), n'hésitez pas à utiliser des coussins, par exemple pour nourrir le bébé. Mais ne mettez pas d'oreillers sous la tête, ça casse la nuque !

Tous les exercices pour le haut du dos et tous les massages que vous avez pratiqués durant la grossesse sont valables.

LA RELAXATION DES ÉPAULES

Allongée sur le dos, bassin bien placé, placez les mains sous l'occiput. Laissez descendre les coudes. Respirez.

Reprenez les fausses inspirations : à la fin de l'expiration, rentrez le menton et appuyez l'occiput sur les mains, menton rentré, sans respirer.

🗩 **C'est génial, ça détend le haut du dos, ça provoque « l'avalement du ventre » et ça dégage le plexus… J'ai l'impression que ça « dé-stresse », que ça calme…**

LA RELAXATION AVEC LA CHAISE ET LE TRAVAIL DES ABDOMINAUX OBLIQUES

C'est très simple et vraiment une posture de choix !

Allongée sur le dos, les jambes sur une chaise, fesses sous le siège. Travaillez les épaules en faisant des variantes : portez les bras tendus en arrière, l'un après l'autre, en gardant les poignets fléchis ou joignez les paumes des mains en prière et posez les coudes au sol sans desserrer les mains. Puis restez en détente, bras au-dessus de la tête, coudes dans les mains. Le petit ballon ou la galette sous le sacrum vous permettent de rester « à l'envers », en drainage, de masser le sacrum, de faire travailler vos abdominaux obliques.

« L'aigle endormi » (p. 145) est plus que jamais d'actualité.

Ou les dos ronds étirés soit à quatre pattes (avec une fausse inspiration éventuellement), soit assis soit couchée.

Gérer quelques gestes de base

Vous allez retrouver après l'accouchement les mêmes difficultés que pendant la grossesse, surtout lorsque vous allez avoir le bébé dans les bras ou que vous devrez allaiter.

S'asseoir

Dans un lit de maternité, en relevant le dossier, asseyez-vous soit en tailleur, soit, si vous êtes raide, le coussin sous les genoux.

Si vous avez des points de suture dans le périnée, des hémorroïdes, des douleurs dans le coccyx, ou même une césarienne il faudra vous asseoir très en avant, bassin antéversé, en appui sur le haut des fémurs et non sur le sacrum.

Surtout ne restez pas tordue, assise sur une fesse.

Pour vous détendre, appuyez-vous sur la table repas, ou sur le coussin quand vous êtes dans un fauteuil.

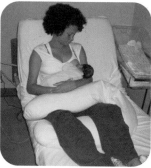

Les chaises de nourrice étaient autrefois des sièges très bas, avec un dossier très droit, auprès du feu. Beaucoup sciaient les pieds des chaises ordinaires pour les mettre à la bonne hauteur. Comme les femmes portaient des grandes jupes, elles écartaient les genoux pour poser le bébé et faire une table à langer très ergonomique pour leur dos ! Pensez-y quand vous serez rentrée à la maison.

Propositions :

| avec une chaise | avec un ballon | le ballon dans le dos |

Se retourner dans le lit

L'imprégnation hormonale ne disparaît pas tout de suite et les douleurs que l'on éprouvait pendant la grossesse peuvent durer quelques semaines.

L'enchaînement est le même que celui déjà vu p. 232.

Si vous avez eu une césarienne, se retourner est un des gestes les plus difficiles et douloureux, et c'est ce qui empêche souvent d'allaiter sur le côté, car il faut y arriver !

Si vous expirez en serrant assez le bas du ventre pour tenir votre utérus et soutenir la cicatrice comme si vous mettiez vos mains, vous n'aurez pas mal.

Bien entendu si vous avez appris à le faire pendant la grossesse, ce sera acquis et beaucoup plus simple que d'essayer pour la première fois avec une cicatrice et beaucoup de crispation.

Revenir sur le dos

C'est la même problématique. Dès que vous n'êtes plus d'un bloc, que les épaules et les hanches bougent de façon dissociée, ça fait mal.

C'est un peu plus difficile, il faut s'y entraîner enceinte, à chaque fois que vous vous retournez, même si vous n'avez pas mal. Ne serait-ce que pour éviter de contracter vos abdominaux.

Partez sur le côté, genou supérieur bien remonté vers la poitrine (angle fémur-colonne vertébrale inférieur à 90°), posez le pied sur le genou inférieur et imaginez que le pied est collé au genou.

Amenez le bras (même côté que le genou remonté) à l'intérieur du genou cette fois, paume de main vers l'intérieur du corps.

Imaginez «un point de colle» entre le dos de la main et le genou, pour que tout soit d'un bloc, solidarisé.

Tournez la tête, menton rentré, en expirant et en poussant avec le bras inférieur comme pour l'enfoncer dans le matelas.

Laissez votre corps rouler d'un bloc autour du pied inférieur qui reste posé sur le matelas (ne le soulevez pas, vous feriez travailler vos abdominaux).

Le seul effort doit être dans le bras qui repousse le matelas.

Si vous arrivez à bien rester compacte, à solidariser vos épaules et vos hanches, vous ne devez pas faire travailler vos abdominaux.

Faire le tour d'un côté à l'autre

Le mieux, et surtout avec une césarienne est de passer à quatre pattes.

Monter dans le lit

Le problème se pose surtout en cas de césarienne, les premiers jours.

Le mieux est de descendre le lit au plus bas, et de monter à quatre pattes, en engageant d'abord un genou en travers du lit, puis l'autre, de pivoter et de se laisser coucher sur le côté, en gardant toujours les fesses bien en arrière pour conserver un bon angle et ne pas solliciter les abdominaux, ni pousser sur la cicatrice.

Gérer ainsi les gestes de base est aussi efficace pour les douleurs de symphyse qui peuvent encore se déclencher lors des retournements mal conduits, de la montée et descente des escaliers, des efforts pour mettre ses chaussures.

Et bébé pendant ce temps ?

À la maternité

Profitez de ce moment extraordinaire, en dehors du temps, du monde, des rythmes habituels. Ça passe si vite ! si ce n'est pas le premier bébé, il faut profiter encore plus intensément de ce temps seule avec lui…

Donnez-vous le plus possible les moyens d'être détendue. Amenez vos coussins, vos CD de musique paisible. La télévision fait beaucoup de bruit, il y a des coups de feu, de la violence, des informations catastrophes… Demandez, si c'est votre souhait commun, à ce que le père reste dormir près de vous ; c'est souvent possible.

Vous rentrez dans la phase de découverte merveilleuse, au fil du temps, de la tendresse, des caresses, des regards, des sourires. Devant cette confiance totale, ce regard comblé, vous découvrirez, ainsi que le papa, une nouvelle forme d'amour. Cette impression d'être tout pour lui, de représenter le bonheur absolu, de quoi donner le vertige !

De quoi être désemparé⇔lorsque tout à coup il pleure, il est mal et que les bras, le sein ne l'apaisent pas. Il s'agit souvent de coliques, très fréquentes au cours des deux premiers mois. Essayez de le porter en appui sur le ventre, soit sur votre bras, soit sur votre cuisse, ou votre épaule. Cela soulage souvent. Il faut parfois calmer bébé par des médicaments (sorte de pansements gastriques) ou par de vieilles recettes : de l'eau de chaux, des infusions de fenouil, d'aneth. L'homéopathie se révèle aussi assez efficace.

▤ **Faut-il lui parler, le caresser, le masser ? Faut-il le prendre beaucoup dans les bras ?** On vous dira que vous lui donnez de mauvaises habitudes… Mais il faut reconnaître que tous les enfants aiment ça, comme tous les êtres humains aiment être aimés ! Personne ne peut répondre à votre place, mais si le petit ange a des penchants tyranniques, sachez seulement qu'il est en fait tout simplement normal !

C'est une personne

Vous allez vous rendre compte que ce tout-petit est une « personne » et même déjà une personnalité. Il y a les inconsolables, qui auront un chagrin énorme chaque fois que vous ne les aurez pas dans les bras, les voraces qui hurlent un quart d'heure avant l'heure et s'endorment sitôt repus, les éveillés qui dorment par tranche d'une heure et s'ennuient dans leur berceau. Les uns sensibles au bruit, les autres à la lumière, etc. Vous pouvez, si vous avez plusieurs enfants, vous rendre compte des énormes différences dès les premiers jours… Le pédiatre américain T. Berry Brazelton a beaucoup étudié ce qu'il appelle « les compétences du nouveau-né ». Il sait déjà faire beaucoup de choses et s'affirmer.

Une nouvelle vie

L'équilibre familial est changé. Pour le premier bébé, il faut tout apprendre… et surtout à être trois. Pour les autres, il faut gérer les difficultés des aînés à intégrer un nouveau petit prince qui « prend la place » même s'il est irremplaçable !

Le retour à la maison

La reprise des rapports sexuels

Une première question va se poser… qui paraît surprenante !

▤ **Quand reprendre les rapports sexuels ?**
Quand vous en avez envie ! Vous saignez entre dix et quinze jours en général après l'accouchement. Il n'y a pas de réelle contre-indication médicale… un peu de bon sens et beaucoup d'écoute de soi et de l'autre vont vous guider.

Il y a parfois une peur, une sensation d'étrangeté au niveau de ce sexe qui a pu être « coupé », déchiré ou un peu « écartelé » du moins dans votre représentation. N'hésitez pas à prendre une glace et à le regarder ; testez votre périnée sous vos doigts (accroupie ou sur vos toilettes) ou sur un applicateur de tampons.

Petit détail qui a son importance : votre vagin est beaucoup plus sec tant que vous allaitez. Cela n'arrange rien si vous avez, en plus, des séquelles douloureuses d'une épisiotomie. N'hésitez pas à utiliser des lubrifiants (en pharmacie) à faire des massages et, éventuellement, une rééducation du périnée avec une stimulation électrique spécifique pour les cicatrices douloureuses. De manière générale, tant que votre cycle n'est pas rétabli, vous aurez moins de sécrétions vaginales, moins de glaire aussi, mais moins de libido.

Besoin d'amour, de tendresse, de caresse, mais moins besoin de « sexe »…

C'est donc à vous de trouver le moment avec votre partenaire ;

Il faudra peut-être adapter les positions pour éviter la douleur, ou la crainte de la douleur lors des premières pénétrations.

Souvenez-vous que les postures « à l'envers », bassin surélevé, détendent le périnée, que la fausse inspiration aide à ouvrir… Il faut peut-être commencer en douceur un peu comme les premiers rapports sexuels de la jeune fille.

Contraception et allaitement

L'allaitement est la méthode traditionnelle de contraception de certaines cultures, renforcée par le fait que les mères dorment avec leur enfant, parfois même vivent dans des lieux séparés où les hommes n'entrent pas. Il est vrai que si vous allaitez sans sauter une tétée, à volonté, vous aurez peu de chance d'ovuler ! De toute manière, vous aurez certainement comme on dit une « baisse de la libido », c'est-à-dire que vous serez tellement comblée par le bébé, tellement bien dans sa tendresse, dans cette sensualité totale, de tout le corps, tellement dans le plaisir du toucher, de l'allaitement que vous aurez moins de besoins sexuels. Mais il se peut aussi que rien n'ait « changé » et que vous ayez très vite le désir de reprendre des rapports, c'est très personnel.

▤ Peut-on envisager une contraception si on allaite ?

Vous pouvez utiliser des pilules adaptées, prescrites en général à la visite de sortie. Cela d'autant plus que vous vous savez « hyperféconde ». Sinon, utilisez des éponges que vous mettrez dans le fond du vagin le matin en faisant votre toilette et qui vous protégeront jusqu'au lendemain ; c'est moins désagréable et plus fiable que les gels spermicides, qui sont aussi une solution d'attente. Ne vous fiez jamais à l'allaitement seul comme moyen contraceptif, passées six semaines.

Le préservatif reste bien sûr une solution d'attente si vous pensez au stérilet.

La rééducation périnéale proprement dite

▤ Est-ce le moment de faire les séances de rééducation périnéale ?

Normalement, à la visite de la 6e semaine, on teste le périnée. Mais si vous n'êtes pas satisfaite de votre autoexamen, si vous ressentez des pesanteurs, si le « pipi stop » est imparfait, s'il y a des fuites urinaires sans cause ou à l'effort (toux, éternuement, rire, course), insistez pour que ce petit examen ne soit pas oublié.

Cela consiste, au cours de l'examen gynécologique, à vous demander de pousser pour voir si la vessie ou l'utérus ont tendance à descendre. Puis de vous demander de serrer sur les doigts introduits dans le vagin pour contrôler la puissance des muscles normalement en différents points. Signalez aussi si vous avez du mal à arrêter des gaz, à contracter l'anus et bien sûr si vous aviez des difficultés à retenir les selles.

Selon le résultat de ce test et l'analyse de vos problèmes, on pourra vous prescrire des séances de rééducation adaptées. De toute manière, il faut continuer le travail personnel du périnée, en l'affinant.

Nous avions abordé cela à propos de l'accouchement. Les positions sont importantes pour cibler le travail sur le périnée antérieur, postérieur, transverse, superficiel, profond…

Dans une approche plus globale et plus « fonctionnelle » du travail périnéal, nous allons voir comment les postures influencent le travail périnéal (comme pour l'accouchement)…et comment donc la vie de tous les jours pourrait permettre une récupération équilibrée… si notre gestuelle était correcte et notre placement adapté à tous les efforts. On peut donc dire que la rééducation du périnée commence dès l'accouchement avec la respiration et les gestes fondamentaux.

Le périnée antérieur

Essayez à nouveau le « pipi stop » en position penchée en avant sur les toilettes, ou tassée en arrière. Vous constaterez une fois de plus qu'il est plus facile de bloquer la miction dans la position penchée en avant, qui aide le périnée.

Mais il ne faut pas confondre travail et résultat.

> *Reprenez le début du « demi-pont ». Soulevez le bassin, même de quelques centimètres seulement, en luttant contre la cambrure, en commençant bien sûr par le périnée ; arrêtez-vous et faites quelques contractions-détente du périnée, en respirant.*

Que constatez-vous ?

▤ **Il est déjà contracté, je ne peux presque plus serrer et quand je relâche ça change peu.**
Essayez d'être plus précise.

▤ **En fait, c'est l'anus qui est très serré. Quand je contracte, l'action me paraît faible** mais elle est plus en avant, au niveau de l'urètre, comme si je tirais juste au-dessous de la symphyse vers l'intérieur.
C'est tout à fait cela et c'est tout l'intérêt ! Il y a un travail spécifique du périnée antérieur et une remontée de la vessie et de l'urètre, d'autant plus que vous êtes à l'envers.

> *Si vous y ajoutez les exercices respiratoires de « fausse inspiration » (voir p. 77), ce sera encore plus intéressant. Pour ne pas vous fatiguer, vous pouvez rester à quelques centimètres du sol, faire une série de dix contractions-respirations, puis redescendre en déroulant le dos.*
>
> *Vous pouvez aussi travailler les pieds contre un mur, sans vous en rapprocher trop, afin que vos fessiers se contractent et entraînent le serrage du périnée postérieur. Pour aller plus loin, vous pouvez soulever une jambe tendue vers le plafond, afin de renforcer simultanément les fessiers, d'exercer un meilleur drainage circulatoire et de dérouler plus complètement le dos. Variante également, posez les pieds sur une chaise pour réaliser l'exercice.*
>
> *Debout : reprenez la bascule du bassin debout, par le travail des fémurs. On retrouve le serrage du périnée postérieur et de l'anus. Concentrez-vous sur la contraction dirigée vers l'avant.*
>
> ▣ **J'ai l'impression d'aller de l'arrière vers l'avant dans ma contraction.**
> Oui, en général. Mais on peut varier. Concentrez-vous sur la zone de l'urètre et du clitoris. Sans relâcher la position du bassin, contractez en imaginant que vous ramenez la peau du haut vers le bas, comme un capuchon de chair qui viendrait recouvrir le clitoris et l'urètre et fermer superficiellement le méat urinaire. Comme une porte de garage qu'on bascule de haut en bas.

> 🔲 **C'est subtil, mais on le sent… C'est différent du travail habituel qui est une remontée de l'anus et un tirage vers l'avant.**
>
> C'est intéressant pour la rééducation en cas de fuites urinaires.
> On peut l'aborder autrement : Anne Brugger Lenz[1] propose de prononcer les sons «peu, teu, queu», en contractant le périnée.
> On peut aller soit de l'arrière vers l'avant, soit de l'avant vers l'arrière !
>
> 🔲 **C'est drôle ! C'est comme un balayage dans un sens ou bien dans l'autre.**

Le périnée postérieur, autour de l'anus

Vous le sentez mieux en écartant les genoux, en utilisant les fessiers, la rotation externe des fémurs. Les demi-ponts par exemple facilitent le serrage en arrière.

Mais pour le travailler plus, pour sentir aussi que ça bouge dans cette zone, il vaut mieux travailler penchée en avant, soit assise sur une chaise ou sur les toilettes, soit en refaisant le demi-pont jambes croisées, ainsi que toutes les variantes avec le mur, la chaise ; les «jambes croisées», «l'antisciatique» qui permettent aussi ce travail plus spécifique (voir «Les "fausses sciatiques" de la grossesse…»). On a moins la sensation de résultat mais plus de mobilité de perception.

Le demi-périnée : une mobilisation latérale du vagin

Plusieurs postures vous permettent cela. Nous avons vu la posture d'équilibre du bassin, couchée sur le dos, pieds à plats écartés, genoux en contact. En cherchant à repousser d'un genou, l'autre, qui résiste, la contraction périnéale volontaire ne va intéresser qu'un seul côté du vagin.

> *Dans «L'amorce du demi-pont» (p. 213), contractez le périnée, puis appuyez sur un pied et allégez l'autre jusqu'à pouvoir le soulever de quelques centimètres, sans laisser le bassin redescendre.*
>
> 🔲 **Étonnant… on sent vraiment un seul côté, celui de l'appui.**
>
> *Changez de côté.*
>
> 🔲 **C'est moins fort d'un côté…**
>
> Enfin nous allons faire une torsion assise :
>
> *En tailleur, bien redressée, la main gauche posée derrière le corps, appuyez sur le bout des doigts pour vous maintenir en avant. La main droite est placée sur le genou gauche. Contractez le périnée, expirez et faites tourner le bas de la colonne vers la gauche. La tête et les épaules restent de face tandis que vous visualisez une vis montante qui part du bas du dos. L'expir suivant, progressez dans le vissage vers la gauche et ainsi de suite jusqu'à tourner les épaules et enfin la tête. Restez le temps de quelques respirations, puis laissez revenir. Recommencez de l'autre côté.*

---

1. Professeur de yoga, enseignant à Genève, Suisse.

Que constatez-vous ?

🔲 **À nouveau, l'impossibilité de serrer totalement, symétriquement. Un côté contracte, l'autre non, avec une différence de puissance entre la gauche et la droite quand je change de côté. C'est le fameux « toboggan tournant » dont on a parlé pour l'accouchement ?**

Tout à fait ! Vous savez maintenant quel côté il faut renforcer.

En tailleur, il vous suffit d'imaginer, lors de la contraction périnéale, que vous amorcez un virage à gauche ou à droite, pour créer l'asymétrie !

Le périnée transverse

LA PORTE ÉLECTRIQUE

Cet exercice est intéressant pour refermer la vulve.

Allongée sur le dos, jambes remontées sur la poitrine, parallèles, écartées de la largeur du bassin, imaginez que vous fermez l'entrée du vagin latéralement, comme une porte électrique, comme si vous rapprochiez la base des cuisses l'une de l'autre, sans bouger vos cuisses. Essayez de ne pas trop contracter en même temps les muscles de la retenue (pubo-rectal).

🔲 **C'est net, mais très rapide, j'ai toujours du mal à tenir cette contraction.**

Contrôlez par un autoexamen : essayez d'empêcher vos doigts de pénétrer dans le vagin.

🔲 **C'est comme une porte électrique : ça bouge sans arrêt et c'est difficile à tenir longtemps.**

Le périnée profond

Nous allons tenter de faire la différence entre le périnée contracté habituellement et le périnée profond.

Couchée sur le dos, genoux sur la poitrine, jambes parallèles, reprenez la contraction classique, comme pour retenir un gaz ou une envie d'uriner. Puis essayez de remonter dans la profondeur du vagin, en resserrant les parois vaginales l'une contre l'autre, de plus en plus profond.

🔲 **Je sens que je peux remonter, mais ça se relâche en bas.**

Serrez le périnée, expirez, faites la fausse inspiration, le périnée a relâché. Resserrez une deuxième fois, toujours sans reprendre d'air : ce deuxième serrage sera beaucoup plus profond.

🔲 **Tout à fait, c'est dans le fond du vagin près du col, alors que le premier serrage était au niveau de l'épisiotomie.**

Debout, essayez d'aller tout de suite au plus profond, près du col, sans chercher à verrouiller en bas.

🔲 **Je sens bien cette remontée juste au-dessous de la symphyse, vers l'arrière dans le vagin, alors que le périnée ne semble pas plus contracté tout en bas.** C'est très intéressant quand vous avez des sensations de pesanteur, debout, quand l'utérus est un peu descendu.

🔲 **On fait cela en plus de la bascule du bassin ?** Bien sûr! La bascule du bassin est impérative dès que vous êtes debout. Elle assure la solidité de la base, le tonus périnéal de base, surtout postérieur, le maintien de la colonne lombaire, le tonus de la ceinture abdominale (transverses). C'est votre force d'ancrage au sol, de résistance à la pesanteur. Rien n'empêche de rajouter des actions spécifiques au niveau du périnée, de la respiration, de la nuque etc. Souvenez-vous des Indiennes d'Amérique qui ne connaissent pas les incontinences et la descente d'organe. Pensez à placer votre nuque pour bien redresser, bien dégager, remonter le diaphragme et libérer la respiration abdominale. Il ne faut jamais créer la poussée vers le bas, mais au contraire suspendre les viscères, alléger au maximum l'étage périnéal.

🔲 **J'ai l'impression de grandir et ma silhouette s'allonge. Je n'ai plus de ventre et ma poitrine est haute.**

Debout, dans le métro ou le bus: placez vos mains sur un pilier, à hauteur de la poitrine. Bassin basculé, descendez les épaules, poussez sur le sommet de la tête… le ventre rentre, la poitrine se place, vous grandissez et vous «suspendez» votre utérus et votre vessie…

Plus tard, après six semaines en général : le travail périnéal avec accessoires

Selon votre motivation, votre degré de maîtrise, et votre force musculaire, selon les besoins particuliers de votre plancher pelvien on vous proposera plusieurs types de rééducation.

– La rééducation manuelle consiste à travailler sous le contrôle des doigts du thérapeute qui peut vous faire ressentir différentes zones de contraction, vous faire constater vos asymétries, etc.

Une technique avec visualisation (connaissance et maîtrise du périnée, méthode de Mme Trinh Dhin) est particulièrement adaptée à cette période de post-partum où votre périnée est un peu fragilisé mais très réactif. En fait après avoir eu des enfants, on sent beaucoup plus de choses qu'avant, même si la puissance de serrage peut avoir diminué.

– Alternative : les sondes pour enregistrer ou stimuler par des courants les muscles du périnée. Il existe des appareils de rééducation, soit avec électro-stimulation, soit avec bio-feed-back seul. L'électro-stimulation consiste à placer une électrode (en forme de bougie en général) à l'intérieur du vagin et à envoyer du courant à intervalles réguliers pour contracter les muscles. C'est indolore évidemment et cela présente un intérêt lorsque le périnée est très faible et que vous n'arrivez pas à le contracter volontairement. Par la stimulation électrique, petit à petit, le muscle va se renforcer, jusqu'au moment où vous pourrez prendre le relais.

Il est préférable de faire cette rééducation avec une progression et une surveillance, mais dans certaines circonstances, la location d'un appareil est possible.

Le bio-feed-back est tout simplement un moyen de contrôler le travail fait. Lorsque vous serrez le périnée sur la sonde introduite dans le vagin, la force et la durée sont enregistrées et visualisées, soit par un tracé sur un écran, soit par des sons, soit par une colonne de liquide coloré, etc. Cela vous permet de mieux apprécier les progrès ou les périodes de fatigue du périnée[1].

– Il existe aussi des cônes ou sphères de poids progressif, que l'on place dans le vagin comme des tampons. Ils sont munis de fils pour assurer le retrait. Il s'agit de garder les cônes en place pendant un temps donné, tout en assurant les tâches quotidiennes ; cela vous permet de repérer les gestes qui poussent et provoquent l'expulsion du cône, vous entraîne à serrer au moment d'un effort et stimule le périnée en continu. C'est ainsi que les cônes sont présentés et cela peut être motivant, l'idée de travailler seule, chez soi, en faisant son ménage.

C'est un élément de « connaissance du périnée », de ressenti, mais il n'est pas normal d'avoir un poids sur le périnée en continu. Il ne faut donc pas l'utiliser plus de quelques minutes ; c'est en effet le périnée du verrouillage qui est renforcé, or ce plan-là, pubo-rectal ne devrait se contracter que dans l'urgence, pour aider les sphincters. Il risque soit de se contracturer et d'avoir du mal à se détendre pour la défécation par exemple, soit de s'épuiser, si vous le sollicitez en continu.

Mieux vaudrait finalement utiliser les fameuses « boules de geisha » qui ont le mérite d'être deux, une en profondeur et une à l'entrée du vagin, et ne pèsent pas très lourd. C'est un travail plus équilibré entre les différents plans du périnée !.

– Un dernier exercice consiste à placer un tampon dans le vagin et à tirer sur le fil en s'opposant à son retrait par le serrage périnéal. On augmente progressivement la force de traction et on respecte des temps de repos environ doubles des moments de résistance. C'est une version simplifiée d'une technique développée par J.-M. Lehmans, en Suisse.

Il faut cependant savoir que l'état hormonal est un facteur déterminant et qu'en cas d'allaitement prolongé, une amélioration notable se produira au moment du sevrage. Vous remarquerez ensuite que votre force est variable au cours du cycle. Il faudra en tenir compte pour ne pas vous décourager en cas de régression momentanée.

Essayez aussi de faire travailler votre périnée au cours des rapports. Vous retrouverez une meilleure sensibilité et une bonne « communication » avec votre partenaire !

---

1. « Connaissance et maîtrise du périnée » (CMP).

Le renforcement des abdominaux

▤ Quand fait-on les séances de rééducation abdominale? Six semaines après l'accouchement, une fois faite la rééducation du périnée?

Fausse question! Mais qui correspond à ce qu'on nous apprend depuis que la rééducation périnéale existe…

Tout d'abord, il n'y a pas «d'après le périnée», puisque le périnée c'est toujours, quoi que l'on fasse, à chaque respiration volontaire, à chaque effort et toute la vie! Ensuite il ne faut pas attendre six semaines pour faire des abdominaux, puisque vous vous levez avant!

Dès que vous êtes debout, que vous bougez, que vous assurez le quotidien, vos abdominaux travaillent. Il faut donc apprendre à bien les utiliser. C'est-à-dire à ne jamais les contracter avant le périnée et à travailler la ceinture, ces abdominaux qui rentrent, remontent, resserrent le ventre et soutiennent de bas en haut, et jamais les grands droits (les bretelles) qui sortent le ventre, poussent sur le périnée, la vessie, l'utérus. Et jamais, c'est jamais! pas seulement deux mois ou six mois après l'accouchement (voir «Les abdominaux»)…

Je vous propose une progression d'exercices.

À quatre pattes

Cette position est une sécurité pour le dos et le périnée, c'est pourquoi vous pouvez commencer très tôt. Comme ce sont aussi d'excellents exercices pour le dos, vous pouvez les reprendre chaque fois que vous en avez l'occasion et commencer vos séances par eux.

Respirez en insistant sur l'expiration, dos plat. Surtout ne laissez pas le dos s'arrondir, cela voudrait dire que les grands droits s'en mêlent. À la fin de l'expiration, «avalez votre ventre» en remontant le diaphragme au maximum, sans respirer.

Vous pouvez forcer ainsi votre expir dans toutes les postures à quatre pattes: «dos creux», «dos rond», «chat»… La condition est qu'il s'agisse bien d'étirement et non de postures «pliée en deux» (voir «Étirez-vous…»). L'étirement latéral que nous avons vu contre la constipation est aussi très intéressant.

Il y aura donc remontée de l'utérus et de la vessie. Les viscères sont ramenés vers le dos et non poussés en avant et la pression sur le périnée est négligeable étant donné l'horizontalité, ou même la déclive lors de la posture du «chat».

Couchée

Couchée, genoux fléchis, pieds à plat, bassin bien repositionné. Expirez en poussant sur vos mains en arrière comme pour pousser contre un mur (vous pouvez d'ailleurs pousser sur la tête de lit ou un mur…) C'est un peu l'exercice de poussée pour l'accouchement.

Faites seulement attention à ne pas aller trop loin, ce qui pourrait conduire à pousser le diaphragme vers le bas en fin d'expir, à l'inverse du but recherché.

Par sécurité, pour bien garder la direction de remontée du diaphragme, et pour continuer à replacer vos organes, à la fin de chaque expiration, restez vide et tirez le diaphragme vers le haut dans la «fausse inspiration».

Vous pouvez reprendre l'expiration, bras juste derrière la tête, doigts croisés ; expirez en tirant les bras derrière, avalez votre ventre en fin d'expir, puis ramenez les mains sur la tête sans respirer et laissez inspirer.

C'est, de plus, un bon massage abdominal qui stimule le transit, la circulation et combat les hémorroïdes ; nous en avons déjà parlé.

LES ABDOMINAUX MAGIQUES

Reprenez-les, comme aux premiers jours dans votre lit : allongée, genoux fléchis, pieds à plat, serrez le périnée, expirez et imaginez que vous prolongez votre jambe au-delà du genou. Puis, même chose, genoux rapprochés, pieds écartés, en prolongeant obliquement, une jambe après l'autre.

Sentez-vous bien ce travail ?

▤ **Plus je pratique, plus je ressens le travail très bas, juste au-dessus du pubis et pour le deuxième exercice, sur les côtés. Mais il faut se concentrer et bien expirer.**

Allons plus loin. Ce sera plus sensible, plus réel. Posez le talon droit sur le genou gauche. En expirant, prenez bien la force en votre centre, dans votre ventre, et, à la fin de l'expiration, soulevez à peine le talon.

Testez avec vos mains sur le ventre le travail abdominal. Poursuivez bien sûr avec l'autre côté.

▤ **Je ne sens rien ! Juste ma jambe qui travaille.**

Il faut agir le moins possible avec la jambe et aller chercher l'effort au centre du corps… C'est une question de concentration. L'important n'est pas de soulever le talon mais de le faire se soulever comme par le souffle. C'est le principe des arts martiaux…

▤ **C'est vraiment le croisement entre la tête et les jambes ! Maintenant je le sens, c'est même plus puissant que les mouvements «imaginaires».**

Série tonique

On va reposer un peu la tête et poursuivre par des exercices plus actifs encore.

Vous êtes toujours couchée sur le dos, bassin bien replacé, genoux fléchis, pieds à plat. Ramenez la cuisse droite le plus près possible du ventre. Placez le bras gauche à l'intérieur de la cuisse gauche, le coude contre le genou. Serrez le périnée puis en expirant, repoussez la cuisse vers l'extérieur avec votre bras, mais résistez en maintenant la position de la jambe. Il y a un travail des adducteurs (les muscles à l'intérieur des cuisses), ce qui n'est pas mauvais en soi, car c'est une zone peu tonique en général, mais vous ne devez pas seulement résister avec la cuisse : votre effort part du centre, encore une fois.

▤ **Je sens beaucoup mieux celui-là, tout en bas et sur le côté, mais surtout du côté droit.**
C'est normal, c'est l'oblique opposé qui travaille ; avec en prime, un travail de l'épaule et du dessous-de-bras.
Faisons le complémentaire : placez maintenant le bras droit à l'extérieur de la jambe, toujours le coude en contact avec le genou. Mêmes consignes de respiration et de concentration. Le bras pousse la jambe qui résiste ; il y a un travail des abducteurs, avec effet d'anti-culotte de cheval et un travail du transverse abdominal et des obliques.

▤ **Je sens surtout le même côté, cette fois... Il y a donc le périnée, le transverse et les obliques dans ces exercices ?**
Oui, ils sont très complets, peu épuisants puisque vous restez couchée, avec toujours une remontée du diaphragme. Donc aucune force n'est dirigée vers le bas.
Vous pouvez toujours terminer par la « fausse inspiration » (p. 77). Vous remarquerez que ces exercices sont aussi bénéfiques pour le dos.

Un dernier dans cette série : « la totale ». On va travailler en même temps périnée, transverse abdominal et les deux obliques, avec étirement du dos jusqu'à la nuque. C'est en fait la position que nous prenions pour apprendre la poussée.

LA « TOTALE »

Toujours couchée sur le dos, bassin replacé, genoux fléchis, pieds à plat, nuque étirée. Placez le pied droit sur le genou gauche, puis les deux mains l'une sur l'autre, doigts dirigés vers le bas, en appui contre le genou. Les coudes sont pointés vers le haut au maximum.

En expirant, prenez appui sur le genou pour vous enfoncer dans le sol tout le long du dos jusqu'à la nuque, menton rentré. Videz au maximum, puis tirez le diaphragme vers le haut.

▤ **J'ai un creux à la place du ventre! C'est agréable comme sensation et ça masse le dos. La remontée du diaphragme à vide est presque automatique.**
Cela est lié à la position des coudes. Vous retrouvez la forme du lévrier dont l'abdomen semble collé à la colonne.

▤ **En fait, si je résume les principes, cela donne: serrage du périnée, expiration avec serrage du transverse abdominal et refoulement des viscères et de l'air vers le haut, serrage progressif en ceinture et rentrée des flancs, puis tirage du diaphragme vers le haut pendant le vide, avec allongement du dos…**
C'est tout à fait cela. Les erreurs à éviter sont toujours les mêmes: mauvais placement du bassin, oubli du périnée au démarrage, contraction des grands droits entraînant la poussée des viscères vers le bas, la sortie du ventre en avant. Ce qui entraîne un tassement des vertèbres lombaires et cervicales (la nuque se rétracte)… Bref, ce qu'on obtient d'habitude avec les abdominaux courants et les respirations mal exécutées.

▤ **À la fin de l'expiration, surtout lorsque je remonte le diaphragme, j'ai l'impression que le périnée relâche.**
C'est évident! C'est ce que nous recherchions pour l'accouchement… Bien que vous ayez serré volontairement le périnée au début ici, il ne peut rester contracté très longtemps. La remontée du diaphragme, comme dans le vomissement ou la suspension sous les aisselles, relâche aussi. Il est donc intéressant de recontracter le périnée après l'avoir ainsi allégé, et il faudrait finir l'exercice de cette manière pour qu'il soit complet!

▤ **J'ai l'impression de remonter beaucoup plus haut en reprenant la contraction ainsi…**
C'est un moyen de gagner en amplitude et en souplesse et de travailler le plan profond du périnée.

Vous voilà prête pour élever ce bébé, le voir grandir. Peu à peu, il va vous apprivoiser, vous façonner, finir de faire de vous une mère. Déjà vous n'êtes plus la même, dans ce corps de femme, il y a un plus. C'est l'accomplissement de votre féminité qui sera plus riche, plus dense, plus douce [1].

---

1. Pour approfondir et avancer dans les mois qui suivent en intégrant bébé dans vos séances, voir Bernadette de Gasquet, *Baby sans blues. Retrouver la forme après bébé*, Paris, Marabout, 2009.

Après une césarienne

Si vous avez eu une césarienne, l'accouchement a été indolore, mais les suites sont celles d'une opération. Il y a donc quelques moments difficiles, surtout les deux premiers jours, à partir du moment où la sensibilité revient.

Vous pouvez agir lors des gestes élémentaires pour les pratiquer sans utiliser les abdominaux. C'est pourquoi il est important de vous entraîner pendant la grossesse, même si vous n'avez pas mal au bas du dos ou dans la symphyse. Vous savez que c'est un apprentissage de non-poussée sur le ventre et de non-contraction des grands droits qui devrait être intégré comme un réflexe conditionné, ne serait-ce que pour ménager votre dos, votre périnée, les organes suspendus et votre esthétique…

Le rappel des grands principes

Lorsque vous êtes allongée, pour plier un genou et poser le pied à plat, ne contractez pas les abdominaux : laissez glisser le pied sur le drap, en fléchissant le genou, en expirant à partir du périnée.

Pour remonter un genou sur la poitrine, ne «pêchez» pas la jambe avec les reins, mais pliez dans l'aine, expirez et imaginez un fil sous le genou. L'effort dans les reins et dans le ventre doit être minimum. Si vous avez ramené un genou vers la poitrine, vous pouvez rouler d'un bloc, en entraînant le dos par l'épaule et la tête, sur un expir. Une fois sur le côté, groupez vos genoux le plus haut possible et prenez appui sur les bras pour vous redresser et vous asseoir. Le premier jour, il vous faudra sûrement de l'aide, mais, avec ces précautions vous y arriverez rapidement toute seule.

Si, à la maternité, le lit n'est pas électrique (tels ceux qui montent et descendent sur commande), il faut demander à ce qu'on vous apporte un escabeau, car rien n'est plus pénible que d'être assise au bord du lit et de ne pas pouvoir poser les pieds pour descendre et, pire encore, de ne pas pouvoir poser directement les fesses sur le lit pour remonter! Si vous n'avez rien sous la main, demandez à ce qu'on rapproche le fauteuil pour prendre appui. Il sera plus facile de monter à quatre pattes et de descendre à quatre pattes à reculons.

Pour vous relever du lit ou du fauteuil, penchez-vous en avant, dos droit, jusqu'à ce que le poids du corps vienne sur les pieds, puis tendez les jambes en poussant les fesses en avant. Manœuvre inverse pour vous asseoir : pliez les genoux, dos droit, penchez-vous en avant, allez poser les mains sur le siège et reculez les fesses jusqu'à les poser. Vous pouvez aussi monter sur le lit à quatre pattes, en vous mettant face au lit.

De votre autonomie dépendent une bonne récupération et un bon moral. Mais ne vous fatiguez pas trop !

Pensez à bien vous redresser, ne marchez pas pliée en deux.

▤ **Ce ne doit pas être idéal pour s'occuper du bébé… Peut-on allaiter malgré tout ?**

Demandez à ce que votre compagnon ou votre mère, votre sœur reste auprès de vous les deux premières nuits. Il est souvent possible (vous avez *a priori* une chambre seule avec une césarienne) d'avoir un lit de camp. Cela vous évitera de laisser le bébé en nurserie, si vous ne le souhaitez pas et le papa pourra vous l'amener pour les tétées. Sinon il faudra appeler et demander l'aide du personnel.

Si vous avez eu une péridurale, vous pouvez allaiter tout de suite. Avec une anesthésie générale, il faudra attendre que vous soyez bien réveillée et que la majeure partie du produit soit éliminée. Les contractions utérines, qui permettent son involution, sont évidemment plus sensibles avec une césarienne et vous savez que la succion du mamelon déclenche une salve de contractions!

Cependant les deux premiers jours, on vous laisse sous calmants et vous ne souffrez pas trop. C'est parfois au moment de la cicatrisation qu'il y a un moment plus difficile.

Petits conseils

Le transit

Pour récupérer plus rapidement un transit régulier, c'est-à-dire pouvoir manger et récupérer vite, il faut faire des respirations abdominales très rapidement en remontant bien le ventre, des fausses inspirations thoraciques. Ce n'est pas douloureux et cela va stimuler l'utérus et drainer tout le petit bassin. C'est agréable, cela détend le ventre ballonné, les gaz font mal s'ils ne sortent pas. N'oubliez pas que les gaz montent… toutes les postures à l'envers, demi-pont avec la chaise, quatre pattes en appui sur les coudes, détendent et libèrent.

Surprenant pour les équipes non formées mais très efficace, au retour dans votre chambre utilisez la table pour les repas que vous glissez en travers du lit (demandez au papa ou à une infirmière). Glissez les fesses en dessous et installez-vous comme dans la posture de la chaise dix à quinze minutes. Toutes les tensions du dos (il y en a beaucoup après une césarienne), le transit, la circulation, tout va rentrer dans l'ordre.

À défaut, utilisez le Corpomed®, le papa étire le bassin et vous stabilise avec le coussin.

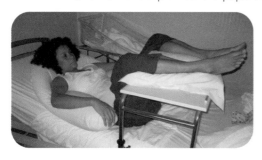
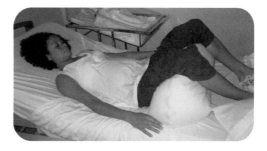

Rire sans douleur

Il paraît que la toux et le rire sont terribles. Ils tirent sur la cicatrice…

Le réflexe habituel est de soutenir avec les mains juste au-dessus du pubis. Ce n'est pas mal, mais il me semble plus efficace de repousser latéralement les crêtes iliaques, afin de provoquer un relâchement dans le sens horizontal un peu comme si on ceinturait le bassin pour le refermer. Il faut faire du «mou» autour des points pour que ça ne tire pas Essayez. Comment toussez-vous?

▤ **C'est curieux, ça ne pousse pas, ça remonte et donc ça ne fait pas mal.**

Et votre toux est plus efficace pour dégager les bronches! C'est un peu le rôle de la ceinture.

▤ **J'aime bien contenir mon ventre avec les mains, ça fait moins mal. Je pourrais mettre la ceinture?**

Bien sûr, c'est très soulageant.

Les premiers jours certaines maternités (rares hélas!) ont gardé les bandages d'antan, très larges élastiques qui partent des hanches jusqu'au-dessous des seins.

C'est très confortable et quand la maman se retourne dans le lit elle se retourne d'un bloc, et son utérus ne bascule pas sur le côté, ne tire pas sur les ligaments et les sutures.

▤ **Est-ce qu'on récupère un ventre aussi plat qu'avec un accouchement normal?**

Tout à fait. Les premiers jours sont «désespérants». On dirait qu'on est encore enceinte, beaucoup plus que les mamans qui accouchent par voie basse. Il faut faire beaucoup de fausses inspirations, beaucoup de travail à quatre pattes ou équivalent pour stimuler l'utérus et le faire involuer.

Le problème est toujours de rapprocher les grands droits et vous pourrez très vite commencer vos expirations en position horizontale (quatre pattes, étirée sur le lavabo) et la série des abdominaux «magiques» (voir p. 342).

Plus que jamais, la position debout, surtout lors des portages doit être correcte et assurer cette ceinture basse fondamentale. Évitez les gros efforts de soulèvement ou de poussée pendant au moins un mois et demi… Mais vous savez qu'il faudrait les bannir à jamais de toute façon.

Le point positif de la césarienne, c'est que votre périnée n'a pas été étiré, déchiré ou coupé et que vous faites plus attention à vos mouvements, que vous êtes un peu plus ménagée par l'entourage!

▤ **Puis-je me coucher sur le ventre avec le coussin?**

Bien sûr, et c'est très confortable si vous êtes bien placée. L'utérus est comprimé et remonté. Mais la difficulté est de se bouger, de se retourner, de passer sur le côté etc. sans pousser sur le ventre. Il vaudra mieux passer toujours par le quatre-pattes.

Voir «Mieux-être au quotidien»: ce sont les mêmes principes que pour toutes les mamans mais beaucoup plus «parlants».

La ceinture type Physiomat® est plus que jamais indispensable, couchée ou debout, après une césarienne.

La vie quotidienne avec bébé

Porter bébé

Bébé est là et vous allez beaucoup le porter :
- dans la maison, pour le bercer, à cause peut-être de coliques, de maux de dents… ;
- dans la rue, pour le promener, pour faire des courses.

Cette situation est à l'origine de beaucoup de tensions et de douleurs dans le dos, mais aussi d'une statique très mauvaise pour les abdominaux et pour le périnée.

Bien entendu, si nous savions porter nos bébés dans le dos comme presque toutes les mères de pays moins urbanisés, nous aurions une tout autre allure ! Les plus jeunes y apprennent cela très tôt, ce qui renforce leur dos et leurs abdominaux.

Mais pour nous le bébé dans le dos, c'est inquiétant, on ne le voit pas, on ne sait pas faire, en tout cas avec les petits.

Dans la maison, si vous portez le bébé sur l'épaule, essayez de changer de côté et restez en avant, du poids sur les orteils et pas seulement sur les talons, et surtout ne tirez pas les épaules en arrière.

En cas de coliques, portez le couché sur votre avant-bras, en « guépard sur la branche ». Ça masse son ventre, et comme il est « à l'envers » par rapport à sa position habituelle couchée sur le dos, ça permet aux gaz de sortir plus facilement (les gaz montent). Les bébés apprécient en général beaucoup et vous êtes moins tentée de reculer les épaules et de pousser votre ventre en avant.

Si vous devez beaucoup bercer le bébé, utilisez un petit ballon, appuyez-vous contre un mur, placez le ballon au niveau des reins ou du haut du dos, laissez-vous porter et massez votre dos en même temps.

Vous pouvez aussi placer le bébé son dos contre votre poitrine, assis sur votre avant-bras.

Ce qui est important avec un bébé, c'est que sa tête ne parte pas en arrière. Dans ce portage, il est protégé. Si vous soutenez bien ses fesses et ses cuisses, il est bien assis et regarde le monde… mais surtout n'a plus le nez dans vos seins, ce qui évite qu'il cherche sans arrêt à téter !

Lorsque le bébé grandit, il ne supporte plus d'être serré. Il a envie de liberté, de voir autour de lui. C'est alors le temps idéal (de cinq mois à deux ans ou plus, épisodiquement) du portage sur la hanche, par exemple avec un grand foulard ou un Tonga[1], petit filet très pratique, peu encombrant, qu'on porte sur soi ou dans son sac à main. Le principe en est simple : une bande de tissu passée d'une épaule à la hanche opposée. Le bébé est assis à califourchon sur votre hanche, ses fesses, le haut des cuisses, le sacrum bien tenus. Ses cuisses sont bien remontées. Il est mobile, il peut regarder dans toutes les directions. Il s'accroche à sa mère qui le soutient d'un bras, tout en gardant une grande liberté des deux mains.

Cela permet de porter en alternance d'un côté ou de l'autre, ce qui est très important pour éviter les scolioses. D'une manière générale, on porte les poids (provisions, valises) d'un côté et de l'autre, le bébé. Un côté ciel, un côté terre, au sens propre et au sens figuré ; intervertir est pénible ! Le filet (Tonga) vous permet d'équilibrer la hanche par l'épaule opposée, condition indispensable pour ne pas se déhancher. De plus, il n'immobilise pas les mains, ce qui permet de changer de côté sans bloquer sa main habile…

La ceinture

Vous pouvez bien évidemment utiliser la ceinture quand vous devez rester longtemps debout.

Si vous n'aviez pas la ceinture de grossesse, vous pouvez acheter le modèle plus étroit, en fonction de votre morphologie. Elle vous soutiendra aussi quand vous portez des charges, quand vous devez rester longtemps debout, mais aussi pour faire du sport, courir, marcher… Ce n'est pas une ceinture de grossesse et elle peut aussi servir au papa pour repeindre le plafond, faire de grosses courses, courir ou jouer au tennis ! Il n'y a qu'une taille en longueur (deux en largeur, en fonction du bassin, mais la plus large ne sera jamais un problème, sauf de discrétion) et il peut toujours vous l'emprunter.

Petite précision : la ceinture est adaptée à la position debout ou couchée, moins à la station assise, surtout dans nos canapés. Si vous alternez position assise et mouvement, il n'y a pas de problème. Si vous restez assise un moment, au cinéma par exemple, il suffit de l'enlever comme un gilet. Inutile de se déshabiller, on la porte sur les vêtements.

Les porte-bébés

Tous les portages traditionnels, dans le dos ou sur le côté, permettent d'asseoir le bébé avec les cuisses soutenues et remontées de façon à retrouver l'angle entre les fémurs et la colonne vertébrale inférieur à 90°. Comme pour nous (vous l'avez testé), c'est essentiel. Ça se rapproche de la position fœtale qui est bien une flexion au niveau des hanches et non au niveau de la colonne vertébrale.

Alors son dos peut se redresser, sa tête est plus droite ou vers l'avant, il faut juste éviter les à-coups et qu'elle parte en arrière.

---

1. Sur commande, sur Internet : www.lamaternite.com.

Il faut éviter les porte-bébés où les jambes sont pendantes, ceux où on voit le bébé ballotter, où il faut tenir la tête car il part en arrière comme « en rappel ».

En général, ce type de porte-bébé ne permet pas de plaquer l'enfant contre soi car sa tête est au niveau des seins… il faudrait qu'il soit plus haut, sous le menton de la maman.

On retrouve donc un très grand bras de levier, le poids très bas, le bébé en rappel et les épaules de la mère en arrière pour faire contrepoids. Donc beaucoup de tensions pour le dos, une poussée du

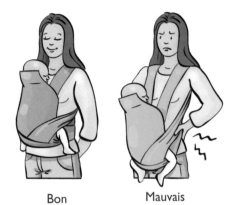

Bon   Mauvais

ventre en avant, une poussée sur le périnée, et pour bébé une mauvaise position du dos et une circulation stagnante dans les jambes. Imaginez-vous assise au bord d'une table, les jambes dans le vide… vous verrez les contraintes pour votre dos et les problèmes de circulation.

Il existe peu de porte-bébés bien adaptés. Le Wilkinet (anglais) préformé, avec de longues sangles à nouer, était un de ceux qui permettaient de bien positionner le bébé soit devant vers soi, vers l'extérieur, sur le côté et dans le dos. On le trouve encore par internet[1].

La mode actuelle des écharpes de portages permet de retrouver plusieurs adaptations correctes. Il faut une petite initiation, mais ça vaut la peine, pour maman (et papa… mais il est quand même moins fragile que la jeune accouchée) comme pour bébé.

ATTENTION, PIÈGE

Les nouveau-nés restent en position fœtale, les hanches fléchies, les cuisses remontées. Les premiers jours, si on utilise un porte-bébé qui ne soutient pas les cuisses, on ne se rendra pas compte du problème qui apparaît quand l'enfant grandit un peu et se déploie. Regardez dans la rue… vous verrez vite à quel point certains portages sont aberrants.

Les poussettes

Attention à leur poids, à leur encombrement sur les trottoirs, à la hauteur du « guidon ». Si vous êtes grand(e), vous êtes souvent plié(e) en deux.

Les Anglais, beaucoup plus pragmatiques, ont des guidons télescopiques… Ce sont eux aussi qui avaient inventé les landaus anglais, avec suspensions très hautes et guidons très hauts. Excellent pour le dos de la nurse qui promenait le petit lord.

---

1. http://www.wilkinet.uk.

Le bain du bébé

Un des moments difficiles avec un bébé est le bain, une fois qu'il est dans la grande baignoire.

N'hésitez pas à acheter un siège qui vous permette de l'asseoir dans l'eau en toute sécurité. Ce n'est pas un gadget inutile comme il y en a tant… ce moment si agréable pour bébé et pour ceux qui se réjouissent de son bonheur est un véritable fléau pour le dos des parents.

Surtout ne restez pas penchée au-dessus de la baignoire. Accroupissez-vous, mettez-vous à genoux ou mieux utilisez le petit banc pour vous asseoir à côté de la baignoire.

Pour sortir bébé, mettez un genou au sol, et relevez-vous en expirant (après serrage du périnée bien sûr).

S'il est plus grand, pour le sortir du lit à barreaux, de la baignoire, pour le prendre dans vos bras alors qu'il est debout, pliez les genoux, dos droit, placez vos mains sous ses aisselles et demandez-lui de sauter en l'air. Ils adorent ça! Le seul problème est la synchronisation… ils sont souvent trop rapides! Apprenez à compter un, deux, trois avant qu'il saute, et à ce moment vos mains sous les aisselles n'ont qu'à continuer le mouvement vers le haut pour qu'il soit à hauteur de votre poitrine sans effort de soulèvement.

Tendez les genoux en expirant et en contractant le périnée pour vous retrouver debout bien droite.

C'est particulièrement important quand vous attendez le suivant et que les efforts mal conduits entraînent des contractions ou des douleurs diverses… ce qui vous permet de rester vigilante!

Conclusion

Pas à pas, jour après jour, vous avez fait ce chemin de la grossesse, de l'enfantement, du début de la vie avec votre enfant.

Ce livre vous a-t-il aidés, vous et votre compagnon, à faire une heureuse traversée ? C'était notre objectif…

Il pourra aussi vous accompagner dans ce nouveau statut, celui de mère, de père ; car les principes qui vous ont été donnés concernant le mieux-être, la respiration, la détente, la prévention des problèmes de dos, etc., sont universels et s'appliquent à tous les moments de la vie.

Ils s'appliqueront aussi à votre enfant, que vous pourrez aider à mieux vivre son corps. Si les chapitres un peu « éducatifs » vous ont intéressés, vous en tirerez toutes les clefs pour être toujours « juste ». De nombreux exercices vous ont été proposés, afin que vous puissiez varier vos séances, pour un travail à plus long terme… Beaucoup d'étirements, beaucoup d'abdominaux « différents », afin de changer un peu des propositions habituelles. Si vous continuez le travail à deux, les massages, vous trouverez bien d'autres idées vous-même !

Bien-être et maternité : il faut parfois peu de chose pour que ce ne soit pas synonyme. Et peu de chose également pour que cela le devienne. J'espère par ce livre avoir aidé les femmes à se rapprocher d'elles-mêmes et de leur enfant, la maternité étant sans doute l'une des dernières initiations que permet encore la vie moderne.

Cet ouvrage est conçu comme un guide vivant… À vous de le faire vivre pour votre bien et votre épanouissement !

Index
de quelques exercices

Table des matières

Crédits

Photographies

Jean-Paul Bouteloup, Sophie Bosquillon, Gilles Carrée

Dessins

Den Bazin

Gravures

Extraites de R.W. Felkin, *L'ostetrica in Africa alla fine del 1880*, éditions Janssen ;
et de S. Janson, *Korte en Bondige Verhandeling van de Voortteelingen't Kindrbaren*, Amsterdam, 1711.

Bibliographie

Marie-Claude Bomsel, *Être mère, c'est galère*, Paris, Plon, 1984
Alain Bourcier, *Le Plancher pelvien*, Paris, Vigot, 1989
Alain Bourcier, *Uro-dynamique et réadaptation en uro-gynécologie*, Paris, Vigot, 1991
Jeannette Bouton, *Bons et mauvais dormeurs*, Paris, Gamma, 1971
Ashley Montagu, *La Peau et le Toucher*, Paris, Le Seuil, 1979
Moïses Paciornik, *Apprenez l'accouchement accroupi*, Lausanne, Faure, 1981

Du même auteur

Livres

Trouver sa position d'accouchement, Marabout 2009
Abdominaux arrêtez le massacre, Marabout 2009
Enfance abusée : la mort dans l'âme, Robert Jauze 2002
Manger, éliminer (dir.), Robert Jauze, 2002
Gym autour d'une chaise, Robert Jauze, 2004
Bébé est là, vive maman, les suites de couches (dir.), Robert Jauze, 2005
Retrouver la forme après bébé, Marabout à paraître 2009

DVD

Positions d'accouchement,
35 minutes, décembre 2007, diffusion sur www.degasquet.com.

Le DVD a été réalisé par le docteur de Gasquet à la maternité des Bluets, Paris. Il permet de voir en dynamique l'apprentissage des positions et de la détente, l'utilisation des accessoires, y compris de la table d'accouchement. Plusieurs exemples de postures adaptables, que la mère peut tester pour les ressentir au début du travail à la maison jusqu'à la naissance, en passant par la mobilité dans la baignoire, autour de la table d'accouchement, sur un ballon, en suspension, et pendant tout le travail sur la table, même avec péridurale, les différentes positions pour la poussée sur le dos, sur le côté, à quatre pattes et en suspension sont présentées et expliquées. Le papa est très présent pour bercer, masser, étirer. Il n'y a pas d'image d'accouchement.
Le film peut être vu en famille et donne au papa qui n'a pu participer aux cours une possibilité de bien visualiser comment aider sa compagne en fonction de ce qu'elle ressent.

Conception graphique et réalisation
Louise Daniel

Achevé d'imprimer par Pollina
Éditions Albin Michel, 22, rue Huyghens, 75014 Paris.
www.albin-michel.fr
ISBN : 978-2-226-18762-8
N° d'édition : 18441/3 — N° d'impression : L61264
Dépôt légal : mai 2009.
Imprimé en France.